厦门大学南强丛书【第七辑】

本书为国家社科基金冷门"绝学"项目"周代乐钟制度研究"的阶段性成果

东周青铜乐钟制度研究

张闻捷◎著

厦门大学出版社 | 国家一级出版社
XIAMEN UNIVERSITY PRESS | 全国百佳图书出版单位

图书在版编目(CIP)数据

东周青铜乐钟制度研究/张闻捷著.—厦门:厦门大学出版社,2021.12
(厦门大学南强丛书.第 7 辑)
ISBN 978-7-5615-8367-8

Ⅰ.①东… Ⅱ.①张… Ⅲ.①青铜—编钟—礼仪—制度—研究—中国—东周
时代 Ⅳ.①K892.98

中国版本图书馆 CIP 数据核字(2021)第 169195 号

出 版 人	郑文礼
责任编辑	韩轲轲
封面设计	李夏凌
技术编辑	朱 楷

出版发行 **厦门大学出版社**

社　　址	厦门市软件园二期望海路 39 号
邮政编码	361008
总　　机	0592-2181111　0592-2181406(传真)
营销中心	0592-2184458　0592-2181365
网　　址	http://www.xmupress.com
邮　　箱	xmup@xmupress.com
印　　刷	厦门集大印刷有限公司

开本	720 mm×1 000 mm　1/16
印张	23
插页	4
字数	389 千字
版次	2021 年 12 月第 1 版
印次	2021 年 12 月第 1 次印刷
定价	98.00 元

K1532-1-1
ISBN 978-7-5615-8367-8

定价:98.00元

9 787561 583678 >

厦门大学出版社
微信二维码

厦门大学出版社
微博二维码

总　序

在人类发展史上,大学作为相对稳定的社会组织存在了数百年并延续至今,一个很重要的原因在于大学不断孕育新思想、新文化,产出新科技、新成果,推动人类文明和社会进步。毋庸置疑,为人类保存知识、传承知识、创造知识是中外大学的重要使命之一。

1921 年,爱国华侨领袖陈嘉庚先生于民族危难之际,怀抱"教育为立国之本"的信念,倾资创办厦门大学。回顾百年发展历程,厦门大学始终坚持"博集东西各国之学术及其精神,以研究一切现象之底蕴与功用",产出了一大批在海内外具有重大影响的精品力作。早在 20 世纪 20 年代,生物系美籍教授莱德对厦门文昌鱼的研究,揭示了无脊椎动物向脊椎动物进化的奥秘,相关成果于 1923 年发表在美国《科学》(*Science*) 杂志上,在国际学术界引起轰动。20 世纪 30 年代,郭大力校友与王亚南教授合译的《资本论》中文全译本首次在中国出版,有力地促进了马克思主义在中国的传播。1945 年,萨本栋教授整理了在厦门大学教学的讲义,用英文撰写 *Fundamentals of Alternating-Current Machines*(《交流电机》)一书,引起世界工程学界强烈反响,开了中国科学家编写的自然科学著作被外国高校用为专门教材的先例。20 世纪 70 年代,陈景润校友发表了"1+2"的详细证明,被国际学术界公认为对哥德巴赫猜想研究做出了重大贡献。1987 年,潘懋元教授编写的我国第一部高等教育学教材《高等教育学》,获国家教委高等学校优秀教材一等奖。2006 年胡锦涛总书记访问美国时,将陈支平教授主编的《台湾文献汇刊》作为礼品之一赠送给耶鲁大学。近年来,厦门大学在能源材料化学、生物医学、分子疫苗学、海洋科学、环境生态学等理工医领域,在经济学、管理学、统计学、法学、历史学、中国语言文学、教育学、国际关系及区域问题研究等人文社科领域不断探索,取得了丰硕的成果,出版和发表了一大批有重要影响力的专著和论文。

书籍是人类进步的阶梯,是创新知识和传承文化的重要载体。为了更好地展示和传播研究成果,在1991年厦门大学建校70周年之际,厦门大学出版了首辑"南强丛书",从申报的50多部书稿中遴选出15部优秀学术专著出版。选题涉及自然科学和社会科学,其中既有久负盛名的老一辈学者专家呕心沥血的力作,也有后起之秀富有开拓性的佳作,还有已故著名教授的遗作。首辑"南强丛书"在一定程度上体现了厦门大学的科研特色和学术水平,出版之后广受赞誉。此后,逢五、逢十校庆,"南强丛书"又相继出版了五辑。其中万惠霖院士领衔主编、多位院士参与编写的《固体表面物理化学若干研究前沿》一书,入选"三个一百"原创图书出版工程;赵玉芬院士所著的《前生源化学条件下磷对生命物质的催化与调控》一书,获2018年度输出版优秀图书奖;曹春平副教授所著的《闽南传统建筑》一书,获第七届中华优秀出版物奖图书奖。此外,还有多部学术著作获得国家出版基金资助。"南强丛书"已成为厦门大学的重要学术阵地和学术品牌。

2021年,厦门大学将迎来建校100周年,也是首辑"南强丛书"出版30周年。为此,厦门大学再次遴选一批优秀学术著作作为第七辑"南强丛书"出版。本次入选的学术著作,多为厦门大学优势学科、特色学科经过长期学术积淀的前沿研究成果。丛书作者中既有中科院院士和文科资深教授,也有全国重点学科的学术带头人,还有在学界崭露头角的青年新秀,他们在各自学术领域皆有不俗建树,且备受瞩目。我们相信,这批学术著作的出版,将为厦门大学百年华诞献上一份沉甸甸的厚礼,为学术繁荣添上浓墨重彩的一笔。

"自强!自强!学海何洋洋!"赓两个世纪跨越,逐两个百年梦想,面对世界百年未有之大变局,面对全人类共同面临的问题,面对科学研究的前沿领域,面对国家战略需求和区域经济社会发展需要,厦门大学将乘着新时代的浩荡东风,秉承"养成专门人才、研究高深学术、阐扬世界文化、促进人类进步"的办学宗旨,劈波斩浪,扬帆远航,努力产出更好更多的学术成果,为国家富强、民族复兴和人类文明进步做出新的更大贡献。我们也期待更多学者的高质量高水平研究成果通过"南强丛书"面世,为学校"双一流"建设做出更大的贡献。

　　是为序。

厦门大学校长　张荣

2020 年 10 月

作者简介

　　张闻捷，博士毕业于北京大学考古文博学院，现任厦门大学人文学院历史系教授、博士生导师；美国哈佛大学 2019—2020 年度燕京访问学者；同时兼任中国考古学会理事、百越民族史研究会理事等；2019 年，获厦门大学南强青年拔尖人才计划 B 类支持。主要研究方向为两周至秦汉考古、青铜器研究、音乐考古、三礼研读及考古学礼制文化研究。已先后出版个人专著两部，在《考古学报》《考古》《文物》《美术研究》《中国音乐学》等考古学、美术学、音乐学领域重要学术期刊上发表论文三十余篇，主持多项国家级、省级科研课题。

序一

高崇文

闻捷在攻读硕士、博士学位期间，重点从考古学方面研究周代的礼制文明，此前著有《东周青铜礼器制度研究》一书，今又著《东周青铜乐钟制度研究》，可谓紧密相连的姊妹篇，是闻捷系统研究礼制文明的又一部专著。

在周代，行礼必作乐，这是必不可少的礼仪，《仪礼》中的《乡饮酒礼》《乡射礼》《燕礼》《大射礼》均有记载，根据行礼的仪节配合演奏各种乐曲。如《乡饮酒礼》，郑玄《目录》云："诸侯之乡大夫，三年大比，献贤者能者于其君，以礼宾之，与之饮酒，于五礼属嘉礼。"此礼在宾主进行燕饮之时，同时要备乐，其位置是：堂上西部靠前为乐正（乐官长）和乐工，乐工四人，二人瑟，二人歌；堂下阶间设建鼓和磬，磬南处设笙四人。这些乐人要随着礼仪的仪节进行演奏。又如《大射礼》，郑玄《目录》云："名曰大射者，诸侯将有祭祀之事，与其群臣射以观其礼。数中者，得与于祭，不数中者，不得与于祭。"此礼进行时要备乐，其位置是：堂上西部靠前有大师、少师各一人（乐官长），乐工四人四瑟，堂下阶间设建鼓、应鼙和篪，庭东部设笙磬、笙钟、镈，庭西部设颂磬、钟、镈、朔鼙、建鼓。《周礼·小胥》还记载了周代的乐悬制度："正乐悬之位，王宫悬，诸侯轩悬，卿大夫判悬，士特悬，辨其声。凡悬钟磬，半为堵，全为肆。"各礼奏乐的仪式一般分为四节，凌廷堪《礼经释例》云："凡乐皆四节，初谓之升歌，次谓之笙奏，三谓之间歌，四谓之合乐。"礼仪开始时，先升歌，即堂上乐工鼓瑟唱歌三首，为之"升歌三终"；后笙奏，即堂下笙乐齐奏三曲，谓之"笙奏三终"；再间歌，即堂上鼓瑟一歌，堂下笙奏一曲,更代而作三次,谓之"间歌三终";最后合乐,即堂上乐工鼓瑟而歌,堂下钟磬笙鼓齐奏,上下并作,谓之合乐。至此,礼乐具备而礼成。可以看出,两周时期在进行各种大型礼仪活动时,作乐是其中重要的一项内容,也是礼仪规范中的重要组成部分。

文献虽然有行礼作乐的记载,但均是细大不捐的繁文缛礼,我们现在读起来难以理解,但在当时则是严格的制度,以此来保证等级关系,维护社会秩序。文献记载的这些礼仪更侧重贵族所应遵守的各种行为仪式、行为规范及等级制度等,至于具体的乐器配备、数量多少、摆放形式等,虽也有记载,但并不十分清晰,以致经学研究者多有歧义。尤其是青铜乐钟使用,还涉及编列、音律、悬挂、演奏以及与其它乐器的搭配等更为复杂的问题,这些仅凭文献记载是难以厘清的。

随着近现代考古学的发展,墓葬中随葬的乐器资料不断丰富起来,学者开始从考古学的角度对乐钟进行研究。但个案研究比较多,或对其年代、区域性文化特征、随葬乐钟的等级以及乐钟的音律等方面进行研究的比较多,而较系统对周代乐钟制度全方面研究还比较少。闻捷正是在以往学者研究的基础上,对周代乐器使用制度进行了系统研究。本书利用考古资料,结合文献记载及以往学者的研究成果,重点研究了以下几方面的乐制内容,阐述了自己的新见解:

一、全面收集考古发现的东周乐钟资料,按形态将其分为三晋两周区、齐鲁区、楚文化区、吴越文化区,采用考古类型学的方法对各区域乐钟进行了分期断代,初步建立了东周乐钟发展的年代序列。

二、考察了两周时期各等级贵族墓所用乐钟规模、组合的规律性,阐述了墓葬随葬乐钟的等级制度。

三、全面梳理了文献记载的周代"乐悬制度",与墓葬中乐钟实际摆放形式进行了比较研究,探讨了墓葬中乐钟的放置原则,进而阐述了"乐悬制度"的形成背景;并以东周铜器上的乐悬图像资料,分析了乐悬制度及乐钟的悬挂特点,阐述了乐悬制度的发展变化的规律性。

四、以曾国和晋国墓葬出土乐钟资料为例,探讨了南北随葬乐钟的差异性,阐述了春秋晚期乐钟随葬制度的变革及战国时期新乐制的形成问题。

五、以铜器铭文中时常出现"行器"、"行钟"的现象,探讨了墓葬中随葬"行器"、"行钟"的特点,揭示了东周时期出现"行器"的含义。

六、著作还对越国者汈编钟、钟离君墓出土编钟、沂水纪王崮墓出土编钟、王孙诰编钟进行了个案研究,探讨了各自的特点及与其他区域编钟制度之异同。

总的来看,这部从考古学角度出发,对周代乐制所进行的系统研究,突破了以往个案研究的框架,扩大了研究范围,拓展了研究视野,并且是以乐钟制度发展变化的动态形式研究的。论述全面系统,逻辑清晰严密,观点明确,论证有力,是目前所见对乐钟综合研究的突出者。

到目前为止,闻捷已撰写了《东周青铜礼器制度研究》、《楚国青铜礼器制度研究》、《东周青铜乐钟制度研究》三部有关礼制研究的专著,还发表了30余篇有关礼制研究的论文。其之所以能在礼制研究领域取得令人瞩目的成绩,与他的勤奋好学是分不开的。多年来,他精读了"三礼"等文献,为其研究礼制奠定了坚实的文献基础;认真研读了以往学者研究的前沿问题,对其系统研究具有很大的启发性;再就是能全面掌握、驾驭考古资料,这也是其能从考古学方面研究礼制的不可或缺的前提。

当然,乐制自汉以来就是研究的难点,该著作不可能将学术歧义完全厘清,也不可能将两千年前的乐制完全搞明白。但毕竟该著作梳理出有关乐制各方面研究的脉络,为今后的乐制研究开阔了思路,提供了较好的研究基础,不失为供研究者参考的一部佳作。

2021 年 6 月 23 日

序二

冯　时

辛丑端午前的一天下午，闻捷教授自厦门飞来北京，又冒雨从机场赶到我的办公室，进门刚坐定，就取出他这本准备出版的新书样稿，希望我能为此写一篇序文。看着他风尘仆仆的样子，我没好拒绝，但也没有应许。顾炎武有言：人之患在好为人序，所以我也曾以此自戒不轻为人序。作序若无心得或冲动，只讲些空泛的溢美之词，则无异于以谀闻取誉。但读书若不花功夫，是很难读出心得的。所以不为人序倒也不失为省心之举。

然而当我重新拾起这部书稿的时候，却真有了些想说的话。闻捷是我熟识的青年考古才俊，近年一直以周代礼乐制度作为研究课题，很有成绩。这些问题不仅对客观认识商周历史与考古极为重要，而且需要广博的知识和开阔的视野才能有所建树。闻捷始终都能将考古学研究与文献学研究相结合，从考古的遗迹中寻找线索，在文献建构的制度背景下阐发研析，揭示了很多重要问题，形成了自己特有的观察视角和研究方法。这部新作以东周礼乐制度为研究对象，既究其变，又究其不变，从考古学角度对这一关键时期的礼乐变革给予了充分关注，不乏新意。

众所周知，每一学科都有其长处与局限，今天我们提倡跨学科研究，目的就是取长补短。我们看到的考古现象是否就是真实的历史？当然不是。很多历史痕迹作为"暗物质"早就消失了，如果我们忽略了这些看不见的存在，就很可能会被考古所欺。显然，考古遗存中相当一部分湮灭的"暗物质"，只能依靠对传世文献和出土文献的研究予以弥补,所以考古学研究脱离历史学和文献学的辅证是不可想象的。事实上,考古学的某些问题并不能仅仅通过考古学来解决,北宋学者提倡以金石文献证经补史,王静安先生强调二重证据,其实际意义都不是只将证据限于二重,而是要将可能利用的材料统统加以利用才好。因此对于考古学研究,是否需要与文献结合其实已是无需讨论的问题,但事实似乎并没有能使轻视甚至否定文献的现象有所改变。古人云:"安其所习,毁所不见,终以自蔽,此学者之大患也。"(《汉书·艺文志》)闻捷接受的是正统的考古学训练,同时在考古学与文献史学的结合方面极为用心,作为一位青年学者是难能可贵的,这当然也决定了其研究成果的深度。

新作着重讨论东周时期的青铜乐钟制度,而中国文化视礼乐为一体,内容复杂而丰富。就考古学研究而言,不仅关系到乐钟的年代,乐钟制度的形成与转变、地域差异,宗庙与丧葬制度的异同,而且更涉及旨在同和的礼乐器所具有的阴阳思想。这方面的内容虽常为人们以玄妙之嫌而弃之,但却是古人极为重视的知识体系,广泛地用以指导礼仪与生活,故不可不辨。

我曾指出,中国古代先贤对阴阳的思辨至少在八千年前就已经完成了,之后便开始以其标注他们所认识的一切事物,其中具有特色的做法就是将声音以及相应的礼乐器赋予阴阳的意义。河南舞阳贾湖新石器时代遗址出土了属于这一时期的骨律,其并非随意断竹为之,而特意选用知时的候鸟丹顶鹤的腿骨制成,暗合古来以律吕模仿凤凰之鸣的传统认识。测音的结果显示,贾湖律管已备八律,说明传统的十二律制在当时已经形成。而管的意义乃在贯通于地,用途则是候测地气以建立四时八节,这便是文献记载的所谓效地以响。这种做法将律管与时间建立起联系,开启了后世以律定月及律历制度的先河。十二律分为六阳六阴,古人谓之律吕,这是乐律制度所体现的阴阳。而贾湖骨律随葬于同一墓中的两支律管正呈大二度音差,证明其中一为阳律,一为阴吕。这一律吕阴阳的事实自然会使我们想到传统乐钟的阴阳问题。

在阴阳思想的框架内,中国古人素以鼓为阳乐,钟为阴乐,性质不同。《说文·鼓部》:"鼓,郭也。春分之音。万物郭皮甲而出,故曰鼓。"

又《金部》:"钟,乐钟也。秋分之音,万物種成,故谓之钟。"许慎的解释是否准确不敢遽定,但其认为鼓为春分之音,钟为秋分之音,这种钟鼓阴阳的观念却有着古老传统。荀子以为鼓似天,钟似地,即是这种思想的反映。显然,钟鼓的阴阳不仅可以通过时间或天地来表现,更可以通过决定时间的空间来表现,因此在古代的城市布局中,鼓楼与钟楼的设计位置便颇见用心。先民或将鼓、钟二楼分置于东、西,以方位的阴阳体现钟鼓的阴阳,犹如将祭祀天地的圜丘和方丘分置东西或南北郊的安排一样。如北宋东京城,鼓楼和钟楼即分置于文德殿的东、西,各就其阴阳之位;金中都的鼓楼和钟楼则分置于仁政殿的东、西,同样继承了这一传统。至元大都的规划为之一变,将鼓楼、钟楼一并置于城市中轴线的北端,且钟楼居北,鼓楼居南,不仅类似古人必以兼具阴阳的玄武配以北方,体现于时空的起点表现阴阳的思想,而且又以南阳北阴对应天阳地阴,以应鼓天钟地的观念。明清两代北京城的布局在使这一制度得以传承的同时,还在南北郊分别建筑天坛和地坛,进一步强化了这一阴阳概念。这些事实不禁令人心生疑问:先秦乐钟的埋葬方式是否也考虑到了其阴阳属性与墓葬方位阴阳的协调?可以肯定的是,随葬品在墓中的摆放位置绝不是随意的,那么在考古学展现的埋葬制度中,器物的阴阳理应适应着空间的阴阳,这些思想是否可能通过考古学研究得以揭示,这当然是令人感兴趣的问题。

传统阴阳观渗透于中国文化的一切领域,其中尤与时空知识关系密切。建筑之左祖右社体现着阴阳,朝仪之文东武西体现着阴阳,占卜所用龟甲需辨阴阳之位,墓穴方位也具有阴阳的意义。这意味着在丧葬制度中,随葬品的阴阳属性或许决定了其埋葬的位置,换句话说,器物的阴阳必须与墓葬的阴阳相和谐。殷墟妇好墓棺椁上层发现青色和白色两件玉簋,青簋属阳居东,白簋属阴居西,完美地体现了这种思想。古有笙钟颂钟、笙磬颂磬,即以其所悬阴阳之位的不同相区别。以这样的观点分析乐钟的埋葬,或许可以获得一些新认识。事实上,乐钟作为金声如果具有阴的属性,那么其埋葬位置就不能不具有与阴阳相协调的特点,这对客观理解乐钟的随葬制度非常重要。当然另一个设想也不是不可以成立,乐钟埋葬位置的变化可能反映了其乐器阴阳属性的不同,因此,通过乐钟阴阳与墓葬空间阴阳的和谐与否,可以考辨古人将乐钟赋予阴阳思想的年代,这对礼乐制度及古代思想史的研究都具有重要的意义。

君子以钟鼓导志,以琴瑟乐心。乐也者,乐其所自成。闻捷以对周代乐钟的研究见其成,堪为乐事。《礼记·礼器》云:"观其器而知其工之巧,观其发而知其人之知。故曰:君子慎其所以与人也。"学者以著作见人,乐道而忘忧,故砥节励行,可不慎欤?是为序。

辛丑五月初十写于尚朴堂

目　录

图表目录

图

表

第一章 绪 论

第一节 选题意义

《国语·周语下》中记载:"夫政象乐"[①],说明在两周时期音乐与为政之道是相通的。由于周代社会奉行"礼乐并重"的治国原则,音乐便与"安邦定民"的政治目标也具有了紧密的联系。周人相信,只要礼乐融合、并行不悖,便能够最终达到定人伦、安社稷的目的。即《周礼·春官·大宗伯》所云:"以礼乐和天地之化,百物之产,以事鬼神,以谐万民,以致百物"[②];《礼记·乐记》则曰:"礼仪立则贵贱等矣,乐文同则上下和矣","乐也者,情之不可变者也;礼也者,理之不可易者也。乐统同,礼辨异。礼乐之说,管乎人情矣。"孔颖达疏曰:"乐主和同,则远近皆合;礼主恭敬,则贵贱有序"[③];《吕氏春秋·孟夏》篇亦有:"乃命乐师习合礼乐。"高诱注:"礼所以经国家,定社稷,利人民;乐所以移风易俗,荡人之邪,存人之正性"[④]等。以上皆指出了礼、乐之"和"对于稳定社会秩序的显著意义。所以,礼乐制度无疑是周王朝维系统治的重要工具与政治根基之一。

在这一治国理念下,乐器同样被赋予了极为重要的礼制地位。与各类青铜礼容器、车马舆服一样,编钟、编磬等金石之器亦成为贵族身份等级的物化标识,是全面认识周代社会与文化的又一重要媒介。《左传·成公二年》曾提到,卫国的仲叔于奚立下战功,辞去卫君的赏邑,而请求享受诸侯的"礼"遇,"请曲县繁缨以朝",即在厅堂上悬挂三面乐悬(曲县),上朝的马车可装配特别

---

① 徐元诰撰,王树民、沈长云点校:《国语集解》,北京:中华书局,2002 年,第 107 页。
② (汉)郑玄注、(唐)贾公彦疏:《周礼注疏》卷十八,影印十三经注疏本,北京:中华书局,2021 年,第 763 页。
③ (汉)郑玄注、(唐)孔颖达疏:《礼记正义》卷三十七、卷三十八,影印十三经注疏本,北京:中华书局,2021 年,第 1529、1537 页。
④ 许维遹撰、梁运华整理:《吕氏春秋集释》,北京:中华书局,2009 年,第 85 页。

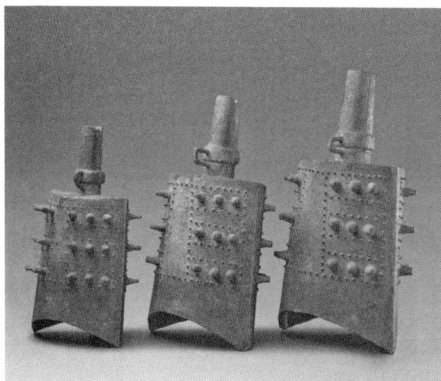

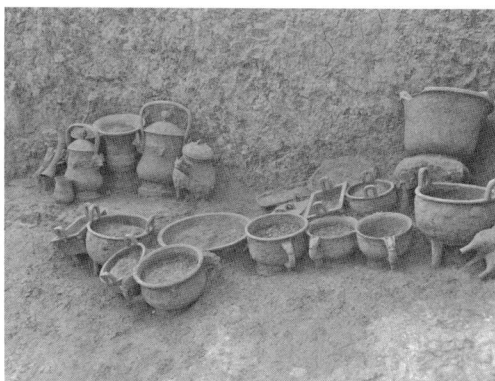

西周"长甶"青铜编钟　　　　湖北随州叶家山墓地 M28 北二层台出土青铜器

图 1-1　周代的青铜礼乐器组合

的马饰(繁缨)。卫君应允所请,孔子因而批评道:"惜也,不如多与之邑。惟器与名不可以假人,君之所司也。"①当时贵族对于乐器、乐悬的重视程度于此可见一斑。

不过,前贤研究因袭"商人重觚爵、周人重鼎簋"的既有认识,而主要侧重于对青铜礼器的考察。其实,如《左传·恒公二年》所载,鲁大夫臧哀伯论治国之道时列举"清庙茅屋,大路越席,大羹不致,粢食不凿,昭其俭也;衮冕黻珽,带裳幅舄,衡紞纮綖,昭其度也;藻率鞞鞛,鞶厉游缨,昭其数也;火龙黼黻,昭其文也;五色比象,昭其物也;锡鸾和铃,昭其声也;三辰旂旗,昭其明也"②,已明确指出这些都是体现身份等级的重要标志物。我们依据断代清晰的墓葬来

1. M28 出土铜编钟组合　　　　1. M28 石磬组合

图 1-2　陕西韩城梁带村 M28 芮公墓(春秋早期)出土编钟编磬

---

① 《春秋左传集解》卷第十二,景玉田蒋氏藏宋刊巾箱本,第6页。
② 《春秋左传集解》卷第二,景玉田蒋氏藏宋刊巾箱本,第3~4页。

全面考察这些礼制用具,不仅可以粗略地了解周代身份礼制发展的脉络,也可以通过文献为籍索,使沉寂的墓葬展现曾经热闹的社会人生。自然,青铜乐器也应成为这项综合研究的重要组成部分。

自 20 世纪 20 年代以来,随着田野考古学的兴盛,地下成套编钟资料陆续出土,通过乐器的视角来进一步深入认识周代的礼制特点也逐渐成为可能。日益丰富的考古实物不仅能够揭示出两周时期乐钟组合及等级制度的变化情况,也为了解周代礼制文化与社会结构的变迁开辟了新的研究途径。同时,考古所见这一时期的编钟、编磬多属实用乐器,并有日渐完备的测音数据,因此,他们也是考察中国上古时期音律发展的重要物质资料,可以显著弥补这一领域古文献不足征的遗憾。此外,在传世文献中,也有关于周代乐钟制度的众多记载,尤其是《周礼》《仪礼》书中关于乐钟摆放形式的等差制度——"乐悬制度"的记述,更是经学史上困扰已久的难题。那么,基于新的考古资料来检视墓葬及窖藏中的乐钟陈列方式,显然可以进一步丰富对于此项古老制度的已有认识,并为研究礼制文献的成书问题提供新的线索。最后,两周时期也出土了一批涉及音乐演奏的图像资料,包括漆器、刻纹铜器、画像铜器等,其中包含了乐钟组合、演奏姿态、表演环境等诸方面信息,探讨他们与墓葬出土乐钟之间的异同,不仅对于探讨周代乐制大有裨益,亦可以帮助我们去深入思考乐钟使用上"葬制"与"庙制"的区别①。

第二节 周代乐钟制度的研究回顾

作为周代礼制的核心组成部分,乐钟制度自秦汉时代以来便备受学者关注,相关研究成果亦是卷帙浩繁、不胜枚举。但限于作者眼界学识,且后续诸章节中均有关于各自研究主题的学术史回顾,故本节只从宏观层面择其有代表性者概述如下,旨在简要揭示出关于周代乐钟制度研究的几个重要阶段与研究特点。

近代之前,商周乐钟多为零星出土,组合不全。故金石学家主要考证乐钟

① 李朝远先生认为存在"庙制"和"葬制"的区别,"墓葬中出土的青铜编钟往往是拼合的,这表明了葬制与庙制的不同。庙制是整套的,而且有若干个整套,葬制则是可以选择拼合的"。参看氏著:《楚公逆钟的成编方式及其他》,载《青铜器学步集》,北京:文物出版社,2007 年。

铭文,以补史料之缺。自宋代吕大临《考古图》①、王黼《宣和博古图》②、王厚之《钟鼎款识》③、薛尚功《历代钟鼎彝器款识法帖》④以至清代"西清四鉴"⑤、程瑶田《凫氏为钟章句图说》⑥、阮元《积古斋钟鼎彝器款识》⑦等书籍中都保留有当时所见周代乐钟的图像、尺寸以及铭文资料。如宋代出土的2件"曾侯之钟",薛氏即考证其皆出于湖北安陆,为楚惠王所作并赠予曾侯作为宗彝之器,同时钟体上另有"穆商商"、"卜羽反 宫反"的音律铭文,是用来"标示所中之声律"⑧,显然与1978年曾侯乙墓出土的楚惠王镈钟有密切的联系,所以这些资料在今天仍有重要的参考意义;同时,宋清学者还依据这些出土乐钟实物来探索古代音律问题,力图复原上古时期的乐律、乐制与乐器,其中尤以清代乾嘉学派创见甚多,影响深远。梁启超曾简单评价道:"而乐律一门,亦几蔚为大国。毛奇龄始著《竟山乐录》,次则江永著《律吕新论》、《律吕阐微》,江藩著《乐县考》,凌廷堪《燕乐考原》,而陈澧之《声律通考》,晚出最精善。此皆足为将来著中国音乐史最好之资料也"⑨,学界对此也已有极好的梳理⑩。而另一方面,关于《周礼》中乐悬制度的讨论,则经历了漫长而激烈的争论。自汉代郑玄首倡"二八之说"后,历代经学家都提出了各自不同的主张。宋代乐制"自建隆讫崇宁,凡六改作"(《宋史·乐志》),李照、沈括、王黼、范镇等皆曾就新铸编钟的形制、音乐性能、铸造技术等进行过细致的讨论⑪,而清人江藩则作《乐悬考》⑫一书,详尽梳理了北齐、北周、隋等不同时期的乐悬复原方案,可资参考。虽然与周代实际情况或许已经相去较远,但对于认识和探讨特定历史时期的乐钟出土资料依然是不可或缺的。

---

① (宋)吕大临:《考古图》,上海:上海书店出版社,2016年。
② (宋)王黼:《宣和博古图》,上海:上海书店出版社,2017年。
③ (宋)王厚之:《钟鼎款识》,北京:中华书局,1985年。
④ (宋)薛尚功:《历代钟鼎彝器款识法贴》,《宋人著录金文丛刊》,北京:中华书局,1986年。
⑤ (清)梁诗正等编:《西清四鉴》,北京:文物出版社,2018年。
⑥ (清)程瑶田:《考工创物小记》卷四《凫氏为钟章句图说》,皇清经解本(道光八年影印本)。
⑦ (清)阮元:《积古斋钟鼎彝器款识》,杭州:浙江古籍出版社,2019年。
⑧ 王子初:《论宋代安陆出土"曾侯钟"之乐律标铭》,《音乐研究》2015年第3期。
⑨ 梁启超:《清代学术概论》,北京:中华书局,2011年。
⑩ 孙晓辉:《乾嘉音乐学术论略》,《中国音乐学》2016年第3期。
⑪ (宋)陈旸:《乐书》,《中华礼藏·礼乐卷·乐典之属》第一册,杭州:浙江大学出版社,2016年。
⑫ (清)江藩:《乐悬考二卷》,粤雅堂丛书本。另可参看高明峰:《江藩研究》,北京:中国文史出版社,2015年。

　　民国时期,这种为古器物摹绘图形、铭文拓片并详加考释的做法得到延续,如方濬益、吴大澂、罗振玉、郭沫若、容庚、于省吾等学者都有相关论著①。而唐兰先生《古乐器小记》②一文首次将乐器从彝器中分离出来,对乐钟的名称、形制、起源及功用等都进行了开创性的探讨。刘复(半农)则发起并主持了对北京故宫和天坛所藏清宫古乐器的测音研究,揭开了近代音乐史研究的序幕③。

　　新中国成立之后,随着地下成套编钟资料的陆续出土,利用这些完整的考古资料,并佐以现代测音技术,来探讨周代乐钟组合、音律的变化,进而认识周代乐钟等级制度的发展变迁便成为新的趋势。尤其是1978年曾侯乙编钟的出土,更促成了"音乐考古学"学科的蓬勃兴起④。杨荫浏、李纯一、黄翔鹏、王湘、崔宪、王子初、冯光生、项阳、方建军、李幼平、王清雷等诸多学者都结合考古资料从音律、组合、调音方法等角度对周代乐钟进行了深入的探讨⑤,先后

---

① 如方濬益:《缀遗斋彝器考释》,上海:商务印书馆,1935年影印本;吴大澂:《愙斋集古录》,台北:台联国风出版社,1976年;罗振玉:《罗振玉学术论著集》,上海:上海古籍出版社,2010年;郭沫若:《两周金文辞大系图录考释》,1957年影印本;容庚:《商周彝器通考》下编第四章:乐器,上海:上海人民出版社,2008年;于省吾:《双剑誃吉金图录》,北京:中华书局,2009年等。

② 故宫博物院编:《唐兰先生金文论集》,北京:紫禁城出版社,1995年,第346页。

③ 刘复:《天坛所藏编钟编磬音律之鉴定》,载《国立北京大学国学季刊》第三卷第二号,1932年6号。

④ 关于曾侯乙编钟研究的系统成果,集中发表于《江汉考古》1981年S1期和1983年增刊。

⑤ 杨荫浏:《中国古代音乐史稿》,北京:人民音乐出版社,1981年;黄翔鹏先生著述颇丰,有代表性者如《新石器和青铜时代的已知音响资料与我国音阶发展史问题》,《音乐论丛》第1辑(1978年)、第3辑(1980年);《先秦编钟音阶结构的断代分析》,《江汉考古》1982年第2期等。可参看《黄翔鹏文存》(上下卷),济南:山东文艺出版社,2007年。关于"双音钟"的发现问题,马承源先生与黄翔鹏先生约略同时。参看马承源:《商周青铜双音钟》,《考古学报》1981年第1期。需要指出的是,据吕大临《考古图》收录五件"走"编钟的描述,宋代或已对编钟的双音现象有所发现。参看方建军:《音乐考古学通论》,北京:人民音乐出版社,2020年;王世民、蒋定穗:《最近十多年来编钟的发现与研究》,《黄钟(武汉音乐学院学报)》1999年第3期;李纯一:《中国上古出土乐器综论》,北京:文物出版社,1996年;王子初:《中国音乐考古学》,福州:福建教育出版社,2003年;王子初:《音乐考古》,北京:文物出版社,2006年;冯光生:《周代编钟的双音技术及应用》,《中国音乐学》2002年第1期;方建军:《中国古代乐器概论(远古—汉代)》,西安:陕西人民出版社,1996年;方建军:《商周乐器文化结构与社会功能研究》,上海:上海音乐学院出版社,2006年;方建军:《音乐考古学研究》,北京:中央音乐学院出版社,2019年;李幼平:《论楚乐的分期与演进》,《江汉考古》1991年第1期;项阳:《中国古代礼乐制度四阶段论纲》,《音乐艺术》2010年第1期;王清雷:《西周乐悬制度的音乐考古学研究》,北京:文物出版社,2007年等。这些学者的专题研究及指导的相关博士论文颇多,这里不再罗列。

提出了"双音钟说"、"周乐戒商说"、"旋宫转律说"、"锉磨调音法"等重要的学术观点,不仅基本厘清了周代不同阶段乐钟组合、音律搭配的变化情况,更打破了传统经学唯郑注是从的弊病,而不再偏信"二八之说",转而采用动态的视角来全面梳理、考察周代的乐钟制度问题。而且,由黄翔鹏、王子初等先生主持编撰的《中国音乐文物大系》丛书①,详尽地收集了中国境内出土的周代乐钟资料,为后续研究建立了良好的数据库系统。在此基础上,陈荃有《中国青铜乐钟研究》②、王友华《先秦编钟研究》③、邵晓洁《楚钟研究》④、孔义龙《弦动乐悬——两周编钟音列研究》⑤等学者也对周代的乐钟组合、音律等做出了新的系统性讨论⑥。

考古学方面,相较于音乐史学者偏重于音律的复原研究,考古学者更关注以下三个方面的问题:①乐钟的铭文、形制与年代,及其反映的文化系统。如殷玮璋、曹淑琴、马承源、张亚初、高至喜、高西省、刘彬徽、李朝远、谭德睿、(美)罗泰等侧重于通过类型学研究方法并佐以编钟铭文来探索编钟的分期断代及地域性问题(见第二章第一节)⑦,并发现了西周时期编钟显著的拼凑性

① 《中国音乐文物大系》总编辑部编:《中国音乐文物大系》,郑州:大象出版社,1996—2011年。全书目前共出版16卷,涵盖北京、河北、河南等绝大多数省份。

② 陈荃有:《中国青铜乐钟研究》,上海:上海音乐学院出版社,2005年。

③ 王友华:《先秦编钟研究》,桂林:广西师范大学出版社,2013年。

④ 邵晓洁:《楚钟研究》,北京:人民音乐出版社,2015年。

⑤ 孔义龙:《弦动乐悬——两周编钟音列研究》,北京:文化艺术出版社,2008年。

⑥ 此外王子初先生又陆续主持编撰了《中国音乐考古丛书》6大卷,其中4本亦涉及两周秦汉时期的青铜乐钟问题,可兹参看。

⑦ 如殷玮璋、曹淑琴:《早期甬钟的区、系、型研究》,《考古学文化论集》,北京:文物出版社,1989年;殷玮璋、曹淑琴:《长江流域早期甬钟的形态学分析》,《文物与考古论文集》,北京:文物出版社,1986年;马承源:《中国青铜器》,上海:上海古籍出版社,1994年,第285～291页;张亚初:《论楚公□钟和楚公逆镈的年代》,《江汉考古》1983年第4期;王世民、陈公柔、张长寿:《西周青铜器分期断代研究》,北京:文物出版社,1990年;高至喜:《两湖两广出土春秋越式甬钟研究》,《湖南省博物馆馆刊》第1辑,2004年;刘彬徽:《楚季编钟及其他新见楚铭铜器研究》,《湖南省博物馆馆刊》第9辑,2012年;刘彬徽:《随州叶家山西周曾侯墓出土的甬钟和镈钟初论》,《湖南省博物馆馆刊》第11辑,2014年;刘彬徽:《楚系编钟与徐吴越编钟比较研究》,《湖南省博物馆馆刊》第2辑,2005年;高西省:《楚公编钟及有关问题》,《文物》2015年第1期;高西省:《西周早期甬钟比较研究》,《文博》1995年第1期;高西省:《商周时代南北甬钟之关系及南北文化交流之检讨》,《东南文化》1991年第6期;高西省:《关于商周钟一些问题的探讨》,《文物》1996年第1期;Lothar von Falkenhausen, *Suspended Music: Chimebells in the Culture of Age China*, Berkeley and Los Angeles:University of California Press, 1993。其他研究成果众多,恕未能一一列举。

特点,进而在此基础上提出了"庙制"与"葬制"的区别。张昌平先生则对曾国乐钟进行了深入的探讨,不仅梳理了早期镈钟在南方地区的发展脉络①,并发现曾国贵族对于甬钟形态具有特殊的偏好②。②编钟数量、组合与身份等级的关系。郭宝钧先生在发掘辉县琉璃阁墓地时就已十分关注编钟数量与贵族身份的对应情况③,而王世民先生则重点探讨了春秋战国时期乐器与礼器的组合关系④,常怀颖先生又梳理了西周时期乐钟组合与贵族身份的等差制度⑤。③乐钟的出土位置。如赵世纲先生即依据乐钟的出土位置复原了王孙诰编钟的悬挂方式⑥。不过这些研究仍以个案居多,且主要偏重西周时期,所以现阶段还需要从更宏观的视角进行长时段、系统性的考察,尤其要关注东周时期日益丰富的乐钟资料。

此外,"乐悬制度"仍是这一时期被持续关注的议题。裘锡圭、李家浩、饶宗颐、陈双新等学者从古文字角度探讨了乐钟的名实、"肆、堵"之义、乐律及编列等问题⑦;台湾学者曾永义则依据《仪礼》所载复原了"乐悬制度"的具体组合方式⑧。曾侯乙墓编钟出土之后,多被认为是"轩悬"制度的范本,并屡有学者论及。但实际上,曾侯乙编钟本身仅有两面,尚需依靠北面的编磬方能构成三面"轩悬"之制,如若这样取舍,士一等级"特悬"又该做何理解呢(究竟取编钟还是编磬)?《仪礼·大射礼》篇中的相关记载也无法与此墓所见契合。其它诸侯墓葬亦再未见到类似的钟虡结构,同时这样的搭配原则也不能被推及至其它使用折曲钟磬形式的贵族墓葬。所以,在现阶段随着考古资料的日益丰富,尤其是发现了更多采用折曲钟磬形式随葬的墓例,无疑可以为我们探讨"乐悬制度"提供新的契机。

---

① 张昌平:《早期镈钟》,《南方文物》2014 年第 1 期。

② 张昌平:《曾国青铜器研究》,北京:科学出版社,2008 年。

③ 郭宝均:《山彪镇与琉璃阁》,北京:科学出版社,1959 年。

④ 王世民:《春秋战国葬制中乐器和礼器的组合情况》,湖北省博物馆编:《曾侯乙编钟研究》,武汉:湖北人民出版社,1992 年,第 98 页。

⑤ 常怀颖:《西周钟镈组合与器主身份、等级研究》,《考古与文物》2010 年第 2 期。

⑥ 赵世纲:《淅川下寺春秋楚墓出土编钟的音高与音律》,收入河南省文物研究所等:《淅川下寺春秋楚墓》附录十,北京:文物出版社,1991 年。

⑦ 有关肆、堵的最新讨论参看李朝远:《从新出青铜钟再论"堵"与"肆"》,《中国文物报》1996 年 4 月 14 日;陈双新:《编钟"肆"、"堵"问题新探》,《中国学术》2001 年第 1 期;王清雷:《也谈兴钟的堵与肆》,《音乐研究》2007 年第 1 期。

⑧ 曾永义:《仪礼乐器考》,台北:台湾中华书局,1986 年。

总体看来,学术界对于西周时期的青铜乐钟已经有了较为充分的讨论,而东周时期列国纷争,地域文化特色凸显,《诗·小雅·鼓钟》:"以雅以南",毛传:"为雅为南也,舞四夷之乐,大德广所及也。东夷之乐曰昧,南夷之乐曰南,西夷之乐曰朱离,北夷之乐曰禁",青铜乐钟的制度性差异无论在横向与纵向上都有了许多全新的内容,又兼之传世的"三礼"等文献资料亦多属于这一时期,为探讨乐钟问题提供了较之西周阶段更多一层次的视角。再加上乐钟铭文、遣策、写实性图像等多维度资料的补充,无疑使得东周乐钟制度的研究更具挑战性与创新可能,故本书将研究的重心更多集中在东周时期,并取名"东周青铜乐钟制度研究"。

第三节　研究内容与方法

基于前贤的研究,本书将重点关注以下五个方面的内容:

①系统梳理宋、清两代学者关于周代乐制的研究成果。如陈旸《乐书》、陈祥道《礼书》、程瑶田《考工创物小记》、胡培翚《仪礼正义》、孙诒让《周礼正义》等,力求对典籍注疏有较为全面的了解,并将传世乐钟资料建立完备的数据库系统。

②周代乐钟的年代学研究。主要采用考古类型学的方法,兼取乐钟铭文资料,建立周代乐钟的基本年代体系,梳理出周代乐钟在形制、纹饰方面的发展、变化情况,并结合音律学知识,探索这种变化背后的成因。当然,由于周代乐钟器型变迁不似青铜礼器那样典型、明显,所以在进行编钟断代时,又要充分考虑乐钟组合因素,因为在特定的时代随着乐律的发展才能出现相应的编钟组合,如郑玄"二八之说"实际对应的是西周晚期的乐钟组合形式,甬、钮、镈钟齐备的钟列显然应出现在春秋中期之后,而双套钮钟编列形式的普遍流行则应晚至战国时期。

③编钟数量与组合的历时性变迁情况,及与音律的关联,探索编钟使用与身份等级的关系。这一点学界已有相对较好的研究基础,除继续补充、完善新的资料外,还将重点关注春秋晚期阶段乐钟组合形式的巨大变革,以及对战国乐制的深远影响。同时注意随葬乐钟的独特性,尤其是明器编钟所体现出的葬钟与演奏乐钟的差异。

④乐钟陈列与乐悬制度的异同。近年来,在曾侯乙编钟之外,又陆续发现

了多例采用折曲钟磬形式随葬的墓例,通过探讨这些特殊编钟陈列形式的异同,并进而与《周礼》《仪礼》书中所记载的"乐悬制度"进行对照,无疑可以进一步深化我们对于乐悬制度的理解,尤其是注意到乐钟在墓葬这样一类特殊物质载体中的调整、适应情况。

⑤梳理周代乐悬演奏的图像资料并对其进行初步探讨。这些图像资料不仅涉及乐器的组合方式,也展示出演奏的姿态、固有的表演环境和场所,所以对于研究周代礼仪用乐的社会文化背景及意义将大有裨益。

基于上述研究目的,我们将全书共分为十一章及相关附论一章:

第一章《绪论》,旨在简要阐述本课题的研究意义,并介绍全书的篇章结构及主要研究方法、目标,同时对研究的时空范围、名辞界定、资料来源、截止时间等做出相应说明。

第二章《东周青铜乐钟的年代学研究》,将在系统收集东周时期出土及传世乐钟资料的基础上,采用考古类型学的研究方法,按照出土地域的不同,分别对中原三晋两周文化区、山东齐鲁及泗水诸国文化区、南方楚文化区、东南吴越文化区的编钟进行分期断代研究①(图 1-3),初步建立起东周乐钟的年代变化序列,寻找不同地区间乐钟形制、纹饰的变化规律及相互影响,为后续研究奠定较坚实的年代学基础。

第三章《周代乐钟的埋葬制度》,将基于乐钟葬制与庙制的不同,从乐钟埋葬制度的视角来考察西周至东周时期不同等级贵族墓葬内所用乐钟的规模及组合,建构随葬乐钟的等差制度框架,为认识周代社会的等级结构与变迁提供乐器层面的新认识。

第四章《葬钟陈列与周代乐悬制度》,通过系统梳理《周礼》《仪礼》等典籍文献中关于"乐悬制度"的记载与历代注疏,首先辨明典籍中记载的"乐悬制度"原貌,再与考古资料中所见随葬乐钟的实际摆放形式、尤其是日益增多的折曲钟磬实例进行比较,从而来讨论随葬乐钟的摆放原则以及典籍中"乐悬制度"的形成背景,这样就为研究礼制文献的成书问题提供了一种新的视角。

---

① 关中秦文化区出土乐钟以西周时期为大宗,且学界已有充分的讨论,而东周时期乐钟数量稀少,故不再单独讨论。

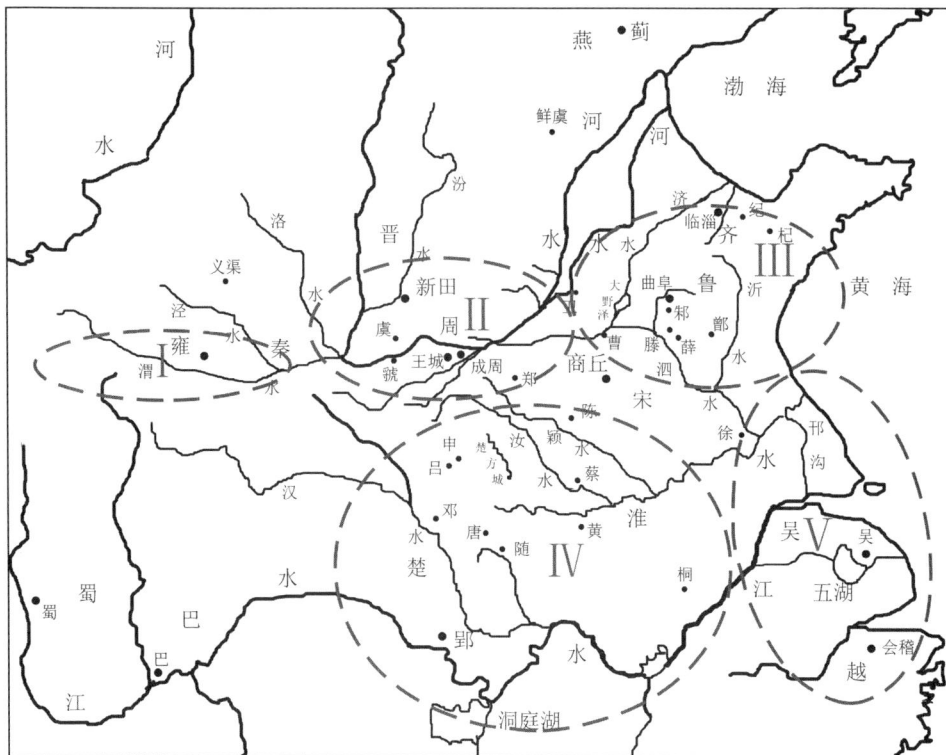

Ⅰ区:关中秦文化区;Ⅱ区:中原三晋两周文化区;Ⅲ区:山东齐鲁及泗水诸国文化区;
Ⅳ区:南方楚文化区;Ⅴ区:东南吴越文化区

图1-3 东周时期地域文化分区示意简图①

第五章《春秋晚期乐钟随葬制度的变革》,重点从曾国、晋国的考古资料出发,来探讨春秋晚期阶段这两个地区内乐钟埋葬制度所发生的显著变革及其对周边国家的影响。其中曾国高层倾向采用具有古老特征的甬钟,而北方的晋国权贵却更喜好雍容华贵的镈钟,这种差别的出现既是东周礼乐文化区域性凸显的反映,也为战国时期新的乐制形成奠定了思想和技术基础。

第六章《者汈编钟与越国乐制》,将从对乐钟的整体考察转入对单套重要乐钟的个案研究。通过现存的者汈编钟实物,从组合、铭文、音律的角度来尝

---

① 以上分区主要参考李学勤先生《东周与秦代文明》(上海:上海人民出版社,2007年)一书中的分区概念。当然,这种分区是较为初步和概略的,旨在大体揭示出上述文化区的基本分布范围,在细节上是无法做到面面俱到的。具体乐钟的出土位置则可以参考本书后续章节诸图。

试复原其原本的组合形态,进而结合考古出土资料,利用乐钟制度的时代差异性来判定其年代。由于者汈编钟上有铭文"唯越十有九年",故不仅可以精确其属于越王翳十九年之物,亦可以进一步结合越国出土的其他乐钟资料,来尝试探讨越国乐制的"二分现象"。

第七章《钟离君柏墓的礼乐器制度》,将同时从青铜礼器和青铜乐钟两个角度来尝试讨论钟离君柏这样一个淮水流域诸侯的礼制等级问题,以及他的礼制思想渊源,为礼乐器并合研究提供一个行之有效的范例。当然,这座墓葬内随葬钟磬的特殊摆放形式也具有极为重要的礼制意义,为辨析典籍所载"判悬"的具体形制提出了新的启示,值得我们关注。

第八章《沂水纪王崮春秋墓的礼乐器制度》从考古资料出发,探讨了山东地区这座特殊的贵族墓葬的年代、国别和礼乐思想渊源等问题。继续采用礼乐器综合考察的思路,分析了礼器制度与乐钟制度的异同及互动情况,厘清了墓主人礼乐制度的来源和通过礼乐器来展现身份等级的具体举措,进而认识了鲁东南地区与周边区域的礼乐文化交流、传播情况。

第九章《王孙诰编钟的乐制与器主》,将尝试从乐钟制度的视角来比较王孙诰编钟与同时期其他楚系编钟的不同,进而指出其乐制的不同来源。再通过进一步对比同时期南方出土的周王孙、宣王孙、吕王孙、申王孙等含有"王孙"自铭的铜器,指出"王孙"称谓并不特定指向楚人,王孙诰有可能是与随州季氏梁所见周王孙季怠一样,属于姬姓曾国贵族(偏好使用甬钟),与下寺 M2 的墓主无涉。

第十章《由铭文论东周时期乐钟功能的变化——以行器为例》将从乐钟自铭出发,来尝试探讨东周时期乐钟功能的分化问题。"行钟"无疑是一个极好的例子,这类自铭不仅广泛出现于青铜乐钟和青铜礼器上,亦在文献中有大量记载,这样通过系统考察"行器"、"行钟"的形制、纹饰、铸造、功能等特点,再结合对文献记载的梳理,便可以了解东周时期随葬成套行钟的具体内涵,并揭示出东周时期专门随葬乐钟(以之"大行")现象的出现,与书中其他章节相呼应。

第十一章《东周画像铜器上的乐悬考论》,将在全面梳理东周时期画像铜器上所见各种乐悬图像的基础上,分析其乐悬制度和悬挂特点,从乐钟制度的层面来判明此类组合流行的时代,进而讨论这些乐悬场景所在背景图像的主旨。

《结语》部分将对上述讨论做一个基本的总结,并尝试从乐钟变化的视角来认识东周社会的变革性,同时提出未来值得继续探索的问题。结语之后另有一个附论,主要通过对汉代乐钟资料的考察,来思考周代乐钟制度对于汉代礼制形成的重要影响,探索汉代乐制形成的多种源头,以及周汉之间礼乐制度所发生的部分重要变化。

围绕全书也是作者希望能够解决的三个核心问题分别是：①能否利用考古类型学方法为东周时期不同地区出土的乐钟建立科学规范的年代序列，进而解决乐钟的年代学问题？②周代乐钟的埋葬制度是否与贵族生前在宗庙、宫廷里的用乐制度一致？抑或是采用完全不同的原则？调整的依据又是什么？礼制文献中的记载究竟是基于哪种礼制实践（礼典）而编撰的？③乐钟类型、组合能否成为判断周代贵族身份等级的又一有效工具？我们能否基于乐钟葬制的变革，来考察周代社会等级体系的变迁？

最后，必须指出的是，乐钟研究涉及律、调、谱、器等不同层面，包含乐钟断代、类型分析、铭文释读、组合演变、音律发展、陈设形式等诸多内容，唯此方称完全。但前贤对其中部分议题已多有宏论，故本书主要侧重于从考古学的视角来考察东周时代的乐钟制度问题，以求对社会发展变迁提供另一种观察视角。但有研究不深入或未曾言及者，皆是笔者能力所限，敬请学界谅解。

第四节　相关说明

一、关于青铜乐钟的定名，本书主要沿用学界惯例，即甬钟（舞部上为甬管设斡旋）、钮钟（桥型钮、弧形于口）、镈钟（于口近平、兽型钮）的分类体系，同时兼顾编钟铭文资料。尽管学界对乐钟名实、分类等问题仍存在许多争议，如铃钟的由来、镈钟的钮钟化、行钟与歌钟的区别、肆堵之含义等，但本书多选择将其暂时搁置，以为论述之便。

二、本书所论年代范围包括西周与东周两个时期。西周时期采用学界目前普遍遵循的三期六段说，即西周早、中、晚期，并各分早晚两段；东周时期（770BC—221BC）又分为春秋与战国两个大的阶段，以453BC"三家分晋"为界。春秋阶段分为三期，每期约100年，战国阶段亦分三期，每期约80年。由于本书主旨重点讨论乐钟制度，故对历史年代分期问题并未详加论证。

三、本书采用的考古简报、报告、青铜器著录资料与参考诸家论述，发表时间大致截止于2018年12月。限于笔者眼界学识，前贤论述难免挂一漏万，敬请读者指正。

四、本书部分章节此前已在一些专业期刊、论文集等处发表，此次经统一整理修改后，亦收录于此。

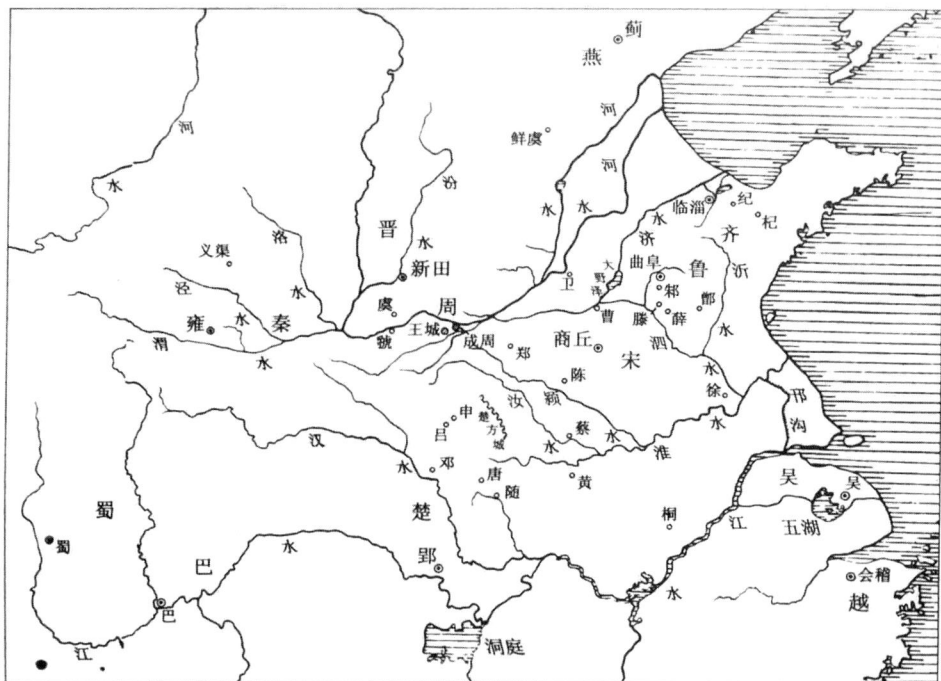

图 1-4　春秋时期形势图（江河地区）①

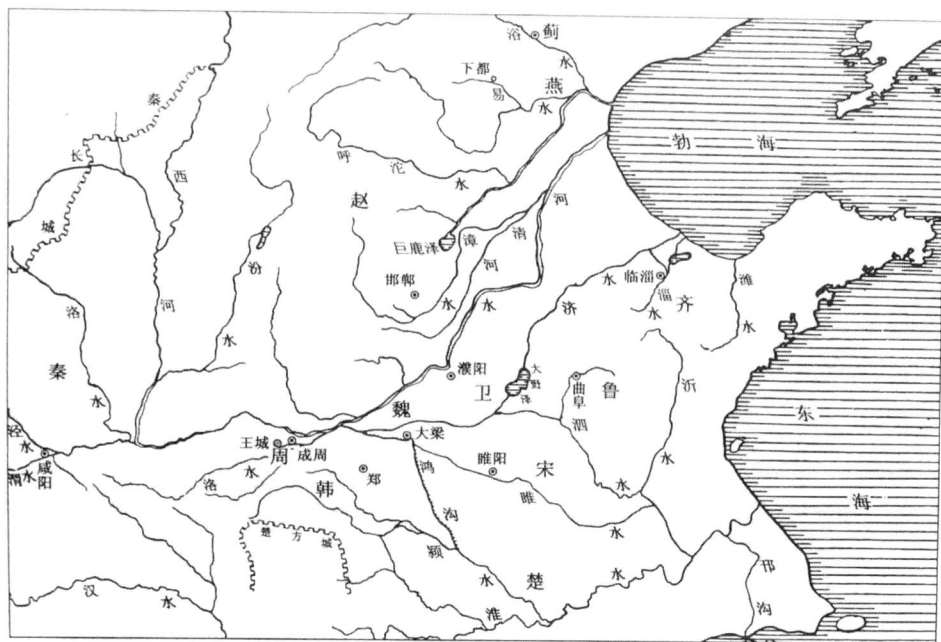

图 1-5　战国时期形势图（黄淮地区）②

① 李学勤：《东周与秦代文明》，上海：上海人民出版社，2007年，第5页。
② 李学勤：《东周与秦代文明》，第7页。

第二章　东周青铜乐钟的年代学研究

年代问题是历史研究的基石。宏观而动态地考察周代乐钟制度的发展面貌，进而认识两周不同阶段、不同等级的乐制特点及变化情况，无疑应是以对乐钟的精确断代工作为基础的。在这一方面，考古类型学显然具有得天独厚的优势。故本章希望在全面地收集、整理各地出土与传世的乐钟资料基础上，按照地域的不同，利用考古类型学方法来尝试解决周代乐钟的年代学问题。

由于西周时期所出乐钟几乎均为甬钟，且各地区间在乐钟形制、纹饰上仍较为相似，乐钟形态、制度的地域性尚未凸显，而且对于西周乐钟，学界已经进行了较为细致而充分的类型学探讨（详下文），故本章将重点关注东周时期各地区青铜乐钟的类型与年代问题。

第一节　周代乐钟年代学研究的回顾与评述

西汉初年，承暴秦焚书之弊，礼乐荒废，而乐制尤甚。《汉书·艺文志》记载："周衰俱坏，乐尤微眇……汉兴，制氏以雅乐声律，世在乐官，颇能纪其铿锵鼓舞，而不能言其义。"因此，针对声律犹存而乐义不明的现状，汉世诸儒颇重乐理、乐义的探索与阐发（如《礼记·乐记》、《史记·乐书》诸篇）[1]，而对于钟磬的铸造、摆放、演奏等具体乐器制度层面则关注较少[2]，更遑论乐钟的断代之学了。北宋时期，金石之学兴盛，一批传世青铜乐钟资料得以通过图像著录的形式被保存下来，并依据铭文释读进行了基础性的定名、断代工作。聂崇义制

---

[1]　余作胜：《两汉乐书的文献学研究》，四川师范大学博士学位论文，2012年。

[2]　当然这其中的原因是多层次的。乐器、乐律的传承多依赖乐工、乐匠，但其身份卑微，常常"口传心授"，无法形成系统化的知识语言，即《后汉书·律历志上》中所言："音不可书以晓人"，北京：中华书局，1965年，第3015页。

《三礼图》①反映了唐五代以来礼学家们对于礼器与仪式的认识,附图并简要描述其形制特征,但重点放在介绍乐钟各部分的名称与尺寸上,并未在乐钟类别下再进一步对其分类。这一时期的乐钟作为乐制的物质载体而得到重视,主要收藏者是寻求"隆礼制乐"的朝廷和好古的士大夫群体。宋廷多以其政治影响力而被动地获得古物,崇宁四年铸成的大晟编钟,即以徽宗朝时端州上呈的"宋公戌"编钟为标本。宋地所献的宋公成编钟六件,大小有序,根据《宣和博古图》等摹本所绘图及与今日考古材料比对,基本上具有春秋编钟的特点。相较于《三礼图》而言,宣和宫廷对乐钟大小和音高的对应关系有了进一步的认识,推测应是来自于当时的实物收藏与检测("以大小有序发出不同而紧邻依序的音高,惟有在有实物实测的基础上,才能识得")②。而士大夫们则主动地在"山崖墟墓"之间,从"耕夫牧儿"手中搜集古铜器。刘敞从骊山北原得到十件钟,对其写"赞",容庚对刘敞收藏有详细的考证③。广为人知的吕大临《考古图》即是他集结 40 家、237 器的学术成果,其中亦著录周代乐钟 8 件④,而后王黼奉命编纂的《宣和博古图》收录周代有铭乐钟 17 件⑤。《宣和博古图》与《考古图》相比虽然具有断代、分类、与礼制相关联、解释纹饰与器制等方面的进步,但《考古图》中所强调的器物"出土地点"及"收藏来源",却不幸被《宣和博古图》所抛弃,一方面与其搜罗范围更广杂有关,另一方面也因主笔者并无此记录意识而致许多信息就此湮没。总体上看,宋人的研究更偏重于铭文的考释,甚至可能抛弃了一部分无铭文器物不予收录,但其开创的古器物命名、分类方法和较早的摹绘图像意识为日后的乐钟研究保留了珍贵的资料。如著名的"许子(将师)钟",即见诸薛尚功《历代钟鼎彝器款识法帖》(第十四条)、吕大临《考古图》(卷六)、王黼《宣和博古图》(卷二十六)等书中,并依据铭文将其辨认为周代许国晚期礼器,具有相当程度的科学之处。终宋一代,对于包括乐钟在内的古器物类型研究止于分类之下的高低大小、广狭深浅尺寸,在朱熹淳熙六年所上《乞颁降礼书状》中可见一斑。此状上书于尚书礼部,言兵

---

① （宋）聂崇义:《三礼图》卷 5,《钦定四库全书会要》,影印本。
② 陈芳妹:《青铜器与宋代文化史》,台北:台大出版中心,2016 年,第 29～30 页。
③ （宋）刘敞:《公是集》卷 49,《钦定四库全书会要》,影印本。容庚:《宋代吉金书籍述评》,《颂斋述林》,北京:中华书局,2011 年,第 32～34 页。陈芳妹:《青铜器与宋代文化史》,台北:台大出版中心,2016 年,第 159 页。
④ （宋）吕大临:《考古图》,上海:上海书店出版社,2016 年。
⑤ （宋）王黼:《宣和博古图》,上海:上海书店出版社,2017 年。

火以来,州郡《政和五礼新仪》印本往往散失,申请再度镂版,以行州县。要求彩页图本,详著尺寸,显示朱熹深刻了解礼制实行时,建立标准器制图式以进行教化的重要①。

后至晚清时期,乾嘉之学的发展促成了古器物著录与考证的再次兴盛。如梁诗正奉敕编撰的《西清古鉴》、王杰等奉敕编撰的《西清续鉴甲编》、《西清续鉴乙编》和《宁寿鉴古》等书②,著录了清宫收藏的古代铜器,其中不乏周代乐钟的资料。私人编撰的图录和著作有端方的《陶斋吉金录》及其《续录》二卷③,阮元的《积古斋钟鼎彝器款识》④,孙诒让的《古籀拾遗》、《古籀余论》等书⑤,但多倾向于铭文的考释,而忽视了周钟乃至其他古器物的纹饰、大小、类型的研究。

不过较之宋儒而言,清代乾嘉学派十分重视"乐本"与"乐理"的探索,关注礼乐制度名物及其音乐思想的"乐本考证",以及声音器数的"乐理考证",皆能探颐索隐,钩沉至远。孙晓辉女士对此已有十分详尽的梳理⑥,可兹参看。

20 世纪 30 年代初,随着西方考古类型学传入国内,这一方法立即被应用于乐钟所属青铜器类的研究。类型学研究以大量实物资料为基础,通过研究遗迹和遗物的形态变化过程,寻找其演变规律,建立起各种形制或纹饰对应的时间坐标,并分析其产生变化的机制,如生产和生活状况以及社会关系、精神活动等。回顾过去这近百年的乐钟类型学研究历史,可以将其划分为以下几个大的阶段:

一、初创阶段: 20 世纪初至 70 年代末

20 世纪初期,由于国内政治环境的不稳定和考古发掘水平的限制,这一时期发现的重要乐钟不多,包括西周时期的扶风法门寺任家村窖藏⑦、春秋时

---

① 陈芳妹:《青铜器与宋代文化史》,台北:台大出版中心,2016 年,第 211 页。
② (清)梁诗正等编:《西清四鉴》,北京:文物出版社,2018 年。
③ (清)端方:《陶斋吉金录》,北京:朝华出版社,2018 年。
④ (清)阮元:《积古斋钟鼎彝器款识》,杭州:浙江古籍出版社,2019 年。
⑤ (清)孙诒让:《古籀拾遗·古籀余论》,北京:中华书局,1989 年。
⑥ 孙晓辉:《乾嘉音乐学术论略》,《中国音乐学》2016 年第 3 期。
⑦ 吴镇烽、李娟:《扶风任家村西周遗宝离合记》,《文博》2010 年第 1 期。梁其钟馆藏地点:上海博物馆藏 3 件,南京博物院藏 1 件,法国吉美博物馆藏 1 件,仍有一部分下落不明。另有 1 件云纹钟现藏于扶风县博物馆。

期的河南新郑李家楼大墓[①]、战国时期的汲县山彪镇墓葬[②]和辉县琉璃阁甲乙二墓[③]等。相关研究成果也主要来自于古文字学家，他们对新出土器物铭文的考证和对已有著录的器物进行再整理的工作，奠定了周代乐钟科学研究的基础。如郭沫若先生的《两周金文辞大系图录考释》，创造了著名的标准器断代法，建立了《列国标准器年表》，利用铭文考释阐发了大量的社会史资料，指引了周代乐钟研究的方向。唐兰先生的《西周青铜器铭文分代史徵》收录并考释了5件乐钟铭文[④]，《古乐器小记》则从字形、字义角度梳理了乐钟的来源和功用，认为"钟"本身为容量器而兼乐器，分析了乐钟各部分的名称以及悬挂制度等[⑤]。容庚先生的《商周彝器通考》收录了33件乐钟和2件钟鉤。在第四章"时代"中，梳理了从宋代开始的对青铜器进行断代的材料，介绍各家断代方法[⑥]：如马衡利用文字和出土地为证；刘师培以三统历为主，以殷历、鲁历为辅，作《周代吉金年月考》；王国维用长历推定各器；吴其昌作《金文历朔疏证》；以及郭沫若先生的标准器断代法等。此章的后半部分还列举了从武王直到显王及秦始皇统一以前的各时代典型青铜彝器，并将彝器时代划分为商前期、西周前期、西周后期、春秋战国期等四个阶段。他所列举的器物较全面地覆盖了当时已知的乐钟资料[⑦]，虽然并未进行纹饰分析和类型学研究，但已然建立起一个周代乐钟发展变化的基本框架，说明详细的铭文断代考证亦能够成为周钟类型学研究的重要参考。另外，郭宝钧先生在整理汲县山彪镇的编钟资料时，以钟体上的纹饰为准绳，将两组编钟分为蟠螭纹编钟类5件、散虺纹编钟类9件，并测量了各钟的钮高、铣长、舞广、舞修、鼓间、铣间、钟厚、重量等数据，将其与《考工记》相比较，认为"《考工记》确是一部战国时代的工艺界工作

---

① 杨文胜：《新郑李家楼大墓出土青铜器研究》，《华夏考古》2001年第3期。

② 中国科学院考古研究所：《山彪镇与琉璃阁》，北京：科学出版社，1959年，第10页。

③ 河南博物馆、台北"国立"历史博物馆编：《辉县琉璃阁甲乙二墓》，郑州：大象出版社，2011年12月。

④ 唐兰：《西周青铜器铭文分代史徵》，北京：中华书局，1986年。这5件乐钟分别是共王时器：走钟，益公钟；懿王时器：虢钟，𫚉钟；厉王时器：宗周钟。

⑤ 故宫博物院编：《唐兰先生金文论集》，北京：紫禁城出版社，1995年，第346页。

⑥ 容庚：《商周彝器通考（上）》，北京：中华书局，2012年，第28～65页。

⑦ 有懿王时代器郑井叔钟，厉王时代克钟六器（作于十六年九月初吉庚寅）、单伯吴生钟、吴生钟、虢叔钟七器、𣫏钟，宣王时代楚公逆镈，简王时代尸镈、尸编钟十三器、秦公钟、宋公成钟六器、邾公牼钟四器，灵王时代邾公华钟，考王时代楚王酓章钟，威烈王时代□羌钟四器、□氏编钟九器等。容庚：《商周彝器通考（上）》，北京：中华书局，2012年，第52～63页。

实况和传授技巧的真实记录"①。陈梦家先生也根据纹饰对海外博物馆所收藏的 4 件乐钟进行了断代②。他们的研究尽管在分类方法上稍显粗糙,也存在争议之处,但在数据测量、记录、保存以及与传世文献相对照方面,做出了重要的贡献,直接促成了周代乐钟类型学研究的出现,并被证明是行之有效的。

1949 年随着新中国的成立,科学规范的田野发掘工作逐步展开,收获了又一批重要的新出土乐钟资料,能够有代表性地反映周代乐钟的历时性特征。其中,西周乐钟的重要发现有:河南上村岭虢国墓地 M1052③、扶风齐家村铜器窖藏④、扶风强家村⑤、陕西长安普渡村长由墓⑥、庄白一号窖藏⑦等;东周乐钟的重要发现包括:安徽寿县蔡侯墓⑧,陕西宝鸡太公庙窖藏⑨,淅川下寺楚墓⑩,信阳长台关楚墓 M1、M2⑪,江陵天星观 1 号楚墓⑫等;战国乐钟的重要发现有江苏连云港九龙口战国墓⑬等。这一时期在研究方法上仍部分延续了金石学的传统,相对偏重有铭乐钟资料,而在使用类型学方法时并无严格的标准,给后续的整理和再研究工作造成了一些混乱。在研究的总体方向上,以黄翔鹏先生为代表的音乐史与音律学者更侧重于音乐史问题的研究,通过对各地出土音乐文物的调查分析,发现了先秦编钟"一钟两音"的规律,并在 70 年代末出土的曾侯乙编钟上得到验证⑭,激发了音乐考古学界研究周代乐钟的热情。

---

① 中国科学院考古研究所:《山彪镇与琉璃阁》,北京:科学出版社,1959 年,第 6~10 页。

② 陈梦家编纂:《海外中国铜器图录》(第二集),北京:中华书局,2017 年,第 343 页。

③ 中国科学院考古研究所编著:《上村岭虢国墓地》,北京:科学出版社,1959 年,第 22 页。

④ 陈公柔:《记几父壶、柞钟及其同出的铜器》,《考古》1962 年第 2 期。

⑤ 吴镇烽、雒忠如:《陕西省扶风县强家村出土的西周铜器》,《文物》1975 年第 8 期。

⑥ 陕西省文物管理委员会:《长安普渡村西周墓的发掘》,《考古学报》1957 年第 1 期。

⑦ 陕西周原考古队:《陕西扶风庄白一号西周青铜器窖藏发掘简报》,《文物》1978 年第 3 期。

⑧ 陈梦家:《寿县蔡侯墓铜器》,《考古学报》1956 年第 2 期。

⑨ 卢连成、杨满仓:《陕西宝鸡县太公庙村发现秦公钟、秦公镈》,《文物》1978 年第 11 期。

⑩ 河南省文物研究所、河南省丹江库区考古发掘队、淅川县博物馆:《淅川下寺春秋楚墓》,北京:文物出版社,1991 年,第 79、140、257 页。

⑪ 河南省文物研究所编:《信阳楚墓》,北京:文物出版社,1986 年。

⑫ 湖北省荆州地区博物馆:《江陵天星观 1 号楚墓》,《考古学报》1982 年第 1 期。

⑬ 国家文物局主编:《中国文物地图集·江苏分册》,北京:中国地图出版社,2008 年,第 664 页。

⑭ 关于"双音钟"的发现问题,马承源先生与黄翔鹏先生约略同时。参看马承源:《商周青铜双音钟》,《考古学报》1981 年第 1 期。需要指出的是,据吕大临《考古图》收录五件走编钟的描述,宋代或已对编钟的双音现象有所发现。参看方建军:《音乐考古学通论》,北京:人民音乐出版社,2020 年。

二、第一个研究高潮：70 年代末至 80 年代末

1977 年湖北随县擂鼓墩曾侯乙墓编钟的发现成为中国音乐考古学发展史上的重要分水岭①。一大批考古学家开始投身周代乐钟的探索，并推动了乐钟类型学研究的兴盛。这一时期也出现了第一批开设音乐考古学专业的高等院校，中国艺术研究院从 1982 年开始招收音乐考古专业硕士研究生，武汉音乐学院在 1989 年也设置了音乐考古学专业并招生。

与上个阶段出土乐钟资料缺失、流离失所的情况不同，这一时期的发现基本都公布了具体详细的发掘报告，在基础数据上兼有测音和编列研究。如：陕西宝鸡西周强国墓地②、陕西长安张家坡 M163③、山西闻喜上郭村墓葬④、河南平顶山应国墓地⑤、陕西眉县杨家村青铜器窖藏⑥、江苏东海庙墩遗址和墓葬⑦等，它们为周代乐钟的类型学研究提供了一批价值较高的基础资料。同时期的研究主要关注的问题包括周钟的源流、周钟在古代礼仪中的作用及其在乐器史上的地位、周钟各部位名称及其作用的考察、周钟的发音原理、周钟的音阶和音律等五个方面⑧，而周代乐钟的类型学研究却还未受到足够的重视。一部分考古学家在逐渐丰富的实物资料基础上开始进行分区断代研究，起初以器表纹饰为主要分型分式的标准，而后扩展至乐钟各部分形制比例等更具有说服力的方面。

根据出土乐钟的地区特点，大多数研究者将其分为南方和北方两大区系。关于南方地区的乐钟，高至喜先生收集了湖南出土的 3 件铜镈，分析南方铜镈的纹饰特点和时代特征⑨，之后进一步研究商周铜镈的类型学，根据纹饰不同

---

① 湖北省博物馆编：《曾侯乙墓》，北京：文物出版社，1989 年。

② 卢连成、胡智生：《宝鸡强国墓地》，北京：文物出版社，1988 年。

③ 中国社会科学院考古研究所：《张家坡西周墓》，北京：中国大百科全书出版社，1999 年，第 164 页。

④ 王子初：《音乐考古》，北京：文物出版社，2006 年，第 128 页。

⑤ 河南省文物考古研究所、平顶山市文物管理局：《平顶山应国墓地》，郑州：大象出版社，2012 年。

⑥ 刘怀君：《眉县出土一批西周窖藏青铜乐器》，《文博》1987 年第 2 期。

⑦ 尤振尧、周晓陆：《江苏东海庙墩遗址和墓葬》，《考古》1986 年第 12 期。

⑧ 潘建明：《周钟综述》，《黄钟（武汉音乐学院学报）》2019 年第 2 期。

⑨ 高至喜：《湖南出土的西周铜镈》，《乐器》1984 年第 5 期。

将 15 件铜镈分为鸟饰、虎饰、云纹、龙纹的 4 型 10 式[①];殷玮璋、曹淑琴的合著[②]把研究范围从单一的省份扩大到文化地理区系层面,将甬钟分为中原、江浙、湖南三个区系,再按纹饰不同分为数个不同的型,并在原来的纹饰分类标准上增加了以旋、干的有无来判断甬钟时代的早晚[③]。关于北方地区的乐钟,中国艺术研究院音乐研究所的首批毕业生蒋定穗的硕士学位论文《陕西出土西周钟研究》根据纹饰不同将西周共王之前的甬钟分为 4 型[④]。方建军在此基础上考察陕西出土西周和春秋时期的甬钟,根据不同部位的纹饰特点进一步细化分类标准,最终划分出 5 种类型,分别是 A 型舞篆鼓皆饰云纹,钲篆四边皆以连缀小乳钉为界;B 型舞饰阴线云纹,篆鼓饰阳(或阴)线云纹;C 型舞鼓多饰阴线云纹,篆间饰斜角云纹或双头兽纹,钲篆四边以粗阳线弦纹为界;D 型舞饰阴线云纹,篆间饰斜角双头兽纹,鼓饰对夔鸟纹,钲篆四边以粗阳线纹为界;E 型舞饰阴线云纹,篆鼓饰阳线云纹或夹杂小乳钉,钲间饰三角纹或云纹夹杂小乳钉,钲篆四边以细阳线夹小乳钉为界[⑤]。马承源先生的《中国青铜器》书中以腔体、鼓部形状为区分标准整理了西周器共 7 式,春秋器共 6 式,战国器共 7 式[⑥]。不过这一结论只是根据各时期典型的形制抽象归纳出来的式别,一式只能对应一件器物,似不具有普遍意义。

这一阶段的研究经过分区整理和型式划分,基本总结、归纳出了南北方周代乐钟的型式特点,也给下一阶段的研究提出了新的问题:在横向上,不同区系的周代乐钟之间有何关系?在纵向上,各区系内部周钟发展的源流如何?这些都有待于更细致的类型学研究来解决。

三、持续发展时期:20 世纪 90 年代

进入 90 年代后,新的重要发现和发掘报告的出版推动了音乐考古学研究

① 高至喜:《论商周铜镈》,《湖南考古辑刊》1986 年第 3 期。
② 殷玮璋、曹淑琴:《早期甬钟的区、系、型研究》,《考古学文化论集》,北京:文物出版社,1989 年。
③ 殷玮璋、曹淑琴:《长江流域早期甬钟的形态学分析》,《文物与考古论文集》,北京:文物出版社,1986 年。
④ 蒋定穗:《陕西出土西周钟研究》,中国艺术研究院研究生部音乐系硕士学位论文,1981 年 12 月。
⑤ 方建军:《陕西出土西周和春秋时期甬钟的初步考察》,《交响》1989 年第 3 期。
⑥ 马承源:《中国青铜器》,上海:上海古籍出版社,1994 年,第 285~291 页。

的蓬勃发展。本期的发现更多集中在东周时期,如山东长清仙人台春秋邿国墓地 M6[①]、淅川两岭(和尚岭、徐家岭)春秋楚墓[②]、新郑中行等东周窖藏[③]等。西周时期的晋侯苏编钟由上海博物馆从境外回购入藏,剩余两件也在山西北赵晋侯墓地 M9 和 M64[④] 中出土,由此产生了许多西周铜器断代和晋国历史研究方面的新成果[⑤]。各个高校的音乐考古专业也发展起来,他们培养的第一批毕业生在周代乐钟研究方面建树众多。王子初先生撰写了一系列地区音乐文物的综述[⑥]。百科全书式的《中国音乐文物大系》建立起中国音乐文物发展的时空框架和资料集合,为这一时期的类型学研究提供了较为全面和系统的基础资料[⑦]。《中国上古出土乐器综论》则树立了音乐考古类型学研究的典范[⑧]。

　　这一时期以周代乐钟的区系类型研究最为兴盛,基本确定了其地域性特征和传播路径。杨涛先生以青铜镈钟的钮部为标准,区分型式,找出南北方镈钟各自的演变规律[⑨];刁淑琴总结了北方地区出土的西周青铜甬钟在甬部、钲部、篆间、鼓部、舞部等各部分纹样的历时性演变规律[⑩];施劲松先生探讨了南

① 李寿水:《五峰仙人台邿国墓地》,《春秋》1998 年第 4 期。

② 河南省文物研究所、淅川县博物馆:《淅川县和尚岭与徐家岭楚墓》,郑州:大象出版社,2006 年。

③ 河南省文物考古研究所新郑工作站:《郑韩故城青铜礼乐器坑与殉马坑的发掘》,《华夏考古》1998 年第 4 期;河南省文物考古研究所:《新郑郑国祭祀遗址》,郑州:大象出版社,2006 年。

④ 北京大学考古系、山西省考古研究所:《天马—曲村遗址北赵晋侯墓地第二次发掘》,《文物》1994 年第 1 期。北京大学考古系、山西省考古研究所:《天马—曲村遗址北赵晋侯墓地第四次发掘》,《文物》1994 年第 8 期。北京大学考古系、山西省考古研究所:《天马—曲村遗址北赵晋侯墓地第五次发掘》,《文物》1995 年第 7 期。

⑤ 王子初:《音乐考古》,北京:文物出版社,2006 年,第 125 页。马承源:《晋侯苏编钟》,《上海博物馆集刊》第七辑,1996 年。王子初根据形制的不同将全套十六钟分为三式:Ⅰ式有旋而无斡,Ⅱ式有斡,Ⅲ式更适合悬奏;马承源根据铭文文义分为音列相同的二组,每组八枚。主要依据还是形制部分的特征和铭文。

⑥ 王子初:《湖北音乐文物综述》,《中国音乐学》1997 年第 1 期;王子初:《上海音乐文物综述》,《中国音乐学》1998 年第 3 期;王子初:《近年来我国吴越音乐考古资源的调查与研究》,《艺术百家》2015 年第 1 期。

⑦ 《中国音乐文物大系》总编辑部编:《中国音乐文物大系》,郑州:大象出版社,1996—2011 年。

⑧ 李纯一:《中国上古出土乐器综论》,北京:文物出版社,1996 年。

⑨ 杨涛:《先秦青铜镈研究》,《黄钟(武汉音乐学院学报)》1993 年第 3 期。"南方镈皆为环钮,可分为一型四式,中原镈可分两型,A 型为兽型钮,分为八式,B 型为环形钮,分为四式。"

⑩ 刁淑琴:《北方出土的西周青铜甬钟》,《华夏考古》1998 年第 3 期。

方地区出土的铜铙和甬钟的演变[①];殷玮璋先生开创性地从乐钟的类型角度探讨南方青铜文化对周边地区的影响及扩散路径,是周代乐钟类型学研究从单纯的分型分式到追求揭示文化发展规律的一大进步[②];洛阳博物馆的高西省先生以西周早期甬钟为主要研究对象[③],通过探讨北方地区出土甬钟的形制特点,将其与同时期江南乐钟进行比较,认为南方系统甬钟发展线索清楚,演变明确,而北方西周早期钟很可能是在南方商晚期至西周早期钟的基础上发展起来的[④]。除了个体乐钟的区系类型研究外,关于周钟编列的组合研究同样值得关注。佘红英在考古学分区探索的基础上,分期讨论了中原与南方地区出土的两周青铜乐器组合特点[⑤];李纯一先生开创性地将分型分式的视角从纹饰转移到了钟体的器型特征上,将上古甬钟分为四型:以中原地区周式甬钟为代表的Ⅰ型,以江汉地区楚式甬钟为代表的Ⅱ型,以五岭地区越式甬钟为代表的Ⅲ型,以川鄂湘地区巴式甬钟为代表的Ⅳ型,探究其发展序列、演变途径及规律,以及其在社会历史发展中的功用和地位[⑥]。

　　分期断代研究与上述的区系类型研究构成了这一阶段周钟类型学研究的两大支柱。关于分期方面的经典论述如《西周青铜器分期断代研究》,根据钟体纹饰,主要是钲、篆之间界格样式的不同,将西周甬钟的典型标本分为四型,其中第四型又根据钟体正鼓部和侧鼓部纹饰的不同分为四式[⑦];朱文玮、吕琪昌将周代甬钟分为前期(约西周早中期至春秋早期)和后期(春秋早中期至战国末期)两段,首次根据甬钟钲、篆之间界隔样式的不同将前期甬钟分为五型,再根据钟体纹饰的不同每型之下又分为若干式[⑧];方建军先生通过对铜镈发音腔体形制的研究,把西周镈划分为侈栾型和弧栾型二型,前者在西周早期已经出现,后者则要到西周中晚期才出现。铜镈的不同形制反映了它们在时间

① 施劲松:《我国南方出土铜铙及甬钟研究》,《考古》1997年第10期。
② 殷玮璋:《从青铜乐钟的类型谈中国南方青铜文化的相关问题》,《南方民族考古》第2辑,1990年。
③ 高西省:《西周早期甬钟比较研究》,《文博》1995年第1期;《商周时代南北甬钟之关系及南北文化交流之检讨》,《东南文化》1991年第6期。
④ 高西省:《关于商周钟一些问题的探讨》,《文物》1996年第1期。
⑤ 佘红英:《两周青铜乐器组合研究》,《黄钟》1993年第3期。
⑥ 李纯一:《中国上古出土乐器综论》,北京:文物出版社,1996年。
⑦ 王世民、陈公柔、张长寿:《西周青铜器分期断代研究》,北京:文物出版社,1990年。
⑧ 朱文玮、吕琪昌:《先秦乐钟之研究》,台北:南天书局,1994年。

上的先后关系,为判断西周铜镈的相对年代提供了线索①。

这一时期周钟的研究也获得了一部分境外学者的关注,其中尤以罗泰先生为代表。他在《乐悬:编钟和中国青铜时代文化》(笔者译)第一部分的第二章《中国乐钟的形制与音律》中重点探讨了周代乐钟的类型学。因为乐钟的形状实体决定了它的振动幅度和发音频率,所以古代的工匠通过改变乐钟的形状来调节钟音的强弱。他以《考工记》对周钟各部分长度和比例的记载为标准,选取了铣高(height of xian spine)、底径宽(wide diameter at bottom)、底径长(narrow diameter at bottom)、顶宽(wide diameter at top)、顶长(narrow diameter at top)这五个数据之间的比值,并参照戴震的《考工记图》、程瑶田的《考工创物小记》、王引之的《经义述闻》和日本学者冈村秀典、平势隆郎的解读,认为周代的乐钟制作并未严格按照当时已有的详细制度,而在细节上有丰富的变化。工匠们并未遵从精确的规定来流水线式地制造一批批乐钟,而是给每个新的乐钟都赋予了独特的风格和不同的音调音色,即使在同一手工业传统中生产的乐钟也是如此②。

四、新的研究趋势: 进入 21 世纪后

21 世纪的研究又增加了新的基础资料,重要的考古发现包括陕西韩城梁带村芮国墓地 M27、M28③,湖北随州叶家山墓地④,湖北宜昌万福垴遗址⑤,荆州天星观二号楚墓⑥等,同时也有一批新的资料被公开发表出来⑦。它们进一步细化了周代乐钟的发展过程,尤其是春秋时期的乐制变革现象。新时期的

---

① 方建军:《两周铜镈综论》,《东南文化》1994 年第 1 期。

② Lothar von Falkenhausen, *Suspended Music*: *Chimebells in the Culture of Age China*, Berkeley and Los Angeles: University of California Press,1993,pp.67-97.

③ 陕西省考古研究院等:《陕西韩城梁带村芮国遗址 M27 的发掘简报》,《考古与文物》2007 年第 6 期;陕西省考古研究院:《陕西韩城市梁带村芮国墓地 M28 的发掘》,《考古》2009 年第 4 期。

④ 湖北省博物馆等编:《随州叶家山——西周早期曾国墓地》,北京:文物出版社,2013 年。

⑤ 湖北省文物考古研究所、武汉大学历史学院考古系、宜昌博物馆:《湖北宜昌万福垴遗址发掘简报》,《江汉考古》2016 年第 4 期。

⑥ 湖北省荆州博物馆:《荆州天星观二号楚墓》,北京:文物出版社,2003 年,第 63～90 页。

⑦ 尚杰:《广东出土两批铜甬钟及相关问题》,《文物》2012 年第 2 期;高西省:《洛阳新获西周青铜器管见》,《上海文博论丛》2006 年第 3 期。

周代乐钟类型学研究开始跳出分类的桎梏，着眼于形态研究和文化内涵的结合，在前人工作的基础上探寻周钟类型所反映出的文化现象。远见卓识的音乐考古学家也尝试建设独具特色的音乐考古类型学理论[1]，他们关注的焦点在于如何将类型学方法和音乐学良好地结合起来，恰当地反映出乐钟的纹饰、形制、音域、编列组合等各方面的特点，从而再现乐钟滥觞、辉煌、衰落的发展历程，解构背后深层的社会历史变迁。是故，近年音乐考古学家在通识教材[2]、学术论文[3]中也多次强调这一方法论的建设意义。

具体研究方面，较有代表性的综述型成果如王清雷先生梳理、评价了既往的西周甬钟的类型学研究[4]，朱晓芳则总结了周代乐钟的主要发现和研究情况[5]。但是，前者倾向于列举和点评几篇重要的研究文献，后者虽广罗所有的周钟研究方向，却对其类型学研究稍显用力不足。

除了综述型成果外，传统的分区研究亦有新的进展。首先，对新发现的周代乐钟的类型学研究成果层出不穷。赵化成、王辉、韦正等先生就2006年出土的秦子"乐器坑"的年代、性质及相关问题进行了探讨，通过与已知确切年代的周钟的对比分析，确定了其时空位置[6]。高至喜先生系统收集了两湖两广地区出土的春秋越式甬钟，总结其演变情况是甬由长变短，旋由宽变窄，旋虫由大变小，枚区不断上缩，纹饰由繁向简发展[7]。刘彬徽先生对新发现的楚季编钟进行了断代和铭文释义研究[8]，另通过对叶家山西周曾侯墓出土的甬钟和镈钟的类型学分析，简要阐述了它的源流关系和年代序列[9]，高西省先生则进一步分析了其编钟组合和价值[10]。

---

[1] 建立音乐考古类型学理论的尝试如王子初：《论音乐考古学研究中类型学方法的应用》，《黄钟（武汉音乐学院学报）》2018年第3期。

[2] 王子初：《音乐考古》，北京：文物出版社，2006年。

[3] 王子初：《我们的编钟考古（上）》，《中国音乐学》2012年第4期；王子初：《我们的编钟考古（下）》，《中国音乐学》2013年第1期；王子初：《论音乐考古学研究中类型学方法的应用》，《黄钟（武汉音乐学院学报）》2018年第3期。

[4] 王清雷：《西周甬钟的考古类型学研究述评》，《音乐艺术》2018年第4期。

[5] 朱晓芳：《两周乐钟的发现与研究》，《中原文物》2012年第6期。

[6] 赵化成、王辉、韦正：《礼县大堡子山秦子"乐器坑"相关问题探讨》，《文物》2008年第11期。

[7] 高至喜：《两湖两广出土春秋越式甬钟研究》，《湖南省博物馆馆刊》第1辑，2004年。

[8] 刘彬徽：《楚季编钟及其他新见楚铭铜器研究》，《湖南省博物馆馆刊》第9辑，2012年。

[9] 刘彬徽：《随州叶家山西周曾侯墓出土的甬钟和镈钟初论》，《湖南省博物馆馆刊》第11辑，2014年。

[10] 高西省：《随州叶家山新出土编钟的组合及价值》，《中国文物报》2017年4月28日。

其次,新时期开始系统地回顾上个阶段的类型学研究,重新审视原有的资料和方法。向桃初先生综合分析了高至喜、方建军、李纯一等三位学者所使用的类型学方法,提出其中问题并按照合理方法对原有的南方周钟资料进行了再分类工作①;陈亮和辛爱罡则着重讨论了中原地区周钟的特点②;朱晓芳根据甬钟正鼓部敲击处纹饰、篆部和舞部以及甬部的纹饰演变,将山东地区的118件甬钟分为8型,各型又划分Ⅰ至Ⅳ式不等③;方建军先生通过比较中原地区和南方地区的不同,重新认识了西周早期的云纹编钟④;常怀颖先生则重新梳理了西周钟镈编列组合关系的演变,来探讨西周乐制的形成、考察器主的身份以及性别差异,在材料利用上开辟了新的视角⑤;高西省先生在前人研究的基础上分析了晋侯苏编钟和楚公编钟的形制、纹样及组合特征,区分了窖藏出土和墓葬出土的编钟材料,为大多数编钟的拼合现象提供了令人信服的证据⑥。

最后,对周代乐钟的文化传播研究亦更加深入,从上个阶段关注地区间的区别到探索地区间的发展联系和传播路线,既有在南北方乐钟的比较研究基础上,探索南方乐钟的北传路线⑦;也有对南方地区内部传播路径的研究⑧。

综上所述,新时期的研究与以往相比更加融会贯通,使类型学方法与音乐考古特征相结合,来达到揭示"周代乐钟发展规律及其表现的文化内涵"这一最终目的,涌现出了一批高质量的博士学位论文,开创了这一学术领域的新课题。如王清雷先生的《西周乐悬制度的音乐考古学研究》,通过考察西周乐悬

---

① 向桃初:《南方系统商周铜镈再研究》,《南方文物》2007年第4期。

② 陈亮:《关中西部周秦铜镈研究》,《中原文物》2007年第4期。辛爱罡:《东周中原地区青铜乐钟的形制分析》,《新世纪的中国考古学——王仲殊先生八十华诞纪念文集》,北京:科学出版社,2005年。

③ 朱晓芳:《山东地区两周乐钟研究》,山东大学博士学位论文,2013年。

④ 方建军:《西周早期云纹编钟的再认识》,《交响(西安音乐学院学报)》2007年第2期。

⑤ 常怀颖:《西周钟镈组合与器主身份、等级研究》,《考古与文物》2010年第2期。

⑥ 高西省:《晋侯苏编钟的形制特征及来源问题》,《文物》2010年第8期。高西省:《楚公编钟及有关问题》,《文物》2015年第1期。"编钟与其他青铜礼器不同,作为乐器其第一功能是音律,其次才是大小相次,形制、纹饰相同,大批编钟均为拼合的情况,很可能当时是从多套编钟中按音律及大小挑选拼合的。但由于一些国族未能真正掌握铸钟及拼合技术,所以才会出现编钟大小次序颠倒的现象,而并非有大小钟混杂的悬挂方式。"

⑦ 曹玮:《西周前期南北方钟的比较与北传路线》,《湖南出土殷商西周青铜器》,长沙:岳麓书社,2007年。

⑧ 刘彬徽:《楚系编钟与徐吴越编钟比较研究》,《湖南省博物馆馆刊》第2辑,2005年。

的用器制度、摆列制度和音列制度,探究真实的历史面貌[1];方建军先生的《商周乐器文化结构与社会功能研究》运用出土乐器及相关考古材料,辅以古代文献记载,对商周音乐文化之多元结构及社会功能进行探讨[2];王友华先生的《先秦编钟研究》以"先秦大型组合编钟"为核心,梳理了先秦礼乐制度的兴衰历程[3];邵晓洁女士通过研究楚钟的形制、纹饰及铭文探究了蕴含在实用外在器型内部的思想观念、社会意识等精神层面的内容[4];孔义龙先生的《两周编钟音列研究》则将考古类型学的方法拓展到了古代编钟的音阶发展序列研究上[5];隋郁先生的《两周越地青铜编钟研究》使用"标准差"方法来分析钟类乐器的形制数据,获得了更深邃的历史信息,勾勒出两周时期越人社会音乐生活的真实情貌[6]。王子初先生总结、点评了这批研究成果,强调了类型学方法在音乐考古学领域的应用需求,提出了音乐考古类型学的特殊性及将来的发展方向[7]。

回顾过去的前三个阶段,更多的是基础资料的积累和初步分析阶段,而正处于21世纪的周代乐钟类型学研究则面临着理论建设的新挑战。我们一方面需要重视考古资料的及时发表和整理,必要时以新的研究视角重新审视旧有的材料,发现过去种种因描述不够清晰、观察不够仔细造成的分类错误,及时改正,推陈出新。另一方面也要看到,类型学作为一种方法论,可以被应用在包括音乐考古学科在内的多个领域,但它也存在自身的局限性和运用时的限制。类型学方法在应用于周代乐钟研究时,不能仅仅是简单的罗列、排比、比较,而要与历史学、考古学学科密切合作,结合墓葬材料中的墓主身份、墓葬规模、阶级区别进行统计学分析,在充分的数据基础上得出令人信服的结论。从历史学的角度看,在周朝历史上,因为王权及国家体制衰落,曾发生过"西周

---

[1] 王清雷:《西周乐悬制度的音乐考古学研究》,中国艺术研究院博士学位论文,2006年。

[2] 方建军:《商周乐器文化结构与社会功能研究》,上海:上海音乐学院出版社,2006年。

[3] 王友华:《先秦编钟研究》,桂林:广西师范大学出版社,2013年。

[4] 邵晓洁:《楚钟研究》,中国艺术研究院博士学位论文,2008年。

[5] 孔义龙:《两周编钟音列研究》,中国艺术研究院博士学位论文,2005年。

[6] 王子初主编:《中国音乐考古丛书》,北京:人民音乐出版社,2019年。

[7] 王子初:《我们的编钟考古(上)》,《中国音乐学》2012年第4期;《我们的编钟考古(下)》,《中国音乐学》2013年第1期;《数与量的升华——写在〈两周越地青铜编钟研究〉出版之时》,《中国音乐》2019年第4期。

晚期礼制改革"、"春秋中期礼制重构"两次重大礼制革新来稳定社会秩序[①]，乐钟在这期间扮演了重要的角色，隐含了大量的时代信息。因此，我们可以寄希望于对周代乐钟系统的类型学研究（已经有学者做了这样的尝试[②]），来更深刻地认识周代社会发生的制度性变革，使物质史与社会史互补，乃至揭示思想文化史之发展，勾勒出背后真实的周代社会。

第二节　青铜乐钟类型学研究的标准

类型学研究的展开需要首先确定一个具有典型性且较为统一的分型、分式标准[③]。对于青铜乐钟而言，"型"通常指向铸造地区、技术流派或者使用族属的差异，而"式"通常对应铸造年代的差异。如前文所述，学界基于悬挂部位及于口部分的区别，将青铜乐钟细分为甬钟、钮钟、镈钟三大类。而通过对近千件出土及传世乐钟的观察后，我们进一步注意到，对于甬钟而言，其甬管的形态在不同地区间存在较为明显的差异，区域性特征突出，且变化明显，故适宜作为区分"型"的重要标准；钮钟由于形体较为简单、悬钮部位通常差异不大，故一般选取钟枚作为区分型式的标准[④]；而对于镈钟，其最明显的特征部位无疑属复杂的镈钮装饰，而且细部形态上又确有差异，故通常选择该部位作为区分"型"或者"式"的标准。当然，这些都是一般性的处理原则，在涉及不同地区的具体研究时，则可能会根据个案情况做细小的调整。

至于在"式"的变化上，我们还发现，无论甬钟、钮钟或是镈钟，除与一般青铜礼器相近的纹饰变迁（主要是正、侧鼓部与篆带部纹饰）外，"钟枚"亦常常是

① 罗泰：《宗子维城——从考古材料的角度看公元前 1000 至前 250 年的中国社会》，上海：上海古籍出版社，2017 年。

② Lothar von Falkenhausen, *Suspended Music*: *Chimebells in the Culture of Age China*, Berkeley and Los Angeles: University of California Press, 1993.曹玮：《从青铜器的演化试论西周前后期之交的礼制变化》，《周原遗址与西周铜器研究》，北京：科学出版社，2004 年。王子初：《巡礼周公——音乐考古与西周史》，《中国音乐学》2019 年第 3 期。

③ 俞伟超：《关于"考古类型学"的问题——为北京大学七七至七九级青海、湖北考古实习同学而讲》，收入氏著：《考古类型学的理论与实践》，北京：文物出版社，1989 年，第 54～107 页。

④ 钮钟多承担高音区部分的演奏，体型较甬钟小，余音较短，故而枚所承担的加速高频衰减的负载作用不似甬钟、镈钟那样重要，常常仅起着装饰作用，更多体现地区性的审美或技术传统差异。

变化颇为频繁、形态差异较为明显的部位。而且对于青铜乐钟而言,钟枚不仅是重要的装饰部位,亦是关键的音响原件,枚的有无、长短都会直接影响到编钟的发音效果。已有对曾侯乙编钟的激光检测表明,无枚的钮钟高频数量较多而且强度较大,有枚的甬钟高频数量少而弱。可见钟枚能减少高频振动的影响,有利于改善乐钟的音响效果①。同时,钟表面的许多枚乳,由于是对称排列,故可纠正铸造不均匀性,使振动节线更为整齐。再者,它也可以起到振动负载作用,使其较快衰减②。所以,考虑到乐钟性能随时代不断完善的普遍规律,我们在对乐钟进行年代研究时,会将"钟枚"作为一个重要的参考指标。

由于青铜乐钟的"枚"对于乐钟年代的判定具有重要意义,故本书先对青铜乐钟"枚"的定名做如下统一界定(此处的"式"仅指明形态差别,暂不涉及年代变化意义):

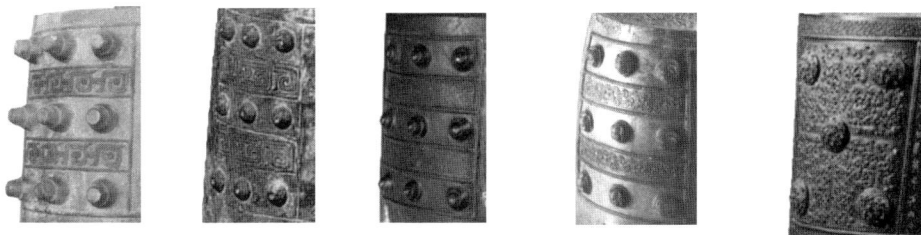

1. A 型Ⅰ式枚:长治分水岭 M269 编钟　2. B 型Ⅰ式枚:新郑城市信用社编镈

3. B 型Ⅱ式枚:固始侯古堆 M1:3　4. B 型Ⅲ式枚:太原赵卿墓编镈

5. B 型Ⅳ式枚:曾侯乙墓镈钟

图 2-1　钟枚的分类与定名

A 型:柱状枚。特征:枚体呈圆柱形,枚根部较粗而顶部较细。

　Ⅰ式:柱状枚。枚体呈圆柱状,枚根部较粗而顶部较细。

B 型:半球状枚。特征:枚体呈半球形。

　Ⅰ式:乳钉状枚。枚体呈半球形,半球上无装饰,半球截面过渡圆滑。

　Ⅱ式:螺旋型枚。枚体呈半球形,枚上有螺旋状装饰,半球截面有段落。

　Ⅲ式:蟠龙状枚。枚体呈半球形,枚上螺旋状装饰复杂,枚整体似蟠龙。

　Ⅳ式:圆泡状枚。枚体呈半球形,枚上有分布均匀的浮雕凸点,枚体较大,

---

① 华觉明、王玉柱:《曾侯乙编钟冶铸技术与声学特性研究》,《华觉明自选集》,郑州:大象出版社,2016 年,第 527 页。

② 戴念祖:《声学史》,长沙:湖南教育出版社,2001 年,第 124 页。

且一般出现于 4 组 20 枚的乐钟(其余枚均为 4 组 36 枚)。

最后,作为敲击振动发声乐器,青铜编钟的音乐性能与其尺寸大小也是息息相关的,所以编钟各重要部位的尺寸比(如铣高/铣广、于口弧度等)也是我们十分关注的变量①。基于此,我们下面将对不同地区的青铜乐钟逐次展开类型学研究。

第三节　东周时期中原地区晋系青铜乐钟的类型学研究

1985 年 11 月,在山西省侯马市召开的晋文化研究座谈会上,首次提出了考古学上的晋文化概念,并由此衍生出"晋式"青铜器的提法②。在此基础上,2002 年,徐天进先生进一步提出了"晋系"的概念③。"晋系"青铜器相比"晋式"青铜器更加包容,能够涵盖晋国和三晋两个历史时期④,故而被学界广泛接受。通常而言,晋系青铜器在时间上始于西周初期成王封叔虞,终于秦人统一六国;在地域空间上,西周时期的晋系青铜器主要发现于晋南地区,晋东南地区有少量发现,而东周时期的晋系青铜器则广泛分布于山西省以及河南省、河北省、陕西省的部分地区。基于已有研究的进展情况,本节将重点讨论东周时期晋系青铜乐钟的年代问题。

一、晋系青铜乐钟的出土概况

迄今为止,据不完全统计,在中原地区共有 28 处地点出土东周晋系青铜乐钟 383 枚。这些地点中包括诸侯级别墓葬 9 座。出土地点主要涵盖山西、河南、河北、陕西 4 省,以山西省为重。计有:天马曲村晋侯墓地、上村岭虢国

---

① 这一点罗泰先生已经在其书中有了极好的研究,可兹参考。Lothar von Falkenhausen, *Suspended Music*:*Chimebells in the Culture of Age China*,Berkeley and Los Angeles:University of California Press,1993.详见第二章的讨论。

② 李夏廷:《流散美国的晋式青铜器》及《流失美国的晋式青铜器》(续),《文物世界》2000 年第 4、5、6 期,2001 年第 1 期。

③ 徐天进:《晋侯墓地的发现与研究现状》,上海博物馆:《晋侯墓地出土青铜器国际学术研讨会论文集》,上海:上海书画出版社,2002 年,第 530、535 页。

④ 赵瑞民、韩炳华:《晋系青铜器研究——类型学与文化因素分析》,太原:山西人民出版社,2005 年,第 3 页。

墓地、韩城梁带村芮国墓地、澄城刘家洼芮国墓地、辉县琉璃阁甲墓、侯马上马墓群、太原赵卿墓、淇县宋庄东周墓、长治分水岭墓地、山彪镇战国墓地、新绛柳泉墓地、潞城潞河战国墓地、新郑李家楼郑伯墓以及新郑中行等多处祭祀坑遗址。(具体出土位置参见图 2-2、出土数据参见表 2-1)

图 2-2　晋系青铜乐钟分布图

表 2-1　周代晋地出土编钟统计简表

名称	时代	甬钟数量	钮钟数量	镈钟数量	总计	等级
天马曲村晋侯墓地 M93[①]	春秋早期	16			16	晋文侯
闻喜晋国子犯钟[②]	春秋早期	16			16	重耳之舅

---

① 北京大学考古系、山西省考古研究所:《天马—曲村遗址北赵晋侯墓地第五次发掘》,《文物》1995 年第 7 期。

② 《中国音乐文物大系》总编辑部编:《中国音乐文物大系(山西卷)》,郑州:大象出版社,2000 年,第 73~77 页。

续表

名称	时代	甬钟数量	钮钟数量	镈钟数量	总计	等级
戎生钟	春秋早期	8			8	戎生
三门峡上村岭虢国墓地 M2001①	春秋早期	8			8	虢国国君
三门峡上村岭虢国墓地 M2009②	春秋早期	8	8		16	虢国国君
韩城梁带村芮国遗址 M27③	春秋早期	8				芮公
韩城梁带村芮国遗址 M28④	春秋早期	8				芮公
澄城刘家洼芮国墓地 M1⑤	春秋早期	8			8	芮国国君
新郑城市信用社编镈⑥	春秋中期			4	4	不明
新郑李家楼编钟⑦	春秋中期	6		1	7	郑灵公？
新郑金城路编镈⑧	春秋中期		20	4	24	不明
长治分水岭 M269⑨	春秋中期	9	9		18	大夫
长治分水岭 M270⑩	春秋中期	8	9		17	大夫
屯留车王沟编钟⑪	春秋晚期			9	9	不明
辉县琉璃阁甲墓编钟⑫	春秋晚期	8		4＋8	20	晋国范氏
侯马上马墓群 M1004⑬	春秋晚期			9	9	大夫

① 河南省文物研究所等：《三门峡上村岭虢国墓地 M2001 发掘简报》，《华夏考古》1992 年第 3 期。

② 贾洪波：《关于虢国墓地的年代和 M2001、M2009 的墓主问题》，《中原文物》2014 年第 6 期。

③ 陕西省考古研究院等：《陕西韩城梁带村遗址 M27 发掘简报》，《考古与文物》2007 年第 6 期。

④ 陕西省考古研究院：《陕西韩城市梁带村芮国墓地 M28 的发掘》，《考古》2009 年第 4 期。

⑤ 种建荣等：《陕西澄城县刘家洼东周芮国遗址》，《考古》2019 年第 7 期。

⑥ 《中国音乐文物大系》总编辑部编：《中国音乐文物大系（河南卷）》，郑州：大象出版社，1996 年，第 96～98 页。

⑦ 《中国音乐文物大系》总编辑部编：《中国音乐文物大系（河南卷）》，郑州：大象出版社，1996 年，第 99 页。

⑧ 蔡全法、马俊才：《新郑郑韩故城金城路考古取得重大成果》，《中国文物报》1994 年第 1 期。

⑨ 边成修、李奉山：《长治分水岭 269、270 号东周墓》，《考古学报》1974 年第 2 期。

⑩ 边成修、李奉山：《长治分水岭 269、270 号东周墓》，《考古学报》1974 年第 2 期。

⑪ 《中国音乐文物大系》总编辑部编：《中国音乐文物大系（山西卷）》，郑州：大象出版社，2000 年，第 72 页。

⑫ 中国科学院考古研究所：《辉县发掘报告》，北京：科学出版社，1956 年，第 39～44 页。

⑬ 山西省考古研究所：《上马墓地》，北京：文物出版社，1994 年，第 72～76 页。

续表

名称	时代	甬钟数量	钮钟数量	镈钟数量	总计	等级
侯马上马墓群 M5218①	春秋晚期			13	13	大夫
太原赵卿墓编镈②	春战之际			19	19	赵简子或赵襄子
淇县宋庄 M4 编钮钟③	春秋晚期		8		8	大夫
山彪镇战国墓地④ M1	战国早期			5+9	14	大夫
长治分水岭 M25⑤	战国早期	5	9	4	18	不明
洛阳金村骉羌编钟⑥	战国中期		14		14	周室重臣
万荣庙前蟠螭纹大甬钟⑦	战国早期	4			4	不明
新绛柳泉墓地 M302⑧	战国早期	6	6		12	晋公夫人
太原金胜村 M88⑨	战国早期		9		9	大夫
太原金胜村 M673⑩	战国早期			1	1	大夫
潞城潞河战国墓地 M7⑪	战国中期	16	8	4	28	大夫
涉县北关 M1⑫	战国中期	16	9	4	29	不明
平陆尧店钮钟⑬	战国		9+9		18	虞国贵族
总计		158	127	98	383	

① 山西省考古研究所:《上马墓地》,北京:文物出版社,1994 年,第 72～76 页。

② 陶正刚:《太原晋国赵卿墓》,北京:文物出版社,1996 年,第 78～87 页。

③ 河南省文物考古研究院:《淇县宋庄墓地 M4 发掘简报》,《华夏考古》2015 年第 4 期。

④ 中国科学院考古研究所:《山彪镇与琉璃阁》,北京:科学出版社,1959 年,第 6～11 页。

⑤ 边成修、叶学明、沈振中:《山西长治分水岭战国墓第二次发掘》,《考古》1964 年第 3 期。

⑥ 沈辰:《传说与实证:青铜古钟背后的史卷拂尘》,《美成在久》2017 年第 4 期。

⑦ 杨富斗:《山西万荣庙前村东周墓地调查发掘简讯》,《考古》1963 年第 5 期。

⑧ 黄景略:《晋都新田》,太原:山西人民出版社,1996 年,第 167～170 页。

⑨ 《中国音乐文物大系》总编辑部编:《中国音乐文物大系(山西卷)》,郑州:大象出版社,2000年,第 67 页。

⑩ 《中国音乐文物大系》总编辑部编:《中国音乐文物大系(山西卷)》,郑州:大象出版社,2000年,第 67 页。

⑪ 陶正刚、李奉山:《山西省潞城县潞河战国墓》,《文物》1986 年第 6 期。

⑫ 《中国音乐文物大系》总编辑部编:《中国音乐文物大系Ⅱ(河北卷)》,郑州:大象出版社,20008 年,第 9～11 页。

⑬ 《中国音乐文物大系》总编辑部编:《中国音乐文物大系(山西卷)》,郑州:大象出版社,2000年,第 71 页。

据上表可知,晋系青铜乐钟自春秋早期延续至战国中期。春秋时期的晋系乐钟集中于晋南豫北地区的晋、郑、虢等姬姓诸侯国。三家分晋之后,战国时期的晋系乐钟分布范围扩大,晋中、晋东南地区亦有分布。

晋系青铜乐钟在数量上以甬钟为最多,共 150 枚,钮钟 127 枚,镈钟最少,共 98 枚。镈钟出土数量虽少但集中于大墓之内,如太原赵卿墓、辉县琉璃阁甲墓、山彪镇 M1 等,结合墓主人等级来看,镈钟在春秋中期之后的晋系贵族墓葬内似乎是区分身份等级高低的一个重要标准。

二、甬钟的类型学研究

晋地出土的三类乐钟内,甬钟数量最多,延续时间也最长,共出 17 组 150 件,在山西、陕西、河南省均有分布。甬钟与镈钟、钮钟最大的不同即在于悬挂方式,故而其甬部最具典型性。根据甬部形态差异,可分为两型:A 型甬部为圆柱型,A 型内根据枚的形状又分为柱状枚的 Aa 亚型和半球枚的 Ab 亚型;B 型甬部为八棱柱形。

（一）A 型:圆柱形甬

特征:甬部呈圆柱形,钲、篆、鼓部均有严格分区。此类甬钟占晋系青铜甬钟的绝大多数。按枚的形态分为两亚型,柱状枚的 Aa 亚型和半球状枚的 Ab 亚型。Aa 亚型内又依据甬钟主题纹饰的不同分为六式。

Aa 亚型:甬呈圆柱形,柱状枚。

Ⅰ式:正鼓部素面,篆带素面。标本 1,韩城梁带村芮国遗址 M27 甬钟,8 件成编。钟身呈合瓦形,横断面呈梭形。长柱状甬中空,与钟腔相通,甬下端有旋,旋上正面有斜方形环钮。平舞。钲部两侧的篆间各设 3 排 9 个柱状枚。于口上拱,铣部下阔。舞部饰 4 组双龙首 S 形窃曲纹,侈度 1.1731(资料数据中缺舞修长,侈度依据线图计算得出)。(图 2-3:1)

Ⅱ式:正鼓部纹饰为云纹,篆带饰云纹。标本 1,澄城刘家洼芮国墓地 M1 甬钟,8 件成编。圆柱状甬与体相通,旋饰四乳丁,合瓦形腔体,钟壁较厚,平舞,铣棱斜直,于口弧曲上收,钲、篆、枚区四边以粗阳线弦纹为界,二节圆柱形枚,舞部饰窃曲纹,篆带饰横“S”形云纹,正鼓部饰两个横置的“工”字形云纹,除最大 2 件甬钟外,其余 5 件甬钟背面右侧鼓部均有凤鸟纹,作为侧鼓音的演

奏标记。钲间素面,年代为春秋早期,侈度不明①。(图 2-3:2)

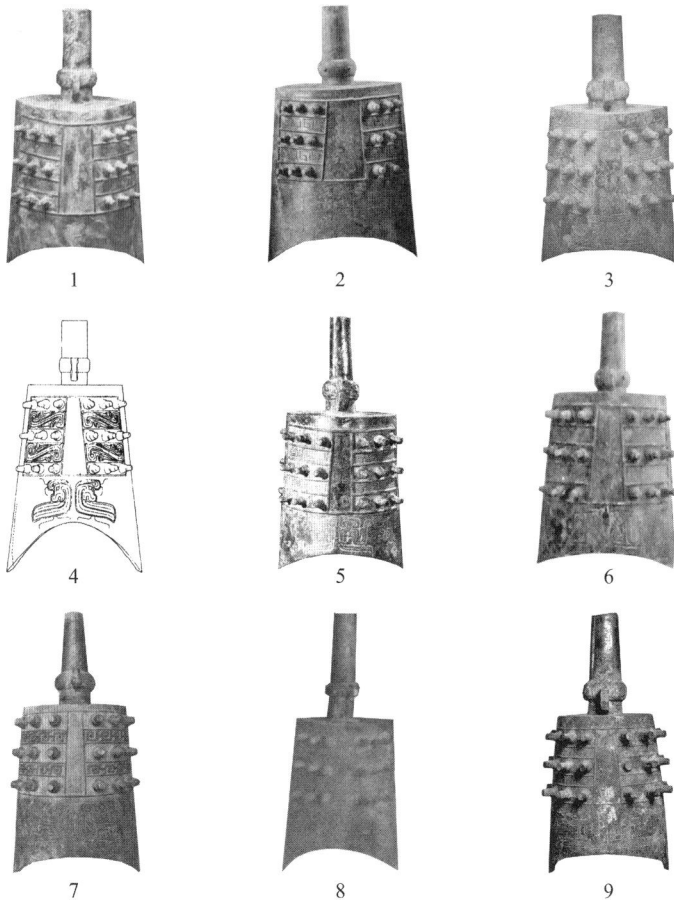

1. 韩城梁带村芮国墓地 M27 甬钟　　　　2. 澄城刘家洼芮国墓地 M1 编甬钟
3. 晋大夫子犯编钟　　　　　　　　　　4. 天马曲村晋侯墓地 M93 编钟
5. 三门峡上村岭虢国墓地 M2001 编钟　　6. 三门峡上村岭虢国墓地 M2009 编钟
7. 长治分水岭 M269 编钟　　　　　　　8. 长治分水岭 M270 编钟
9. 辉县琉璃阁甲墓编钟

图 2-3　晋系 Aa 亚型甬钟 Ⅰ—Ⅴ式

Ⅲ式:正鼓部饰对称象首纹,篆带饰云纹。标本 1,晋大夫子犯编钟,16 件成编。钟身为合瓦形,柱状甬,柱状枚,篆带饰 S 形云纹,钲部铭文,舞部、旋部

———————
① 资料中无描述且无线图,下文中出现"侈度不明"皆缘于此。

及甬部素面,正鼓部饰对称象首纹,侧鼓部素面,年代为春秋早期,侈度不明。(图2-3:3)

Ⅳ式:正鼓部饰对称象首纹,篆带饰简单动物纹(夔纹、窃曲纹、蟠螭纹)。标本1,天马曲村晋侯墓地M93编钟,16件成编。钟身呈合瓦形,柱状甬,柱状枚,篆带饰夔纹,篆间以阴线界隔,舞部饰云雷纹,旋部、甬部素面,正鼓部饰象首纹,侧鼓部饰小云纹做第二基音标志,年代为春秋早期,侈度1.2068(图2-3:4)。标本2,三门峡上村岭虢国墓地M2001甬钟,8件成编。钟体呈合瓦形,柱状甬,柱状枚,篆部饰窃曲纹,正鼓部饰一对称的象首纹,正面右鼓除第1、2号钟外,均饰一鸟纹,钲部及左鼓部铸铭文,年代为春秋早期,侈度不明(图2-3:5)。标本3,三门峡上村岭虢国墓地M2009甬钟,8件成编。钟体呈合瓦形,柱状甬,甬根部有旋及幹,钲部有柱状枚,舞上及篆部饰窃曲纹,正鼓部饰一对称的象首纹,右鼓除第1、2钟外均铸鸟纹,年代为春秋早期,侈度1.2229(资料数据中无舞修长,侈度依据线图计算得出)(图2-3:6)。

Ⅴ式:正鼓部饰对称象首纹,篆带饰蟠螭纹。标本1,长治分水岭M269甬钟,9件成编。钟体呈合瓦形,柱状甬,柱状枚,幹饰雷纹,钲间、篆带及舞部饰蟠螭纹,鼓面饰象首纹,鼓面中部间饰二蟠螭,年代为春秋中期晚段,侈度1.2219(图2-3:7)。标本2,长治分水岭M270甬钟,8件成编。柱状长甬,方形单旋,柱状枚,钲部、篆带与舞顶皆饰蟠虺纹,鼓部素面,年代为春秋中期,侈度1.1848(图2-3:8)。标本3,辉县琉璃阁甲墓编钟,4件成编。钟体呈合瓦形,柱状甬,柱状枚36个,篆部、舞上及甬上都饰较细的蟠螭纹,正鼓部饰两组对称的象首纹,侧鼓部为素面,年代为春秋晚期,侈度1.2517。(图2-3:9)

Ⅵ式:正鼓部饰蟠螭纹、以蟠螭纹为地纹的"蟠螭兽面纹"。标本1,新郑李家楼编钟,6件成编。钟体作合瓦形,圆柱状甬,长方形幹,舞部及正鼓部饰以蟠螭纹,篆间纹饰与旋部相同,均以窃曲纹饰之,圆柱状枚,年代为春秋中期晚段,侈度1.2591(图2-4:1)。标本2:涉县北关M1编钟,16件成编。铸造粗糙,圆柱形甬较粗大,幹、旋俱备,合瓦形钟体,枚、篆、钲、鼓分区清楚,枚作二节圆柱形,甬、舞、篆、鼓均饰蟠螭纹,年代为战国,侈度1.2274(图2-4:2)。标本3:潞城潞河战国墓地M7甬钟,16件成编。体呈合瓦形,甬作圆柱形,上细下粗,有旋和半圆形的幹,于的弧度较深,柱状枚,篆间和甬部饰云纹,鼓部饰有饕餮纹和回纹,羽纹,年代为战国中期,侈度不明。(图2-4:3)

Ab型:甬呈圆柱形,半球枚。

标本1,长治分水岭M25甬钟,5件成编。体呈合瓦形,柱状长甬,半球状

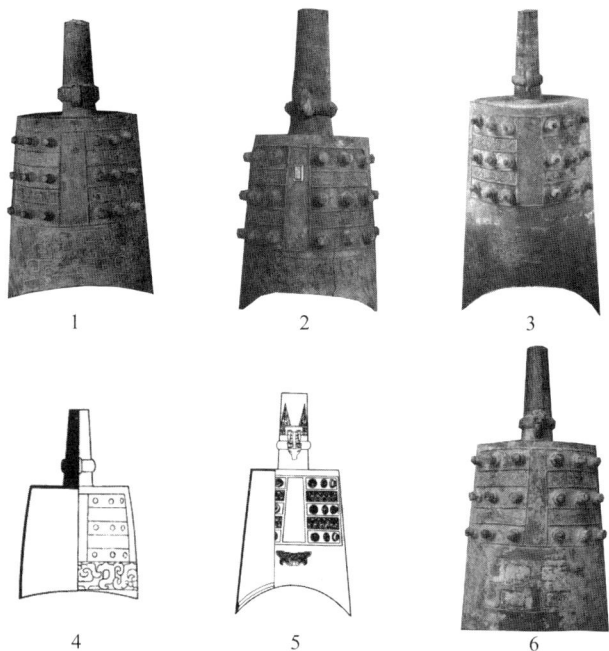

1. 新郑李家楼编钟　　2. 涉县北关 M1 编钟　　3. 潞城潞河战国墓地 M7 编钟

4. 长治分水岭 M25 编钟　5. 新绛柳泉墓地 M302 编钟　6. 万荣庙前蟠螭纹大甬钟

图 2-4　晋系 Aa 型Ⅵ式甬钟、Ab 型甬钟、B 型甬钟

枚,舞部、篆带皆为素面,鼓面饰蟠螭纹,年代为战国早期,侈度 1.1228(图 2-4:4)。标本 2,新绛柳泉墓地 M302 编甬钟,6 件成编。甬为圆柱形,半球状枚并饰蛇形纹,篆部饰简化的"T"形云纹,鼓部中央饰兽面纹,年代为战国早期,侈度 1.4104。(图 2-4:5)

表 2-2　晋系圆柱形甬甬钟数据表

出土地点	侈度(铣间与舞修比)	年代
韩城梁带村芮国 M27	1.1731	春秋早期
天马曲村晋侯墓地 M93	1.2068	春秋早期
上村岭虢国墓地 M2009	1.2229	春秋早期
新郑李家楼	1.2591	春秋早期
长治分水岭 M270	1.1848	春秋中期
长治分水岭 M269	1.2219	春秋中期

续表

出土地点	侈度（铣间与舞修比）	年代
辉县琉璃阁甲墓	1.2517	春秋晚期
涉县北关 M1	1.2274	战国时期
长治分水岭 M25	1.1228	战国早期
新绛柳泉 M302	1.4104	战国早期

注：数据取全套乐钟的平均值。

圆柱形甬甬钟的发展规律：

首先从年代范围上看，圆柱形甬甬钟流行于春秋早期至战国早期，Aa 亚型柱状枚的甬钟持续时间较长，始终占据主流，Ab 亚型螺旋状枚的甬钟仅出现于春秋晚期至战国初期。

其次从形制、纹饰上来看，通过对编甬钟侈度的计算整理（表 2-2），我们可以发现随着时间的发展，晋系编甬钟呈现出两铣外扩、侈度逐渐增大的规律。甬钟主题纹饰的演变趋势则可以从 Aa 型编钟的Ⅰ到Ⅵ式发展中得出：Ⅰ式梁带村芮国墓地 M27 编甬钟正鼓部素面。Ⅱ式刘家洼芮国墓地 M1 编甬钟主题纹饰为云纹，属于西周青铜乐钟特征的延续。Ⅲ式甬钟正鼓部纹饰由云纹发展为对称象首纹，完成了从西周几何形纹饰向东周动物形纹饰的转变。Ⅳ式甬钟正鼓部纹饰为对称象首纹，篆带纹饰也由云纹发展为窃曲纹。Ⅴ式甬钟正鼓部饰对称象首纹，但其篆带纹饰完成了从简单动物纹（窃曲纹）向较复杂动物纹（蟠螭纹）的转变。Ⅵ式甬钟则在正鼓部饰以蟠螭纹且出现了以蟠螭纹为地纹的"蟠螭兽面纹"，整体来看，甬钟主题纹饰具有较清晰的发展序列。（图 2-5）

Aa型Ⅰ式

Aa型Ⅱ式

Aa型Ⅲ式

Aa型Ⅳ式

Aa型Ⅴ式

Aa型Ⅵ式

Aa型Ⅰ式:韩城梁带村芮国遗址 M27 甬钟　　Aa型Ⅱ式:澄城刘家洼芮国墓地 M1 编甬钟
晋系 Aa型Ⅲ式:晋大夫子犯编钟　　　　　　Aa型Ⅳ式:三门峡上村岭虢国墓地 M2001 甬钟
Aa型Ⅴ式:长治分水岭 M269 编钟　　　　　Aa型Ⅵ式:新郑李家楼编钟

图 2-5　晋系甬钟主题纹饰变化序列图

(二)B 型:八棱柱形甬

特征:甬部呈八棱柱形,而非圆柱形。标本 1,万荣庙前蟠螭纹甬钟,4 件成编。钟体合瓦形,甬作八棱体柱状,柱形枚,圆弧形旋,铺首环式斡,铣边较直,于弧度小,近乎平直,篆和鼓面均饰有"S"形双头蟠螭纹,侈度不明。(图 2-4:6)

三、镈钟的类型学研究

晋系青铜镈钟特色鲜明,分布广泛,共有 13 处地点出土 98 件镈钟。其主要特征包括钟钮一般是镂空状,于口平齐。镈钟与甬钟、钮钟最显著的差异在于"于口较平,有复杂且形态各异的镈钮"。按照枚的形态可将晋系镈钟分为三型:A 型无枚镈钟,B 型乳钉状枚镈钟,C 型蟠龙状枚镈钟。B、C 型下又根据钟钮的形态及正鼓部纹饰的发展趋势各分 5、4 式。

（一）A 型：无枚

特征：钟体形态较为简单，腔体呈合瓦形，钟体分区不明显，无钟枚。仅 1 组长治分水岭 M25 编镈。标本 1，长治分水岭 M25 编镈，4 件成编。钮为相对峙的双夔龙，口衔蟠螭，体呈合瓦形，篆和鼓面均饰蟠螭纹，于口平直，年代为战国早期。（图 2-6：1）

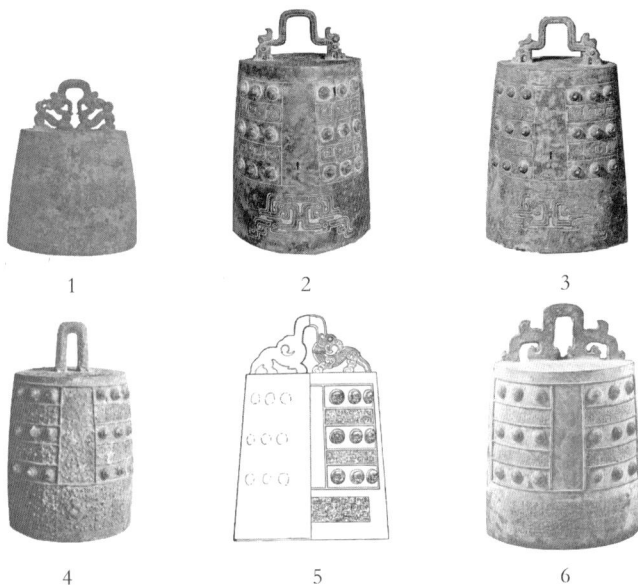

1. 长治分水岭 M25 编镈　2. 新郑金城路编镈　3. 新郑城市信用社编镈

4. 屯留车王沟镈钟　5. 侯马上马 M5218 编镈　6. 潞城潞河 M7 编镈

图 2-6　晋系 A 型镈钟、B 型 Ⅰ—Ⅴ 式镈钟

（二）B 型：乳钉枚

特征：钟体形态复杂，截面呈椭圆形，于口近平，枚、篆、钲、鼓等区分明显，有严格的区域划分。乳钉状枚。根据钮部形态及正鼓部纹饰分为 5 式：Ⅰ 式为镈钮呈凸字形，钮两端饰以龙首，正鼓部为象首纹，见于新郑金城路编镈以及新郑城市信用社编镈，共 2 组 8 件；Ⅱ 式镈钮为环形，正鼓部饰条带状蟠螭纹，见于屯留车王沟编钟，共 1 组 9 件；Ⅲ 式镈钮为回首双兽形，正鼓部饰条带状蟠虺纹，见于侯马上马墓地 M5218 编镈，共 1 组 13 件；Ⅳ 式镈钮为衔蟠螭对峙双兽形，正鼓部饰夔龙纹，见于太原金胜村 M673，共 1 组 1 件；Ⅴ 式镈钟为简化凸字形，正鼓部饰羽翅纹，见于潞城潞河 M7 墓，共 1 组 4 件。

Ⅰ式,镈钮呈凸字型,钮两端饰以龙首,正鼓部纹饰为蟠螭纹组成的象首纹。标本1,新郑金城路编镈,4件成编。镈身呈合瓦形,钟口平齐。舞上有凸字形的钮,钮两端雕作兽首状。腔面有乳钉状枚,舞部及篆带饰蟠虺纹,正鼓部饰有两个变形的蟠螭所组成的象首纹,年代为春秋中期(图2-6:2)。标本2,新郑城市信用社编镈,4件成编。镈体作合瓦形,钟口平齐。舞上有凸字形钮,钮两端铸作兽首状。钲部有乳钉状枚,舞部与篆带饰蟠螭纹,正鼓部有对称的两个蟠螭纹所组成的变形象首纹,年代为春秋中期。(图2-6:3)

Ⅱ式,镈钮为环形,正鼓部饰条带状蟠螭纹。标本1,屯留车王沟镈钟,9件成编。底面平,无音槽、音梁,但有锉磨痕迹,环形钮,钟体纹饰为夔龙、蟠螭纹,乳钉状枚,整套乐钟为实用器。年代为春秋战国之际,侈度1.1615,通高与钮高比为4.2758。(图2-6:4)

Ⅲ式,镈钮为回首双兽,正鼓部饰条带状蟠虺纹。标本1,侯马上马墓地M5218编镈,13件成编。螺旋乳钉状枚,篆带饰蟠虺纹,钲部素面,镈钮体积较大,镈钮为回首双兽,双兽间距较小,正鼓部饰条带状蟠虺纹,侧鼓部为素面,年代为春秋战国之际。(图2-6:5)

Ⅳ式,镈钮为衔蟠对峙双兽,正鼓部饰夔龙纹。标本1,太原金胜村M673特镈。镈钮为衔蟠对峙双虎,兽首相对,双兽间距较小,钟体呈合瓦形,螺旋乳钉状枚。在鼓部正中有夔龙纹,其他部位均为素面,年代为战国早期。

Ⅴ式,镈钮为简化凸字型,正鼓部饰羽翅纹。标本1,潞城潞河M7墓编镈,4件成编。该组编钟饰浮雕蟠螭纹,乳钉状枚,篆间饰云纹,钲部素面,镈钮为简化凸字形钮,正鼓部纹饰为羽翅纹,侧鼓部素面。年代为战国中期。(图2-6:6)

乳钉状枚镈钟变化规律:

首先从年代上看,乳钉状枚镈钟流行于春秋中期至战国中期,相较于蟠龙状枚出现的时间较早,这与钮钟上的乳丁状枚流行时间相近。

乳钉状枚镈钟的镈钮与正鼓部纹饰经历了较为显著的发展变化:镈钮从Ⅰ式新郑金城路编镈至Ⅴ式潞城潞河M7编镈,经历了从凸字形发展至回首双兽形,再发展至对峙双兽形,最后伴随着战国时期青铜器明器化、粗糙化的时代背景,镈钮发展至潞城潞河M7编镈的简化凸字形。乳钉状枚镈钟钟体外形保持着较为稳定的形态,无明显的发展演变。其正鼓部纹饰与同时代的钮钟、甬钟,乃至同时代的其他青铜器类似,都经历了从春秋中期流行的象首纹发展至春秋晚期的蟠螭纹、再度发展至战国时期的夔龙纹的过程,具有一个较为

清晰的发展序列,且正鼓部纹饰的面积呈现逐渐增大、条带化的趋势。(图 2-7)

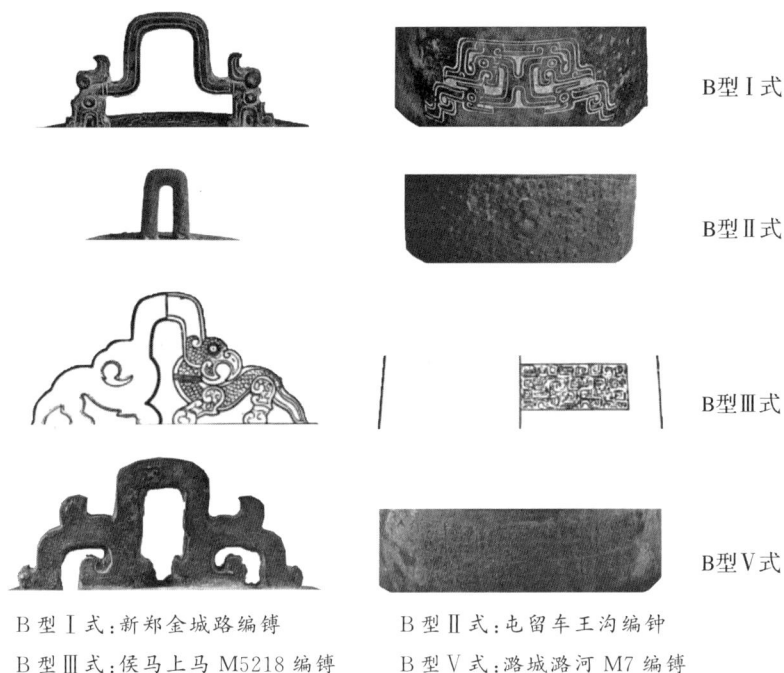

B 型 I 式

B 型 II 式

B 型 III 式

B 型 V 式

B 型 I 式:新郑金城路编镈　　　　B 型 II 式:屯留车王沟编钟
B 型 III 式:侯马上马 M5218 编镈　　B 型 V 式:潞城潞河 M7 编镈

图 2-7　晋系乳钉状枚镈钟纹饰变化规律

(三)C 型:蟠龙状枚

特征:钟体形态复杂,截面呈椭圆形,于口近平,枚、篆、钲、鼓等各区区分明显,有严格区域划分,钟枚呈蟠龙状。根据钮部形态及正鼓部纹饰分为 4 式:I 式为抽象双龙相对钮,正鼓部饰蟠螭纹,见于新郑李家楼特镈、辉县琉璃阁甲墓特镈、辉县琉璃阁甲墓编镈,共 3 组 14 件;II 式为相背双兽镈钮,正鼓部饰蟠螭纹,见于侯马上马墓地 M1004、涉县北关 M1 编镈,共 2 组 13 件;III 式为衔蟠螭对峙双兽镈钮,正鼓部饰蟠螭纹,见于山彪镇战国墓地,共 1 组 13 件;IV 式为衔蟠螭对峙双兽镈钮,正鼓部饰夔龙纹,见于太原赵卿墓编镈,共 1 组 19 件。

I 式,抽象双龙相对钮,正鼓部饰蟠螭纹。标本 1,新郑李家楼特镈,1 件。镈体呈合瓦形,舞上有 5 条夔龙组成的钮,正中一条夔龙,其下有四夔龙卷曲盘绕与镈连接,组成一个镂空的镈钮整体。钲间有螺旋状枚,两铣中部外弧,镈口平直,舞部、篆带及正鼓部均饰蟠螭纹,年代为春秋中期(图 2-8:1)。标本 2,辉县琉璃阁甲墓特镈,4 件成编。该组特镈镈体较之编镈更大,镈钮为简化

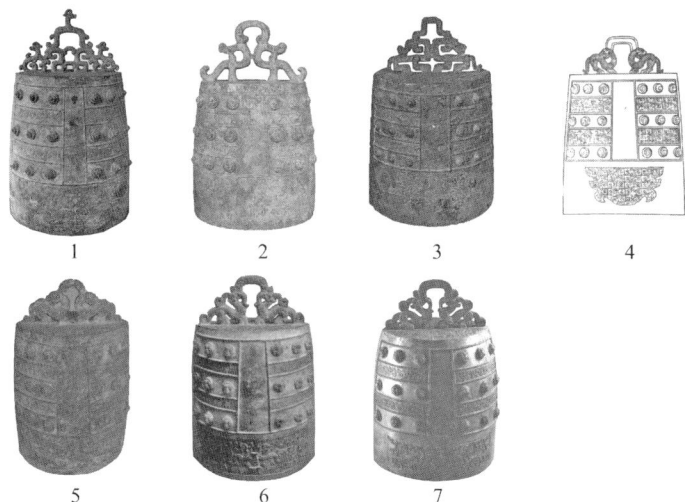

1. 新郑李家楼特镈　　2. 辉县琉璃阁甲墓特镈　　3. 辉县琉璃阁甲墓编镈
4. 侯马上马 M1004 编镈　　5. 涉县北关 M1 编镈　　6. 山彪镇战国墓地编镈
7. 太原赵卿墓编镈

图 2-8　晋系 C 型镈钟

双兽,有蟠龙状钮,镈口平直,鼓部饰两组相对蟠螭纹,侧鼓部素面,年代为春秋晚期(图 2-8:2)。标本 3,辉县琉璃阁甲墓编镈,9 件成编。该组编镈镈体皆做合瓦形,钮顶呈方形,与特镈稍异,由双兽形钮演化而来,枚呈蟠龙状,正鼓部饰相对蟠螭纹,侧鼓部素面,年代为春秋晚期。(图 2-8:3)

Ⅱ式,相背双兽(回首双兽)镈钮,正鼓部饰蟠螭纹。标本 1,侯马上马墓地 M1004 编镈,9 件成编。该组编钟为涡状蟠龙枚,篆带饰蟠虺纹,钲部饰蟠虺纹,镈钮为相背双虎,双兽间距较大,正鼓部饰蟠虺纹,侧鼓部素面,年代为春秋晚期(图 2-8:4)。标本 2,涉县北关 M1 编镈,4 件成编。该组编镈有团状蟠龙枚,篆带饰蟠螭纹,钲部素面,镈钮为回首双兽,双兽间距较小,正鼓部为图案化的蟠螭纹,正鼓部纹饰呈条带状,年代为战国早期。(图 2-8:5)

Ⅲ式:衔蟠对峙双兽镈钮,正鼓部饰蟠螭纹。标本 1,山彪镇战国墓地编镈,13 件成编。该组编钟有团状蟠龙枚 36 个,钲部素面,篆带饰蟠螭纹及散虺纹,镈钮为衔蟠双兽对峙,正鼓部饰蟠螭纹及散虺纹,年代为战国初期。(图 2-8:6)

Ⅳ式:衔蟠对峙双兽镈钮,正鼓部饰夔龙凤纹。标本 1,太原赵卿墓编镈,19 件成编。镈钮作相对峙的飞虎形,双虎张口昂首,撕咬小龙,弓身卷尾,身饰鳞纹、云雷纹和重环纹,舞部有四组"S"形蟠龙纹带,篆带环"S"形夔凤纹带,

枚作团状蟠龙,鼓面饰夔龙凤纹,用鳞纹、瓦纹、三角回纹作填充纹,呈条带状,年代为战国初期。(图 2-8:7)

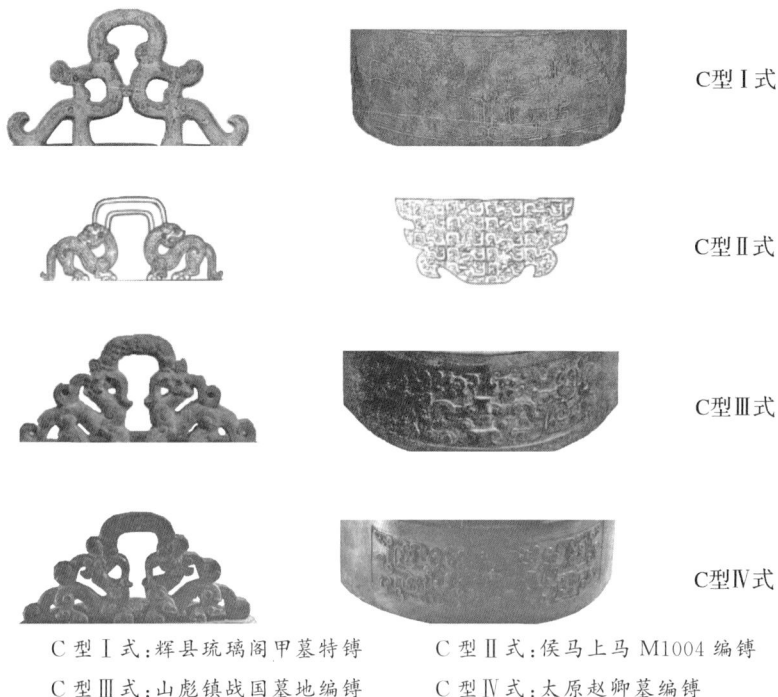

	C型Ⅰ式
	C型Ⅱ式
	C型Ⅲ式
	C型Ⅳ式

C型Ⅰ式:辉县琉璃阁甲墓特镈　　C型Ⅱ式:侯马上马 M1004 编镈
C型Ⅲ式:山彪镇战国墓地编镈　　C型Ⅳ式:太原赵卿墓编镈

图 2-9　晋系蟠龙状枚镈钟镈钮及主题纹饰变化序列图

蟠龙状枚镈钟变化规律:

首先在形制、纹饰方面,蟠龙状枚镈钟在钟体外观上始终保持一个较为稳定的发展过程,而镈钮则变化较大,由Ⅰ式新郑李家楼特镈发展至Ⅳ式太原赵卿墓编镈,镈钮经历了从抽象双兽镈钮发展至回首双兽镈钮,再发展至衔蟠对峙双兽镈钮,具备较为清晰的发展脉络,其变化规律与乳钉状枚镈钟的镈钮变化规律一致。其次在主题纹饰方面,蟠龙状枚镈钟的正鼓部纹饰由蟠螭纹发展至夔龙纹,与乳钉状枚镈钟亦保持一致,但在序列中缺少了早期变形象首纹,正符合了蟠龙状枚整体出现时间较乳钉状枚略晚的发展过程。(图 2-9)

四、钮钟的类型学研究

晋系青铜钮钟共 12 组 127 件。通过观察其形态特征,可以将晋系青铜钮钟分为两型：A 型为无枚钮钟，B 型为有枚钮钟。A 型、B 型之下又根据形制、纹饰特点各分两式。

（一）A 型：无枚钮钟

特征：钲部无枚，合瓦形钟体，钮较短小。按照钟体纹饰差异分为两式。其中可辨认为 I 式的无枚钮钟有三门峡上村岭虢国墓地 M2009 虢仲编钮钟，共 1 套 8 件；可辨认为 II 式的有平陆尧店钮钟，共 1 套 9 件。

1. 三门峡上村岭虢国墓地 M2009 编钮钟　2. 平陆尧店钮钟

图 2-10　晋系 A 型钮钟

I 式：钟体区分鼓部及钲部，钟身饰窃曲纹。标本 1，三门峡上村岭虢国墓地 M2009 虢仲编钮钟，8 件成编。钟体大小相次，呈合瓦形，舞上有方环钮，钮较短小，钲部无枚，舞部及钟身饰窃曲纹，右侧鼓部除第 1 钟外均铸鸟纹，钲部及左鼓铸有铭文，铭中有"虢仲作宝铃钟"的字样，可知该钟为虢仲所铸，并自名为铃钟，年代为春秋初年[①]。（图 2-10:1）

II 式：钟体不区分鼓部及钲部，通体素面。标本 1，平陆尧店钮钟，9 件成编。该组编钟形制相同，大小依次成列。通体素面，无枚，钟体上多有竖条状的孔洞，似为明器，年代为春秋晚期。侈度 1.2216，通高与钮高比为 5.5418。（图 2-10:2）

---

① 原发掘报告将该墓年代定为西周晚期，学界存在一定争议，最新研究推断墓主可能是虢公翰（幽王被杀后扶持携王与平王对抗），逝于平王时期。参看唐英杰、李发：《三门峡虢国墓 M2009 墓主虢仲考》，《中国国家博物馆馆刊》2019 年第 10 期。贾洪波先生也将三门峡虢国墓地的年代全部定为春秋之后。贾洪波：《关于虢国墓地的年代和 M2001、M2009 的墓主问题》，《中原文物》2014 年第 6 期。

表 2-3　晋系无枚钮钟数据表

出土地点	通高与钮高比	侈度(铣间与舞修比)	年代
上村岭虢国墓地 M2009	不明	不明	春秋早期
平陆尧店虞国贵族墓地	5.5418	1.2216	春秋晚期

注:数据取全套乐钟的平均值。

无枚钮钟的年代变化规律:

首先从年代上看,这两套无枚钮钟皆属于春秋时期,年代上二者有先后,应该存在继承和延续的关系。从地域分布上来看,无枚钮钟的分布较为集中,这两式编钟分别出土于山西运城平陆尧店虞国贵族墓地和河南三门峡上村岭虢国贵族墓地。从数量上来看,晋系青铜钮钟内无枚钮钟标本较少,仅两套,而平陆尧店钮钟制作粗糙,为明器,故不再进行纹饰、钟体变化趋势的讨论。

(二)B 型:有枚钮钟

特征:钟体区分钲、鼓、篆等区域,纹饰亦不相同。器身篆间有枚,9 个一组,一面 2 组,共计 36 枚。其中按照枚的不同形态又可分为两式:Ⅰ式为乳钉状枚,计有长治分水岭 M269 钮钟、长治分水岭 M270 钮钟、新郑金城路编钮钟、淇县宋庄 M4 编钮钟、平陆尧店夔龙纹钮钟、太原金胜村 M88 钮钟,共计 6 组 64 件;Ⅱ式为蟠龙状枚,共有长治分水岭 M25 钮钟、新绛柳泉墓地 M302 编钮钟、潞城潞河战国墓地 M7 钮钟、涉县北关 M1 钮钟,共计 4 组 32 件。

Ⅰ式,乳钉状枚。标本 1,长治分水岭 M269 钮钟,9 件成编。环形钮,钟体呈合瓦形,钲间、篆带饰蟠虺纹,鼓面亦饰蟠虺纹,内填雷纹,年代为春秋中期,侈度 1.2024,通高与钮高比不明(图 2-11:1)。标本 2,长治分水岭 M270 钮钟,9 件成编。钮作长方形,钟体呈合瓦形,钲间、篆带与舞顶皆饰蟠虺纹,鼓部素面,钟壁薄,应为明器,年代为春秋中期,侈度 1.2554,通高与钮高比不明(图 2-11:2)。标本 3,新郑金城路编钮钟,20 件钮钟分 2 组。长方形钮,钟体呈合瓦形,钟面有乳钉状枚,钟口上弧,舞部无纹饰,篆部饰卷云纹,正鼓部正中饰一圆圈,圆圈内填以圆点,圆圈外以三角纹和云纹组成变形象首纹,年代为春秋中期,侈度 1.2090,通高与钮高比为 4.6977(图 2-11:3)。标本 4,淇县宋庄墓地 M4 编钮钟,8 件成编。桥形钮,合瓦状钟体,平舞,乳钉状枚,篆带饰"S"形曲龙纹和简化蟠螭纹,斜直铣,弧形于,年代为春秋晚期,侈度不明,通高与钮高比不明(图 2-11:4)。标本 5,平陆尧店夔龙纹钮钟,9 件成编。钮饰绳纹,鼓部有圆形夔龙纹,枚为乳钉状。钟皆有唇,唇上每边各有 3 道锉磨整

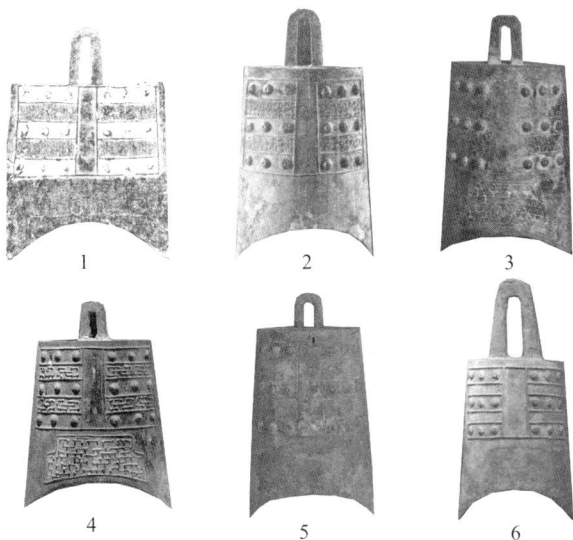

1. 长治分水岭 M269 钮钟　　2. 长治分水岭 M270 钮钟　　3. 新郑金城路编钮钟

4. 淇县宋庄 M4 编钮钟　　5. 平陆尧店夔龙纹钮钟　　6. 太原金胜村 M88 钮钟

图 2-11　晋系 B 型 I 式钮钟

齐的音槽,在铣部于口处各有 1 道音槽,深浅不一,年代为战国早期,侈度 1.2469,通高与钮高比为 6.3633(图 2-11:5)。标本 6:太原金胜村 M88 钮钟,9 件成编。钮似三角状,钟体呈合瓦形,枚呈乳钉状,在鼓部正中有夔龙纹,其他部位均为素面,明器,年代为战国早期,侈度 1.1830,通高与钮高比为 3.2222。(图 2-11:6)

Ⅱ式.蟠龙状枚。标本 1,长治分水岭 M25 钮钟,9 件成编。环状长钮,钮带双兽头,钟体呈合瓦形,钟口呈弧形,舞素面,篆带饰蟠螭纹,蟠龙状枚,鼓饰由两夔龙纹组成兽面。年代为战国早期,侈度 1.1548,通高与钮高比为 3.0534(图 2-12:1)。标本 2,新绛柳泉墓地 M302 编钮钟,6 件成编。钮素面,钟体饰蟠螭纹和勾折简化的"T"形云纹,卧虎形斡,螺旋形枚上饰蛇形纹,篆饰勾折简化的"T"形云纹,鼓部中央饰兽面纹。年代为战国早期,侈度为 1.2012,通高与钮高比为 2.7081(图 2-12:2)。标本 3,潞城潞河战国墓地 M7 钮钟,8 件成编。该组钮钟皆为长环形钮,体呈合瓦形,弧形于,枚作圆圈,内填云纹,篆带饰双头蟠螭纹,周围用贝纹作框。鼓部饰夔凤纹。明器,铸造粗糙,花纹又浅又细,象征性纹饰。钟体内还包含有范芯泥土。年代为战国早期,侈度不明,通高与钮高比为 5.2688(图 2-12:3)。标本 4,涉县北关 M1 钮钟,9 件成编。方环形纽较粗壮。腔体呈合瓦形,平舞曲于,铣棱斜直。腔面以粗阳线界隔枚、篆、钲、鼓各部,钲部稍窄。篆间置 36 个蟠龙形枚,蟠龙巨首盘体,面目

清楚。素纽,腔体纹饰精致。篆间饰细密蟠螭纹,舞部为龙纹,龙体饰云纹和三
角雷纹。年代为战国时期,侈度 1.1232,通高与纽高比 3.4754。(图 2-12:4)

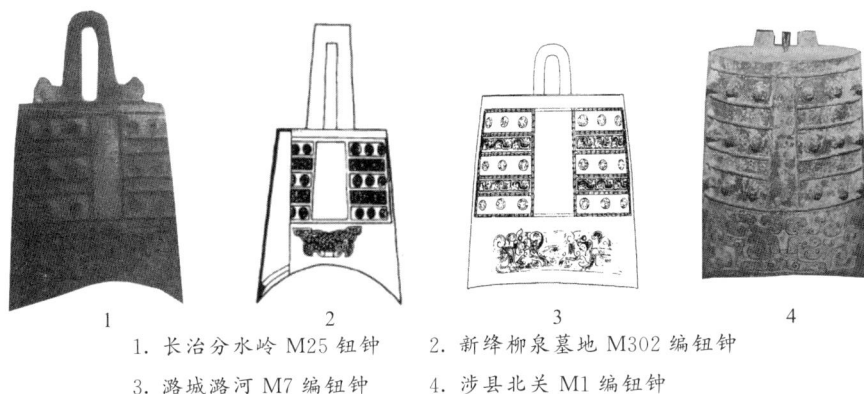

1. 长治分水岭 M25 纽钟　　　2. 新绛柳泉墓地 M302 编纽钟

3. 潞城潞河 M7 编纽钟　　　4. 涉县北关 M1 编纽钟

图 2-12　晋系 B 型 Ⅱ 式纽钟

表 2-4　晋系有枚纽钟数据表

枚	出土地点	通高与纽高比	侈度(铣间与舞修比)	年代
乳钉状枚	长治分水岭 M270	不明	1.2554	春秋中期
	长治分水岭 M269	不明	1.2024	春秋中期
	新郑金城路	4.6977	1.2090	春秋中期
	淇县宋庄墓地 M4	不明	不明	春秋晚期
	平陆尧店	6.4633	1.2469	战国早期
	太原金胜村 M88	3.2222	1.1830	战国早期
蟠龙状枚	长治分水岭 M25	3.0534	1.1548	战国早期
	新绛柳泉 M302	2.7081	1.2012	战国早期
	潞城潞河 M7	5.2688	不明	战国早期
	涉县北关 M1	3.4754	1.1232	战国时期

注:数据取全套乐钟的平均值。

有枚纽钟变化规律:

首先,从年代上看,Ⅰ式乳钉状枚纽钟主要流行于春秋中期至战国早期,而Ⅱ
式蟠龙状枚纽钟的流行时间为春秋晚期至战国早期,二者流行年代较为重合。

其次,关于晋系青铜纽钟形态发展,自春秋中期的新郑金城路纽钟至战国
时期的新绛柳泉 M302 以及涉县北关 M1 编纽钟,纽钟的钟体通高与纽高比

呈现一个下降的趋势,即钮钟钟钮趋大,钟体相对趋小。钮钟的侈度呈一个渐小的趋势,随着时间的发展呈现出两铣内敛的特征。

最后,在纹饰方面,动物纹在钮钟纹饰中占据统治地位,春秋时期纹饰尚较多样化,有联珠龙纹、窃曲纹、蟠螭纹、几何纹组成的象首纹、龙蛇复合纹,战国时期则较为单调,夔龙纹占绝对优势。

五、小　结

(一)晋系乐钟型式演变总结及晋系乐钟的类型学特点

通过对东周时期晋系青铜乐钟所展开的类型学研究,可将甬钟分为二型八式,镈钟分为三型十一式,钮钟分为二型四式。从下表中可以看出,东周时期晋系甬钟出现于春秋早期,延续至战国早期;镈钟出现于春秋中期,延续至战国中期;钮钟出现于春秋早期,延续至战国早期。战国中期之后,中原地区明器化陶质乐钟日趋盛行,传统乐钟制度走向衰落。

晋系青铜乐钟在春秋晚期至战国早期这一巨大历史变革中亦发生了诸多变化:出现了以半球状枚为特征的 Ab 型甬钟以及具有八棱状甬的 B 型甬钟;镈钟钟钮由抽象形态发展为较为复杂的具象动物形态,镈钟正鼓部主题纹饰也在这一阶段完成了从象首纹向蟠螭纹、蟠虺纹的转变;钮钟则在这一阶段吸纳了更多镈钟上蟠龙状钟枚的特征。

表 2-5　晋系乐钟型式演变表

	甬钟			镈钟			钮钟	
	Aa 型	Ab 型	B 型	A 型	B 型	C 型	A 型	B 型
春秋早期	Ⅰ—Ⅳ式						Ⅰ式	Ⅰ式
春秋中期	Ⅴ式				Ⅰ式	Ⅰ式		Ⅰ式
春秋晚期	Ⅴ式	Ⅰ式	Ⅰ式	Ⅰ式	Ⅱ式、Ⅲ式	Ⅰ式、Ⅱ式	Ⅱ式	Ⅰ式、Ⅱ式
战国早期	Ⅵ式	Ⅰ式			Ⅳ式	Ⅱ式、Ⅲ式、Ⅳ式		Ⅰ式、Ⅱ式
战国中期					Ⅴ式			

相较于其他地区,晋系乐钟始终保持着其中原风格的类型学特征:甬钟甬部长度始终较短(相对于钟体通高并对比楚系甬钟),乐钟的主题纹饰多以阴刻为主,仅少量乐钟使用浅浮雕的装饰。乐钟形态方面,甬钟侈度逐渐扩大,两铣外扩,而钮钟侈度则呈现出渐小的趋势,两铣内收。造成晋系乐钟侈度发生这种变化的原因是:东周时期,甬钟与钮钟的乐制定位以及礼制意义存在一

个动态的变化过程。

钮钟的出现始于西周晚期,早期钮钟采用了甬钟的原有编列,与甬钟乐制定位类似。到春秋早期,钮钟编列出现了9件一组的情况。王友华认为正是9件一组钮钟的出现,让编钟的正鼓音可以构成"宫·商·角·徵·羽"的五声音列,钮钟的铸造推进了"商音"出现在编钟正鼓部,同时推动了整套编钟皆为双音钟的新乐制,最大限度地拓展了编钟的音列①。钮钟的出现、发展与甬钟不同,其蕴含的音乐意义始终大于礼制意义,这一点也可以从使用单一钮钟组合随葬的墓主人身份中得出,随葬单一钮钟组合者均为中低等级贵族。邵晓洁认为修长形、两铣内敛的乐钟具备更优秀的音乐性能,其声音悦耳舒展且穿透力强②,可知钮钟两铣内敛、侈度渐小是一种对音乐性能的追求,这与钮钟的出现及其发展相符合。而在东周时期,相对具有古老传统的甬钟则呈现出两铣外扩、侈度渐大的发展趋势,甬钟原本对音乐性能的追求被钮钟所代替,而其礼制意义被放大,使用者为高等级贵族,甬钟钟体渐大,在音乐演奏中则主要负责低音与节拍,侈度渐大、两铣外扩则正符合其钟声悠扬、雄浑的音乐需求。由侈度所反映出的晋地甬钟与钮钟音乐地位和礼制意义的动态变化,是整个东周时期乐器组合变化的缩影。

(二)万荣庙前甬钟年代以及其"八棱柱状甬"分析

对晋系乐钟进行型式分析之后,无疑可以帮助我们解决一些编钟的年代问题。1962年秋,万荣庙前东周墓地由于黄河河水泛滥,部分墓葬被破坏,当地群众从黄河河道中打捞出4件大甬钟,该4件甬钟钟体作合瓦形,甬作八棱体柱状,柱形枚,圆弧形旋,铺首环式斡,铣边较直,于弧度小,近乎平直,篆和鼓面均饰有"S"形双头蟠螭纹。前文所述,晋系甬钟主题纹饰蟠螭纹于春秋晚期出现,并参照其他地区年代确定的乐钟主题纹饰(图2-13),可知此类对称蟠

1　　　　　　　　　　2　　　　　　　　　　3

1. 万荣庙前蟠螭纹甬钟　　2. 莒南老龙腰 M1 编镈(春秋晚期)

3. 沂水纪王崮编钟(春秋中期晚段)

图 2-13　万荣庙前甬钟主题纹饰及其对比

---

① 王友华:《先秦编钟研究》,桂林:广西师范大学出版社,2013年。

② 邵晓洁:《楚钟研究》,北京:人民音乐出版社,2010年,第51页。

螭纹是春秋中晚期饰于乐钟正鼓部的一种典型纹饰。

该组甬钟甬部为八棱柱状,参照现有考古材料,除该组甬钟外其他八棱柱状甬钟全部出土于楚文化区,八棱柱状甬是楚系甬钟的典型特征,出现于春秋晚期并代替圆柱状甬(详见本章第三节),结合前文主题纹饰对比,可推测万荣庙前甬钟年代不早于春秋晚期。

万荣庙前甬钟独特的八棱柱形甬向我们提供了研究春秋晚期晋楚文化交流的线索,但该组编钟并不是万荣庙前墓葬群中唯一印证晋楚交流的青铜器,万荣庙前春秋晚期嵌红铜络绳纹壶与湖北郧县所藏战国嵌绿松石神鸟纹铜壶在形制纹饰上均相似(图 2-14),这也提醒我们万荣庙前东周墓地是研究晋楚文化交流的一个重要窗口。

1. 湖北郧县出土铜壶　2. 万荣庙前墓地出土铜壶

图 2-14　铜壶对照

第四节　东周时期南方楚系青铜乐钟的类型学研究

"楚系"乐钟涵盖楚地及受楚文化影响地区所出土或传世的乐钟总和。一般认为有独特风格的楚文化(包括青铜器)形成于春秋中期之后[①],并且西周时期楚系青铜乐钟数量极少,故本节只重点讨论东周时期的楚系乐钟。希冀在前贤研究的基础上,详尽搜集考古出土与收藏传世的东周楚系乐钟,依据钮钟、镈钟、甬钟三类来分别梳理楚系编钟形制、纹饰的发展演变脉络,初步建立起乐钟分期断代的类型学依据,进而以此来考察若干楚系乐钟的"复古"现象与礼制渊源。

---

① 刘彬徽:《楚系青铜器研究续论》,《湖南省博物馆馆刊》第 7 辑,2010 年,第 191 页。

一、出土情况概述

迄今为止,南方楚地共在 31 处地点出土了楚系青铜乐钟 482 枚(另有传世乐钟 4 组),出土地点涵盖湖北、河南、安徽和湖南 4 省。计有:湖北荆州天星观墓地、枣阳郭家庙墓地、随州文峰塔墓地、随州擂鼓墩墓地、枣阳九连墩墓地、河南淅川和尚岭和徐家岭墓地、淅川下寺墓地、叶县旧县墓地、新蔡平夜君成墓、上蔡楚墓、信阳长台关墓地、固始侯古堆 M1 以及安徽寿县蔡侯墓、湖南浏阳纸背村楚墓[①]。(具体位置参见图 2-15,具体出土数据参见表 2-6)。

[①] 随州文峰塔墓地近来又有新的曾国编钟出土,如汉东路、枣树林等,惜材料尚未正式公布,故本文暂未收入。可参看《中国音乐文物大系》总编辑部编:《中国音乐文物大系(北京卷)》,郑州:大象出版社,1999 年,第 53、57 页;《中国音乐文物大系》总编辑部编:《中国音乐文物大系(湖北卷)》,郑州:大象出版社,1999 年,第 23、215 页;平顶山市文物管理局等:《河南叶县旧县四号春秋墓发掘简报》,《文物》2007 年第 9 期;安徽省文物管理委员会等:《寿县蔡侯墓出土遗物》,北京:科学出版社,1956 年,第 18 页;湖北省文物考古研究所等:《湖北随州文峰塔墓地 M4 发掘简报》,《江汉考古》2015 年第 1 期;湖北省文物考古研究所等:《湖北随州文峰塔 M1(曾侯舆墓)、M2 发掘简报》,《江汉考古》2014 年第 4 期;湖北省文物考古研究所、随州市博物馆、随州市曾都区考古队:《随州汉东东路墓地 2017 年考古发掘收获》,《江汉考古》2018 年第 1 期;随县擂鼓墩一号墓考古发掘队:《湖北随县曾侯乙墓发掘简报》,《文物》1979 年第 7 期;湖北省博物馆等:《湖北随州擂鼓墩二号墓发掘简报》,《文物》1985 年第 1 期;河南省文物研究所等:《淅川下寺春秋楚墓》,北京:文物出版社,1991 年,第 79、140、257、265 页;河南省文物研究所:《信阳楚墓》,北京:文物出版社,1986 年,第 25 页;李芳芝:《上蔡县发现一座楚墓》,《中原文物》1990 年第 2 期;河南省文物考古研究所、河南省驻马店市文化局、新蔡县文物保护管理所:《河南新蔡平夜君成墓的发掘》,《文物》2002 年第 8 期;湖北省荆州地区博物馆:《江陵天星观 1 号楚墓》,《考古学报》1982 年第 1 期;湖北省荆州博物馆:《荆州天星观二号楚墓》,北京:文物出版社,2003 年,第 69～70 页;王先福、王红星、胡雅丽、刘松山、杨力、梁超:《湖北枣阳九连墩 M1 发掘简报》,《江汉考古》2019 年第 3 期;王先福、王红星、胡雅丽、刘松山、杨力、梁超、符德明、冯务建、曾令斌、韩恒、余乐、郝勤建:《湖北枣阳九连墩 M2 发掘简报》,《江汉考古》2018 年第 6 期;固始侯古堆一号墓发掘组:《河南固始侯古堆一号墓发掘简报》,《文物》1981 年第 1 期;河南文物考古研究所等:《淅川和尚岭与徐家岭楚墓》,郑州:大象出版社,2004 年,第 46、132、275 页;随县博物馆:《湖北随县城郊发现春秋墓葬和铜器》,《文物》1980 年第 1 期;张翔:《郭家庙 M30 出土的编钮钟》,《音乐研究》2016 年第 5 期;河南省文物研究所等:《河南省叶县旧县 1 号墓的清理》,《华夏考古》1988 年第 3 期;熊传新:《湖南新发现的青铜器》,《文物资料丛刊》第 5 辑,北京:文物出版社,1987 年,第 104 页。上蔡郭庄楚墓资料尚未公布,暂不收录。另有传世的楚太师登钟因具体数量组合尚有争议,暂不收录。

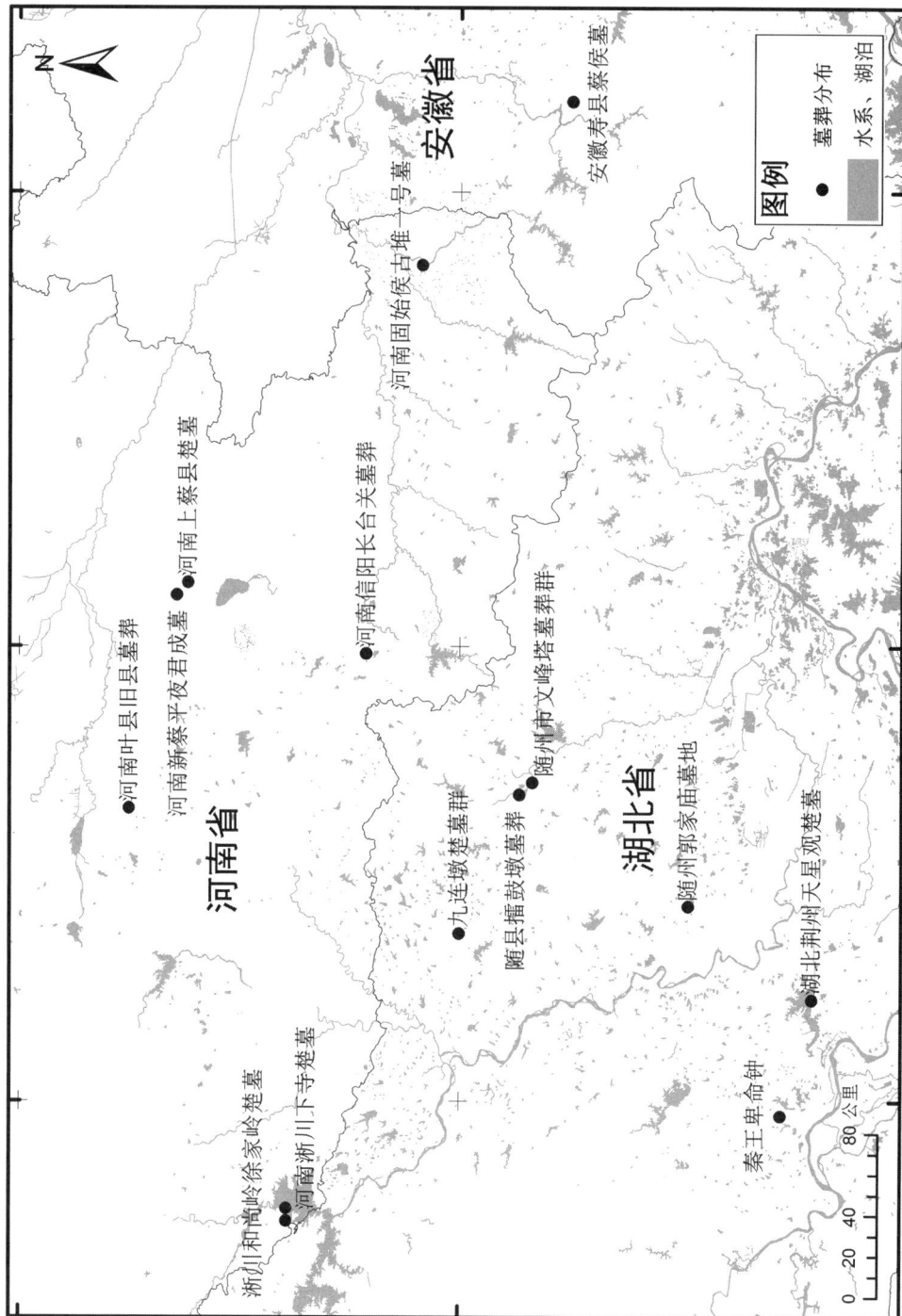

图2-15 楚系青铜乐钟出土分布图

需要说明的是,近年来随着曾国考古的持续进展,曾国乐钟资料亦日渐丰富,使我们逐渐认识到曾国乐制的许多独特之处,显然这是未来值得深入研究的方面。不过就现有资料而言,春秋中期之后的曾国乐钟在形制、纹饰上与楚国乐钟倒是十分相近的(乐制暂且不论),所以本文亦将其暂时纳入楚系乐钟的范畴内。此外,新近在随州文峰塔墓地汉东路及枣树林等地点也有众多新的曾国编钟出土,可惜材料尚未完全公布,故本文暂未能收录。

表 2-6　楚系编钟统计表

出土地点	钮钟	甬钟	镈钟	总计	年代	等级
枣阳郭家庙 M30	10			10	春秋早期	大夫
随县八角楼(盗扰)	2			2	春秋早期	不明
随县季氏梁(盗扰)	5			5	春秋中期	不明
淅川下寺 M10	9		8	17	春秋晚期	大夫(5 鼎)
随州枣树林 M81	9			9	春秋中期	不明
随州枣树林 M76	5			5	春秋中期	不明
随州枣树林 M129		16	4	20	春秋中期	曾侯得
叶县旧县 M4	9	20	8	37	春秋中晚期	国君
文峰塔 M1(盗扰)		10		10	春秋晚期	国君
文峰塔 M4(盗扰)		1		1	春秋晚期	国君
淅川下寺 M2		26		26	春秋晚期	令尹(7 鼎)
淅川下寺 M1	9			9	春秋晚期	令尹夫人
淅川和尚岭 M2	9		8	17	春秋晚期	大夫夫人
淅川徐家岭 M3	9		8	17	春秋晚期	大夫
寿县蔡侯墓(盗扰)	9	12	8	29	春秋末期	国君
固始侯古堆 M1	9		8	17	战国初期	县公家族
淅川徐家岭 M10	9		8	17	战国初期	大夫
叶县旧县 M1(盗)	6			6	战国早期	大夫
浏阳纸背村	9			9	战国早期	不明
曾侯乙墓	19	45	1	65	战国早期	国君
擂鼓墩 M2(盗扰)		36		36	战国中期	国君等级
信阳长台关 M1	13			13	战国中期	封君(7 鼎)
上蔡楚墓	13			13	战国中期	封君
平夜君成墓(盗扰)	1			1	战国中期	封君

续表

出土地点	钮钟	甬钟	镈钟	总计	年代	等级
天星观 M1(盗扰)	4			4(22)①	战国中期	封君
天星观 M2	22		10	32	战国中期	封君夫人
枣阳九连墩 M1	22	12		34	战国中期	大夫(5 鼎)
枣阳九连墩 M2	11			11	战国中期	大夫夫人
王子婴次钟		1		1	春秋中期	楚国王子
秦王卑命钟		1		1	春秋末期	封君
楚王酓章镈			2	2	战国早期	楚王
楚珥仲妳南和钟		1		1	不明	楚王之女
总计	223	191	73	487		

据上表可知,"楚系"青铜乐钟内,钮钟的数量最多,共计 223 枚,其次甬钟191 枚,镈钟仅有 73 枚。出土钮钟的墓葬数量亦是最多,计有 24 处,甬钟集中出土于 9 处,镈钟则有 10 处。甬钟除意外发现外,单批出土数量都较大,并且多集中于诸侯等级墓葬。很显然,在南方地区,甬钟的有无是区分墓葬等级高低的一个重要标准。但在典型楚墓内甬钟的数量反而极少,这是楚墓与周围附属国墓葬的区别之一。而只出土钮钟的墓葬通常等级也是最低,这种制度性的差异一直延续至战国中期阶段才发生显著的变革(详后文)。

二、钮钟的类型学研究

通过考察其形态特征,可以将楚系青铜钮钟分为两型:A 型为无枚钮钟,B 型为有枚钮钟。每型下又根据纹饰的区别和枚的差异分为两式。

(一)A 型:无枚钮钟

特征:钲部无枚。根据钟体有无区分钲部和鼓部等区域以及纹饰差异可分为两式。

Ⅰ式:钟体两面都饰倒置兽面纹,无钲、鼓部之分,钟钮较短。

标本 1:郭家庙 M30 出土,共 10 件。钟钮为长环形,钟面以细阳线饰大、

---

① 从钟篡遗痕推断原应为 22 件。

小两组倒置兽面纹,遍饰器身,两铣较直,年代为春秋早期晚段。[1]（图 2-16:1）

标本 2:随县季氏梁曾墓出土,共 5 件。钮呈方形。钟体两面均饰倒置兽面纹。墓葬中共出一铜簋,铭文曰"陈公子仲庆自作用匝簋",故年代应在春秋中期。[2]（图 2-16:2）

1. 枣阳郭家庙 M30:11　2. 随县季氏梁 M1:3
图 2-16　楚系 A 型 I 式无枚钮钟

Ⅱ式:钟体光洁,有钲、鼓部之分,以纹饰和铭文标识,钟钮瘦长。

标本 1:曾侯乙墓出土,共 19 件。长方形钮,无枚,部分有绹纹。右侧悬挂的 6、7 两组器表皆有错金装饰。年代约为公元前 433 年,属战国早期。[3]（图 2-17:1）

标本 2:新蔡平夜君成墓出土,仅 1 件。舞平,上有长方形单钮。根据竹简内容和随葬器物,其年代应在战国中期,早于天星观 M1。[4]（图 2-17:2）

标本 3:江陵天星观 M1 出土,残存 4 件。形制相同,长方形钮,钲部无枚,鼓部由各种纤细的云纹、漩涡纹组成变形兽面。钮饰涡纹、三角云纹及绹纹。年代在战国中期。[5]（图 2-17:3）

① 张翔:《郭家庙 M30 出土的编钮钟》,《音乐研究》2016 年第 5 期。
② 随县博物馆:《湖北随县城郊发现春秋墓葬和铜器》,《文物》1980 年第 1 期。
③ 随县擂鼓墩一号墓考古发掘队:《湖北随县曾侯乙墓发掘简报》,《文物》1979 年第 7 期。
④ 河南省文物考古研究所、河南省驻马店市文化局、新蔡县文物保护管理所:《河南新蔡平夜君成墓的发掘》,《文物》2002 年第 8 期。
⑤ 湖北省荆州地区博物馆:《江陵天星观 1 号楚墓》,《考古学报》1982 年第 1 期。

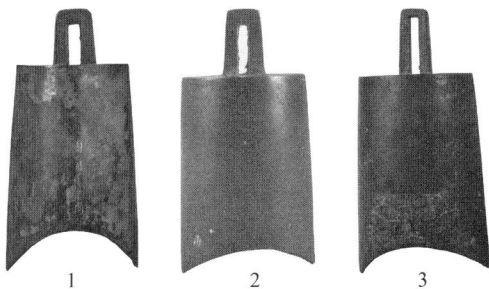

1. 随州擂鼓墩 M1：上·二·5　2. 新蔡平夜君成墓 G：1　3. 江陵天星观 M1：33

图 2-17　楚系 A 型 Ⅱ 式无枚钮钟

表 2-7　楚系无枚钮钟数据表

出土地点	钮高与通高比	侈度（铣与舞比）	年代
八角楼	7.153	1.258	春秋早期
郭家庙 M30	5.955	1.258	春秋早期
季氏梁	6.553	1.246	春秋中期
曾侯乙墓	4.485/4.473/4.524	1.156/1.146/1.150	战国早期
平夜君成墓	4.417	1.188	战国中期
天星观 M1	3.637	1.121	战国中期

注：数据取全套乐钟的平均值。

无枚钮钟的年代变化规律：

首先从年代上看，Ⅰ式无枚钮钟的出现时间较Ⅱ式早，年代范围在春秋早期至晚期，战国时期不见。Ⅱ式无枚钮钟则出现于战国早期，延续至中期偏晚阶段。年代上两者有先后，应该存在继承和延续关系。

具体到乐钟形制方面，从Ⅰ式到Ⅱ式无枚钮钟，工匠们开始有意识地区分钲部、鼓部等不同区域，由此体现出钮钟设计、铸造技术的不断进步。而纹饰方面，Ⅰ式无枚钮钟钟身遍布倒置兽面纹，Ⅱ式无枚钮钟则大多光洁无纹饰，或纹饰较小。

此外，从钟体变化趋势上看（表 2-7），Ⅰ式无枚钮钟随着时代发展，从八角楼到郭家庙 M30 到季氏梁，钟钮渐大，而侈度总体较大，两铣外扩。Ⅱ式无枚钮钟较Ⅰ式而言，钟体光洁，从曾侯乙墓到平夜君成墓到天星观 M1，钟钮继续保持Ⅰ式的扩大趋势，从短阔向长窄发展，到战国中期阶段，钟钮已经占据整体的 1/3 大小。其次侈度较Ⅰ式大幅缩小,两铣内敛。从音乐性能上看,修长型的乐钟,声响悦耳舒展且穿透力强。[①] 由此可见,楚系无枚钮钟的发展是渐趋修长,以提高编钟的音乐性能与音域幅度。

最后,从地域分布上看,Ⅰ式无枚钮钟均出土于随州曾国故地,较为集中。而Ⅱ式无枚钮钟则分布较为广泛,楚国统治核心区域江陵地区至河南北部楚国边疆地区,以及继承Ⅰ式的曾国地区都有分布。这暗示我们此类无枚钮钟或是曾国贵族的首创,并被随后的楚人所借鉴使用。

(二)B 型:有枚钮钟

特征:钟体上钲、鼓、篆等各区域有明显界限。器身篆间有枚,9 个一组,一面 2 组,共计 36 枚。其中按照枚的不同形态又可分为两式:Ⅰ式为螺旋状枚;Ⅱ式为乳钉状枚。

Ⅰ式:枚呈螺旋状。

标本 1:淅川下寺 M10 出土,9 件。舞上有梯形环钮。篆带和舞部饰蟠螭纹,鼓部饰对称的四条夔龙纹。钟铭显示,此套钟为吕王之孙所作,并且曾与楚成王结盟,故年代应在春秋中期早段,早于墓主下葬年代(春秋晚期)。[②] (图 2-18:1)

标本 2:叶县旧县 M4 出土,9 件。平舞,小方环钮。正背面均设 4 组 36 个螺旋形枚。钮正、背面饰细雷纹,舞部与正鼓部均饰蟠螭纹,篆部饰斜角夔龙纹。依据铜器铭文可知该墓年代应在公元前 547 年之前,即春秋中晚期之际。[③] (图 2-18:2)

标本 3:淅川下寺 M1 出土,9 件。顶部为长方形竖环钮,上饰蟠螭纹。舞部饰对称的 4 组蟠螭纹,篆部亦饰蟠螭纹,篆间有螺旋状枚 36 件。隧部有 4 个相向的蟠螭所组成的纹饰。墓葬年代在春秋晚期早段,但钟体铭文被锉去,说明器物并非原主所有。[④] (图 2-18:3)

标本 4:淅川和尚岭 M2 出土,9 件。顶部有长方形钮,舞平。正背两面共有 36 枚。钟钮饰卷云纹或勾连云纹,舞部饰蟠螭纹,篆带饰三角形纹和云纹。鼓部饰蟠龙纹,作侧身状。钟铭:"唯十又四年三月唯戊申",应为楚庄王十四

① 邵晓洁:《楚钟研究》,北京:人民音乐出版社,2010 年,第 51 页。

② 河南省文物研究所等:《淅川下寺春秋楚墓》,北京:文物出版社,1991 年,第 265 页。

③ 平顶山市文物管理局等:《河南叶县旧县四号春秋墓发掘简报》,《文物》2007 年第 9 期。

④ 河南省文物研究所等:《淅川下寺春秋楚墓》,北京:文物出版社,1991 年,第 79 页。

年,即公元前 600 年。① (图 2-18:4)

　　标本 5:寿县蔡侯墓出土,9 件。长方形钮,器身两面共有 36 圆枚。钮、枚上饰涡云纹,舞、篆、鼓部饰蟠螭纹。墓葬年代为春秋晚期晚段,推断为蔡昭侯之墓,下葬于公元前 472 年。② (图 2-18:5)

　　标本 6:荆州天星观 M2 出土,22 件。长方形单钮上多装饰勾连云纹。舞部较平,装饰有浅浮雕效果的龙纹。枚部共有 36 个涡状枚。枚与枚之间饰涡纹和卷云纹。篆带内饰细密繁缛的蟠螭纹。正鼓部饰龙纹。年代为战国中期。③ (图 2-18:6)

　　标本 7:淅川徐家岭 M3 出土,9 件。舞平,上有长方形钟钮。枚由 3 个螺旋涡纹组成,正背两面共有 36 枚。纹饰以变形蟠虺纹和卷云纹为主。年代也应在春秋晚期晚段。④

1. 淅川下寺 M10:66　2. 叶县旧县 M4:12　3. 淅川下寺 M1:25

4. 淅川和尚岭 M2:37　5. 寿县蔡侯墓:31·2　6. 江陵天星观 M2:D27-1

图 2-18　楚系 B 型 Ⅰ 式螺旋枚钮钟

① 河南文物考古研究所等:《淅川和尚岭与徐家岭楚墓》,郑州:大象出版社,2004 年,第 46 页。

② 安徽省文物管理委员会等:《寿县蔡侯墓出土遗物》,北京:科学出版社,1956 年,第 18 页;《中国音乐文物大系》总编辑部编:《中国音乐文物大系(北京卷)》,郑州:大象出版社,1999 年,第 53 页。

③ 湖北省荆州博物馆:《荆州天星观二号楚墓》,北京:文物出版社,2003 年,第 69～70 页。

④ 河南文物考古研究所等:《淅川和尚岭与徐家岭楚墓》,郑州:大象出版社,2004 年,第 132 页。

Ⅱ式:枚呈乳钉状。

标本1:淅川徐家岭 M10 出土,9 件。舞平,上有长方形钟钮,枚为乳突状,正背两面共有 36 枚。每组枚之间有篆带。舞部饰蟠龙纹,钮饰卷云纹,篆带饰龙纹,鼓部饰四条蟠龙纹。从随葬器物风格上看应属于战国初期。[1]

标本 2:固始侯古堆 M1 出土,9 件。钮为长方形。舞和钲部均饰三角、漩涡和蟠螭纹。但编钟原有铭文被铲去,再补刻上"鄱子成周"四字。故乐钟年代应早于墓葬年代,在战国初年之前。[2]（图 2-19:1）

标本 3:浏阳纸背村出土,9 件。舞上有扁条方形钮,钮上饰云雷纹,钲侧饰篆带 2 层,篆带上下及两篆间有漩涡形的凸枚 6 组,凸枚为乳头状,共计 36 枚。枚与枚之间有云雷纹,舞间、篆带和隧部饰蟠螭纹。根据共出器物,年代定为战国早期。[3]（图 2-19:2）

1. 固始侯古堆 M1:1　2. 浏阳纸背村:1
3. 叶县旧县 M1:40　4. 信阳长台关 M1:199

图 2-19　楚系 B 型Ⅱ式乳钉状枚钮钟

---

[1]　河南文物考古研究所等:《淅川和尚岭与徐家岭楚墓》,郑州:大象出版社,2004 年,第 275 页。

[2]　固始侯古堆一号墓发掘组:《河南固始侯古堆一号墓发掘简报》,《文物》1981 年第 1 期。

[3]　熊传新:《湖南新发现的青铜器》,《文物资料丛刊》第 5 辑,北京:文物出版社,1987 年,第 104 页。

标本 4：叶县旧县 M1 出土，6 件。顶有长方形钮。篆间有枚，正、背两面共 36 个。篆部、枚与枚之间以 S 纹、三角纹为地纹，蟠虺纹为主纹。舞部为变形龙纹。枚上饰旋转纹。年代为战国早期。[1]（图 2-19：3）

标本 5：信阳长台关 M1 出土，13 枚。钟钮主要为变形 S 纹，偶有雷纹和三角纹，舞部为变形饕餮纹作主纹，而地纹则是绳纹、雷纹、三角纹和麦粒纹，乳钉外作旋转纹；钉与钉间和篆部则施以精致的蟠虺纹；鼓部各有一饕餮兽面。年代根据共出器物定为战国中期偏早。[2]（图 2-19：4）

标本 6：上蔡楚墓出土，13 件。钮呈长方形，上铸细阴线变形龙纹。在枚钉之间，铸有疏散而等距离的阳线勾云纹。舞呈椭圆形，舞和鼓部均饰蟠螭纹。年代在战国中期早段。[3]

标本 7：九连墩 M1 出土，22 件。枚带内饰乳点地对称四卷云拱一圆圈纹，枚上饰细密线型云雷纹，篆带分界凸棱上饰菱形纹。舞部饰对称 4 组细密斜线、乳点、云雷纹地勾连云纹。年代应在战国中期晚段。[4]

表 2-8　楚系有枚钮钟数据表

枚	出土地点	钮高与通高比	侈度	年代
螺旋状枚	下寺 M10	4.441	1.156	春秋中期早段
	叶县旧县 M4	5.670	1.212	春秋中晚期之际
	下寺 M1	5.197	1.138	春秋晚期
	和尚岭 M2	4.460	1.136	春秋晚期
	徐家岭 M3	4.429	1.138	春秋晚期
	寿县蔡侯墓	4.855	1.150	春秋末期
	天星观 M2	4.184/3.596	1.129/1.146	战国中期

---

[1]　河南省文物研究所等：《河南省叶县旧县 1 号墓的清理》，《华夏考古》1988 年第 3 期。

[2]　河南省文物研究所：《信阳楚墓》，北京：文物出版社，1986 年，第 25 页。

[3]　李芳芝：《上蔡县发现一座楚墓》，《中原文物》1990 年第 2 期。

[4]　湖北省文物考古研究所、襄阳市文物考古研究所：《湖北枣阳九连墩 M1 乐器清理简报》，《中原文物》2019 年第 2 期。

续表

枚	出土地点	钮高与通高比	侈度	年代
乳钉状枚	徐家岭 M10	4.667	1.142	战国初期
	固始侯古堆 M1	4.646	1.126	春战之际
	叶县旧县 M1	4.398	1.120	战国早期
	纸背村	4.204	1.111	战国早期
	长台关 M1	4.308	1.108	战国中期

注：数据取全套乐钟的平均值。

有枚钮钟变化规律：

首先，总体上看，Ⅰ式螺旋状枚钮钟主要流行时间为春秋中期至春秋末期（除江陵天星观 M2 例外，详后文），而Ⅱ式乳钉状枚钮钟的流行时间为战国初年至战国中期。两者年代界限较为明显，具有相对清晰的早晚关系，即在春秋、战国之际，楚系钮钟的钟枚形态也发生了由螺旋状枚向乳钉状枚的转变。

其次，在钮钟形态上，和尚岭 M2 编钟依据纪年铭文，可以确定铸造时间为公元前 600 年左右。而下寺 M10 钟体铭文显示为楚成王时期，即公元前 671 年至公元前 626 年之间。从这两个年代明确的钟体形制看，Ⅰ式螺旋状枚钮钟的钟钮形制趋于稳定，侈度变化也较小。比较异常的仅有叶县旧县 M4 以及天星观 M2 所出钮钟。其中叶县旧县 M4 钮钟钟钮较Ⅰ式其他编钟来说较小，而侈度较大。这可能与其墓内器物的南北风格融合有关，在叶县旧县 M4 的乐器组合中也体现了这一特点（后文亦有讨论）。而天星观 M2 钮钟钟体形制均符合战国中期的楚钟特点，但是在枚的形制上却效仿春秋时期的钮钟形态。Ⅱ式乳钉状枚钮钟，由徐家岭 M10 至长台关 M1，钮钟钟体基本呈现出两铣内敛（但幅度较小）、钟钮渐大的趋势，与无枚钮钟相似。

最后，在钟体纹饰方面，Ⅰ式螺旋状枚钮钟呈现出以夔龙纹、蟠螭纹为主到蟠螭纹、龙纹和几何纹纹饰为主的变化；Ⅱ式乳钉状枚钮钟从徐家岭 M10 到长台关 M1，钟体纹饰从龙纹到龙纹、蟠螭纹、三角纹共存，最后变化为蟠螭纹，具有一个较为清晰的发展序列。

三、镈钟的类型学研究

镈钟，其主要特征包括复杂的兽型钮，多透雕镂空，且于口近平。根据镈钟的钟体形态差异,主要是扉棱的有无可将楚系镈钟分为两型:A 型为扉棱镈,B 型为无扉棱镈。B 型下根据钟钮的形态,又可分为三式,其中Ⅱ式下又依据枚的形态以及数量差异可分为两亚式,Ⅲ式下根据口部形态分为两亚式。

(一)A 型:扉棱镈

特征:钟体由四条扉棱分割为四部分,钟体为椭圆形,纹饰分布于扉棱间。此型镈钟在楚地仅见于叶县旧县 M4 许公宁墓葬中,共 4 件。这种类型的镈钟此前多见于关中地区,如著名的克镈、秦公镈等,所以应代表了宗周传统文化的影响。

标本 1:叶县旧县 M4 出土,4 件。前后左右各有一道扁体扉棱。上部为平舞,其上设置蟠龙形扁体繁钮,钮的两端分别与镈两侧的扉棱相连接。舞部饰两组两两相背的盘龙纹,正背面均饰浮雕式蟠龙纹,蟠龙纹上下边缘各有一周由菱形锥体凸饰与 C 形云纹相间隔组成的纹样带。[1](图 2-20)

(二)B 型:无扉棱镈

特征:钮部形态复杂,钟体呈椭圆形,于口近平,其他钟体部分与钮钟相

叶县旧县M4:17

图 2-20　楚系 A 型扉棱镈

似。枚、篆、鼓、钲等各部分区分明显,有严格区域划分。根据钮部的形态将其分为三式,Ⅰ式为抽象式双龙相对钮;Ⅱ式为双龙相对钮,又根据枚的形态分为两亚式,其中Ⅱa 式为螺旋枚,Ⅱb 式为圆泡状枚;Ⅲ式为复合型兽钮,其中Ⅲa 式为平口,Ⅲb 式于口内凹。

Ⅰ式:抽象式双龙相对钮。

标本 1:下寺 M10 出土,8 件。舞上有以两条镂孔夔龙组成的钮,篆间有螺旋形枚,每面 18 枚,正、背面共 36 枚。舞部及篆带饰蟠螭纹,隧部饰四个对称的夔龙纹。[2](图 2-21:1)

标本 2:徐家岭 M3 出土,8 件。舞上有两条镂孔夔龙组成的钮。篆间有螺旋形枚,每面 18 个枚,正背面共有 36 个枚。钮上饰卷云纹,舞部饰变形蟠

---

① 平顶山市文物管理局等:《河南叶县旧县四号春秋墓发掘简报》,《文物》2007 年第 9 期。

② 河南省文物研究所等:《淅川下寺春秋楚墓》,北京:文物出版社,1991 年,第 257 页。

觥纹,篆带饰三角卷云纹或卷云纹,鼓部饰四个对称的蟠龙纹。[①]（图 2-21:2）

1. 淅川下寺 M10:73　　　　　　　2. 淅川徐家岭 M3:19

图 2-21　楚系 B 型 Ⅰ 式抽象双龙相对钮

Ⅱ式:双龙相对钮。

a 亚式:螺旋枚。

标本 1:和尚岭 M2 出土,8 件。舞上有两条夔龙组成的钮,夔龙颈相对,回首,躬身,卷尾曳地,身上饰卷云纹,有四足,造型生动,形象逼真。篆间有螺旋形枚,正背面共 36 个。舞部饰蟠螭纹,篆带饰三角形云纹或夔龙纹。正鼓部饰蟠龙纹。[②]［图 2-22(a):1、图 2-22(b):1］

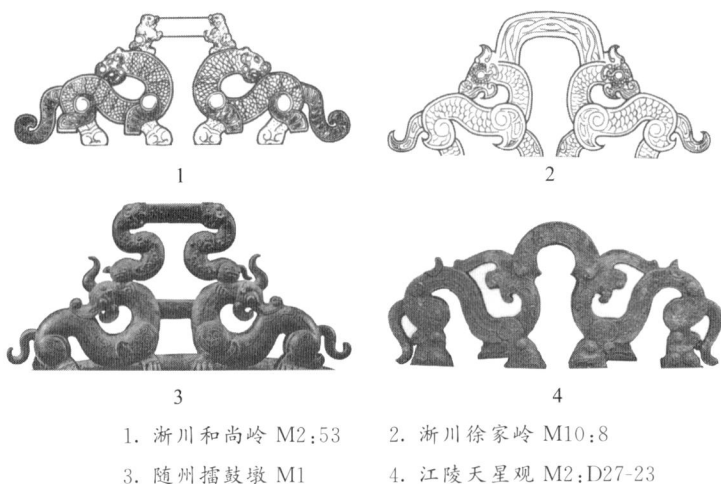

1. 淅川和尚岭 M2:53　　　2. 淅川徐家岭 M10:8

3. 随州擂鼓墩 M1　　　　　4. 江陵天星观 M2:D27-23

图 2-22(a)　楚系 B 型 Ⅱ 式双龙相对钮

---

① 河南文物考古研究所等:《淅川和尚岭与徐家岭楚墓》,郑州:大象出版社,2004 年,第 139 页。

② 河南文物考古研究所等:《淅川和尚岭与徐家岭楚墓》,郑州:大象出版社,2004 年,第 70 页。

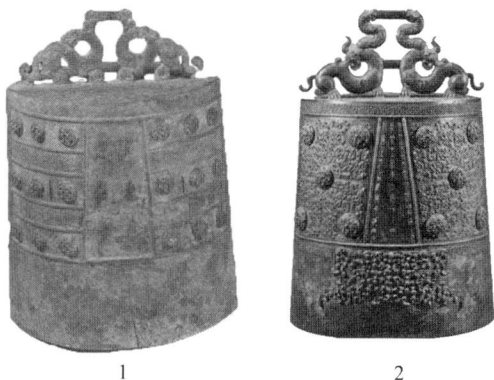

1. 螺旋形枚（淅川和尚岭 M2:53）　　2. 圆泡形枚（随州擂鼓墩 M1）

图 2-22（b）　楚系Ⅱa式螺旋形枚与Ⅱb式圆泡形枚

标本 2：徐家岭 M10 出土，8 件。舞上有两条镂孔夔龙组成的钮。舞部饰夔龙纹，篆间有螺旋枚，正背面共有 36 个。篆带饰浮雕夔龙纹，这一式双龙形象生动，头、身、尾清晰可见。鼓中部为一兽面，其侧有对称的四条夔龙。时代为春秋晚期至战国初期。[①] ［图 2-22（a）:2］

b 亚式：圆泡状枚，这一亚式兽首上会有附加组合。

标本 1：曾侯乙墓出土，1 件。钮作龙与夔龙成双对峙，舞部满饰浅浮雕蟠龙纹。钲部以圆梗界隔出钲中及其两侧，两侧以浅浮雕龙纹衬地，枚为圆泡形，每面两组，两面共 4 组 20 件。钲部周缘以浅浮雕蟠龙纹带环绕。[②] ［图 2-22（a）:3，图 2-22（b）:2］

标本 2：天星观 M2 出土，10 件。舞部其上立有二龙形怪兽组成的钮，二龙相向而立，龙首相背回顾，龙身弯曲，龙尾下垂略卷，龙首顶部立有一圆弧形螭钮，螭钮上饰涡纹和三角形雷纹等，龙身饰涡纹、云纹和鳞纹等。舞部饰浅浮雕龙纹，钲部以上、舞部以下和篆带外侧、铣内侧及枚部以下、鼓部以上的器身饰变形龙纹或勾连云纹。枚部共饰有圆泡状枚 36 个。[③] ［图 2-22（a）:4］

Ⅲ式：复合式兽钮。

a 亚式：平口镈。

标本 1：叶县旧县 M4 出土，4 件。平舞，其上有蟠龙形复式钮，正背面分

---

① 河南文物考古研究所等：《淅川和尚岭与徐家岭楚墓》，郑州：大象出版社，2004 年，第 278 页。

② 随县擂鼓墩一号墓考古发掘队：《湖北随县曾侯乙墓发掘简报》，《文物》1979 年第 7 期；《中国音乐文物大系》总编辑部编：《中国音乐文物大系（湖北卷）》，郑州：大象出版社，1999 年，第 215 页。

③ 湖北省荆州博物馆：《荆州天星观二号楚墓》，北京：文物出版社，2003 年，第 79～82 页。

别饰相对称的 4 组 36 颗螺旋形枚,枚间篆部饰蟠螭纹,在枚的周边及其与篆带之间界以凸阳线式边框。[图 2-23(a):1、图 2-23(b):1]

标本 2:寿县蔡侯墓出土,8 件。舞上有镂空双兽交织纹扁钮,下口齐平。舞、篆、鼓均饰蟠螭纹,枚作圆形乳钉状,上饰涡云纹。[图 2-23(a):2、图 2-23(b):2]

b 亚式:于口微内凹。

标本 1:固始侯古堆出土,8 件。顶部有左右纹饰对称的钮,制成三兽盘绕,两组对峙。两铣下垂,两鼓面有蟠螭纹,舞部也有蟠螭纹。[图 2-23(a):3、图 2-23(b):3]

1. 叶县旧县 M4:8　2. 寿县蔡侯墓:30-3　3. 固始侯古堆 M1:3
图 2-23(a)　楚系 B 型 Ⅲ 式复合兽钮钟

1. 叶县旧县 M4:8　2. 寿县蔡侯墓:30-3　3. 固始侯古堆 M1:3
图 2-23(b)　楚系 B 型 Ⅲ 式平口镈与凹口镈

镈钟变化规律:

A 型四扉棱镈钟仅见于叶县旧县 M4,风格与春秋时期秦、齐等少数诸侯国的镈钟类似,而楚地仅此一例,显然不属于楚系乐钟的范畴。B 型无扉棱镈

① 平顶山市文物管理局等:《河南叶县旧县四号春秋墓发掘简报》,《文物》2007 年第 9 期。
② 《中国音乐文物大系》总编辑部编:《中国音乐文物大系(北京卷)》,郑州:大象出版社,1999 年,第 52 页。
③ 固始侯古堆一号墓发掘组:《河南固始侯古堆一号墓发掘简报》,《文物》1981 年第 1 期。

钟从年代上看,有明显的时代界限。Ⅰ式抽象双龙钮主要流行于春秋中晚期,Ⅱ式双龙相对钮主要流行于春秋晚期至战国初年,两者之间具有较为清晰的发展演变关系,即钟钮日趋复杂、具象。而Ⅲ式复合钮主要流行于春秋晚期至战国初期,且多集中在楚国的边境之地,不排除有受到外来文化影响的可能。

纹饰方面,楚系镈钟有从蟠龙纹、夔龙纹和蟠螭纹等多种纹饰组合向单一蟠螭纹发展的趋势。不过天星观 M2 镈钟与该墓其他编钟一样,呈现出复古趋势,使用双龙钮和圆泡状装饰等。而镈钟枚的特殊形制——圆泡状,则集中分布于楚国的统治中心地区(曾侯乙墓镈钟亦为楚王赠送),或代表了该区域特殊的地域风格。

战国中期之后,楚地镈钟几乎消失不见,目前仅在天星观 M2 内仍见到随葬镈钟的现象,而这座墓葬的乐钟,已如前文所述,存在诸多特殊之处,我们将在后文详论。

四、甬钟的类型学研究

甬钟在楚系编钟内出土地点较少,但数量较多,主要集中于曾国,另在河南淅川、安徽寿县等地也有部分分布。其主要特征是悬挂方式与钮钟不同,故而甬部最具典型性。根据甬部的形态差异,可分为两型。其中 A 型甬部为八棱形,又可根据枚的差异分为四式[①];B 型甬部为圆柱形,又可根据枚的差异分为两式。

(一)A 型:八棱形甬

特征:甬部呈八棱柱形,甬下有旋。根据枚的差异分为四式,Ⅰ式为柱状枚;Ⅱ式为螺纹状枚;Ⅲ式为无枚;Ⅳ式为圆泡状枚。

Ⅰ式:柱状枚。

标本 1:文峰塔 M4 出土,1 件。舞部正中有细长甬,甬作八棱形。钲四周界以绚索纹,正反面篆间各饰柱状枚 9 个,枚顶中央凸起,枚底有圆形基座。甬体满饰蟠虺纹,间饰细密几何纹,舞部及篆带饰蟠虺纹。[②]

标本 2:文峰塔 M1 出土,10 件。平舞,上有八棱柱形甬。钲部两侧及篆带上下之间各有 9 个凸起的圆台状乳钉枚。鼓部纹饰较突出,由粗大蟠螭组

---

① 目前由于标本数量较少,还无法完全厘清这些不同式之间是否具有年代上的演变关系。

② 湖北省文物考古研究所等:《湖北随州文峰塔墓地 M4 发掘简报》,《江汉考古》2015 年第 1 期。

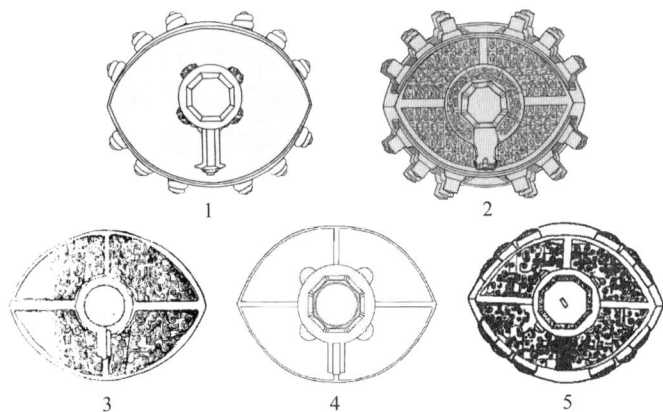

1. 随州擂鼓墩 M1:中·三·5　　2. 枣阳九连墩 M1:893　　3. 淅川下寺 M2:20

4. 随州文峰塔 M1:1　　　　　5. 随州擂鼓墩 M2:86

图 2-24　楚系 A 型 I 式八棱形甬钟截面图

成蟠龙纹图案,整体呈对称的灵动蝶翅状纹图案模块。[1]（图 2-24:4）

标本 3:淅川下寺 M2 出土,26 件。舞部正中有甬,甬作八棱体。篆间各有柱状枚九个,枚下有圆形基座。舞部及篆带饰蟠虺纹,隧部花纹则由两组对称的变形蟠螭纹所组成。[2]（图 2-24:3）

标本 4:曾侯乙墓长枚钟,22 件。钲部以圆梗界隔。钲中梯形,篆带上下之间缀有长枚共 36 个。枚作乳钉状、腰稍内收,顶沿较粗。枚与枚之间亦饰浅浮雕龙纹。[3]（观察线图,枚应为柱状）（图 2-24:1）

标本 5:擂鼓墩 M2 出土,8 件。甬呈八棱柱形,甬下有旋。编钟甬、舞、篆部均饰变体蟠螭纹。隧部花纹不同,有兽面纹和浮雕神人双手操蛇图像。[4]（图 2-24:5）

标本 6:枣阳九连墩 M1 出土,12 件。枚呈短柱状,舞上有长甬,甬钟正鼓部饰左右对称的乳点、云雷纹地勾连云纹组合成的兽面纹。篆、枚带分界凸棱

---

[1]　湖北省文物考古研究所等:《湖北随州文峰塔 M1（曾侯舆墓）、M2 发掘简报》,《江汉考古》2014 年第 4 期。

[2]　河南省文物研究所等:《淅川下寺春秋楚墓》,北京:文物出版社,1991 年,第 140 页。

[3]　《中国音乐文物大系》总编辑部编:《中国音乐文物大系（湖北卷）》,郑州:大象出版社,1999 年,第 223 页。

[4]　湖北省博物馆等:《湖北随州擂鼓墩二号墓发掘简报》,《文物》1985 年第 1 期。

上饰细密波折纹。① (图 2-24:2)

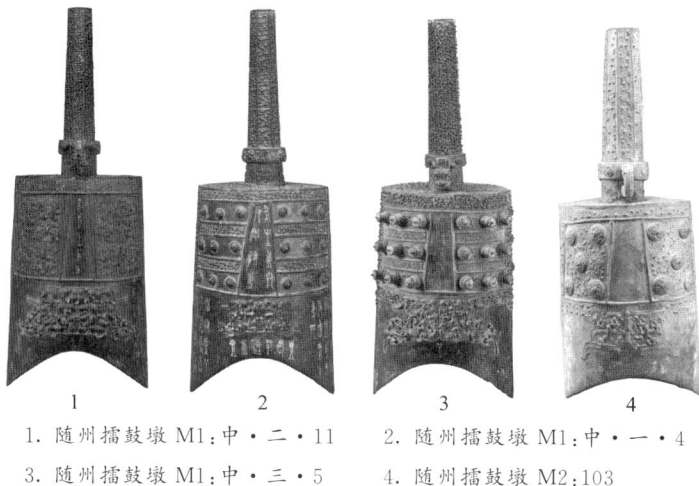

1. 随州擂鼓墩 M1:中·二·11　　2. 随州擂鼓墩 M1:中·一·4
3. 随州擂鼓墩 M1:中·三·5　　4. 随州擂鼓墩 M2:103

图 2-25　楚系 A 型各式甬钟

Ⅱ式:螺纹状枚。

标本 1:曾侯乙墓短枚钟,11 件。甬部为八棱柱体。钲部以圆梗界隔出钲中及两侧篆带,圆梗上亦有细密精微的阴刻蟠龙。篆带之间缀有短枚,总共 36 枚。枚似实心螺壳,枚间素底。鼓部饰浮雕蟠龙纹,纹样整体若蝶翅状。② (图 2-25:2)

Ⅲ式:无枚。

标本 1:曾侯乙墓无枚钟,12 件。钲部以圆梗界隔,无篆,无枚。鼓部纹饰为数量、形态各异的多种浮雕蟠龙纹。③ (图 2-25:1)

Ⅳ式:圆泡状枚。

标本 1:擂鼓墩 M2 出土,28 件。甬呈八棱柱形,甬下有旋,钲部两边各有 5 个泡形短枚。钟壁较厚,内有 4 处凸起。甬、舞、篆部饰变形蟠螭纹,隧部饰兽面纹。④ (图 2-25:4)

---

① 湖北省文物考古研究所、襄阳市文物考古研究所:《湖北枣阳九连墩 M1 乐器清理简报》,《中原文物》2019 年第 2 期。

② 《中国音乐文物大系》总编辑部编:《中国音乐文物大系(湖北卷)》,郑州:大象出版社,1999 年,第 216 页。

③ 《中国音乐文物大系》总编辑部编:《中国音乐文物大系(湖北卷)》,郑州:大象出版社,1999 年,第 220 页。

④ 湖北省博物馆等:《湖北随州擂鼓墩二号墓发掘简报》,《文物》1985 年第 1 期。

（二）B 型：圆柱状甬

特征：甬部呈圆柱状，此式甬钟出土较少。按枚的形态可分为两式，Ⅰ 式为柱状枚；Ⅱ 式为螺旋状枚。（图 2-26）

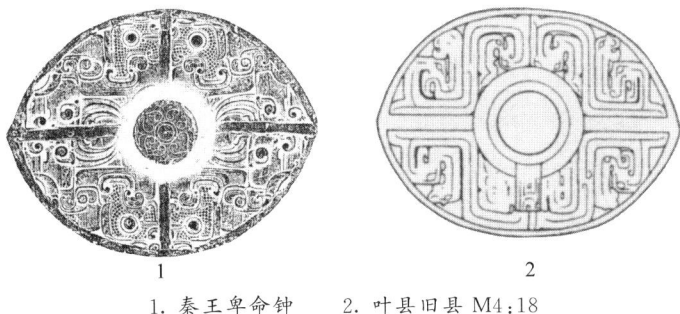

1. 秦王卑命钟　　2. 叶县旧县 M4:18

图 2-26　楚系 B 型圆柱状甬钟截面图

Ⅰ 式：柱状枚。

a 亚式：纹饰为蟠螭纹。

标本 1：王子婴次钟，1 件。甬作圆柱形，有旋有幹，旋上有 4 个小乳钉。钟身共有 36 长枚。舞、篆、隧部均饰蟠螭纹。[①]（图 2-27:1）

标本 2：秦王卑命钟，1 件。甬封衡，近衡处有一左右对穿的横梁，可以正悬；有旋无幹。舞饰 4 组兽面纹，钲、鼓部均饰蟠螭纹。[②]（图 2-27:2）

标本 3：寿县蔡侯墓出土，12 件。长甬，旋上饰涡云纹的乳钉 5 枚，幹为长方形。前后共有长枚 36 个。甬、舞、篆、鼓各部均饰蟠螭纹。[③]（图 2-27:3）

b 亚式：钲、鼓部素面无纹饰。

标本 1：楚邛仲妳南和钟，1 件。枚呈二层台柱状，幹、旋均有，甬上和舞面饰云雷纹，钲间、鼓部有铭文，无纹饰。

Ⅱ 式：螺旋状枚。

标本 1：叶县旧县 M4 出土，20 件。圆柱状甬，平舞。甬部饰蝉纹，旋钮部

[①] 《中国音乐文物大系》总编辑部编：《中国音乐文物大系（北京卷）》，郑州：大象出版社，1999 年，第 57 页。

[②] 《中国音乐文物大系》总编辑部编：《中国音乐文物大系（湖北卷）》，郑州：大象出版社，1999 年，第 23 页。

[③] 《中国音乐文物大系》总编辑部编：《中国音乐文物大系（北京卷）》，郑州：大象出版社，1999 年，第 52 页。

饰重环纹,舞部饰夔龙纹,篆部饰 S 形斜角云纹,正鼓部饰两组相背对称的 C 形夔龙纹。正、背两面中部分饰 4 组 36 颗螺旋形枚。[1]（图 2-27:4）

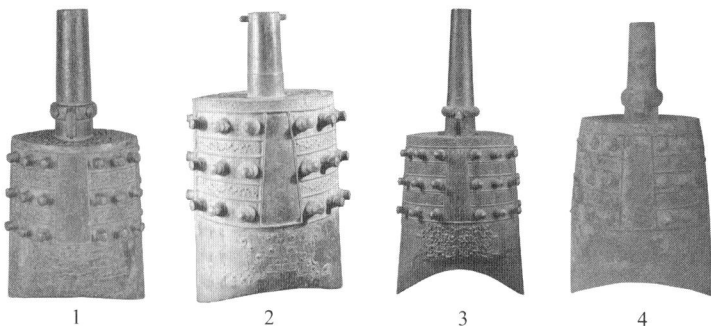

1. 王子婴次钟　2. 秦王卑命钟　3. 寿县蔡侯墓:29-1　4. 叶县旧县 M4:18

图 2-27　楚系 B 型圆柱形甬钟

表 2-9　楚系甬钟数据表

出土地点	通高与甬高比	侈度	年代	型式
王子婴次钟	2.444	1.167	春秋中期	BⅠ式
叶县旧县 M4	2.863	1.209	春秋中晚期	BⅡ式
文峰塔 M1	2.537	1.117	春秋晚期	AⅠ式
文峰塔 M4	2.614	1.147	春秋晚期	AⅠ式
下寺 M2	2.579	1.149	春秋晚期	AⅠ式
秦王卑命钟	3.667	1.102	春秋末期	BⅠ式
寿县蔡侯墓	2.333	1.229	春秋末期	BⅠ式
曾侯乙墓	2.273/2.335/2.255	1.114/1.109/1.140	战国早期	AⅠ/AⅡ/AⅢ
擂鼓墩 M2	2.306/2.143	1.090/1.096	战国中期	AⅠ/AⅣ式
九连墩 M1	2.204	1.119	战国中期	AⅠ式

甬钟变化规律:

首先从钟体形态来看,楚系甬钟的甬部呈现出逐步加长的趋势,除王子婴次钟和秦王卑命钟外,楚系甬钟的甬部长度在春秋战国之际发生重大转变:春秋时期甬部普遍较短,而在战国时期甬部显著变长。至于侈度方面,楚系甬钟

---

[1]　平顶山市文物管理局等:《河南叶县旧县四号春秋墓发掘简报》,《文物》2007 年第 9 期。

呈现两铣内敛的缩小趋势,但是变化幅度较为平缓。比较特殊的是叶县旧县M4和寿县蔡侯墓甬钟,这两座墓葬内甬钟与钮钟侈度都较同时期偏大,体现出墓主或制作者的特殊偏好。

单从甬部而言,A型八棱状甬甬钟始见于春秋晚期,至战国中期仍有使用。B型圆柱形甬甬钟主要流行于春秋中期至末期。故而甬钟整体形制是由B型圆柱形甬向A型八棱形甬转变,形成了楚式乐钟的典型特色。淅川下寺M2王孙诰编钟正体现了转变时期的特征,其甬部截面呈现出内圆而外为八棱柱形的特殊结构。钟枚方面,楚系甬钟以柱状枚为绝对多数,螺旋枚、圆泡型枚虽偶有发现,但目前只见于曾国和许国,这充分展现出楚系甬钟所具有的强烈的复古特征。

其次从分布地域上看,甬钟在曾国地区十分盛行,不仅年代早,且数量庞大。西周时期叶家山墓地中即出土有甬钟,至战国中期仍延续使用甬钟作为成套编钟的主要组成部分。但东周时期的曾国地区甬钟亦遵循上文所提及的甬部变化规律,由叶家山甬钟的圆柱形转变为八棱形。

从纹饰上看B型圆柱形甬钟主要装饰蟠螭纹,而A型八棱形甬钟则是以细密蟠虺纹、兽面纹、蟠龙纹等各种纹饰交替使用,主要特征是盛行浅浮雕的装饰风格,亦在各国乐钟内独树一帜。

五、余　论

(一)楚系编钟的型式演变与类型学特征

通过细致的类型学分析,我们可以将东周楚系乐钟进行如下区分:钮钟分为2型4式,镈钟分为2型4式,甬钟分为2型6式。从下表中可以看出无论是钮钟、镈钟还是甬钟,在春秋到战国这一历史重大变革时期,都发生了巨大的转变,尤其以钮、甬钟最为明显。变革特征具体体现为:(1)无枚钮钟脱离早期形制,形成了明确的钟体分区,有枚钮钟从螺旋枚演变至乳钉枚;(2)镈钟经历了钮部从抽象到具体、渐趋复杂的过程;(3)甬钟则由圆柱状甬变为了八棱状甬。这种乐钟形态上的变化无疑也伴随着乐钟制度的巨大变革。[①]

---

① 张闻捷:《试论春秋晚期乐钟随葬制度的变革——以曾国、晋国为中心》,《中国音乐学》2019年第4期。

表 2-10　楚系乐钟形态演变表

	钮钟		镈钟	甬钟	
	A 型	B 型	B 型	A 型	B 型
春秋早期	Ⅰ式				
春秋中期		Ⅰ式	Ⅰ式		Ⅰ式
春秋晚期	Ⅰ式	Ⅰ式	Ⅰ式/Ⅱ式/Ⅲ式	Ⅰ式	Ⅰ式/Ⅱ式
战国早期	Ⅱ式	Ⅱ式	Ⅱ式/Ⅲ式	Ⅰ式/Ⅱ式/Ⅲ式	
战国中期	Ⅱ式	Ⅱ式		Ⅰ式/Ⅳ式	

　　相较于其他地区(北方中原),楚系乐钟始终保持着自身较为明显的风格特征:东周楚系钮钟最早见于春秋早期的曾国地区,从春秋早期到战国中期漫长的发展周期内,楚系钮钟无论是无枚还是有枚,螺旋枚还是乳钉枚都是两铣内敛,钟钮略大,渐趋修长,正如前文所言,是对卓越的音乐性能的追求,从而偏好修长的乐钟;从数量组合方面,楚系钮钟由 9 钮 8 镈的组合发展为 11 枚一组(两组)和 13 枚一组的单列钮钟形式;纹饰上是以龙纹、蟠螭纹为主。楚系甬钟的地区特征更为明显:甬部长度相较于其他地区来说偏长,并且由春秋至战国时期,甬部逐步变长;纹饰风格上基本都采用浅浮雕的装饰,并且偏好于细密的蟠螭、蟠虺纹等纹饰,触之有棘手感;而甬钟侈度与钮钟一样渐趋内收,侈度渐小,这点与晋系甬钟两铣外扩的发展趋势不同。此外楚系甬钟的显著特点在于其八棱形的甬部形制,在其他地区基本不见。甬钟甬部在楚地有明显的圆柱形向八棱形的转变,其余地区则均盛行圆形甬部。八棱形甬部和浅浮雕的装饰是楚系甬钟的典型特征和区别标识。楚系镈钟的特点在于镈钮的明显复杂化,多层繁花状的复合型镈钮是楚地特有的镈钮形制。

　　(二)楚钟的复古与曾楚交流

　　江陵天星观楚墓是战国中期楚邸阳君潘乘及其夫人的夫妇异穴合葬墓。其复古倾向主要体现在:天星观 M1 钮钟采用无枚形制;天星观 M2 钮钟采用螺旋枚形制,皆与自身时代不符,是对春秋时期钮钟形制的借鉴。同时天星观 M2 中还出土了一组 10 件的镈钟,其圆泡状枚的形制效仿曾侯乙墓中楚王所赠镈钟。值得注意的是天星观墓主潘乘及其夫人并非典型的楚国公族,虽然两墓无论从葬制还是葬俗上来看,都属于楚国贵族风格,随葬礼器上也是升鼎和簠、圆腹鼎和豆、圆腹鼎与敦的三套组合,均属于楚系青铜礼器。但是在出土简牍中,可以发现潘乘所祭祷的是"番先"并非"楚先",而在包山楚简、望山楚简、葛陵楚简均祭祷楚先公、先王,但是天星观楚简中祭祷的对象却只有"番先",不见"楚先"。[①] 据此,邸阳君潘乘这一楚国潘氏家族来源于番国已是公认。在定公六年以后,番国就不再见于文献记载,或因番君被俘、番邑被吴所取,使得本来就十分衰弱的附庸番国,再也无法维持其国祀和君统,最终并入了楚国。[②] 故而潘乘为番国之后,入楚之后,在乐钟制度与使用上或与同时期楚国本土贵族有所差异,始终效仿春秋时期的纹样形制,或是对故国的追思。

曾楚之间乐制及乐器的相互交流与影响可以概括为以下几点:一是八棱形甬钟的使用。曾国乐器中甬钟为大宗,而楚几乎不见甬钟随葬,但是在战国中期的九连墩 M1 中随葬有一组 12 件甬钟,并且有钮钟伴出,应是继承了该区域内的曾国随葬甬钟的风俗,但是纹饰上略有不同。显现出时代特色。二是圆泡形枚的传播。圆泡形枚首见于曾侯乙墓中的楚王熊章镈,此后在擂鼓墩 M2 甬钟中继承了此种 5 个一组圆泡形枚的风格,应是曾受楚影响而制成。三是无枚钮钟的使用,楚系无枚钮钟无论是使用范围,还是最早起源,都与曾国有关,楚国的无枚钮钟应是受其影响。

第五节　东周时期山东地区青铜乐钟的类型学研究

一、出土情况概述

迄今为止,在山东地区发现的周代青铜乐钟共计 343 枚,以东周时期为大宗。[③] 除去未知出土地点的征集品和传世品外,共有 33 处地点出土乐钟 323 件,主要分布于鲁南、鲁东和鲁中地区,鲁西北地区仅见一例。

这些出土地点包括:鲁南地区 11 处,其中今临沂市共有临沂花园村西周墓、沂水刘家店子墓、沂水县纪王崮春秋墓、莒南老店 M2、莒南老店 M1、郯城县第二中学墓、郯城县大埠二村遗址、临沂凤凰岭春秋墓、苍山(征集品)等 9

---

① 晏昌贵:《天星观卜筮祭祷简释文辑校》,《简帛数术与历史地理论集》,北京:商务印书馆,2010 年,第 144 页。

② 徐少华:《周代南土历史地理与文化》,武汉:武汉大学出版社,1994 年,第 132 页。

③ 除个别传世品为西周晚期外,出土青铜乐钟几乎均为东周时期。

处,今枣庄市仅有滕州庄里西村春秋墓 1 处,日照市莒县天井汪春秋墓 1 处;鲁东地区 12 处,分别为今烟台市的海阳嘴子前 M1 和 M4、海阳上尚都钟、烟台上夼墓、牟平长治镈、长岛大竹山岛镈、龙口和平村和蓬莱柳格庄、蓬莱市站马张家等 9 处,以及今潍坊市的临朐扬善村甬钟、诸城臧家庄墓、诸城都吉台春秋墓等 3 处;鲁中地区 9 处,分别为今淄博市的临淄淄河店 M2、临淄大夫观战国墓、临淄商王村 M2、临淄河崖头镈 4 处和今济南市的章丘女郎山战国墓、章丘小峨眉山、长清仙人台 M5 和 M6 等 4 处以及邹城城关郭庄村 1 处;而鲁西北地区仅见今滨州市的阳信西北村战国墓 1 处。(具体出土数据详见表 2-11,出土地点详见图 2-28)

表 2-11　山东地区周代青铜编钟统计表

出土地点	钮钟	甬钟	镈钟	总计	年代	等级	国属
烟台上夼墓		1		1	西周晚期	诸侯(盗扰)	曩国
临沂花园村墓		9		9	两周之际	未经发掘	鄪国
海阳上尚都钟	4	1		5	两周之际	盗扰	不明
临淄河崖头镈			1	1	春秋早期	齐侯祭祀窖藏	齐国
长清仙人台 M6	9	11		20	春秋早期偏晚	国君	邿国
蓬莱柳格庄 M6	9			9	春秋早中期	国君(盗扰)	不明
郯城大埠二村 M2	4			4	春秋中期早段	大夫(盗扰)	郯国
海阳嘴子前 M1		5	2	7	春秋中期	大夫(盗扰)	齐国
海阳嘴子前 M4	2	7		9	春秋中期	大夫(7 鼎)	齐国
沂水刘家店子 M1	9	19	6	34	春秋中期	国君	莒国
莒县天井汪		6	3	9	春秋中期	大夫(5 鼎)	莒国
章丘小峨眉山		4		4	春秋中期晚段	大夫(祭天)	齐国
长清仙人台 M5	9			9	春秋中期晚段	大夫(女性)	邿国
临朐扬善村		5		5	春秋晚期	不明	齐国
沂水县纪王崮墓	9	9	4	22	春秋中晚期	诸侯(7 鼎)	不明
莒南大店 M2	9			9	春秋晚期中段	大夫(盗扰)	莒国
滕州庄里西村	9		4	13	春秋晚期	国君(盗扰)	滕国
诸城都吉台墓	9			9	春秋晚期	未见发掘资料	不明
临沂凤凰岭墓	9		9	18	春秋晚期	国君	鄪国

续表

出土地点	钮钟	甬钟	镈钟	总计	年代	等级	国属
莒南大店 M1	9		2	11	春秋晚期晚段	大夫	莒国
临淄大夫观墓		8		8	战国早期	不明	齐国
临淄淄河店 M2	10	16	8	34	战国早期	大夫(7 鼎)	齐国
阳信西北村墓	9		5	14	战国早期	不明	齐国
蓬莱市站马张家	1			1	战国早期	不明	不明
郯城第二中学 M1	8			8	战国早中期	大夫(盗扰)	郯国
章丘女郎山墓	7		5	12	战国中期	大夫(盗扰)	齐国
诸城臧家庄墓	9		7	16	战国中期	盗扰	莒国
临淄商王村 M2	14			14	战国晚期	大夫	齐国
己侯钟		1		1	西周中晚期	传世品	不明
龙口和平村甬钟		2		2	西周晚期	征集品	莱国
益公钟		1		1	西周晚期	收缴品	不明
虢叔旅钟		7		7	西周晚期	传世品	不明
云雷纹钟		1		1	两周之际	征集品	不明
牟平长治镈			1	1	春秋时期	征集品	不明
长岛大竹山岛镈			1	1	春秋时期	征集品	不明
苍山镈			1	1	春秋时期	征集品	不明
凤纹镈			1	1	春秋时期	征集品	不明
苍山甬钟		2		2	春秋时期	征集品	不明
凤纹钮钟	2			2	春秋时期	征集品	不明
夔纹甬钟		1		1	春秋时期	征集品	不明
钮钟(1965 年捐赠)	1			1	春秋时期	征集品	不明
素镈			1	1	春秋晚期	征集品	不明
铜镈			1	1	春秋晚期	征集品	不明
邹城城关郭庄村		1		1	春秋晚期	征集品	不明
夔纹钮钟	1			1	春秋晚期	征集品	不明
钮钟(1950 年移交)	1			1	战国时期	征集品	不明
总计	163	118	62	343			

注:未经正式发掘代表器物由征集所得或是群众生产活动所得。

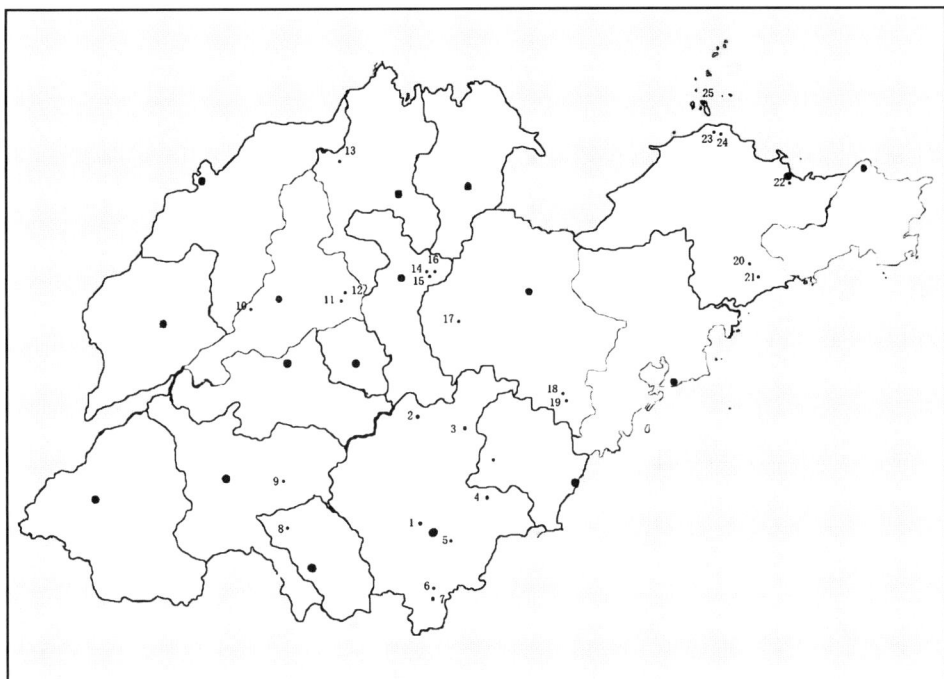

1. 临沂花园村墓　2. 沂水刘家店子墓　3. 沂水县纪王崮墓　4. 莒南老店墓葬　5. 临沂凤凰岭墓
6. 郯城县大埠二村　7. 郯城县第二中学墓　8. 滕州庄里西墓　9. 邹城城关郭庄村　10. 长清仙人
台墓葬　11. 章丘女郎山战国墓　12. 章丘小峨眉山　13. 阳信西北村战国墓　14. 临淄淄河店
15. 临淄大夫观　16. 临淄商王村　17. 临朐扬善　18. 诸城都吉台　19. 诸城臧家庄　20. 海阳上
尚都　21. 海阳嘴子前　22. 烟台上夼墓　23. 蓬莱柳格庄　24. 蓬莱站马张家　25. 长岛大竹山岛

图 2-28　山东地区青铜乐钟出土分布图

　　据上表可知,山东地区所发现的周代青铜乐钟以钮钟为最多,共计 163
件;甬钟其次,为 118 件;镈钟最少,仅有 62 件。从年代上来看,基本属于东周
时期,且集中在春秋至战国早期阶段。而从器物所属国别上看,有齐国、莒国、
滕国、邾国、郯国、鄙国、鄟国等众多国家,反映出当时山东半岛错综复杂的政
治环境。同时,从上表中也可以发现,许多青铜乐钟来自于征集品或者非正规
考古发掘出土,导致对其国别、年代等长期存在争议,这也正需要本文对山东
地区的青铜乐钟进行比较系统的类型学梳理,以便能够分析、辨明这些来源复
杂的器物。

二、钮钟的类型学研究

钮钟是山东地区出土数量最多的一类青铜乐钟,出土地点涵盖鲁东、鲁南、鲁中和鲁西北地区,分布广泛。故本文先从钮钟入手,通过对其形态特征的观察,将山东地区的青铜钮钟分为两型:A型无枚钮钟和B型有枚钮钟。每型下又可根据纹饰区别分为若干式,由此来探讨其年代变化序列。

（一）A型:无枚钮钟

特征:钟体呈合瓦形,钲部无枚。根据钟体钲、鼓部等区域特征、纹饰的差异和钮部的形态特征可分为3式。其中可以辨认为Ⅰ式的有诸城都吉台春秋墓、沂水刘家店子春秋墓和郯城县大埠二村M2等3处及征集品1件,共23件钮钟;可辨认为Ⅱ式的有海阳上尚都钟、海阳嘴子前M4等2处及传世品1件,共12件钮钟;可以辨认为Ⅲ式的有阳信西北村战国墓和章丘女郎山东周墓2处,共出土16件钮钟。

Ⅰ式:绚索状钮,钲部通体饰细密交错的蟠螭纹,鼓部正中处以纹饰作为击奏点标记。根据钲部形态又可分为两亚式。

1. 诸城都吉台　2. 沂水刘家店子 M1:85　3. 钮钟（1965 年捐赠）

图 2-29　山东地区 A 型 Ⅰ a 式钮钟

a亚式:钲部整体似钟体形态,钲鼓交界处为弧形,似于口。钲部占据钟体大半部分。

标本1:诸城都吉台墓出土,9件。编钟造型一致,纹饰相同,大小相次,是为一套完整乐钟。近长方形绞索状钮,合瓦形钟体,平舞,于口弧曲上凹,铣棱斜直。腔

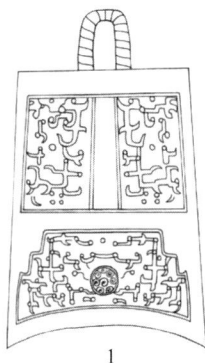

1. 郯城县大埠二村 M2 采:04

图 2-30　山东地区 A 型 I b 式钮钟

面未设枚、篆、钲区,统饰细密的蟠虺纹,纹饰四周留出素边。[1]（图 2-29:1）

标本 2:沂水刘家店子 M1 出土,9 件。形制相同,大小相次,扁椭体,弧形口,绚索状钮。通体饰蟠螭纹。栾和鼓面有铭文。鼓部正中饰涡纹,为击奏点标记。[2]（图 2-29:2）

标本 3:钮钟(1965 年捐赠):绳索纹方形环纽。合瓦形钟体,平舞,于口弧曲上凹。舞部饰夔纹,腔面饰蟠螭纹,鼓部正中有一团龙纹。[3]（图 2-29:3）

b 亚式:钲部与鼓部二分钟体,且钲间明显,均饰细密蟠虺纹。

标本 1:郯城县大埠二村 M2 出土,4 件。绳索状钮,略呈梯形,合瓦形钟体,长方形钲,篆、鼓部饰蟠虺纹,舞部为素面,鼓部正中饰涡纹。[4]（图 2-30:1）

II 式:钲部整体呈方形,钲鼓交界处为直线,钲部占据钟体大半;钟体纹饰以正中为界对称分布;纹饰均是以弯曲的线条为代表。

① 《中国音乐文物大系》总编辑部编:《中国音乐文物大系(山东卷)》,郑州:大象出版社,2001年,第 100 页。
② 罗勋章:《山东沂水刘家店子春秋墓发掘简报》,《文物》1984 年第 9 期,第 5 页。
③ 《中国音乐文物大系》总编辑部编:《中国音乐文物大系(山东卷)》,郑州:大象出版社,2001年,第 94 页。
④ 山东省文物考古研究所等:《郯城县大埠二村遗址发掘报告》,《海岱考古》第 4 辑,北京:科学出版社,2011 年,第 134 页。

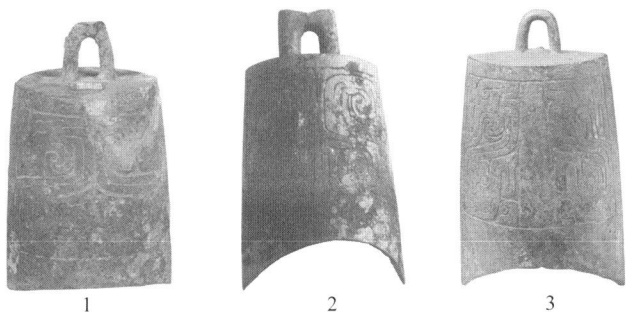

1. 海阳上尚都 C5:45　2. 海阳嘴子前 M4:9　3. 钮钟（1953 年征集）

图 2-31　山东地区 A 型 Ⅱ 式钮钟

标本 1：无钲间。海阳上尚都钮钟出土，4 件。形制、纹饰都基本一致，均为合瓦式，扁圆体方钮，钟体两面皆饰两组变形龙纹。[1]（图 2-31:1）

标本 2：海阳嘴子前 M4 出土，2 件。钟体为合瓦形，通体绿锈覆盖。无枚，双面均饰 S 形勾线纹，舞面饰波曲纹。[2]（图 2-31:2）

标本 3：钲间明显，上窄下宽呈梯形。凤纹钮钟（1951 年捐赠一件，1953 年征集一件），2 件。腔体作合瓦形，略修长，两铣略带弧曲。钮断面呈椭圆形。舞素面，中部略高并向前后略倾。钟体中下部微微外凸，钲部约占钟体 3/4，阴线界栏将腔面分成两区，各饰减地双连体凤纹。钟腔两面纹饰相同。内腔平素，并有长方形铸孔 4 个，其中 1 个透空。[3]（图 2-31:3）

Ⅲ式：钲部呈方形，与鼓部以直线区别，钲部较小；钲部饰细密交错的蟠虺纹；钟钮均为半圆形环钮；两铣外扩，于口弧曲角度较大。

标本 1：阳信西北村出土，9 件。编钟舞平，上置半圆形环纽，合瓦形腔体，铣棱清楚。于口弧曲较大，两铣角很长。舞、鼓素面，腔体上部饰头尾交缠的蛇形纹。[4]（图 2-32:1）

标本 2：章丘女郎山东周墓出土，7 件。大小相次，腔体为合瓦形，铣边有棱，舞平素面，舞顶置有一半圆形单纽。钟体上部略窄，下部稍宽，钟口外侈，

---

[1]　张真、王志文：《山东海阳市上尚都出土西周青铜器》，《考古》2001 年第 9 期，第 92 页。

[2]　林仙庭等：《山东海阳县嘴子前春秋墓的发掘》，《考古》1996 年第 9 期，第 4 页。

[3]　《中国音乐文物大系》总编辑部编：《中国音乐文物大系（山东卷）》，郑州：大象出版社，2001 年，第 83 页。

[4]　徐其忠、范玉文：《山东阳信城关镇西北村战国墓器物陪葬坑清理简报》，《考古》1990 年第 3 期，第 221 页。

1. 阳信西北村战国墓:3号编钟(未见器物编号)　2. 女郎山 M1:17-6

图 2-32　山东地区 A 型 Ⅲ 式钮钟

向上收成弧形。钟面均饰蟠虺纹,鼓部素面。[1]（图 2-32:2）

表 2-12　无枚钮钟钟体数据表

出土地点	通高与钮高比	侈度	年代	型式
海阳上尚都	5.091	1.197	两周之际	Ⅱ式
郯城县大埠二 M2	5.361	不明	春秋中期早段	Ⅰb式
海阳嘴子前 M4	4.906	1.198	春秋中期	Ⅱ式
沂水刘家店子	4.994	1.301	春秋中期	Ⅰa式
诸城都吉台	5.476	1.294	春秋晚期	Ⅰa式
钮钟(1965 年捐赠)	5.473	1.240	春秋时期	Ⅰa式
凤纹钮钟	7.068	1.229	春秋时期	Ⅱ式
阳信西北村	5.646	1.245	战国早期	Ⅲ式
章丘女郎山 M1	5.837	1.443	战国中期	Ⅲ式

无枚钮钟的变化规律:

首先,从年代上看,Ⅰ式钮钟主要流行于春秋中期至晚期,Ⅱ式钮钟主要流行于两周之际至春秋中期,Ⅲ式钮钟主要流行于战国早期至中期偏早阶段。从时间的早晚顺序看来,Ⅱ式最早出现,Ⅰ式次之,Ⅲ式最晚。观其发展趋势,Ⅲ式和Ⅰ/Ⅱ式钮钟应存在明显的继承关系,Ⅲ式钮钟吸收了Ⅰ式的细密蟠螭

---

[1]　济青公路文物考古队绣惠分队:《章丘绣惠女郎山一号战国大墓发掘报告》,《济青高级公路章丘工段考古发掘报告集》,济南:齐鲁书社,1993 年,第 126 页。

纹样和Ⅱ式的钟钮及乐钟形态。

其次,从钟体数据上看,A 型无枚钮钟钟钮总体而言较小,并且呈现出渐小的趋势;而侈度渐大,两铣外扩和于口渐深是其发展方向。与同时期其他地域(晋、楚)相比,山东地区的钟钮偏小,且发展趋势相反,其他地区钮钟发展趋势均为钮渐大而侈度渐小。

最后,从分布地望及墓葬国别上看,Ⅰ式钮钟主要出土于鲁东南的沂水流域、诸城地区和郯城,其中Ⅰa式都位于古莒国疆域内,墓葬形制和器物特征也证明墓主人身份应是莒国贵族。而Ⅰb式国别应属于古郯国,同属东夷诸国。Ⅱ式钮钟皆出土于鲁东地区的海阳市,墓葬国别应属于齐国。Ⅲ式钮钟出土地位于鲁中和鲁西北地区,墓葬国别也应属于齐国。Ⅰ式的莒国和郯国钮钟上的部分因素如绚索钮、细密蟠虺纹和鼓面正中的圆圈标识等无疑是一致的,与同时期或稍早阶段齐国境内(东部沿海地区)主要流行的弯曲线条的纹饰全然不同。但到了战国时期,齐国内陆地区的无枚钮钟又吸取了莒、郯两国无枚钮钟的纹样特点,与本国传统的Ⅱ式无枚钮钟结合,形成Ⅲ式无枚钮钟。

(二)B 型:有枚钮钟

特征:钲部有枚,钲间、枚、篆、鼓等各钟体区域分界明显。根据枚的数量和形制、钮的高度与形态以及纹饰差异,可以将山东地区的有枚钮钟分为以下4 式:其中可辨认为Ⅰ式的有莒南大店 M1 和 M2、临沂凤凰岭、郯城二中和滕州庄里西村 5 处,共 34 件;Ⅱ式则仅见于长清仙人台 M5,共 9 件;可辨认为Ⅲ式的有蓬莱柳格庄、蓬莱站马张家、长清仙人台 M6、沂水纪王崮和夔纹钮钟,共 29 件;Ⅳ式见于临淄商王村和诸城臧家庄两处,此外还有胶东文管会征集品钮钟 1 件,共 24 件。(临淄淄河店 M2 钮钟受损严重,无法辨认。)

Ⅰ式:36 枚,长方形钮,根据纹饰可分为两亚式。

a亚式:蟠螭纹和蟠虺纹为主,铭文在钲间及侧鼓部。

标本 1:莒南大店 M2 出土,9 件。长方形钮,螺状枚,钲间、篆带与舞顶皆饰蟠虺纹,两鼓面饰蟠螭纹,内填重环纹和麻点纹。[1]（图 2-33:1）

标本 2:临沂凤凰岭墓出土,9 件。素面长方形扁钮,弓形口,乳柱状枚,钲间、篆带、两鼓面与舞顶皆饰蟠螭纹。钲间及钲两侧原来皆有铭文,但已被锉

---

① 吴文祺、张其海:《莒南大店春秋时期莒国殉人墓》,《考古学报》1978 年第 3 期,第 332 页。

1. 莒南大店 M2:7　2. 临沂凤凰岭 M:58　3. 郯城第二中学 M1:5　4. 滕州庄里西 00612 号

图 2-33　山东地区 B 型 I 式钮钟

磨。[①]（图 2-33:2）

标本 3：莒南大店 M1 出土，9 件。形式相同，大小相次。钲间、篆带饰兽形纹，两鼓面及舞顶饰蟠虺纹，均内填勾连雷纹，钮饰绚纹。[②]

b 亚式：鼓部纹饰组成兽面形象，是楚式乐钟的典型纹饰。

标本 1：郯城第二中学 M1 出土，8 件。形体相似，纹饰相同，大小依次递减。钮为长方形，上窄下宽，两面有蟠螭纹。隧部饰有变形饕餮纹，钲部四周及篆部上下均装饰绚纹，格内饰有漩涡纹。枚分 6 组，每组 3 枚，枚如螺式。[③]（图 2-33:3）

标本 2：滕州庄里西，9 件。形制一致，大小相次。扁方钮；合瓦形腔体，铣棱斜直，于口弧曲上凹，有内唇。以绳索纹框隔枚、篆、钲各区域，篆、钲、舞部均饰蟠虺纹，鼓部饰由蟠螭纹组成的兽面纹。[④]（图 2-33:4）

II 式：36 枚，绚索状钮。

标本 1：长清仙人台 M5，9 件。合瓦形，上窄下宽，铣间弧形。索形钮，舞部饰云纹。钲部有长方形框五层，中间两层为篆部，饰云纹。乳钉形枚，每组 3 个，共 36 个。铣间素面。正鼓部饰梯形纹，内填以云纹，正中心有一圆圈。[⑤]（图 2-34:1）

①　山东省兖石铁路文物考古工作队：《临沂凤凰岭东周墓》，济南：齐鲁书社，1988 年，第 15 页。

②　吴文祺、张其海：《莒南大店春秋时期莒国殉人墓》，《考古学报》1978 年第 3 期，第 322 页。

③　刘一俊、冯沂：《山东郯城县二中战国墓的清理》，《考古》1996 年第 3 期，第 9 页。

④　《中国音乐文物大系》总编辑部编：《中国音乐文物大系（山东卷）》，郑州：大象出版社，2001 年，第 95 页。

⑤　方辉、崔大庸：《长清仙人台五号墓发掘简报》，《文物》1998 年第 9 期，第 21 页。

1

1. 长清仙人台 M5:62

图 2-34　山东地区 B 型 II 式钮钟

III式:枚数量并非常见的 36 枚,钮近方形。

a 亚式:24 枚,螺旋状;钮近方形;鼓部或侧鼓部均有圆圈作为敲击点标志。

标本 1:夔纹钮钟,1 件。方环形钮,钮下有一小孔。阴线界隔枚、篆、钲各区域,枚布 2 面,每面分左右 2 区,区 3 行,行 2 枚,共计 24 枚。篆间、鼓部饰夔纹,枚作螺旋状。一面正鼓部和另一面右侧鼓部饰阴线圆圈纹。[1]（图 2-35:1）

标本 2:蓬莱柳格庄 M6 出土,9 件。大小依次。都为方形钮。舞面微凸。两面纹饰相同,篆部阴刻夔纹,螺状枚。较小的 2 件隧部刻二圆圈,余 7 件刻一圆圈。[2]（图 2-35:2）

标本 3:长清仙人台 M6 出土,一套 9 件。形制相同,出土时从大到小排成一行。钟体合瓦形,上窄下宽,两侧稍向外鼓,铣间弧度较大;钮为长方形扁环状,舞部平,无纹饰;钲部有枚 3 层,每层 8 枚,整钟共计 24 枚。篆部饰窃曲纹,正鼓部有一个或两个较大的圆圈纹,一个的位于正鼓部;两个的其中之一位于正鼓部,另一个位于侧鼓部。[3]（图 2-35:3）

标本 4:沂水纪王崮 M1 出土,9 件。形制相同,大小依次递减。钟体呈合瓦形,上窄下宽,钮为长方形,中间有长方形孔。舞部平,无纹饰。钲部有枚 3

---

① 《中国音乐文物大系》总编辑部编:《中国音乐文物大系(山东卷)》,郑州:大象出版社,2001年,第 101 页。

② 李步青、林仙庭:《山东蓬莱县柳格庄墓群发掘简报》,《考古》1990 年第 9 期,第 805 页。

③ 崔大庸、任相宏:《山东长清县仙人台周代墓地》,《考古》1998 年第 9 期,第 23 页。

层,每层每面4枚,共计24枚。篆部饰重环纹,鼓部饰龙纹。[①]

b亚式:枚仅有18枚。

标本1:蓬莱站马张家M1出土,1件。合瓦形,钟口近平。篆部纹饰几乎布满整个钟面,纹饰呈横条状布局,三行圆涡纹与两行变体龙纹交错分布。钮为方形。一行3钮,每面3行。[②](图2-35:4)

1. 夔纹钮钟　2. 蓬莱柳格庄 M6:38　3. 长清仙人台 M6:N26　4. 蓬莱站马张家 M1:65

图 2-35　山东地区 B 型 Ⅲ 式钮钟

Ⅳ式:36枚;钮部高长,长条形环钮。可分为两亚式。

a亚式:枚近似圆泡状,纹饰以云纹为主。

标本1:临淄商王村M1出土,14件,保存完好,合范铸造。分甲乙两组,各7件。每组大小相次,形制、纹饰相同。长方形钮,合瓦形钟体,铣部内敛,于口弧形。腔面枚、篆、钲各部界隔分明,设半球形枚36枚。钮、篆、枚间饰三角云纹和卷云纹,枚上铸有旋纹。舞、钲、鼓部饰变体凤鸟纹,羽尾勾卷,突出钟面。凤羽之内填以细线纹和羽状重环纹及圆圈纹,钟腔内壁也有模印的卷云纹和凤鸟纹,纹饰清晰,与钟面纹饰相同。[③](图2-36:1)

标本2:诸城臧家庄钮钟,9件。编钟长条形环钮较为特殊。合瓦形钟体,平舞,长腔阔鼓,束舞扩于,于口弧曲上凹,两铣下垂。钲部两侧枚区各有3行带螺旋纹的乳钉状短枚,每行3枚钟钮饰云纹,舞部饰无首交龙纹和云纹,整个鼓面饰无首交龙纹和S形云纹,并皆以细阳线雷纹等为底纹。钲部上、左、

---

① 郝导华等:《山东沂水县纪王崮春秋墓》,《考古》2013年第7期,第41页。
② 林仙庭、闫勇:《山东蓬莱市站马张家战国墓》,《考古》2004年第12期,第35页。
③ 淄博市博物馆、齐故城博物馆:《临淄商王墓地》,济南:齐鲁书社,1997年。

右三边和钲饰多种形态云纹。[1]（图 2-36:2）

b 亚式：纹饰以蟠螭纹为主；钲间较阔，占据钟体一半。

标本 1：钮钟（原胶东文物管理委员会征集，1950 年移交山东文物管理委员会），1 件。钟体大致呈直筒型，两铣斜直，舞、于幅度相近。舞部平齐，素面，环形钮高而长，钮下有一小长孔。圆梗界栏分隔枚、篆、钲各区域，枚布 2 面，面分左右 2 区，每区 3 行，行 3 枚，共计 36 枚，上饰涡纹。钲部约占钟体的 1/2，篆带平素，篆间每面各有长方形铸孔 2 个，但一面未透。正鼓部饰蟠螭纹，已锈蚀。钟内腔体平滑。[2]（图 2-36:3）

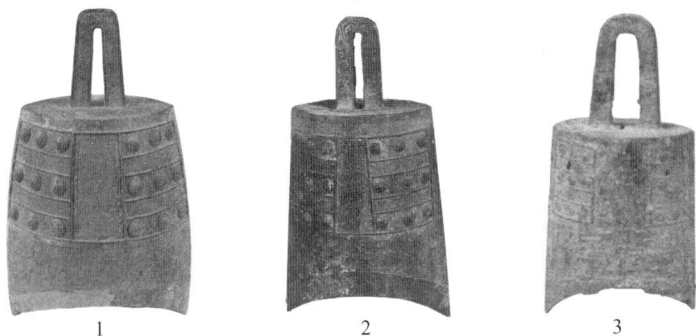

1. 临淄商王村 M1　2. 诸城臧家庄（无编号）　3. 钮钟（胶东文管会征集）

图 2-36　山东地区 B 型 Ⅳ 式钮钟

表 2-13　有枚钮钟钟体数据表

出土地点	通高与钮高比	侈度	年代	型式
长清仙人台 M6	4.922	1.284	春秋早期偏晚	Ⅲa 式
蓬莱柳格庄 M6	5.77	1.173	春秋早中期	Ⅲa 式
长清仙人台 M5	5.714	1.214	春秋中期晚段	Ⅱ 式
临沂凤凰岭	5.057	1.169	春秋晚期	Ⅰa 式
滕州庄里西	4.481	1.191	春秋晚期	Ⅰb 式
莒南大店 M2	5.134	1.246	春秋晚期中段	Ⅰa 式

[1]　任日新：《山东诸城臧家庄与葛布口村战国墓》，《文物》1987 年第 12 期，第 49 页；《中国音乐文物大系》总编辑部编：《中国音乐文物大系（山东卷）》，郑州：大象出版社，2001 年，第 108 页。

[2]　《中国音乐文物大系》总编辑部编：《中国音乐文物大系（山东卷）》，郑州：大象出版社，2001 年，第 105 页。

续表

出土地点	通高与钮高比	侈度	年代	型式
夔纹钮钟	5.433	1.260	春秋晚期	Ⅲa式
沂水纪王崮	不明	不明	春秋晚期	Ⅲa式
莒南大店 M1	不明	1.234	春秋晚期晚段	Ⅰa式
蓬莱站马张家	不明	不明	战国早期	Ⅲb式
郯城二中 M1	4.296	1.232	战国早中期	Ⅰb式
诸城臧家庄	3.323	1.230	战国中期	Ⅳa式
临淄商王村	3.268	1.235	战国晚期	Ⅳa式
钮钟(1950年移交)	2.705	1.098	战国时期	Ⅳb式

有枚钮钟的变化规律：

首先，从年代上看，Ⅰ式钮钟流行于春秋晚期至战国早中期，Ⅱ式钮钟仅见于春秋中期晚段，Ⅲ式钮钟见于春秋早期至战国早期，Ⅳ式钮钟则仅见于战国中晚期。Ⅲa式的夔纹钮钟形制纹饰与蓬莱柳格庄 M6 钮钟一致，年代应相仿，因此Ⅲa式钮钟年代集中于春秋早中期。而Ⅲb式钮钟观其形制，应是随葬明器，不具备音乐功能。除了枚制特殊的Ⅲ式外，山东地区 36(钟)枚钮钟发展应是始于春秋中晚期的Ⅰ式，到战国时期转变为Ⅳ式。

其次，从钟体数据上看，钟钮在春秋时期保持平稳态势，在战国时期突然变长；而侈度则相对于 A 型钮钟而言，略有增大趋势，但总体较为稳定，较为明显的变化仅见春秋到战国之际的钟钮长度陡增。其次，临淄商王村的钮钟形制已经显现出秦汉之后编钟的造型趋势，即两铣非斜直，有鼓出，钟体最宽处由铣间转变为两栾之间。

再次，从出土编钟数量上看，Ⅰ式钮钟均为 9 件一组，出土 8 件的郯城二中墓在编钟摆放位置上有现代扰坑，极可能存在被盗扰现象。Ⅱ式和Ⅲ式编钮钟均为 9 件一组。Ⅳ式钮钟除了临淄商王村两组 14 枚外，也是 9 件一组。由此可见，山东地区的编钮钟组合长时间维持 9 件一组的形式，在战国晚期似有变为两组、一组 7 件的发展趋势。

最后，从出土地望、国别归属和形制纹饰上看，Ⅰ式钮钟均出土自鲁南地区，国属复杂，包括莒、郯、滕、邿等国；Ⅲ式钮钟国属明确的仅一件，来源于邿国；而Ⅳ式钮钟虽分属莒国和齐国，但从诸城臧家庄年代上来，应为莒国被灭后入齐的莒国贵族墓葬，因此Ⅳ式钮钟国别上具有一致性。Ⅱ式钮钟仅一组，出土于长清仙人台 M5,但是具备莒国无枚钮钟的绚索状钮和圆圈敲击点设置,因此长清仙人台 M5 的国别与墓主身份值得重新思考。

从 Ⅰ 式到 Ⅳ 式,山东地区的有枚钮钟发展趋势是钟钮变长,枚渐趋圆润矮小,纹饰由蟠虺纹、蟠螭纹向各类云纹发展。Ⅲa 式钮钟在枚的数量、敲击点的设置等方面都具有特殊性和一致性,但其分布范围由长清至蓬莱,几乎跨越整个山东地区,且时间均为春秋早期,或表明两个古国之间早有联系。B 型钮钟从总体上看,与 A 型钮钟相似,在春秋时期山东地区"百花争鸣",各个诸侯国使用不同风格的编钟,进入战国之后开始由齐国进行统一,编钮钟的发展趋势与春秋战国时期诸侯国的消亡与兴盛是紧密联系的。

三、甬钟的类型学研究

甬钟作为山东地区青铜乐钟三大类中较早出现的一支,其甬部特征较为统一,基本均为圆柱状甬(除临淄淄河店 M2 甬钟甬部为圆角方形、略微变形外,其余甬钟基本统一)。因枚的差异影响乐钟的发声与使用,因此本节主要依据钟枚来区分甬钟各型。斡、旋的形式决定悬挂方式,因此以斡、旋差异及纹饰情况区分各式。综上,可将山东地区的甬钟分为三型,A 型为柱状枚,其下又可分为两亚型;B 型为涡形枚,仅一件;C 型为无枚,仅一处出土。另有苍山甬钟两件纹饰涣漫不清,应属 Aa 型 Ⅱ 式,具体未能细分。

（一）A 型:柱状枚

Aa 型:枚细长,呈两层圆柱状。根据斡的差异分为 4 式,其中 Ⅰ 式为绳状斡,见于龙口和平村、海阳上尚都及一件征集品,共 4 件;Ⅱ 式为常态斡,见于海阳嘴子前 M4、沂水纪王崮春秋墓、长清仙人台 M6、临淄淄河店 M2、临沂大夫观、烟台上夼墓等 6 处及若干传世品,共 60 件;Ⅲ 式为半环形斡,仅 1 件;Ⅳ式为兽形斡,见于章丘小峨眉山和邹城城关郭庄村 2 处,共 5 件。

Ⅰ 式:绳状斡。

a 亚式:纹饰以蟠螭纹为主,斡上有伸出挂饰结构。

标本 1:龙口和平村甬钟,2 件。形制大体一致,大小有别。钟体瘦长,甬中空与体腔相通,有斡、旋,圆柱形长枚,枚稍有残损,分 3 排共计 36 枚。正鼓

部、钲间饰蟠螭纹,篆间、舞部饰夔纹。[1]（图2-37:1）

b亚式:纹饰以云雷纹为主。

标本1:云雷纹钟,1件。腔体作合瓦形,直铣,曲于,平舞。甬稍粗短,斡、旋具备,悬上饰乳钉纹4个,斡作绳索状。舞部饰阴线云纹,中间留有合范形成的接缝。以阴线框分隔枚、篆、钲各区域,钲间稍宽,素面无纹。篆间阴刻云雷纹和折线纹。枚较长,作圆柱形。正鼓部饰卷云纹,右鼓部饰一凤鸟纹。[2]（图2-37:2）

标本2:海阳上尚都甬钟,1件。甬为圆筒形,与钟体内腔相通,绳状旋,柱状长枚。舞、鼓及钲中部皆饰雷纹,篆部饰斜三角云纹,另一面钲中部无纹饰,鼓部饰一组雷纹。[3]（图2-37:3）

1. 龙口和平村甬钟　2. 云雷纹钟　3. 海阳上尚都C5:43

图2-37　山东地区AaⅠ式甬钟

Ⅱ式:常规斡旋。

a亚式:鼓部纹饰为象首纹对称而成。

标本1:益公钟,1件。保存完好,通体呈铁黑色。腔体作合瓦形,直铣,曲于,平舞。甬稍修长,圆柱形,斡、旋具备。二节圆台形枚,枚端较尖细。旋饰夔纹和4枚乳钉纹,舞部饰云纹,鼓部饰象首纹两组,篆间饰夔纹。[4]（图2-38:1）

---

[1] 《中国音乐文物大系》总编辑部编:《中国音乐文物大系(山东卷)》,郑州:大象出版社,2001年,第61页。

[2] 《中国音乐文物大系》总编辑部编:《中国音乐文物大系(山东卷)》,郑州:大象出版社,2001年,第63页。

[3] 张真、王志文:《山东海阳市上尚都出土西周青铜器》,《考古》2001年第9期,第91页。

[4] 《中国音乐文物大系》总编辑部编:《中国音乐文物大系(山东卷)》,郑州:大象出版社,2001年,第62页。

标本 2：虢叔旅钟，此钟全套为 8 件，现存 7 件。保存完好，通体呈铁黑色。制作精良，形体浑厚。合瓦形钟体，铣棱斜直，平舞，于口弧曲较小。以圆梗式阳纹框分隔枚、篆、钲各区域。甬稍粗硕，斡、旋具备，甬上部饰环带纹与波纹，旋、舞、篆部饰窃曲纹，正鼓部饰卷鼻象首纹一对。属西周晚期。[1]（图 2-38:2）

b 亚式：纹饰以龙纹为主。

标本 1：海阳嘴子前 M4 出土，7 件。甬钟形制与纹饰基本一致。舞部饰

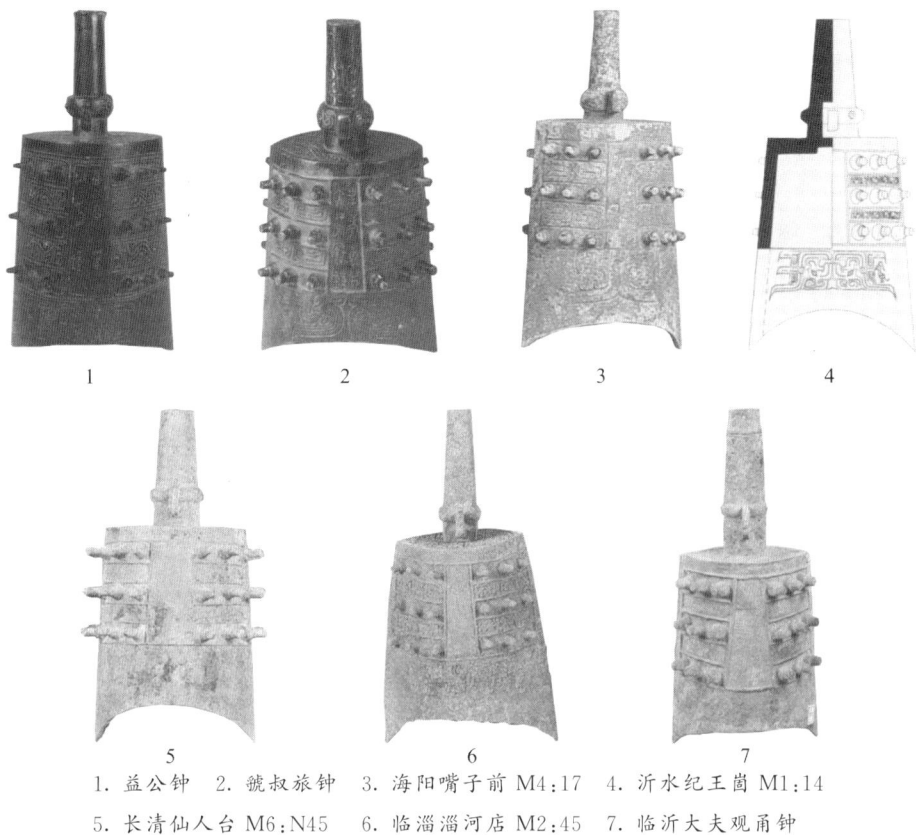

1　　　　　2　　　　　3　　　　　4

5　　　　　　6　　　　　　7

1. 益公钟　2. 虢叔旅钟　3. 海阳嘴子前 M4:17　4. 沂水纪王崮 M1:14

5. 长清仙人台 M6:N45　6. 临淄淄河店 M2:45　7. 临沂大夫观甬钟

图 2-38　山东地区 Aa 型 Ⅱ 式甬钟

四组屈体呈"S"形的双首龙纹，鼓部为一对卷体龙纹，篆部饰重环纹，柱状枚。[2]（图 2-38:3）

---

[1]　《中国音乐文物大系》总编辑部编：《中国音乐文物大系（山东卷）》，郑州：大象出版社，2001年，第 62 页。

[2]　林仙庭等：《山东海阳县嘴子前春秋墓的发掘》，《考古》1996 年第 9 期，第 4 页。

标本2:沂水纪王崮 M1 出土,9 件。形制相同,大小递减。钟体呈合瓦形,上窄下宽,两侧近直,铣间为弧形。甬呈柱形,上细下粗,有旋,正视为长方形。舞部较平,饰卷曲的对称龙纹。篆部饰龙纹,正鼓部亦饰龙纹。[1](图 2-38:4)

c 亚式:纹饰以蟠虺纹为主。

标本1:长清仙人台 M6,11 件。形制相同,大小有别。合瓦形钟体,上窄下宽,铣间为弧形;甬呈柱形,上细下粗,有旋,斡呈长方钮形,无环;舞部平坦,饰蟠虺纹;钲部有枚 3 层,每层 6 枚,整钟共 36 枚;篆部饰蟠虺纹,正鼓部也饰蟠虺纹,并有 2 个乳钉,构成一幅变体饕餮纹。[2](图 2-38:5)

d 亚式:纹饰以蟠螭纹为主

标本1:临淄淄河店 M2,16 件。每组 8 件,大小相次。甬呈圆角方柱状,上细下粗,衡平。甬下有旋,环甬呈凸起的箍带状,旋上有斡。钟体为合瓦式,舞顶正中有甬,至铣边各有一素带界格,两侧饰蟠螭纹。铣边有棱。钲中部为素面,篆带均饰蟠螭纹。正鼓近钲处饰宽带变形蟠螭纹。[3](图 2-38:6)

e 亚式:通体素面。

标本1:临沂大夫观甬钟,8 件。造型大致相同,大小有序,是为一套。腔体为合瓦形,略修长,平舞曲于,铣棱斜直。圆梗式阳纹框隔枚区,二节圆柱形枚。钲部较宽,鼓部偏狭。长甬粗硕,上有斡、旋。通体无纹饰。[4](图 2-38:7)

标本2:烟台上夼墓甬钟,1 件。圆柱形甬,有锥度,有旋有斡。合瓦形钟体,铣棱斜直。平舞,于口上凹。二节圆柱状枚,36 个。素面。[5]

Ⅲ式:半环形斡。

标本1:己侯钟,1 件。甬封衡,饰波浪纹、云纹,旋饰重环纹,二对称半环形斡,粗阳线界格钲篆部,篆饰斜角云纹,鼓饰工字形云纹,二层台平头圆柱状

---

① 郝导华等:《山东沂水县纪王崮春秋墓》,《考古》2013 年第 7 期,第 41 页。

② 崔大庸、任相宏:《山东长清县仙人台周代墓地》,《考古》1998 年第 9 期,第 23 页。

③ 魏成敏:《山东淄博市临淄区淄河店二号战国墓》,《考古》2000 年第 10 期,第 57 页。

④ 山东省淄博市临淄区志编纂委员会:《临淄区志》,北京:国际文化出版公司,1989 年,第 545 页;《中国音乐文物大系》总编辑部编:《中国音乐文物大系(山东卷)》,郑州:大象出版社,2001 年,第 67 页。

⑤ 李步青:《烟台市上夼墓出土异国青铜器》,《考古》1983 年第 4 期,第 289 页;《中国音乐文物大系》总编辑部编:《中国音乐文物大系(山东卷)》,郑州:大象出版社,2001 年,第 80 页。

枚。[1]（图 2-39:1）

Ⅳ式:兽形斡。

标本 1:章丘小峨眉山出土,4 件。干以上饰两组云纹,干饰三角雷纹,干有鸟形钮,饰三角纹。柱状枚,计 18 个。舞、篆饰变形夔纹,隧部饰卷云纹。[2]（图 2-39:2）

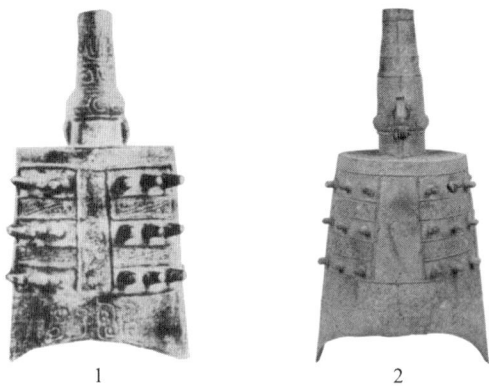

1. 己侯钟　2. 章丘小峨眉山 ZE:01

图 2-39　山东地区 Aa 型Ⅲ式和Ⅳ式甬钟

标本 2:邹城城关郭庄村出土,1 件。枚呈圆乳状。甬作柱状,上有旋及兽首。甬上部为细线阴刻三角勾连纹、夔龙纹,舞、篆部均饰窃曲纹,鼓部光滑无纹饰。[3]

Ab 型:枚呈圆柱状,无二层台。按纹饰不同可分为 3 式,其中Ⅰ式有临沂花园村、沂水刘家店子(乙组)和莒县天井汪 3 处,共 22 件;Ⅱ式仅沂水刘家店子(甲组)一处,9 件;Ⅲ式仅沂水刘家店子(丙组)一处,3 件。

Ⅰ式:篆带饰三角夔纹或云纹,鼓部和舞部饰云纹。

标本 1:临沂花园村甬钟,9 件。腔体呈合瓦状,铣棱斜直,平舞,舞上置圆柱形甬。甬封衡,中空而与钟体相通。于口弧曲上凹,两铣下垂。舞、鼓部饰

① 《中国音乐文物大系》总编辑部编:《中国音乐文物大系(山东卷)》,郑州:大象出版社,2001年,第 80 页。

② 常兴照、宁荫堂:《山东章丘出土青铜器述要兼谈相关问题》,《文物》1989 年第 6 期,第 66 页。

③ 程明:《山东邹城市出土铜甬钟》,《考古》1996 年第 11 期,第 53 页。

细阴线云纹,篆间饰三角夔纹。[①]（图2-40:1）

标本2:沂水刘家店子M1乙组,7件。钟体扁椭,弧形口,柱形枚,钲间素面,篆带饰三角夔纹,正鼓部饰云雷纹,舞部饰卷云纹。[②]（图2-40:2）

标本3:莒县天井汪出土,6件。篆饰三角云纹,午、鼓饰云纹。[③]

Ⅱ式:纹饰以夔纹为主。

标本1:沂水刘家店子M1甲组,9件。钟体扁椭,弧形口,柱形枚,钲间素面,篆带饰夔纹,背面为素面,鼓部、舞部纹饰不清。[④]（图2-40:3）

Ⅲ式:通体素面。

标本1:沂水刘家店子M1丙组,3件。柱形枚较长,篆间、鼓部及舞部均无纹饰。[⑤]

（二）B型:涡状枚

山东地区的涡状枚甬钟仅海阳嘴子前M1出土5件。

标本1:海阳嘴子前M1出土,5件。枚饰涡纹,鼓饰象首纹。篆间饰窃曲纹或环纹。[⑥]（图2-40:4）

| 1 | 2 | 3 | 4 |

1. 临沂花园村甬钟　　　　　2. 沂水刘家店子 M1:72

3. 沂水刘家店子 M1:64　　　4. 海阳嘴子前 M1:14

图 2-40　山东地区 Ab 型甬钟和 B 型甬钟

---

① 齐文涛:《概述近年山东出土的商周青铜器》,《文物》1972年第5期,第12页;《中国音乐文物大系》总编辑部编:《中国音乐文物大系（山东卷）》,郑州:大象出版社,2001年,第60页。

② 罗勋章:《山东沂水刘家店子春秋墓发掘简报》,《文物》1984年第9期,第5页。

③ 齐文涛:《概述近年山东出土的商周青铜器》,《文物》1972年第5期,第11页。

④ 罗勋章:《山东沂水刘家店子春秋墓发掘简报》,《文物》1984年第9期,第5页。

⑤ 罗勋章:《山东沂水刘家店子春秋墓发掘简报》,《文物》1984年第9期,第5页。

⑥ 滕鸿儒、王洪明:《山东海阳嘴子前村春秋墓出土铜器》,《文物》1985年第3期,第14页。

（三）C型：无枚

标本1：临朐扬善村，5件。午、鼓为素面，篆为夔纹，以浅刻圆圈仿枚的形状。[①]

甬钟的发展规律：

从年代上看，Aa型甬钟的年代分布广泛，Ⅰ式甬钟年代集中在西周晚期；Ⅱa式甬钟年代也多属于西周晚期，Ⅱb式甬钟年代集中在春秋中晚期，Ⅱc式甬钟年代在春秋早期偏晚，Ⅱd式甬钟年代在战国早期，Ⅱe式甬钟则在西周晚期和战国早期都有分布；Ⅲ式则是春秋中期，Ⅳ式年代则集中于春秋中后期。Ab型甬钟集中于两周之际至春秋中期。B型和C型甬钟都仅有一件，均见于春秋晚期。

因山东地区甬钟的偶然所得和传世品、征集品较多，所以无法从出土地和出土数量窥得有效信息，仅能从钟体形制角度分析。山东地区甬钟斡的发展脉络是明晰的，西周中晚期的异形斡，以绳状为代表，之后直至战国早期本地区都盛行常规形制的斡，但是在春秋中后期这一时间段里短暂出现兽形斡，值得注意。

甬钟纹饰上最先出现的是Ⅱa式，接着是Ⅱb式，随后出现Ⅱc式，最后是Ⅱd式；纹饰从象首纹到龙纹到蟠虺纹、蟠螭纹，纹饰渐趋细密。Ⅱe式的素面形制在西周晚期首先出现，但是在春秋中期仍可见，观其形制，或是明器，故而无纹饰。Ab型、B型和C型都出土较少，难以分析。

最后以国别和地望而言，Aa型Ⅰ式甬钟集中出土于烟台地区，龙口和平村甬钟为莱国遗物；Ⅱ式从a式到e式，国别由各类东夷（郭国等）变为齐国。Ab型甬钟则仅见于莒国，仅有临沂花园村国属有所争议，推测为郯国，从甬钟分布和地望上看临沂花园村国别或为莒国。

四、镈钟的类型学研究

山东地区发现的镈钟数量是三类乐钟内最少的，相较于钮钟和甬钟而言，其主要特征即是平口。除此之外，钮部是镈钟最直观的变化部位，因此根据钮的不同，可以将山东地区的镈钟分为三型：A型为半圆条状环钮，B型为方形钮，C型为双兽对峙钮。每型下又可分为若干式。（其中莒县天井汪镈钟形制不明。）

---

① 　齐文涛：《概述近年山东出土的商周青铜器》，《文物》1972年第5期，第13页。

（一）A 型：镈钮呈半圆条状环钮，内腔略呈椭圆形

此型下又可根据枚和纹饰的差异分为 3 式。Ⅰ式为无枚，见于章丘女郎山、阳信西北村和临淄淄河店 3 处，共 14 件；Ⅱ式为圆泡状枚，见于沂水刘家店子、莒南老店 M1、临沂凤凰岭第一组和沂水纪王崮五处，共 15 件；Ⅲ式为柱状枚，仅见于临沂凤凰岭第二组，共 5 件。

1. 阳信西北村 1 号镈钟　　2. 临淄淄河店 M2:100　　3. 章丘女郎山 M1:15-1

图 2-41　山东地区 A 型Ⅰ式镈钟

Ⅰ式：无枚；钲部通体饰细密蟠虺纹，其余部位素面。

标本 1：阳信西北村，5 枚。形制相同，大小相次。单钮，钲部饰蟠虺纹，其余部位素面，无枚。[①]（图 2-41:1）

标本 2：临淄淄河店 M2 B 型，4 枚。形体较小，环形钮。形制、纹饰相同，大小相次，为一组编镈。钟体为椭圆形合瓦式，铣边无棱。钟体上窄下略宽。舞顶无饰，中间饰环钮，钲部饰蟠虺纹。[②]（图 2-41:2）

标本 3：章丘女郎山 M1 出土，5 件。形制相同，大小相次。钟体为扁圆形合瓦状，铣边有棱，上窄下宽，平口外侈；舞平，素面，上有半圆形单钮。钲部饰蟠虺纹，无枚，鼓部素面。[③]（图 2-41:3）

Ⅱ式：圆泡形枚；纹饰以各类龙纹为主，拱桥形钮。

标本 1：沂水刘家店子 M1 出土，6 件。形制相同，大小相次。扁椭体，平

[①] 徐其忠、范玉文：《山东阳信城关镇西北村战国墓器物陪葬坑清理简报》，《考古》1990 年第 3 期。

[②] 魏成敏：《山东淄博市临淄区淄河店二号战国墓》，《考古》2000 年第 10 期，第 57 页。

[③] 济青公路文物考古队绣惠分队：《章丘绣惠女郎山一号战国大墓发掘报告》，《济青高级公路章丘工段考古发掘报告集》，济南：齐鲁书社，1993 年，第 128 页。

口,泡形枚,扁钮。钲间篆带饰夔纹。[①]（图 2-42:1）

标本 2:临沂凤凰岭第一组,4 件。形制相同,大小相次。器作扁椭圆形、桥形纽、平口、螺旋状泡形枚,钲间篆带、鼓部及舞顶饰蟠螭纹,钮饰谷粒状点纹。[②]（图 2-42:2）

标本 3:沂水纪王崮春秋墓出土,4 件。形制相同,大小递减。钮为桥形,中间有桥形孔。舞部平,每组皆饰龙纹和鸟纹。钲部有枚 3 层,每层每面 6 枚,整个镈钟共 36 枚。篆部饰龙纹,正鼓部亦饰龙纹。[③]（图 2-42:3）

标本 4:莒南老店 M1 出土,2 件。钲间篆带饰双头兽纹,两鼓部及舞顶饰蟠螭纹,均内填钩连雷纹。[④]（图 2-42:4）

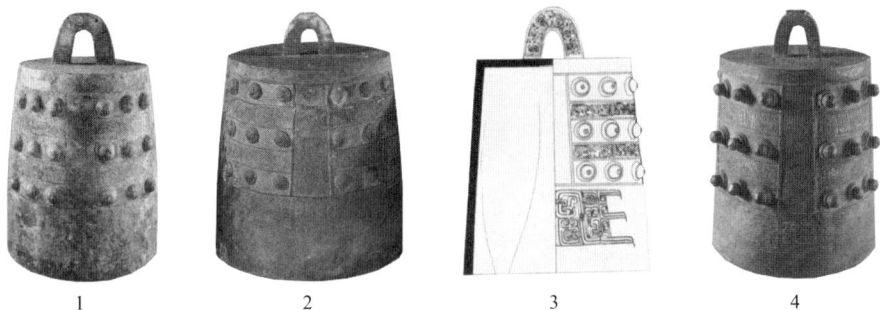

1. 沂水刘家店子 M1:57　　2. 临沂凤凰岭 M:28　　3. 沂水纪王崮 M1:19　　4. 莒南老店 M1:11

图 2-42　山东地区 A 型 II 式镈钟

III 式:柱状枚。

标本 1:临沂凤凰岭第二组,5 件。形制相同,大小依次递减。扁椭圆体,桥形钮,平口,柱形枚,钲间篆带、鼓部及舞顶饰蟠螭纹,钮素面。[⑤]（图 2-43:1）

1. 临沂凤凰岭 M:30

图 2-43　山东地区 A 型 III 式镈钟

① 罗勋章:《山东沂水刘家店子春秋墓发掘简报》,《文物》1984 年第 9 期,第 5 页。

② 山东省兖石铁路文物考古工作队:《临沂凤凰岭东周墓》,济南:齐鲁书社,1988 年,第 15 页。

③ 郝导华等:《山东沂水县纪王崮春秋墓》,《考古》2013 年第 7 期,第 41 页。

④ 吴文祺、张其海:《莒南大店春秋时期莒国殉人墓》,《考古学报》1978 年第 3 期,第 332 页。

⑤ 山东省兖石铁路文物考古工作队:《临沂凤凰岭东周墓》,济南:齐鲁书社,1988 年,第 15 页。

（二）B型：镈钮呈方形或长方形，中部空腔为方形

又可根据钮的差异和枚的不同分为2式，其中Ⅰ式有临淄河崖头镈、牟平长治镈和海阳嘴子前M1共4件；Ⅱ式可见于3件征集品。

Ⅰ式：钮为方钮，枚上均饰涡纹。

a亚式：钟体无钲部。

标本1：临淄河崖头镈，1件。镈钟保存基本完好。双范合铸，铸制规范。通体绿锈覆盖，氧化严重。镈体修长，铣棱微弧，平于，于口椭圆形，稍内敛，平舞，舞面中心有一孔。扁钮作方环型。纹饰漫漶，腔面不分隔出钲部和枚区，通栏乳突状枚3行，每行6枚。鼓部较窄，纹饰不辨。[①]（图2-44:1）

b亚式：素面。

标本1：牟平长治镈，1件。该镈保存基本完整，部分残破，胎壁较薄。腔体修长，于口平齐，两铣弧度极微，近于斜直。平舞，环纽。腔面以圆梗界隔枚、篆、钲、鼓区，枚作圆乳钉形，篆间与鼓部无纹饰。腔内无音槽。[②]（图2-44:2）

c亚式：鼓部饰象首纹。

标本1：海阳嘴子前M1出土，2件。形制基本相同。双范合铸。钮扁方。舞饰一对双头兽纹。前后各有枚6组，每组3枚，枚顶部饰涡纹。篆间饰双头兽纹，钲间素面。鼓间饰一对象兽纹，其中一鼓面象首纹间刻有同心圆形标

1. 临淄河崖头镈　2. 牟平长治镈　3. 海阳嘴子前M1:13

图2-44　山东地区B型Ⅰ式镈钟

---

① 齐文涛：《概述近年山东出土的商周青铜器》，《文物》1972年第5期，第8页；《中国音乐文物大系》总编辑部编：《中国音乐文物大系（山东卷）》，郑州：大象出版社，2001年，第38页。

② 《中国音乐文物大系》总编辑部编：《中国音乐文物大系（山东卷）》，郑州：大象出版社，2001年，第42页。

记。①（图 2-44∶3）

Ⅱ式∶钮两侧附有动物纹样，但仍保持长方形钮样式。

标本 1∶铜镈，1 件。双首兽形环钮，平舞平于。有螺旋形枚 36 个。两面纹饰一致，舞、篆均饰蟠螭纹，鼓部饰夔纹。正鼓部设一圈形敲击点标志。一面钲部及左鼓部有铭文，仿自西周克钟，正鼓部纹饰亦为仿刻。②（图 2-45∶1）

标本 2∶苍山镈，1 件。镈保存完好，通体有绿色氧化层覆盖。镈体合瓦形，制作规范，平舞平于，舞面置环形钮。腔面以阴线框隔枚、篆区，二节乳头形枚，篆间饰夔纹，钲间素面。鼓部饰二方对称的象首纹。属春秋时期。③（图 2-45∶2）

标本 3∶凤纹镈，1 件。钟保存完好，制作较精，通体呈墨绿色。体作合瓦形，平舞直铣。钮作二相背透空凤鸟形，舞上饰有蟠螭纹。腔面以圆梗界栏，钲占钟体 2/3，鼓部较狭。有涡纹乳钉形枚 36 枚，篆间与正鼓部饰凤纹，于口平齐，内侧有凸唇。腔内壁有凸的音脊，近舞处有 4 个长方形小铸孔。钲间有铭文 3 行，疑似后刻。属春秋时代。④（图 2-45∶3）

1. 铜镈(1950 年捐赠)　2. 苍山镈　3. 凤纹镈

图 2-45　山东地区 B 型 Ⅱ 式镈钟

---

① 滕鸿儒、王洪明：《山东海阳嘴子前村春秋墓出土铜器》，《文物》1985 年第 3 期，第 14 页。

② 《中国音乐文物大系》总编辑部编：《中国音乐文物大系（山东卷）》，郑州：大象出版社，2001 年，第 51 页。

③ 《中国音乐文物大系》总编辑部编：《中国音乐文物大系（山东卷）》，郑州：大象出版社，2001 年，第 43 页。

④ 《中国音乐文物大系》总编辑部编：《中国音乐文物大系（山东卷）》，郑州：大象出版社，2001 年，第 41 页。

（三）C 型：镈钮呈复杂的双兽相对状

根据兽钮的复杂程度，可以分为两式。其中Ⅰ式可见于诸城臧家村和滕州庄里西两处，以及一件征集品，共 12 件；Ⅱ式共有临淄淄河店 A 型和大竹山岛镈，共 5 件。

Ⅰ式：兽钮复杂且抽象。

a 亚式：镈身圆鼓。

标本 1：滕州庄里西出土，4 件。腔体厚实，造型一致，大小相次。舞平，上植双龙吞蛇形繁纽；合瓦形腔体，铣棱略弧，于口平齐，有内唇。以高棱框界隔枚、篆、钲区，舞、篆饰龙纹，鼓部饰由龙纹组成的兽面纹。[①]（图 2-46:1）

标本 2：诸城臧家村出土，7 件。造型及纹饰基本相同，大小相次有序。镈体稍短宽，两铣弧曲明显。于口平齐，平舞舞置扁纽，为二蟠龙镂孔透铸。腔面以圆梗界隔枚、篆、钲、鼓各部，舞、钲、鼓部均饰蟠螭纹，泡形枚饰蟠虺纹及涡纹。[②]（图 2-46:2）

b 亚式：镈身修长，素面。

标本 1：素镈，1 件。腔体修长，于口平齐，两铣弧度极微，近于斜直。平舞，舞植透空蟠螭纹繁纽。腔面以圆梗界隔枚、篆、钲、鼓区，枚作圆乳钉形，篆

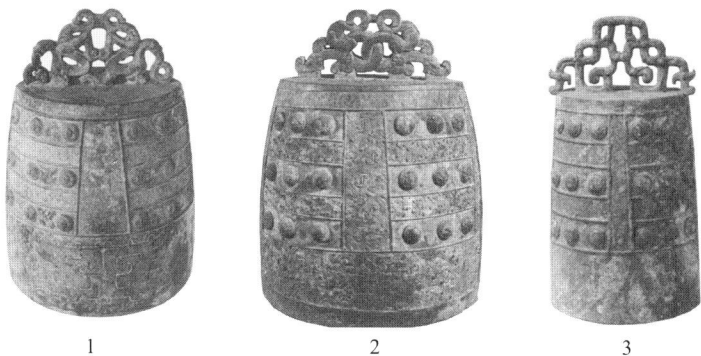

1. 滕州庄里西镈钟　2. 诸城臧家庄 7 号镈钟　3. 素镈（1953 年征集）

图 2-46　山东地区 C 型Ⅰ式镈钟

---

① 《中国音乐文物大系》总编辑部编：《中国音乐文物大系（山东卷）》，郑州：大象出版社，2001 年，第 46 页。

② 任日新：《山东诸城臧家庄与葛布口村战国墓》，《文物》1987 年第 12 期，第 49 页；《中国音乐文物大系》总编辑部编：《中国音乐文物大系（山东卷）》，郑州：大象出版社，2001 年，第 55 页。

间与鼓部无纹饰。[①]（图 2-46:3）

Ⅱ式:兽钮样式具体。

标本 1:临淄淄河店 A 型,4 件。形体较大,复式钮。形制、纹饰相同,大小相次,为一组编钟。钟体近椭圆合瓦式,铣边有棱。舞体上窄下略宽,下口齐平。顶正中钮处为素带界格,两侧饰变形蟠螭纹。复式钮呈双夔龙相对峙,口含尾状,中间方形。钲中间为素面,两侧各有界格,内有凸起的圆枚 3 组 9 枚和篆带两条。篆带上饰变形蟠螭纹,圆枚由团身螭纹构成。正鼓上近钲处饰变形蟠螭纹。[②]（图 2-47:1）

标本 2:大竹山岛镈,1 件。保存基本完好,平舞,腔体修长,于口平齐,两铣弧度极微,近于斜直。舞部、鼓部均饰蟠螭纹。属春秋时期。[③]（图 2-47:2）

1. 临淄淄河店 M2:109　2. 大竹山岛镈

图 2-47　山东地区 C 型Ⅱ式镈钟

镈钟的发展规律:

从年代上看,镈钟在山东地区出现的最晚。从春秋早期开始见诸墓葬内,春秋中晚期至战国早中期是其主要盛行阶段。最早出现的镈钟是 B 型Ⅰa 式的临淄河崖头镈,其腔面尚未分隔出钲部和枚区,显示出早期青铜乐钟的形态特征。A 型Ⅱ式、A 型Ⅲ式、B 型Ⅰ式镈钟都集中于春秋中晚期阶段,钮部仍是清晰明确的条状钮。春秋晚期后出现 C 型Ⅰ式的复合型双兽钮,钮部形制

---

① 《中国音乐文物大系》总编辑部编:《中国音乐文物大系(山东卷)》,郑州:大象出版社,2001年,第 51 页。

② 魏成敏:《山东淄博市临淄区淄河店二号战国墓》,《考古》2000 年第 10 期,第 56～57 页。

③ 《中国音乐文物大系》总编辑部编:《中国音乐文物大系(山东卷)》,郑州:大象出版社,2001年,第 42 页。

渐趋复杂,并且一直延续至战国中期,与此同时 A I 式相对粗糙的无枚蟠虺纹镈钟出现,形制纹饰与共出钮钟完全一样,由战国早期延续至中期。

从分布地域和国别属性上看,A I 式镈钟均出土于鲁中和鲁西北的齐国疆域内,此式镈钟与同出钮钟形制纹饰无异;A II 和 A III 式镈钟主要集中于鲁南地区,属莒国、禹国和纪国等众多小国家;B 型镈钟多属于征集品,暂无法讨论;C 型镈钟也主要集中于鲁东南地区,属于莒国、滕国和齐国。由此可见,镈钟在山东地区的分布主要还在于鲁东南地区,以莒国为首的众多小诸侯国内。

五、余 论

(一)山东地区乐钟的类型学特征

通过对山东地区出土青铜乐钟的类型学梳理,可以将钮钟分为 2 型 6 式,甬钟分为 3 型 5 式,镈钟分为 3 型 7 式。纵观山东地区两周青铜乐钟的发展,可以看出山东半岛古国林立,不同乐钟之间的型式变化实际上是不同古国的使用偏好。从表 2-14 中可以看出,无论是钮钟、甬钟还是镈钟,以莒国等为代表的东夷诸国和以齐国为代表的周文化诸侯国,在青铜乐钟的使用上存在明显差异。

表 2-14 山东地区青铜乐钟文化因素分析表

乐钟类型	东夷诸国	齐国
无枚钮钟	绚索状钮、细密蟠虺纹、圆圈敲击点	条状钮、纹饰为弯曲线条
有枚钮钟	异数枚、蟠虺纹和蟠螭纹、类似楚钟的兽面纹	钮部高长
甬钟	绳状斡、圆柱状枚	涡状枚
镈钟	圆泡形枚、拱桥形钮	无枚、条状钮

山东地区青铜乐钟有着自身浓郁的风格特征:(1)无枚钮钟的使用周期长且多见,在其他地区多以乐钟的早期形制出现,但是在山东地区,无枚钮钟使用下限可至战国中期,甚至影响镈钟。使用无枚钮钟对于山东地区可能具有独特的意义。(2)9 件一组的钮钟组合在本区域内保持长时间不变,从春秋早期直至战国中晚期转变为 7 件一组的组合。(3)甬钟在战国中期之后不见于本区域内。(4)在春秋至战国的历史转变期中,山东地区乐钟形制也发生转变:无枚钮钟完成整合形成 III 式,有枚钮钟钮部增高,甬钟少量出现,镈钟两极化(一是镈钮渐趋复杂,二是镈钟模仿钮钟形制)。

（二）青铜乐钟视角下的莒国

莒国作为东夷诸国中最富盛名的国家,自隐公二年为《春秋》(夏五月,莒人入向)所载后,其名不绝于经传,直至公元前431年为楚所灭。莒国作为东夷诸国的代表,其与齐国、鲁国的关系即是东夷与周的关系的反映。近些年来出现多处莒国的考古遗存,对于我们认识莒国、认识东夷诸国都有较大帮助。而从乐钟制度的视角也可以对莒国文化有进一步的了解。

目前较为明确的莒国墓葬有沂水刘家店子M1、莒县天井汪、莒南大店M1和M2,以及战国中期的诸城臧家庄(入齐莒国贵族)。从以上出土的莒国乐钟来看,莒国乐钟有如下特点:(1)无枚钮钟流行于春秋中期至晚期,绚索状钮、遍饰细密蟠虺纹和鼓面正中的圆圈敲击点设置是其特征,属于AⅠ式钮钟;(2)有枚钮钟盛行于春秋晚期,长方形钮,纹饰以蟠螭纹和蟠虺纹为主,属于BⅠa亚式钮钟;(3)甬钟枚呈圆柱状、无二层台,篆带饰三角夔纹或云纹,鼓部和舞部饰云纹,属于Ab型甬钟;(4)镈钟圆泡形枚、拱桥形钮,纹饰为各类龙纹,属于AⅡ式镈钟。由以上可知,莒国乐钟形制明确,特征明显,易于辨认,盛行于春秋中晚期。综合上文分型分式成果,制成下表。

表 2-15　莒式乐钟出土表

出土地点	钮钟	甬钟	镈钟	总计	年代	等级	国属
临沂花园村墓		9		9	两周之际	未经发掘	鄟
沂水刘家店子 M1	9	19	6	34	春秋中期	国君	莒
莒县天井汪		6	3	9	春秋中期	大夫(5鼎)	莒
长清仙人台 M5	9			9	春秋中期晚段	士(女性)	邿
莒南大店 M2	9			9	春秋晚期中段	大夫(盗扰)	莒
沂水县纪王崮墓	9	9	4	22	春秋中期晚段	7鼎诸侯	
诸城都吉台墓	9			9	春秋晚期	无发掘资料	
临沂凤凰岭墓	9		9	18	春秋晚期	国君	鄟
莒南大店 M1	9		2	11	春秋晚期晚段	大夫	莒

需要加以说明的是临沂花园村、长清仙人台M5、沂水纪王崮、诸城都吉台、临沂凤凰岭和诸城臧家村等几座国别不明或非莒国的墓葬。诸城臧家村墓主身份可能为入齐之莒国贵族,但其乐钟不具备莒国乐钟的任何元素,皆是齐制,因此不纳入表格内。临沂花园村、诸城都吉台出土乐钟皆是莒式风格,

出土地点更是莒国故土,因此应是莒国乐钟。沂水纪王崮春秋墓钮钟和甬钟都属非莒式风格,但镈钟属于莒式乐钟,结合墓葬结构、殉人、腰坑殉狗、短窄墓道偏于墓葬一侧、有器物箱(库)等特征[①]来看,沂水纪王崮春秋墓主无疑与莒国有密切联系,但又非典型莒人,从乐钟形制中可以印证这一点。临沂凤凰岭墓葬中钮钟和第一组4件的镈钟都是莒式风格,但第二组5件镈钟并非莒式乐钟。其墓葬中的殉人、腰坑和殉狗也同样和莒国墓葬无异,但两套镈钟风格不见于莒国墓葬中,临沂凤凰岭墓主身份应同沂水纪王崮类似,与莒国关系密切但非典型莒人。长清仙人台M5钮钟采用了莒式无枚钮钟的绹索状钮形制,但其他方面无莒式风格,出土地点长清也是远离莒国影响范围,其绹索状钮的使用来源值得重新思考。

经过国属的辨析,可以进一步明确莒国乐钟的礼乐制度。从乐钟数量上看,钮钟采用9件一组从未变更;甬钟少见,春秋中期后不见于墓葬,数量不明;镈钟多以4件为组。从墓葬等级上看,甬钟和镈钟的使用规格高于钮钟,钮、甬、镈三者兼备高于镈、钮两种高于单列钮钟。莒国的乐钟风格在春秋时期独树一帜,为楚所灭后,国土被齐国纳入疆域内,由诸城臧家庄来看,莒式风格乐钟完全消失,成为绝响。

第六节　吴越系青铜乐钟的类型学初步探索

20世纪末,在长江中下游地区考古发掘出土了大量的印纹硬陶遗存,这些印纹硬陶在器物形态和器物组合等方面都独具地域特色和时代特点,代表了先秦时期长江中下游区域性的考古学文化。为方便对该地区的考古学研究,以李伯谦先生为代表的学者提出,将江浙地区先秦时期的印纹硬陶遗存以吴越两国的国名命名为"吴越文化"[②],该命名为后来学者所沿用。先秦时期,吴越两国的地理范围大致相当于现在的江苏省、安徽省、江西省、浙江省和上海市[③]。而今广东省、广西省、福建省等广大地区虽无明确国名,但因为同样

---

①　郝导华等:《山东沂水县纪王崮春秋墓》,《考古》2013年第7期。

②　李伯谦:《我国南方几何形印纹陶的分区、分期及其有关问题》,《中国青铜文化结构体系研究》,北京:科学出版社,1998年,第212页。

③　郑小炉:《吴越和百越地区周代青铜器研究》,吉林大学博士学位论文,2004年,第3页。

分布着大量"越族"①,遂有学者将该地区称为"百越地区"。20 世纪中叶至今,吴越地区和百越地区出土了大量两周时期的青铜器,种类繁多,主要为青铜容器、青铜武器、青铜乐器和青铜工具,这些青铜器与同时期中原地区青铜器相比有很多相似之处,同时又有本地区青铜器自身的特点,可暂称为"吴越系"青铜器。本节所研究的即为吴越地区和百越地区出土的两周时期青铜乐钟,或有明确的出土地点,或者器物上有明确的铭文表明器主为两周时期吴、越国的贵族或王族。

一、出土情况概述

目前"吴越系"青铜乐钟出土地点主要分布于江苏省南部、安徽省南部、浙江省、江西省、福建省、广东省和广西省。

江苏北部地区的青铜乐钟集中出土于邳州市和连云港市的墓葬中。在江苏南部地区出土于今天的南京市六合区、高淳区和镇江市丹徒区,大多出土于墓葬内,亦有少量出土于窖藏。1967 年,在连云港市锦屏山尾矿坝出土钮钟 9 件;1964 年,在江苏省六合县程桥东周墓中出土 9 件纽钟,根据钟上铭文考证,器主为吴国贵族"臧孙"②;1968 年,在六合县城桥镇东的陈岗坡地东周墓中出土钮钟 7 件,镈钟 5 件③;1974 年,在高淳县青山茶场出土甬钟 2 件④;1982 年,在东海县青湖乡西丁旺村一墓葬内出土甬钟 9 件⑤;1984 年,在江苏丹徒北山顶春秋墓中出土青铜编钟 1 套 12 件,其中纽钟 7 件,镈钟 5 件⑥;在高淳县古柏乡马家圩和溧水东屏公社小金山分别出土甬钟 1 件,出土时间不详⑦;1993 年,在邳州市戴庄乡九女墩 3 号墓考古发掘出土甬钟 4 件,镈钟 6

---

① 林惠祥:《中国民族史》,上海:上海书店出版社,2012 年,第 74～93 页。
② 江苏省文物管理委员会等:《江苏六合程桥东周墓》,《考古》1965 年第 3 期。
③ 南京博物院:《江苏六合程桥二号东周墓》,《考古》1974 年第 2 期。
④ 刘兴:《镇江地区近年出土的青铜器》,《文物资料丛刊》第 5 辑,北京:文物出版社,1984 年,第 104～111 页。
⑤ 《中国音乐文物大系》总编辑部编:《中国音乐文物大系(上海卷、江苏卷)》,郑州:大象出版社,1996 年,第 169 页。
⑥ 江苏省丹徒考古队:《江苏丹徒北山顶春秋墓发掘报告》,《东南文化》1988 年第 4 期。
⑦ 南京市文化局、南京市文物局:《南京文物精华·器物篇》,上海:上海人民美术出版社,2000 年,第 175 页。

件,钮钟 9 件①;1995 年,在邳州市戴庄乡九女墩 2 号墩 1 号墓中发掘出土镈钟 6 件,钮钟 8 件②。

安徽南部地区出土青铜器集中于长江南岸的繁昌县和铜陵市。1979 年,在繁昌县环城公社汤家山出土 1 件甬钟③;在青阳县庙前公社汪村出土纽钟 4 件(资料残缺);1981 年,在宣城市孙埠镇正兴村出土甬钟 1 件;1987 年,铜陵金口岭出土甬钟 1 件④;1993 年,在铜陵县董店乡双龙村龙山石料场出土甬钟 5 件;此外,还有在黄山市黄山区鸟石乡出土甬钟 1 件,铜陵市区出土甬钟 2 件。

浙江地区青铜器出土比较分散。1969 年,在江山市须江镇达河上江坝村出土编钟 7 件⑤;1981 年,在萧山县所前公社杜家大队出土甬钟 1 件⑥;1993 年,在瑞安岱石山 M30 出土小编钟 1 套共 9 件(资料缺失);2003 年,在绍兴袍江工业园区出土甬钟 1 件⑦。

江西地区出土的青铜乐钟集中在江西省东部和北部,相对比较分散。1958 年,由南昌县西湖区公安局移交出土钮钟 1 件;1962 年,在萍乡市彭高公社出土甬钟 2 件;1964 年,在修水上杉乡曾家山出土钮钟 1 件;1975 年,江西省博物馆发现从鹰潭调拨过来的甬钟 1 件;70 年代,在吉安市吉水县出土甬钟 3 件;1981 年 9 月,在江西省武宁县清江乡大田村出土甬钟 1 件;1986 年,在宜丰县天宝乡辛会村出土钮钟 1 件。⑧

福建地区出土铙较多,但多数保存状况比较差。出土的甬钟仅有 1 件,20 世纪 80 年代出土于龙岩武平县城关平川镇。⑨

广东地区出土的青铜乐钟数量较多,主要为甬钟,其中 12 件甬钟出于 5 座墓葬,其余甬钟都为零星出土,出土地点集中在广东省北部和西部山地地

① 孔令远、陈永清:《江苏邳州市九女墩三号墩的发掘》,《考古》2002 年第 5 期。
② 南京博物院等:《江苏邳州市九女墩二号墩发掘简报》,《考古》1999 年第 11 期。
③ 安徽省文物工作队等:《安徽繁昌出土一批春秋青铜器》,《文物》1982 年第 12 期。
④ 张国茂:《安徽铜陵市金口岭春秋墓》,《文物研究》1991 年第 7 期。
⑤ 柴福有:《浙江江山出土青铜编钟》,《文物》1996 年第 6 期。
⑥ 张翔:《浙江萧山杜家村出土西周甬钟》,《文物》1985 年第 4 期。
⑦ 蒋明明:《浙江绍兴市发现一件春秋铭文铜甬钟》,《考古》2006 年第 7 期。
⑧ 《中国音乐文物大系》总编辑部编:《中国音乐文物大系Ⅱ(江西卷、续河南卷)》,郑州:大象出版社,2009 年,第 46～56 页。
⑨ 《中国音乐文物大系》总编辑部编:《中国音乐文物大系Ⅱ(福建卷)》,郑州:大象出版社,2011 年,第 21 页。

带,如博罗县、清远市、增城区等地区。1962 年,在清远马头岗发现甬钟 7 件,其中 1 号墓中出土甬钟 3 件;1963 年,在清远马头岗 2 号墓出土甬钟 1 件;1972 年,在肇庆松山战国墓出土甬钟 6 件;1973 年,在博罗苏屋岗西南出土甬钟 2 件;1976 年,在增城天麻山出土甬钟 2 件;1977 年,在罗定太平公社出土钮钟 6 件;1984 年,在博罗县公庄镇陂头神乡出土甬钟 7 件;1985 年,在云城大绀山出土甬钟 1 件;2000 年,在博罗县横岭山商周 1 号墓、18 号墓中出土甬钟各 1 件;2006 年,在增城市增江西岸出土甬钟 2 件。还有出土年份不详的,

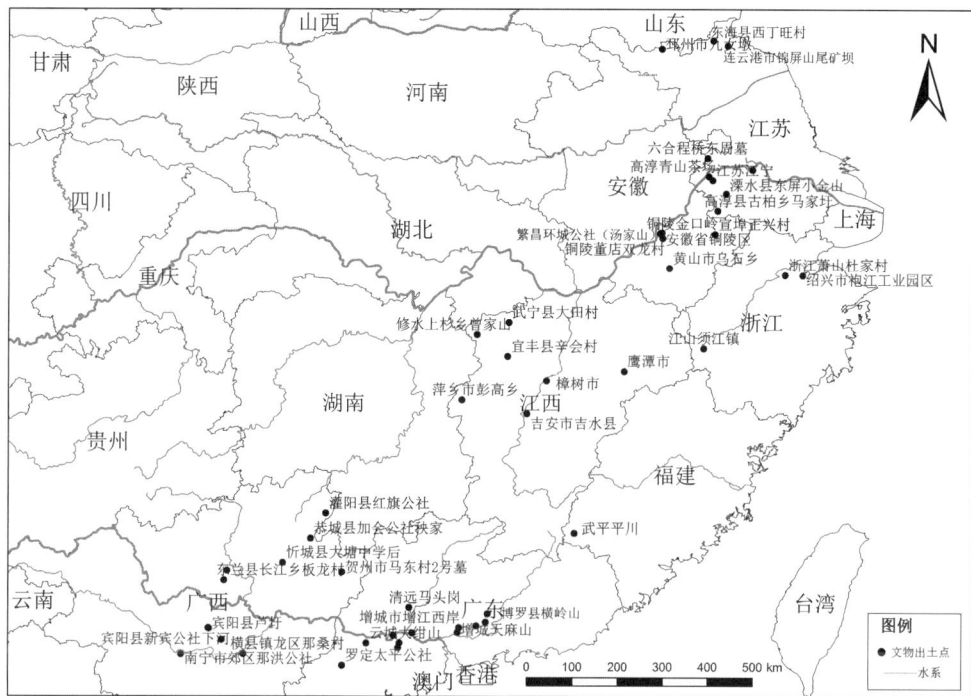

图 2-48　吴越系青铜乐钟出土分布图

如连山县三水镇出土甬钟 2 件,兴宁市新墟镇大村古树窝出土甬钟 6 件,清远马头岗出土甬钟 1 件,德庆落雁山出土甬钟 1 件。[①]

广西地区出土青铜乐钟的情况与广东省相似。解放前,在今南宁市郊区

---

① 《中国音乐文物大系》总编辑部编:《中国音乐文物大系Ⅱ(广东卷)》,郑州:大象出版社,2010 年,第 29～55 页。

那洪公社出土甬钟 1 件[①]；1958 年，在横县镇龙区那旭乡那桑村出土甬钟 1 件[②]；1970 年，在宾阳芦圩出土甬钟 1 件[③]；1971 年，在广西壮族自治区恭城县加会公社秧家大队出土甬钟 2 件[④]；1973 年，在宾阳县新宾公社下河生产队出土甬钟 1 件[⑤]；1976 年，在灌阳县红旗公社发现甬钟 1 件，忻城县大塘中学后出土甬钟 1 件[⑥]；1980 年，宾阳县甘棠公社韦坡村战国墓 M2 中出土甬钟 3 件[⑦]；1986 年，在柳州县进德乡木罗村出土甬钟 1 件[⑧]；1987 年，东兰县长江乡板龙村出土甬钟 1 件[⑨]；1996 年，贺州市沙田镇马东村 2 号墓出土甬钟 1 件[⑩]。

此外，另有 3 件(套)青铜乐钟钟体上有铭文，亦可判断为吴越器物。上海博物馆馆藏"者减"钟，是目前已知最早出土的吴越青铜器，传 1761 年出土于江西省临江县，共出土两套共 11 枚钟；上海博物馆馆藏"分仲"钟，传 1761 年出土于江苏省江宁城，目前存世共 6 枚；上海博物馆等藏"者汈"钟，出土地点不详，目前存世共 12 枚。[⑪]

表 2-16　吴越地区乐钟出土统计表

出土地点	钮钟	甬钟	镈钟	总计	等级
者减钟(上海博物馆藏，传出土于江西临江)		11		11	诸侯
分仲钟(上海博物馆藏，传出土于江苏江宁)		6		6	不明

① 梁景津：《广西出土的青铜器》，《文物》1978 年第 10 期。
② 《中国音乐文物大系》总编辑部编：《中国音乐文物大系Ⅱ（广东卷）》，郑州：大象出版社，2010 年，第 29～55 页。
③ 《中国音乐文物大系》总编辑部编：《中国音乐文物大系Ⅱ（广东卷）》，郑州：大象出版社，2010，第 29～55 页。
④ 广西壮族自治区博物馆：《广西恭城县出土的青铜器》，《考古》1973 年第 1 期。
⑤ 《中国音乐文物大系》总编辑部编：《中国音乐文物大系Ⅱ（广东卷）》，郑州：大象出版社，2010 年，第 29～55 页。
⑥ 《中国音乐文物大系》总编辑部编：《中国音乐文物大系Ⅱ（广东卷）》，郑州：大象出版社，2010 年，第 29～55 页。
⑦ 广西壮族自治区博物馆：《广西恭城县出土的青铜器》，《考古》1973 年第 1 期。
⑧ 刘文等：《广西柳江县出土春秋战国青铜器》，《文物》1990 年第 1 期。
⑨ 河池市文物站：《东兰县长江乡出土两件青铜器》，中国古代铜鼓研究会编：《中国古代铜鼓研究通讯》第 18 期，2002 年。
⑩ 贺州市博物馆：《广西贺州市马东村周代墓葬》，《考古》2001 年第 11 期。
⑪ 《中国音乐文物大系》总编辑部编：《中国音乐文物大系（上海卷、江苏卷）》，郑州：大象出版社，1996 年，第 39、50、68 页。

出土地点	钮钟	甬钟	镈钟	总计	等级
者汈钟（上海博物馆等藏）	12			12	大夫
江西省宜丰县天宝乡辛会村	1			1	不明
江西省武宁县清江乡大田村		1		1	不明
江西省吉安市吉水县		3		3	不明
江西省鹰潭市		1		1	不明
江西省修水县上杉乡曾家山	1			1	不明
江西省南昌县西湖区公安局移交	1			1	不明
江西省萍乡市彭高乡		2		2	不明
安徽省繁昌县环城公社（汤家山）		1		1	不明
安徽省铜陵市金口岭		1		1	不明
安徽省宣城市正兴村		1		1	不明
安徽省铜陵市董店双龙村		5		5	不明
安徽省黄山市黄山区鸟石乡		1		1	不明
安徽省铜陵区文管所藏		2		2	不明
浙江省绍兴市袍江工业园区		1		1	不明
浙江省江山市须江镇		7		7	不明
浙江省萧山县所前公社杜家大队		1		1	不明
江苏省六合县程桥东周墓	9			9	不明
江苏省六合县程桥 2 号东周墓	7		5	12	不明
江苏省丹徒县北山顶大墓（余眛钟）	7		5	12	诸侯
江苏省高淳县青山茶场		1		1	不明
江苏省溧水县东屏小金山		1		1	不明
江苏省高淳县古柏乡马家圩		1		1	不明
江苏省连云港市锦屏山尾矿坝	9			9	不明
江苏省东海县青湖乡西丁旺村		9		9	不明
江苏省邳州市九女墩 3 号墓	9	4	6	19	诸侯
江苏省邳州市九女墩 2 号墩 1 号墓	8	6		14	诸侯

续表

出土地点	钮钟	甬钟	镈钟	总计	等级
广东省清远县马头岗		4		4	不明
广东省清远县马头岗 1 号墓		3		3	不明
广东省清远县马头岗 2 号墓		1		1	不明
广东省肇庆市松山战国墓		6		6	不明
广东省博罗县苏屋岗		2		2	不明
广东省增城县天麻山		2		2	不明
广东省罗定县太平公社		6		6	不明
广东省博罗县公庄镇陂头神乡		7		7	不明
广东省云城大绀山		1		1	不明
广东省博罗县横岭山商周 1 号墓		1		1	不明
广东省博罗县横岭山商周 18 号墓		1		1	不明
广东省增城市增江西岸		2		2	不明
广东省连山县三水镇		2		2	不明
广东省兴宁市新墟镇大村古树窝		6		6	不明
广东省清远市马头岗		1		1	不明
广西省南宁市郊区那洪公社		1		1	不明
广西省横县镇龙区那旭乡那桑村		1		1	不明
广西省宾阳县芦圩		1		1	不明
广西省恭城县加会公社秧家大队		2		2	不明
广西省宾阳县新宾公社下河生产队		1		1	不明
广西省灌阳县红旗公社		1		1	不明
广西省忻城县大塘中学后		1		1	不明
广西省宾阳县韦坡村战国墓 M2		3		3	不明
广西省柳州县进德乡木罗村		1		1	不明
广西省东兰县长江乡板龙村		1		1	不明
广西省贺州市沙田镇马东村 2 号墓		1		1	不明

续表

出土地点	钮钟	甬钟	镈钟	总计	等级
福建省武平县平川镇		1		1	
总计	64	120	16	200	

通过上文统计表格我们可以发现：

目前吴越地区公布的资料不多，考古发掘的墓葬只有 4 处，其他遗迹性质尚不明。吴越地区出土的两周时期乐钟以钮钟数量为最多，将近占乐钟总数的一半，数量为 24 件，甬钟为 15 件，镈钟 10 件，总共 49 件。钮钟大多出土于墓葬内，总共有 4 处地点出土有钮钟，其中 3 处出土地明确为墓葬，另一处的“者汈”钟应该也是整组出土，存世 12 枚。无零星出土。甬钟出土地点最多，共有 8 处，但单次平均出土数量最少，多为零星出土。镈钟数量最少，集中出土于两处墓葬，无零星出土。

在百越地区，如江西省、福建省、广东省和广西省，目前发现出土的乐钟以甬钟为主，且甬钟占据绝对多数，钮钟较少，暂无镈钟出土。百越地区出土的乐钟多零星出土于山地地带，并且出土乐钟的墓葬较少。

二、钮钟的类型学研究

目前“吴越系”青铜钮钟数量不多。根据钮钟的器物形态特征可将钮钟分为两型：A 型为阳线界格，B 型为绳索界格纹[①]。根据钮部和篆部的纹饰又可将 A、B 型钮钟分为两个亚型。

A 型：阳线界格钮钟。

特征：钟体钲部和篆部的界格为阳线界格，根据钟体的形态将 A 型钮钟分为两个亚型。

Aa 型甬钟：钟体较宽。

标本 1：江苏六合程桥东周墓出土，1 套共 9 件，长方形钮饰三角雷纹，36 个螺旋形枚，篆、舞、鼓部皆饰有蟠螭纹，钟体正面有铭文。年代为春秋晚期至战国早期阶段。（图 2-49：1）

---

① 吴越系青铜钮钟数量较少，年代集中，地域特征不明显，难以按照钟枚做出有效区分。故本节选取钟体装饰部分进行类型学划分。

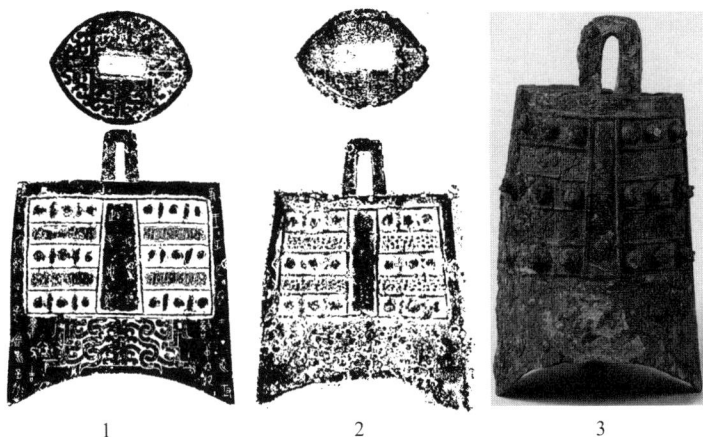

1. 六合程桥东周墓出土　2. 六合程桥二号东周墓出土　3. 九女墩二号墩出土

图 2-49　吴越系 Aa 型与 Ab 型钮钟

标本 2:江苏六合程桥二号东周墓出土,1 套共 7 件,长方形钮饰三角雷纹,36 个螺旋形枚,篆、舞、鼓部皆饰有蟠螭纹,钟体正面有铭文。年代为春秋晚期。(图 2-49:2)

Ab 型甬钟:钟体瘦长。

标本 1:邳州九女墩二号墩出土,1 套 8 件,长方形钮,平舞,直铣棱,于口弧曲上凹,弧度较小,篆部和钮部都饰有雷纹。年代为春秋晚期。(图 2-49:3)

B 型:绳索纹界格。

特征:界格为绳索纹。按照钟体形态和纹饰可分两个亚型。

Ba 型:钟体瘦长,钮部为圆弧状,于部弧度较大。

标本 1:江苏丹徒北山顶春秋墓出土,1 套共 7 件。该钟舞面和篆部饰蟠螭纹,36 枚作盘龙状,篆与枚之间用凸起的绳索纹相间,鼓部为四条变体龙纹两两相对,钟体有铭文。年代为春秋晚期。(图 2-50:1)

Bb 型:钟体较宽,长方形钮,于部弧度较小。

标本 1:者汈钟,该钟旧名为者沪钟或者汅钟,传世 1 套共 12 件,大多流传于国外。该钟长方形钮,平舞,直铣棱,于口弧曲稍小。钮部两头龙纹,舞部饰蟠龙纹,36 圆涡状枚,篆间饰三角形回顾龙纹,鼓部为 8 条龙交叠式排列成对称图形,钟体铸有鸟书铭文。年代为春秋晚期之后。(图 2-50:2)

1. 丹徒北山顶春秋墓出土　2. 者汅钟

图 2-50　吴越系 B 型钮钟

表 2-17　吴越地区钮钟数据表

钮钟名 \ 数据	钮高与通高比	侈度（铣与舞比）	年代
者汅钟	0.261	1.121	春秋晚期
六合程桥东周墓钮钟	0.212	1.178	春秋晚期
六合程桥二号东周墓钮钟	0.196	1.206	春秋晚期
丹徒北山顶春秋墓钮钟	0.212	1.276	春秋晚期

注：数据均是所有钟的平均值。

　　吴越地区出土的钮钟比较少，从现有的出土材料看，吴越系统钮钟受楚系钮钟影响较大，不管钮钟的形制还是钮钟表面的纹饰风格都与楚系钮钟的形制造型和装饰风格较一致，尚未形成自己的地域风格。

三、镈钟的类型学研究

　　吴越地区有明确出土地点的青铜镈钟只见于丹徒北山顶春秋晚期墓、九女墩三号墓和六合程桥二号墓这三处墓葬，且数量少，共 16 件。其主要特征为钮部扁状镂空复合式钮，钟口一般近平，无唇棱，36 支螺旋形枚。枚、篆、鼓、钲等各部分区分明显，有严格区域划分。根据钮部形状和界格纹饰将镈钟分成两型。

（一）A 型：复合龙形钮

标本 1：丹徒北山顶春秋晚期墓出土镈钟，1 套 5 件。钮由两条夔龙和六条小龙驯结而成，两夔龙张口相对，身饰重鳞纹，一足，小龙身饰三角形云雷纹，舞面及篆部饰蟠螭纹，枚作盘龙状，篆与枚之间用凸起的绳索纹相间，鼓部为四条变体龙纹两两相对，一面的左右鼓部及钲间有铭文。年代为春秋晚期。（图 2-51:1）

标本 2：九女墩三号墓编镈，1 套 6 件。扁形镈钮，由两对大龙和两对小龙纠结而成，平舞、平于口、直铣棱、阳线界格，枚作螺旋状，篆间饰蟠虺纹，舞和鼓部饰变形蟠螭纹，细部填云纹、枡纹和三角纹等。（图 2-51:2）

（二）B 型：复合型空花扁钮

标本 1：江苏六合程桥东周二号墓镈钟，1 套共 5 件，空花扁钮，钮、篆、舞、鼓皆饰蟠螭纹和螺旋纹。年代为春秋晚期。（图 2-51:3）

1. 丹徒北山顶春秋墓出土　2. 九女墩三号墓出土　3. 六合程桥东周二号墓出土

图 2-51　吴越地区出土青铜镈钟的类型

四、甬钟的类型学研究

吴越地区和百越地区出土的甬钟数量最多，其中大多为零散出土，遗迹单位性质多不明。本书拟按照乐钟主题纹饰将其划分为 A、B、C 三种类型。

（一）A 型：变形云纹甬钟

鼓部主要装饰变形云纹，也有少量其他纹饰，如变形兽面纹。按照篆部和钲部的界格纹饰分为四个亚型：

Aa 型:细阴线界格纹。

特征:钟体钲部与篆部之间的分区界格为细界格线。鼓部纹饰为多重卷云纹,少量单重卷云纹,都有明显的尾部。根据甬钟的整体形态可将 Aa 型甬钟分为两式:

Ⅰ式:钟体长度相对较短,长宽比较小。

标本 1:繁昌汤家山甬钟,1 件。柱形甬,铣间作弧线形。舞部与篆带饰雷纹,钮面饰夔纹,鼓面饰变形云纹,里面无纹饰。年代为西周晚期。(图 2-52:1)

标本 2:溧水县小金山顶甬钟,1 件。正反面各有 2 列 3 行 18 个枚,甬实心,上有旋,甬部和篆部饰有斜角形云雷纹,舞部和鼓部饰变形云纹,钲间饰云雷纹组成的变形蝉纹,另一面无纹饰。年代为西周晚期。(图 2-52:2)

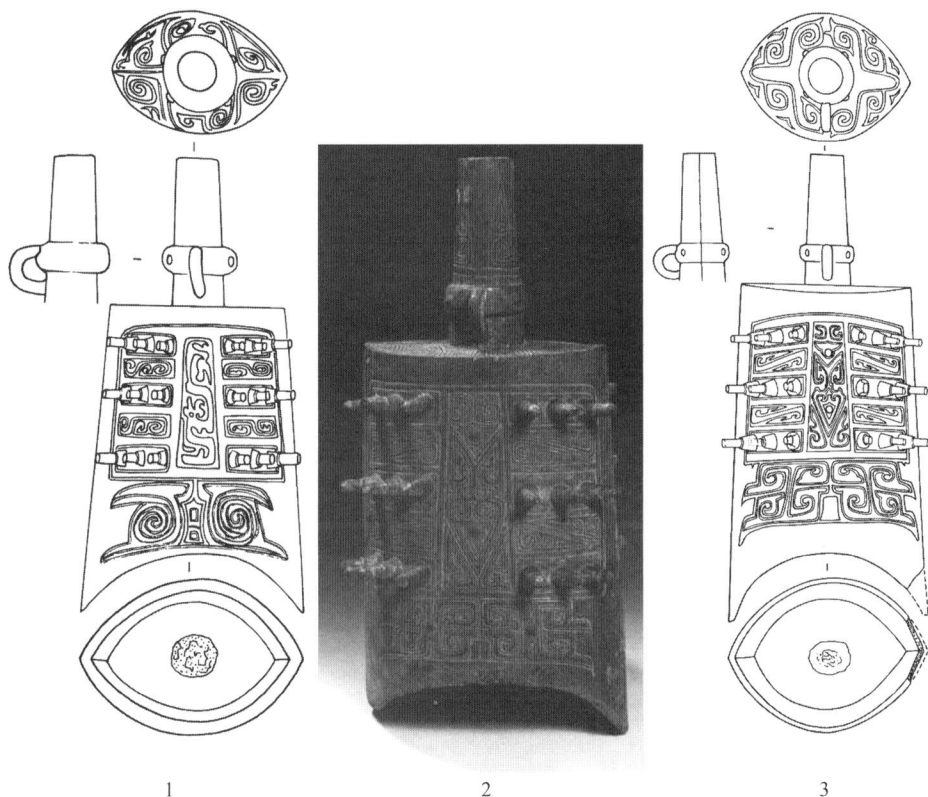

1. 繁城汤家山出土　2. 溧水县小金山顶出土　3. 铜陵董店龙山出土

图 2-52　吴越系 Aa 型甬钟

Ⅱ式:钟体长度相对较长,长宽比较大。

标本 1:铜陵董店龙山甬钟,3 件。甬部有旋,甬部和篆部饰有斜角形云雷纹,舞部和鼓部饰变形云纹,钲间饰云雷纹组成的变形蝉纹或斜角云纹。年代为春秋时期。(图 2-52:3)

Aa 型甬钟仅出土于江苏和安徽两省靠近长江地区,年代为西周晚期至春秋时期,该型甬钟的变化趋势是钟体逐渐变瘦长,鼓部区域略有扩大。

Ab 型:小乳钉界格。

特征:钟体钲部与篆部之间的分区界格为小乳钉格线。鼓部饰变形兽面纹和变形云纹。根据钟体形态和篆部纹饰可将 Ab 型钟分为两式:

Ⅰ式:篆部有纹饰,于部内凹程度较小。

标本 1:黄山乌石乡甬钟 1 件。钟每面各有枚 6 组,每组 3 枚,甬中空与腹腔相通,篆部和鼓部均饰有云雷纹。年代为西周时期。(图 2-53:1)

标本 2:高淳县古柏乡马家圩甬钟 1 件。长甬中空,椭圆形篆带及两篆间凸起 36 颗乳钉枚,钲部饰兽面纹,篆带与舞间为云雷纹,另一面素面无纹饰。年代为西周时期。(图 2-53:2)

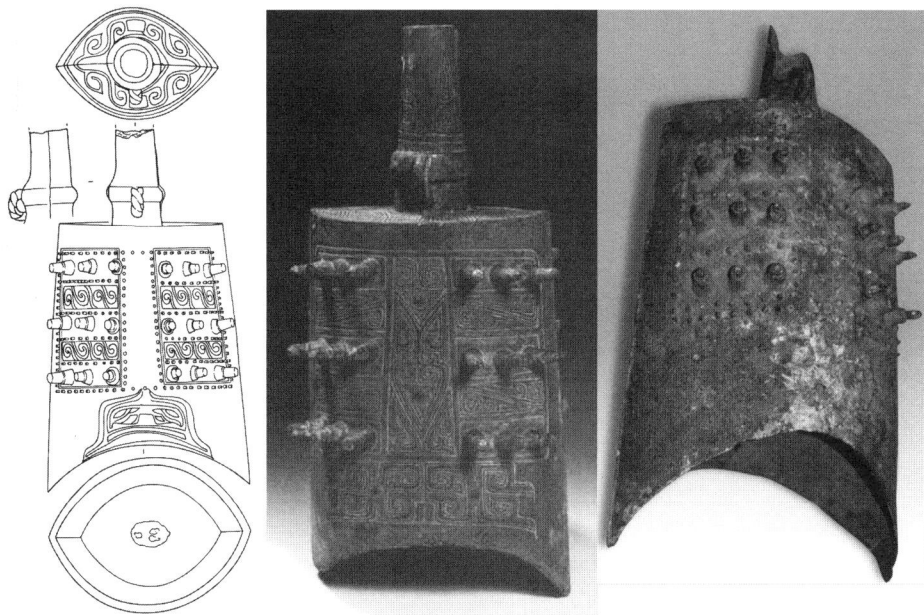

1　　　　　　　　　　2　　　　　　　　　　3

1. 黄山乌石乡出土　2. 高淳县古柏乡马家圩出土　3. 增城天麻山出土

图 2-53　吴越系 Ab 型甬钟

Ⅱ式:于部内凹明显,铣角尖锐。

标本1:广东增城天麻山甬钟,2件。平舞,舞面置扁圆形甬,甬中空,与腔底不通,干和旋具备,旋低干扁,正、背两面对称分布36个两节圆柱枚,直铣,铣角略外侈,于口弧度较大,钲部和铣边饰菱形纹,鼓部饰云雷纹,舞面和篆带均素面。年代为战国时期。(图2-53:3)

Ab型甬钟在西周时期分布于长江下游的皖南和苏南地区,至战国时期,Ab型钟出土于广东地区,年代跨度较大,中间应有缺环。Ⅰ式甬钟制作较精美,在钲部、鼓部和舞部有明显分区,且都装饰有纹饰,主要为变形云雷纹;Ⅱ式甬钟制作相对粗糙,钟体瘦长,于口内凹程度明显,鼓部无纹饰。所以从西周至战国时期,Ab型甬钟制作越来越粗糙,分区模糊,纹饰趋于简单,钟体也越来越瘦长。

Ac型:界格为细线加乳钉。

特征:钲部与篆部为细线和乳钉组成的界格,篆部纹饰多为对角变形云纹,还有重环纹、蟠虺纹和卷云纹,根据于部内凹程度可将Ac型甬钟分为两式:

Ⅰ式:甬钟于部内凹程度较小。

标本1:铜陵市区出土甬钟,2件。两铣略向外呈长方形,纵旋,有干,舞部饰云纹,鼓、篆部饰变形云纹。两件甬钟一件有纹饰,一件无纹饰。年代为西周时期。(图2-54:1、2)

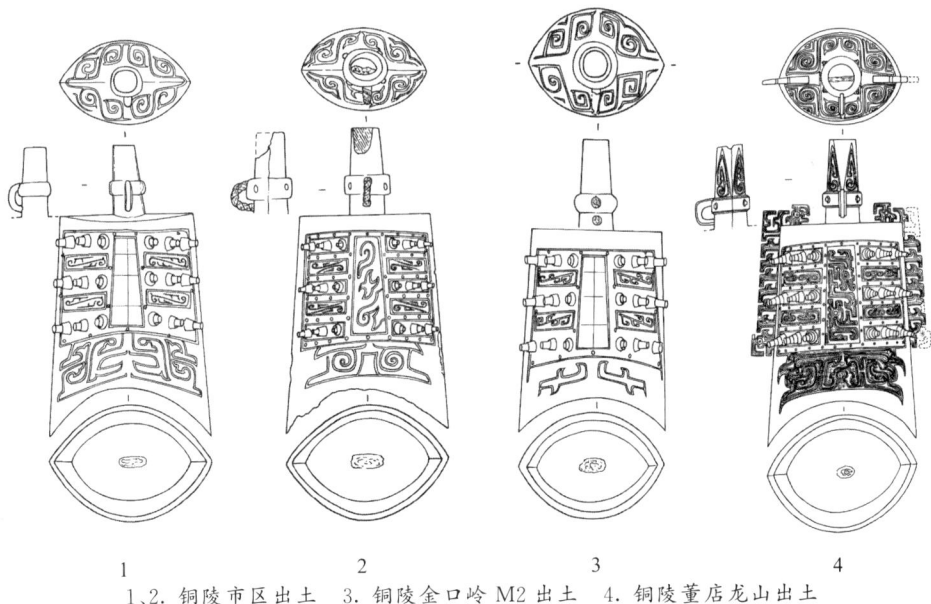

1、2.铜陵市区出土　3.铜陵金口岭M2出土　4.铜陵董店龙山出土

图2-54　吴越系Ac型Ⅰ式甬钟

标本 2：铜陵金口岭 M2 甬钟，1 件。两铣略向外呈长方形，纵旋，干残，乳钉 3 枚 1 组，共 18 枚，舞部饰云纹，钲部无纹饰，鼓、篆部饰夔纹，另一面无纹饰。年代为西周时期。（图 2-54:3）

标本 3：铜陵董店龙山甬钟，2 件。钲部两侧作夔形扉棱、向上延伸至舞部，甬饰三角状夔纹，旋部饰 4 个小乳突，扁干，钲部和篆部饰变形卷云纹。年代为春秋时期。（图 2-54:4）

Ⅱ式：甬钟于部内凹程度较大。

标本 1：博罗陂头神乡春秋墓，7 件。合瓦形钟体，平舞，直铣，舞面置锥形甬、干、旋具备，36 个两节圆锥状枚，甬部饰雷纹，旋部饰 4 个小乳钉，篆带和鼓部均饰雷纹，钲部饰夔纹，背面篆、钲和鼓部均素面无纹饰。（图 2-55）

陂头神乡春秋墓出土

图 2-55　吴越系 Ac 型 Ⅱ 式甬钟

西周时期，Ac 型甬钟主要分布在皖南地区；春秋时期，皖南地区和广东地区都有分布。Ⅰ式甬钟纹饰以阳线为主，鼓部的变形云纹多为弧形；Ⅱ式甬钟制作较粗糙，纹饰以阴线为主，鼓部的变形云纹大致呈矩形，钟体瘦长，于口内凹程度较深，铣口尖锐。Ⅰ式至Ⅱ式的主要演变规律为钟体趋于瘦长，铣口逐渐变得尖锐，纹饰制作越来越粗糙。

Ad 型：界格为细凸线。

特征：篆部和钲部的界格由细凸线组成，鼓部的纹饰为变形云纹组成"山"字，有的鼓部纹饰为变形卷云纹。

标本 1：马头岗 1 号墓甬钟，1 件。鼓部、篆间为云雷纹，钲间饰窃曲纹，花纹为阴线铸，背面素面无纹饰。年代为春秋时期。（图 2-56:1）

标本 2：广东罗定太平编钟，6 件。钟体修长，平舞，舞面置圆锥形甬、干、

旋具备,素面甬,钲部饰蝉纹,背面无纹饰。年代为战国时期。(图 2-56:2)

标本 3:肇庆松山编钟,6 件。平舞,舞面置圆柱形甬,干、旋具备,绳索状旋,直铣,铣外侈,枚呈二节圆柱状,每面 18 个,舞部、钲部、篆带都为素面,鼓部饰勾连云纹。年代为战国时期。(图 2-56:3)

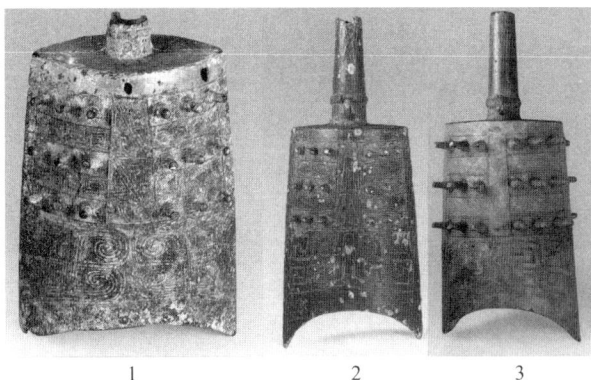

1. 马头岗 1 号墓出土　2. 广东罗定太平出土　3. 肇庆松山出土

图 2-56　吴越系 Ad 型甬钟

标本 4:兴宁古树窝编钟,6 件。平舞,舞面置圆柱状甬,甬端封衡,中空,钲部饰菱形纹,篆带为素面。年代为春秋时期。(图 2-57)

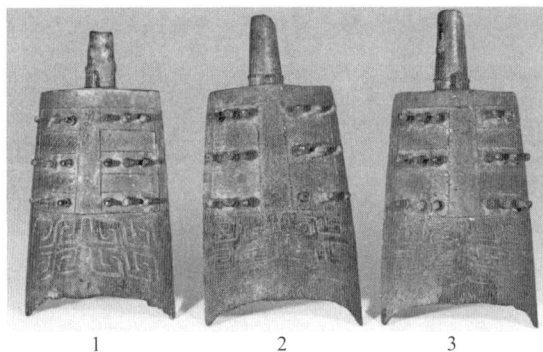

1　　　　　　　2　　　　　　　3

兴宁古树窝出土

图 2-57　吴越系 Ad 型甬钟

(二)B 型:素面甬钟

该型甬钟篆部、鼓部无纹饰,枚的数量多少不一,有的甬钟正背两面枚的数量不同。根据钟体篆部有无纹饰可将 B 型甬钟分为两个亚型:

Ba 型:钟体钲部有凸线界格,但篆部、鼓部和舞部等部位都无纹饰。

标本 1:德庆落雁山钟,1 件。钟体呈合瓦状,平舞,柱形甬,正、背面各 12 个二节圆柱枚,直铣,全素面。年代为战国时期。(图 2-58:1)

标本 2:增城庙岭编钟,2 件。合瓦状腔体,平舞,圆角方锥形甬,甬不封衡,干、旋具备,旋低,正、背面乳钉纹数量不一,正面钲、篆部饰雷纹,背面无纹饰。年代为战国时期。(图 2-58:2)

Bb 型:钟体表面仅有枚,其余素面。

标本 1:云浮大绀山钟,1 件。平舞,锥形甬,直铣,铣棱突出,腔正反两面共有 24 枚,舞、篆和鼓均素面。年代为战国时期。(图 2-58:3)

1. 德庆落雁山出土　2. 增城庙岭出土　3. 云浮大绀山出土

图 2-58　吴越系 B 型甬钟

(三)C 型矮胖型甬钟

该型甬钟两铣多弧曲,于口处向内凹明显,钟体的长宽比较小。篆部与钲部的界格为细凸线。根据钟体形态和钟面的纹饰可将 C 型钟分为两型:

Ca 型:钟体篆部和钲部分区明显,于部内凹程度较小。

标本 1:恭城秧家甬钟,2 件。直圆甬式,甬上有旋,钲侧有凸枚 6 组,每组各 3 枚。篆饰斜角云纹,钲饰三角纹,隧饰窃曲纹,背面有 36 枚,但无纹饰。年代为春秋时期。(图 2-59:1)

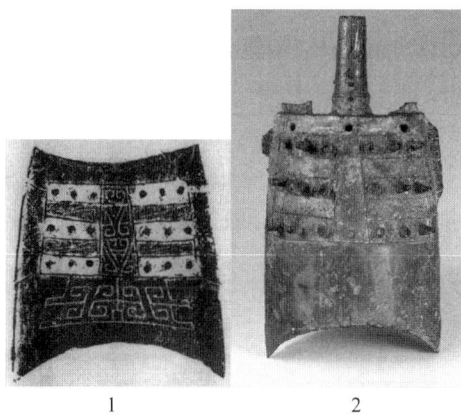

1. 恭城秧家出土 2. 清远马头岗出土

图 2-59 吴越系 Ca 型甬钟

标本 2:清远马头岗甬钟,1 件。合瓦形腔体,平舞,舞面稍凹,柱状甬,钲侧有扉棱,腔中部微鼓,钲部、篆部和鼓部素面无纹饰。年代为春秋时期。(图 2-59:2)

标本 3:清远马头岗 2 号墓甬钟,1 件。平舞,圆锥形甬,于部弧曲,腔中部微鼓,共 24 枚。年代为春秋时期。(图 2-60:1)

Cb 型:钟体篆部和钲部分区不明显,于部内凹程度较大。

标本 1:东兰县板龙村甬钟,1 件。甬空,腔体较长,有枚,分左、右两组排列,中间饰云纹图案。枚间素,枚所占面积不及腔体的四分之一,集中于腔体中部;鼓部饰卷蛇纹,卷蛇纹及枚的四周则遍饰网纹。钟体两面纹饰大致相同。年代为战国时期。(图 2-60:2)

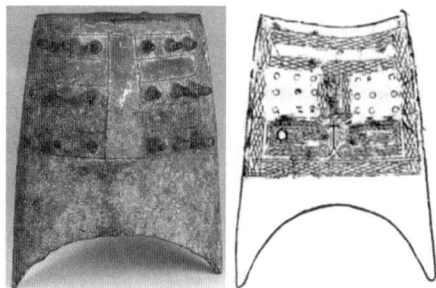

1. 清远马头岗 2 号墓出土

2. 东兰县板龙村出土

图 2-60 吴越系 Ca 型甬钟与 Cb 型甬钟

（四）D 型：楔形甬钟

该型甬钟铣间和舞间的比值比较大，整体呈楔形。

标本 1：连山三水小甬钟，1 件。甬钟通体深绿，胎体较薄，合瓦形腔体，平舞，圆锥甬，甬瘦长，中空，与内腔相通；直铣，铣角外侈，于弧内敛；界格为阳线，共 24 枚；腔体正面与篆带饰以相同的云雷纹和三角纹，正侧鼓饰雷纹，背部素面无纹饰。年代为西周时期。

标本 2：连山三水甬钟，1 件。甬钟通体深绿，胎体较薄，36 枚，合瓦形腔体，平舞，圆锥甬，甬瘦长，中空，与内腔相通；直铣，铣角外侈，于弧内敛。钲部和篆带饰雷纹，两侧鼓侧饰两行复线倒"S"纹，两"S"间饰三角纹。年代为西周时期。（图 2-61）

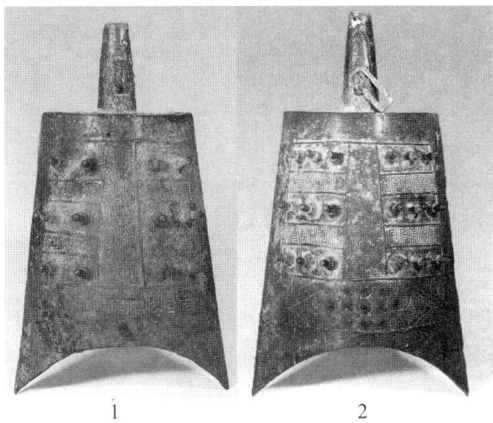

1、2. 连山三水出土

图 2-61　吴越系 D 型甬钟

小　结

东周时代的青铜乐钟种类繁多、变化多样，又兼之列国间文化交流、融合不断，青铜乐钟的创新与复古亦是屡见不鲜，从而造成了其形制、纹饰庞杂、琐碎的特点。同时，由于这一时期各地区间礼乐文化发展的独特性和不一致性，所以对于东周乐钟的年代学研究，自当以地域分别为基本框架，先了解各地区内部不同类型乐钟的基本演变顺序，再希冀能从中找出若干有关这一时代青铜乐钟的普遍发展规律，以及各区域间的异同。

从上文的梳理结果来看，中原三晋两周地区与南方楚文化区由于出土资料翔实,已大略可以总结出其青铜乐钟的一些演变规律。对于中原地区而言,甬钟主要流行圆柱形甬,两铣外扩、侈度逐渐增大,柱状枚多见,晚期出现少量螺旋形枚。主题纹饰从两周时代的云纹系统发展至东周时代的动物形纹饰,且渐趋复杂;镈钟则经历了从乳丁状枚向蟠龙状枚的转变(当然二者间亦长期共存),镈钮逐渐放弃复杂的多层繁花式装饰,而倾向采用双兽对峙型,并由回首双兽型向衔蟠对峙双兽型发展,最后由于乐钟使用的普遍衰落而变化为简单的凸字形。正鼓部纹饰由象首纹发展至蟠螭纹,最后发展至条带化、满布正鼓部的夔龙纹;钮钟亦主要流行乳丁状枚和蟠龙状枚,但钟钮逐渐扩大、钟体相对趋小,两铣内敛、侈度渐小,更加追求音乐性能的完善。主题纹饰也由动物形(包括窃曲纹、象首纹、蟠螭纹等)向夔龙纹转变。

而南方楚文化区的甬钟以八棱形甬最为盛行,在春秋中晚期阶段成为楚系甬钟的典型标志。其甬管逐渐加长,两铣略内敛,盛行浅浮雕装饰风格,以增强共振消音效果。钟枚方面,楚系甬钟以柱状枚为绝对多数,螺旋枚、圆泡枚几乎不见(目前只见于曾、许国),这充分展现出楚式甬钟所具有的强烈的复古色彩;镈钟方面,主要流行无扉棱镈,以双龙、双兽钮最为常见,且由抽象双龙钮演变为双龙相对钮,钟钮日趋复杂、具象。少量边缘地区的镈钟受中原地区影响,出现多层繁花式钮。纹饰方面也由蟠龙纹、夔龙纹、蟠螭纹等多种纹饰组合向单一的蟠螭纹发展。楚系钮钟最为复杂,无枚钮钟和有枚钮钟都较流行,且都呈现出两铣内敛、侈度缩小的变化趋势,应是与追求音乐性能有关。从目前资料看,无枚钮钟可能起源于曾国,从早期的兽面纹装饰变化为素面或纹饰很小。有枚钮钟则经历了从螺旋枚向乳丁枚的转变,纹饰发展也与镈钟类似,最后以正鼓部的蟠螭纹为主。

山东地区由于古国林立,春秋时期的乐钟形态更为多样,且相互影响、借鉴,呈现出鲁东南地区、鲁东地区、鲁北地区等不同的区域特色,直到战国以后才渐趋统一。钮钟同样包括了无枚钮钟和有枚钮钟两型,但具体纹饰、钮的形态(如绳索钮)等差异甚大。无枚钮钟长期被使用,钟钮总体而言较小,并且呈现出渐小的趋势,而钟体侈度渐大、两铣外扩,于口渐深,与中原地区和楚文化区不同。有枚钮钟的钟体则相对趋于稳定,钟钮变长,纹饰由蟠螭纹、蟠虺纹向各类云纹发展,战国晚期后发生重要变革,转变为圆鼓型乐钟。甬钟方面几乎均为圆柱型甬,柱状枚多见,纹饰从象首纹到龙纹再到蟠虺纹、蟠螭纹,纹饰渐趋细密。不过由于山东地区的甬钟多为偶然所得和传世品、征集品居多,目前还难以做出更为清晰的年代尺度判断。镈钟相对于其它地区更为简化,鲁东南地区和鲁东地区往往采用简单的环形钮、圆泡形枚,鲁北地区则流行采用双兽对峙钮,而且目前来看,鲁东南地区似乎更为盛行镈钟。通过这样的对比分析,我们对于鲁东南地区莒国的乐钟和乐制也有了许多新的认识。

吴越地区由于乐钟年代跨度较小,尚不具备构建清晰的年代尺度的条件,而仅能认识一些区域性的乐钟特色,这些已在上文中进行了总结,此处不再赘述。

第三章　周代乐钟的埋葬制度

在初步厘清了周代乐钟的年代体系后,我们将把研究的重心转向乐钟制度层面。如第一章所述,两周时期,青铜乐钟与鼎簋等礼器一样,是贵族身份等级的重要标识,并形成了一套独特而严格的乐钟制度。不过,乐随世迁,春秋战国时代的社会巨变又使得乐钟使用不断发生着变化、革新,而形成了众多显著的新特色,成为探讨周代礼制改革的又一重要窗口。所以,本章将以墓葬出土的编钟资料为核心,从乐钟数量、组合、出土位置等角度来认识两周时期乐钟制度的发展变化概况,尝试构建乐钟的埋葬制度与贵族身份等级之间的关联。

第一节　葬钟制度的概念

乐悬制度是周代礼乐文明的重要内容,其核心即《周礼·春官·小胥》篇所载:"正乐悬之位,王宫悬,诸侯轩悬,卿大夫判悬,士特悬,辨其声。凡悬钟磬,半为堵,全为肆。"自汉世以来,这一制度便深受历代注经者的关注。郑玄引前汉郑众之说释为:"宫悬四面悬,轩悬去其一面,判悬又去其一面,特悬又去其一面。四面象宫室四面有墙,故谓之宫悬。轩悬三面,其形曲,故春秋传曰:'请曲悬繁缨以朝',诸侯之礼也……玄谓轩悬去南面,辟王也。判悬左右之合,又空北面。特悬悬于东方,或于阶间而已"(《仪礼注疏》),即天子使用四面钟磬,诸侯、大夫、士等级依次降差,该意见多为后学所遵从。

但对于各面乐悬的具体构成情况和音律搭配原则,却由于典籍阙载[①],又

[①] 《乐经》早佚,《周礼》之中又并未特别描述各悬的组成情况,《仪礼》中虽然《燕礼》、《乡饮酒》、《乡射礼》等篇对先秦乐制略有记载,但多是涉及演奏的次序和乐器在堂上、堂下的具体位置,无从稽考各套编钟的悬挂方式和音律情况。对此宋人曾慨叹:"《乐经》散亡,无所依据;秦汉之后,诸儒自相非议,不足取法",马端临:《文献通考·乐考三》,北京:中华书局,2011年,第7册,第3991页。

缺乏出土实物的参考与印证,是以众说纷纭,长期聚讼未决。单北宋一朝试图稽古作乐,"自建隆讫崇宁,凡六改作"(《宋史·乐志》)[1]。清人江藩作《乐悬考》一书,曾简略梳理了历史上的乐悬诸说:"自有服(十九钟)说,而编磬、编钟之制,紊乱不伦:有设十二钟于辰位,四面设编钟、编磬者,北齐也;以钟磬七正七倍而悬十四者,后周也;以浊倍三七而悬二十一者,梁武也;以钟磬参悬之,正声十二、倍声十二而悬二十四者,魏公孙崇之说也;主十六枚之说,又加以宫商各一枚者,隋牛宏之说也。言人人殊,茫无定说"[2],足见这其中的混乱局面。

近代以来,随着地下成套编钟资料的出土,众多学者开始依据考古实物来研究先秦时期的乐制[3],尤其是随着一批音乐史专家带来研究理念与方法上的革新[4],我们得以在周代铜钟的分类、称名、功能、音律变化等领域均取得了长足的进展,不仅基本厘清了两周时期编钟数量和音律的动态发展历程,更打

---

[1] 实际上两宋朝关于新乐的讨论远在六次以上,可参看李幼平:《宋代新乐与编钟》,《黄钟(武汉音乐学院学报)》2001年第1期;胡劲茵:《从大安到大晟——北宋乐制改革考论》,中山大学博士学位论文,2010年等。

[2] 江藩:《乐悬考》,转引自曾永义:《仪礼乐器考》,台北:台湾中华书局,1986年,第105页;清儒孙诒让对此亦有系统的梳理,《周礼正义》,北京:中华书局,2008年,第7册,第1827~1831页。

[3] 王国维:《释乐次》,《观堂集林》,北京:中华书局,2006年,第84~103页;唐兰:《古乐器小记》,《燕京学报》1933年第14期;容庚:《商周彝器通考》下编第四章:乐器,上海:上海人民出版社,2008年;黄翔鹏:《黄翔鹏文存》(上下卷),济南:山东文艺出版社,2007年;马承源:《商周青铜双音钟》,《考古学报》1981年第1期;蒋定穗:《试论陕西出土的西周钟》,《考古与文物》1984年第5期;曾永义:《仪礼乐器考》,台北:台湾中华书局,1986年;王世民:《春秋战国葬制中乐器和礼器的组合情况》,湖北省博物馆编:《曾侯乙编钟研究》,武汉:湖北人民出版社,1992年,第98页;王世民、蒋定穗:《最近十多年来编钟的发现与研究》,《黄钟(武汉音乐学院学报)》1999年第3期;李朝远:《从新出青铜钟再论"堵"与"肆"》,《中国文物报》1996年4月14日;陈双新:《编钟"肆"、"堵"问题新探》,《中国学术》2001年第1期。其他相关研究尚有许多,恕未能一一征引。

[4] 李纯一:《中国上古出土乐器综论》,北京:文物出版社,1996年;《中国音乐文物大系》总编辑部编:《中国音乐文物大系》,郑州:大象出版社,1996—2011年;王子初:《中国音乐考古学》,福州:福建教育出版社,2003年;冯光生:《周代编钟的双音技术及应用》,《中国音乐学》2002年第1期;方建军:《中国古代乐器概论(远古—汉代)》,北京:人民出版社,1996年;王清雷:《西周乐悬制度的音乐考古学研究》,北京:文物出版社,2007年等。这些学者的专题研究及指导的相关博士论文颇多,这里不再罗列。

破了传统经学唯郑注是从的弊病,而不再偏信"二肆十六枚于一虡"之说①。

　　但即便如此,当我们尝试将业已十分丰富的考古资料与礼经中所记载的乐悬制度相比照时,无论是《周礼》中的"宫悬、轩悬、判悬、特悬"序列,还是《仪礼》中的"笙钟、颂钟"之别②,都罕见有十分契合的例证。甚至是被普遍认为采用了"轩悬"(或称"曲悬")制度的曾侯乙墓编钟③,其钟架本身实际仅有两面,尚需依靠北面的编磬才能构成三面曲尺形状(图 3-1)。但若这样取舍(编钟、编磬各算一面乐悬),有周一代岂非太多"判悬"之制了?"特悬"又该作何

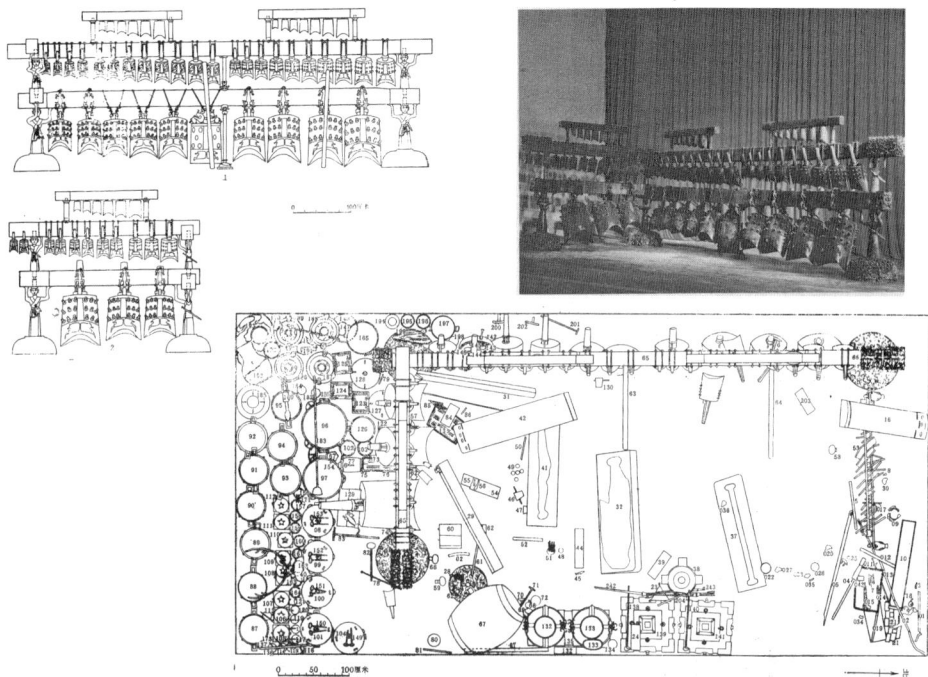

图 3-1　曾侯乙墓出土编钟

---

① 《汉书·礼乐志》记载:"成帝时于犍为水滨得石磬十六",这可能是郑玄注经的依据。实际从今天考古发现来看,八枚成编、分两列摆放的形式主要见于西周晚期至春秋初年,并不能涵盖两周时期的全貌。

② 《仪礼》中和笙歌之钟谓之笙钟,在东方。《仪礼·大射》:"乐人宿县于阼阶东,笙磬西面,其南笙钟。"郑玄注:"笙,犹生也。"胡培翚正义引褚寅亮曰:"东为阳中,万物以生,故东方曰笙钟、笙磬。"位于西方的合奏之钟则称颂钟,《仪礼·大射》:"西阶之西,颂磬东面,其南钟,其南镈,皆南陈。"郑玄注:"言成功曰颂,西为阴中,万物之所成……是以西方钟磬谓之颂。"

③ 李纯一:《曾侯乙墓编钟的编次和乐悬》,《音乐研究》1985 年第 2 期。

理解呢(究竟取编钟还是编磬)①? 而且迄今为止,诸侯等级的墓葬已经发现众多,何以未能再见一例折曲的钟虡呢? 反倒是在五鼎大夫级别的淅川和尚岭 M2 蒍子辛(夫人?)墓中,6 件镈钟与 9 件钮钟分上下两列沿南壁放置,而另 2 件镈钟又置于东壁南角,恰成 90 度的转曲形状,编磬则另置于 2 件镈钟的对面,这样便也如曾侯乙墓一样构成了一个长方形的曲尺空间(图 3-2)②,但很显然蒍子受(该墓编钟为蒍子辛子嗣蒍子受所铸)又如何能贵为诸侯级别呢? 实际上,在《仪礼·大射礼》篇中已明确记载:"乐人宿县于阼阶东,笙磬西面,其南笙钟,其南镈",说明在具体演奏时编钟和编磬其实是处在同一面上的(但在墓中摆放的位置则较为多样),何以能将其视为乐悬的独立两部分呢? 有鉴于此,我们不得不从理论上去进一步思考:墓葬中所见的编钟究竟是依据墓主

图 3-2　淅川和尚岭 M2 出土编钟的摆放位置

---

① 如按郑玄注释,"特悬"仅有磬而无钟,但这显然不符合考古所见,迄今为止尚未发现有随葬钟磬的士一等级墓葬,或者仅随葬编磬而无编钟的贵族墓葬。

② 河南省文物考古研究所等编著:《淅川和尚岭与徐家岭楚墓》,郑州:大象出版社,2004 年,彩版八、九。

生前演奏的实际位置与组合而摆放的,还是按照特定的葬器制度而进行甄选、陈列的呢?[①]

现有的铜器铭文及出土资料均揭示出,周代乐钟的铸造不仅数量巨大,且历时较长,往往经历多代的补铸、增铸过程。且实用乐钟不可避免会出现磨损、走音现象,需要进行更换甚至重铸,又兼之编钟的来源十分多样(战争、馈赠、婚聘、赠赙等),所以在众多权贵家族内常积累下数量庞大、型式多样,但音律、音高可能会有重复的多套编钟。如传世邵钟铭文即称"大钟八肆,其竈(簋)四堵"(《集成》1225~1237)[②],子犯编钟"用为和钟九堵"[③],楚公逆钟"用作和锡□钟百肆"[④]等,无论是参照郑玄还是杜预或者唐兰先生对于"肆"、"堵"的理解[⑤],这些铜钟的数量都将是极为可观的。1976 年在陕西扶风庄白一号窖藏中发现 14 枚疢钟,分为 5 种不同的型式,便是从西周早期一直到西周后期多次补铸、拼合而成的[⑥]。晋侯墓地 M8 出土的晋侯稣钟亦是如此(2件出于此墓,14 件由上海博物馆从境外收回),16 枚编钟共分 3 式,Ⅰ式 2 件、Ⅱ式 2 件、Ⅲ式 12 件,铸造年代早晚不同但彼此音律和谐。李学勤先生"猜想编钟的一部分原是他随厉王作战的胜利品,因此将其配全成套",王子初先生亦指出"16 件甬钟并非同一时期的制品,很可能是自西周初年至恭王前后的

---

① 李朝远先生认为存在"庙制"和"葬制"的区别,"墓葬中出土的青铜编钟往往是拼合的,这表明了葬制与庙制的不同。庙制是整套的,而且有若干个整套,葬制则是可以选择拼合的",但其并未对此(尤其是"葬制"的具体表现)做进一步的展开论述,参看氏著:《楚公逆钟的成编方式及其他》,载《青铜器学步集》,北京:文物出版社,2007 年。

② 《集成》指中国社会科学院考古研究所《殷周金文集成》,后面序号为书中编号,下同。

③ 张光远:《故宫新藏春秋晋文称霸"子犯和钟初释"》,台湾《故宫文物月刊》1995 年第 4 期。

④ 楚公逆钟出于山西北赵晋侯墓地 M64,发掘资料参见山西省考古研究所、北京大学考古学系:《天马—曲村遗址北赵晋侯墓地第四次发掘》,《文物》1994 年第 8 期;编钟资料另见《中国音乐文物大系》总编辑部编:《中国音乐文物大系(山西卷)》,郑州:大象出版社,2000 年。但均未注意到这套编钟是由原属两组的乐钟拼凑而成的。黄锡全、于炳文先生后对编钟铭文释读有所订正,对于正确认识该套编钟的构成具有重要意义,参见黄锡全、于炳文:《山西晋侯墓地所出楚公逆钟铭文初释》,《考古》1995 年第 2 期。

⑤ 郑玄认为"二八十六枚在一虞谓之堵。钟一堵、磬一堵,谓之肆",杜预则认为"悬钟十六为一肆",今人唐兰先生依据邵钟铭文提出"肆者列也,二列为一堵",而每肆亦当为八枚,即"悬八"之意,参见唐兰:《古乐器小记》,《燕京学报》1933 年第 14 期。

⑥ 陕西周原考古队:《陕西扶风庄白一号西周青铜器窖藏发掘简报》,《文物》1978 年第 3 期。

百余年间逐步增扩而成"①。再如著名的曾侯乙编钟，中一组为短枚甬钟11件（因悬挂不下而缺少一件商角钟），中二组为无枚甬钟12件，形制差异明显，显然并非同批制作而成。但两组乐钟钟体上各部位的铭文基本相同，且李纯一先生指出，中一组与中二组音高完全相同，音域由最低的 d^1 音至最高的 c^4 音②，正是两组不同型但同音的乐钟，且均属于曾侯家族所有，下葬时又被悬挂在同一钟架之上。其它诸多实例，无需——赘引。

但若遭逢丧葬活动，周人便会按照音律的要求从这些多套乐钟内挑选各式以拼凑特定的编列之数，即谭德睿先生所言"为使青铜编钟成编，采用的是在几组已铸成的青铜钟之中挑选成编的方法实现的"③，所以墓葬内的编钟显然并不能涵盖墓主人生前所用之钟的全部情况，我们亦不能仅凭墓葬资料而轻易否认礼经中所载乐悬制度的真实性（实际演奏时乐悬所用之钟并不一定全部依原样放入墓中），铸钟、用钟与葬钟应被区分为不同的概念。高西省先生业已对西周时期墓葬中的拼凑编钟现象做了详尽的梳理④，而在东周时期这种现象亦不鲜见。

像著名的曾侯乙墓编钟，底层便采用一件并不成套的"楚惠王大镈钟"替代了原有的甬钟（"姑洗之大羽"钟），而这显然是无法满足演奏需要的。实际上专用于悬挂镈钟的方形部件（因为镈钮宽而平，所以要用两个方形配件挂住钮顶两端，才能保持镈的平衡与稳定）一共是4副，说明起初是规划悬挂4件成套的楚王镈，但由于空间原因，最后只能装配一件而已。同时顶层的三组钮钟距离地面过高（高 2.65～2.75 米），"音列结构都不符合演奏乐曲的要求"⑤：

---

① 李学勤：《晋侯苏编钟的时、地、人》，《中国文物报》1996 年 12 月 1 日；王子初：《晋侯苏编钟的音乐学研究》，《文物》1998 年第 5 期。方建军先生则认为此套编钟音列结构齐全，应非拼凑。参看方建军：《商周乐器文化结构与社会功能研究》，上海：上海音乐学院出版社，2006 年。不过本文所指"拼凑"主要是从形制上观察，选用了不同形制、纹饰的乐钟放置在一起，而从乐律上当然可能是构成了一套完整的实用乐钟组合。

② 李纯一：《曾侯乙墓编钟的编次和乐悬》，《音乐研究》1985 年第 2 期。

③ 谭德睿：《编钟设计探源——晋侯苏钟考察浅识》，上海博物馆编：《晋侯墓地出土青铜器国际学术研讨会论文集》，上海：上海书画出版社，2002 年。

④ 高西省：《楚公编钟及有关问题》，《文物》2015 年第 1 期。

⑤ 李纯一：《曾侯乙墓编钟的编次和乐悬》，《音乐研究》1985 年第 2 期；黄翔鹏先生在《先秦文化的光辉创造——曾侯乙墓的古乐器》（《文物》1979 年第 1 期）一文中亦指出曾侯乙编钟实际用于演奏的仅有中、下两层乐钟，有学者指出上层乐钟为定律之用，但实际上 19 枚乐钟中仅有 9 枚标有乐律铭文，总体上诸家学者都赞同上层乐钟乐律混乱，无法演奏的结论，另可参看潘建明：《曾侯乙编钟音律研究》，《上海博物馆集刊》1982 年第 2 期。

第一组 6 件均为素面,钟体上无音律铭文,音列属浊文王均(^bE 宫调音阶),正、侧鼓音均为大三度关系。而二、三组各钟钮部均饰绚纹,钟体上有错金标音铭文,且所标音名均属无射均(^bG 宫调音阶),正、侧鼓音均为小三度关系,显然他们是无法在一起合奏的。此外,也未见演奏它们用的钟槌出土,所悬之虡上又无标音铭文,表明这些编钟也是按照某种特定的需要后加的,而非演奏之用[①]。另如山西太原赵卿墓中,19 件编钟并不采用当时常见的镈钟与钮钟搭配,而是全用编镈,但形制上又差别显著,一组 5 件,饰夔龙纹,一组 14 件(采用钮钟的数量配置),饰散虺纹,这样的组合显然不符合礼经中演奏的需要(镈钟常仅作低音部)。王子初先生即指出:"最小的几个钟,如 16、18、19 号由于音频极高,钟音过于短促,钟师未作认真的调音,钟腔内几无锉磨之迹,于口内唇完整"[②],那这些乐钟当然是无法达到乐律和谐的要求的。另有研究者从编钟铸造的角度,分 9 个方面论述了淅川徐家岭 M3 乃至整个墓地的各套编钟"不全是一次铸成的,也不是一个铸钟技师设计铸造的"[③]。由此可见葬钟的选择其实受到诸多因素的影响和制约,甚至钟型的配备也较为随意,而并不拘泥于演奏的实际要求。

既然如此,那究竟是何种因素决定了墓葬中随葬编钟的数量呢? 音律显然并非是唯一被考量的,不然曾侯乙又何需再配上顶层的一组并不使用的钮钟呢? 赵卿墓中若换作 14 件钮钟岂非更便于铸造和演奏? 因为镈钟虽然厚重精美(这恐怕是墓主人偏好镈钟随葬的重要原因之一),但多作节音之用,音低而易混,而且延时较长,音乐性能较差。河南淅川下寺 M2 中随葬"王孙诰"甬钟 26 件,M10 中随葬镈钟 8 件、钮钟 9 件,而约同时期的 M1 中仅能随葬钮钟 9 件[④],这显然体现的不仅是音律上的差别。故此,笔者以为,身份等级差异所决定的葬钟制度应是需被重新考量的重要因素。

当然,需要补充说明的是,乐随世迁,从西周至战国阶段,音律的不断扩

① 李淑芬:《由乐律看曾侯乙编钟的构成》,《音乐艺术》1999 年第 3 期。

② 山西省考古研究所等:《太原晋国赵卿墓》,北京:文物出版社,1996 年;王子初:《太原金胜村 251 号春秋大墓出土编镈的乐学研究》,《中国音乐学》1991 年第 1 期。

③ 黄克映、李应华:《淅川和尚岭、徐家岭楚墓青铜器铸造技术》,收入《淅川和尚岭与徐家岭楚墓》,郑州:大象出版社,2004 年,第 383～386 页。

④ 河南省文物研究所、河南省丹江库区考古发掘队、淅川县博物馆:《淅川下寺春秋楚墓》,北京:文物出版社,1991 年。

充、完善使得每套编钟的个体数量不断增加[1]，所以编钟之数未必尽能体现身份之差别，我们必须引入新的、与音律关联较小的变量来作为考察葬钟制度的衡量指标。从上述邵钟、子犯钟、楚公逆钟以及多友鼎（"汤钟一肆"）、洹子孟姜壶（"鼓钟一肆"）、《左传·襄公十一年》（"歌钟二肆"）等记载来看，肆堵之称，确为周人所恒用，而墓葬中所见的编钟又确实多成列摆放。信阳楚简"乐人之器"栏中所记"一肆坐栈钟，小大十又三"，"一肆坐栈磬，小大十又九"，正对应墓葬中所见的一列 13 件钮钟编列和一列 19 件编磬[2]。因此我们可以暂时取用杜预、唐兰先生关于"肆"的解释[3]，即钟列之数来考量其与身份等级间的关系。

第二节　西周时期的葬钟制度

西周早期，是礼乐制度的草创阶段。由商人编铙制度借鉴而来的成套编钟悬列方式趋于形成，并亦以 3 件拼凑成组[4]。目前最早见于陕西宝鸡強国墓地竹园沟 M7（一组 3 件，在墓内散落放置），此外像宝鸡茹家庄 M1 乙编钟、陕

---

① 陈荃有：《中国青铜乐钟研究》，上海：上海人民音乐出版社，2005 年；王清雷：《西周乐悬制度的音乐考古学研究》，北京：文物出版社，2007 年；王友华：《先秦大型组合编钟研究》，中国艺术研究院博士学位论文，2009 年；王友华：《先秦编钟研究》，南宁：广西师范大学出版社，2013 年。

② 李家浩：《信阳楚简"乐人之器"研究》，《简帛研究》第 3 辑，南宁：广西教育出版社，1998 年；范常喜：《信阳楚简"乐人之器"补释四则》，《中山大学学报（社会科学版）》2015 年第 3 期。

③ 当然关于"肆"、"堵"之意，自古以来便争论不休。郑玄指出乐悬诸面钟磬成一列摆放，通称一肆，而单架编钟、编磬则称一堵，该意见为历代经学家如江藩、孙诒让等所认可。但杜预则认为编钟一架是为一堵，而每一堵上又有两列乐钟，每列即为一肆，一肆悬钟 16 枚，唐兰先生亦基本主张此说，只是改一肆悬钟 8 枚。近人黄锡全、陈双新等先生又依据考古发现提出"肆"其实是大小相次的成组编钟的意思，一虡编钟、编磬皆可称"堵"，一堵可悬钟一层或两层，每层又可悬一肆或两肆乐钟。容庚先生则据编钟铭文将钟的全文作为一肆的标准，如克钟便是合两钟为一肆，虢叔编钟又合四钟为一肆。可参看陈双新：《编钟"肆"、"堵"问题新探》，《中国学术》2001 年第 1 期。目前来看，这些说法皆有其合理与不足之处，现有材料似乎尚不足以完全解决这一问题，亦非在本文讨论之范围内。故为论述之便，这里还是取其直观之意，将一虡编钟或编磬称为"堵"，而一堵之中的每层乐钟、石磬又简称为"肆"，每肆之内亦可能包含多组乐钟。

④ 王清雷：《西周乐悬制度的音乐考古学研究》，北京：文物出版社，2007 年；常怀颖：《论商周之际铙钟随葬》，《江汉考古》2014 年第 1 期。

西长安普渡村长甶编钟、河南平顶山魏庄编钟等皆是 3 件铜钟大小相次,成一列摆放①。此后至西周穆王前后,乐制开始突破商人旧俗,演变出 4 件成套的编钟制度,并形成宫—角—徵—羽的固定音律搭配。像山西北赵晋侯墓地 M9(未被盗扰)中所出 4 件甬钟,形制、纹饰相同,大小相次,属于一个完整的编列。其他像陕西耀县丁家沟甬钟、甲组痶钟、I 式长安马王村甬钟、安徽青阳庙前甬钟、应侯见工甬钟等均是如此配置②,昭示着西周乐制改革成果的迅速推广。

不过,在这一时期的南方随州叶家山曾国墓地 M111(曾侯犺)中,则出土了 4 件甬钟与 1 件镈钟的搭配组合,其中两件甬钟上还出现了侧鼓音的标识符号,无疑是目前所见最早的双音钟资料。而且,这 4 件甬钟还同时搭配一件饰虎形扉棱的镈钟,出土时"皆钟口朝下,一字排开",证明原是成一列悬挂的(西周时期尚未见到将乐器折曲摆放的例子),这表明南方地区已率先开始将镈钟也加入到编钟序列内③。西周中期时,据蒋定穗、王世民等先生推断,曾先后出现过 5 件、6 件成编的乐钟制度,而在山西绛县横水发掘的倗伯夫妇墓

---

① 宝鸡市博物馆编:《宝鸡强国墓地》,北京:文物出版社,1988 年;中国科学院考古研究所:《长安普渡村西周墓葬发掘记》,《考古学报》1954 年第 2 期;孙清远、廖佳行:《河南平顶山发现西周甬钟》,《考古》1988 年第 5 期;王友华:《先秦大型组合编钟研究》,中国艺术研究院博士学位论文,2009 年,第 64 页。

② 北京大学考古系、山西省考古研究所:《天马—曲村遗址晋侯墓地第五次发掘》,《文物》1995年第 7 期;呼林贵、薛东星:《耀县丁家沟出土西周窖藏青铜器》,《考古与文物》1986 年第 4 期;刘兴:《东南地区青铜器分区》,《考古与文物》1985 年第 5 期;应侯见工钟目前共见 4件,1 件藏于日本,1 件出于陕西蓝田,2 件藏于保利博物馆,参看《中国音乐文物大系》总编辑部编:《中国音乐文物大系(陕西卷、天津卷)》,郑州:大象出版社,1999 年,第 37~50 页。

③ 方勤:《叶家山 M111 号墓编钟初步研究》,《黄钟(武汉音乐学院学报)》2014 年第 1 期;方建军:《论叶家山曾国编钟及有关问题》,《中国音乐学》2015 年第 1 期。镈钟单件使用的制度早在商代晚期即多见于南方,如新干商代大墓中 1 件特镈便与 3 件编铙共出,此后镈钟逐渐北传,西周晚期时仍能见到如"克镈"一样的特镈之例。

M1、M2 中便皆随葬的是 5 件一套的编钟,钟体大小相次,似可印证这一结论[①]。可惜其乐钟是与青铜礼器散置在一起,亦未见有测音报告,故编列方式不明。不过总理这一时期的编钟资料可以发现,其共同特点是只有一列编钟随葬,且基本集中于高级贵族群体间,但其内部又并未呈现出进一步的数量差别。

至西周晚期阶段,乐钟逐渐形成 8 件成编的悬列制度,并延续至春秋初年。像陕西齐家村窖藏出土中义钟、柞钟,晋侯墓地 M64 出土楚公逆钟(6+2 拼凑)、礼县大堡子山祭祀坑 K5 出土秦公钟、虢国墓地 M2001 虢季钟,韩城梁带村 M27、M28 芮公编钟等均是拼凑 8 件成组[②],尤其是在礼县大堡子山祭祀坑 K5(春秋早期)中,另有 3 件镈钟搭配,但镈钟与甬钟仍是成一肆(列)摆放(图 3-3),而尚未出现像随后的新郑祭祀坑那样的多列陈设方式[③]。

---

① 蒋定穗:《试论陕西出土的西周钟》,《考古与文物》1984 年第 5 期,文中推断秦公钟应是 6 件成编的;王世民、蒋定穗:《最近十多年来编钟的发现与研究》,《黄钟(武汉音乐学院学报)》1999 年第 3 期;方建军:《续论秦公编钟的音阶与组合》,《交响(西安音乐学院学报)》,1992 年第 3 期;山西省考古研究所等:《山西绛县横水西周墓发掘简报》,《文物》2006 年第 8 期。另在西周晚期平顶山应国墓地 M95 中出现了 7 件一组的编钟,但其中 3 件出于填土,另 4 件置于墓底,而且除第一件 M95:1 外,其余乐钟皆是两两成组,形制、纹饰相同,所以是否属于一整套编钟暂且存疑。河南省文物研究所等:《平顶山应国墓地九十五号墓的发掘》,《华夏考古》1992 年第 3 期。1964 年发掘的长安张家坡西周晚期墓中出土 4 件叔專父盨,铭文称:"乍郑季宝钟六",1975 年发掘的西周晚期公臣簋铭文"易女马乘、钟五、金,用事",亦可为重要佐证。中国科学院考古研究所沣西考古队:《陕西长安张家坡西周墓清理简报》,《考古》1965 年第 9 期;岐山县文化馆等:《陕西省岐山县董家村西周铜器窖穴发掘简报》,《文物》1976 年第 5 期。

② 王友华:《先秦大型组合编钟研究》,表 4-1,中国艺术研究院博士学位论文,2009 年,第 110~111 页;陈双新:《两周青铜乐钟铭辞研究》,石家庄:河北大学出版社,2002 年。

③ 方建军先生认为,从音乐角度考虑,编钟与青铜礼器有所不同,它是表达音乐作品的工具,其实用性是第一位的,如西周晚期编钟都是八件组合,并未因身份地位的差异而有所改变,这可能即"礼辨异、乐统同"的意涵,参看氏著:《商周乐器文化结构与社会功能研究》,上海:上海音乐学院出版社,2006 年。不过值得指出的是,西周晚期八件组乐钟组合几乎只见于诸侯或畿内重臣墓葬,普通大夫及以下等级的贵族并不能使用,显然这一时期金石之乐就已经存在严格的等级差别,只是尚未清晰地体现在数量、种类差异上,这种区别到东周之后就开始变得日渐明确,这也是下文将要探讨的内容。

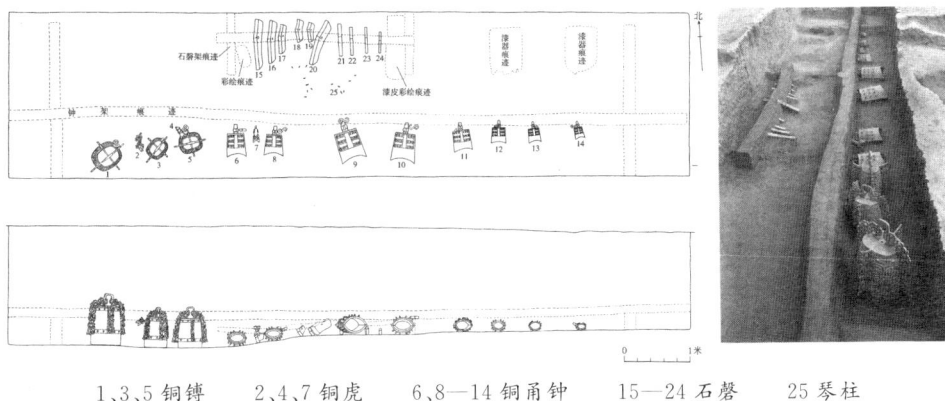

1、3、5 铜镈　　2、4、7 铜虎　　6、8—14 铜甬钟　　15—24 石磬　　25 琴柱

图 3-3　礼县大堡子山乐器坑出土编钟的摆放位置

不过,这一时期我们又注意到,一些显贵诸侯或畿内重臣(如眉县杨家村窖藏)开始突破旧制,使用了两列各 8 件的新的编列制度,这样便一共是两肆 16 件编钟。如上述厉王时期的晋侯稣编钟便是如此,只可惜墓葬被盗,其出土时的摆放位置不明[1];而在时代更晚的 M93(疑为"晋文侯")中,亦发现了 16枚甬钟,分为大小两组,出土时"大型一套 8 件,南北排列,甬均朝东,小型的一套 8 件,位置偏南,被大钟所压"(图 3-4),可见这些甬钟并非是作一列摆放而应区分为大小两肆[2];另在上村岭虢国墓地 M2009 虢仲墓中,同时随葬了甬钟8 件一套和钮钟 8 件一套,虽然暂不清楚其摆放方式,但从常理及这一时期的通例推断,应该也是需要分为两肆的吧?[3]　其实在早年发掘的 M1052 太子墓中,也同时出土了甬钟 1 件和钮钟 9 件,恐怕也是与 M2009 一样使用了类似的两肆编钟,只是不太清楚何以只存有 1 件甬钟。[4]　而在同属春秋早期的山西闻喜上郭村 M210、M211(晋国大夫级别)中,则均只有一肆钮钟 9 件,形制相

---

① 眉县杨家村窖藏出土甬钟 15 件、镈钟 3 件,15 件甬钟按音律亦分为 7 件和 8 件两组,但由于窖藏的特殊性质,使我们难以确定其是否属于特定时期某位单氏贵族一人所有,故文中未予深入的讨论。刘怀君:《眉县出土一批西周窖藏乐器》,《文博》1987 年第 2 期;晋侯稣编钟发掘资料见北京大学考古系、山西省考古研究所:《天马—曲村遗址北赵晋侯墓地第二次发掘》,《文物》1994 年第 1 期,其组成结构见注 13。

② 北京大学考古系、山西省考古研究所:《天马—曲村遗址北赵晋侯墓地第五次发掘》,《文物》1995 年第 7 期。

③ M2009 虢仲墓的发掘报告尚未公布,可参看《中国音乐文物大系》总编辑部编:《中国音乐文物大系(河南卷)》,郑州:大象出版社,1996 年,第 128 页。

④ 中国科学院考古研究所编著:《上村岭虢国墓地》,北京:科学出版社,1959 年,第 22 页。

图 3-4 晋侯墓地 M93 出土编钟的摆放位置

同、大小相次,另有晋国戎生编钟则是一肆 8 件甬钟[1]。很显然,诸侯与大夫等级之间的葬钟差别已经开始显现。

由此可以判断,从西周晚期开始,钟肆之数逐渐成为区分身份等级的又一标尺:显著诸侯及畿内重臣主要随葬两肆编钟,这两肆编钟或全用 8 件一组的甬钟,或兼用甬钟与 9 件一组的钮钟,而且这些编钟全出于墓葬之内,足证其确为一人所有,而非如窖藏一样可能存在多代累积的现象。王子初等学者曾对晋侯稣钟进行了测音,发现这两套 8+8 的编钟音高、音列基本相同(宫音高度均为 b,音律重合),可见其出现应是基于凸显身份的需要;而其它大夫等级则随葬一肆编钟,这便是最初的葬钟制度[2],但与后世所记载的乐悬制度实则相去较远。

---

① 山西省考古研究所:《1976 年闻喜上郭村周代墓葬清理记》,载山西考古研究所编:《三晋考古》(第一辑),太原:山西人民出版社,1994 年;《中国音乐文物大系》总编辑部编:《中国音乐文物大系(山西卷)》,郑州:大象出版社,2000 年,第 63、64 页。

② 乐钟制度的演变无疑是缓慢与严格的,像韩城梁带村芮国墓地 M27、M28,澄城刘家洼芮国墓地 M1 等春秋早期芮国国君墓都还只用一组 8 件甬钟,说明在当时能够使用两列乐钟的贵族,其身份是极其尊贵的。(朱国伟:《周汉音乐转型实证解析》,北京:人民音乐出版社,2019 年。)

第三节　东周时期的葬钟制度

春秋中期之后,随着钮钟的逐渐盛行,以及编镈制度的完善,新的乐钟埋葬制度进一步拓展了其等级序列,而形成三级等差,这也是应对社会等级结构不断细化的必然趋势。直至战国中期,青铜乐钟的形制、组合又再次出现了显著的变革,开启了秦汉乐制的新样态[①]。故本节主要关注春秋中期至战国中期这一乐制相对稳定阶段内的葬钟制度特点。今试依身份差别分述如下:

一、诸侯等级

曾侯乙墓(战国早期):墓中出土束腰平底升鼎9件,同时搭配8件方座铜簋,故知是9鼎8簋诸侯之制。中室有编钟一架,分作3层,上层悬挂19件钮钟,中层悬挂32件甬钟,下层悬挂13件甬钟及1件大镈钟。钟架按立脚之数恰分为3组,各组又皆有上、中、下3层,各层的编钟数量基本相当。上层钮钟实际被分隔在三个不同的小钟架内,分为6、6、7三组,但各组在音律上却是十分紊乱[②],李纯一先生指出上1组为通体光素的钮钟,音律杂乱,当是勉强拼凑而成。上2、3两组钮上饰以绚纹,与第一组不同,且音律上正相搭配,可见是将一组完整的14件编钟拆分开来的(入葬时又缺少1件)。也即是说,这19件钮钟是被临时拼凑而成且故意分为三组的[③]。中层的甬钟也恰分为三种不同的形制,中1组11件为短枚(从音律上看原也应该是12件,入葬时缺1件商角钟),中2组12件无枚,中3组9件长枚,音律上也表明是三组完整无缺的编钟。但它们之间却又有许多是重音的,如中3.1与中1.4正鼓音均为A5-32(京测),李纯一先生亦指出"中1组和中2组相比,除了少一件商角钟外,其

---

① 朱国伟:《周汉音乐转型实证解析》,北京:人民音乐出版社,2019年。

② 第一组缺少"商"、"角"音,第二组缺少"宫"、"角"音,第三组缺少"羽"音。湖北省博物馆编:《曾侯乙墓》,北京:文物出版社,1984年。

③ 李纯一:《曾侯乙墓编钟的编次和乐悬》,《音乐研究》1985年第2期。

余发音完全相同,按理说,这两组并无同悬于一架之必要"①,可见将甬钟分为上述三组也是另有目的。下层则由于楚惠王镈钟的加入而破坏了原有的音阶结构,使得"姑洗之大羽"甬钟被替换掉,而且音律上必须与中3组的长枚甬钟一起合作演奏,但在下葬时又被分别悬挂在两层不同的钟架上,同时也破坏了多件长枚甬钟的悬挂顺序②。这样看来,葬钟的选择与搭配显然和实际演奏编钟所遵循的观念、原则均是不同的,所受外部因素影响也更多,二者并不能直接等同关联。从简单的钟列之数看来,曾侯乙编钟就是一套分作三层、两面的随葬乐钟。

新郑乐器坑(春秋中期):由于新郑为郑国都城,且同地礼器坑中出土了9鼎8簋组合,故知也是如曾侯乙墓一样属诸侯等级。其中K1、K4、K5、K7、K8、K9、K14、K16之内均为镈钟4件、钮钟20件,且分作三肆排列,即镈钟一列4件、钮钟两列各10件(图3-5)③。不过由于是作祭祀之用,故音律上要求并不严格,如K7中A1与A3、A5与A7即完全是同音钟,同时许多铜钟的侧鼓音也并未做调试,侧鼓部未见一例凤鸟纹敲击标志,可见不是来满足演奏之需的④。另外在K17中仅为编镈4件、钮钟10件,分作两肆排列,礼制上正低于上述诸坑一等,但具体原因不明(K17独处一隅且附近亦无礼器坑相配,是以致祭者身份等级无从判断)。

新郑李家楼郑伯墓(春秋中期):据俞伟超先生推断,该墓亦为9鼎8簋之制⑤。由于屡遭盗掘,器物流散。靳云鹗所编《新郑古器图志》中收录镈钟4件、甬钟18件;关葆谦《郑冢古器图考》中收录镈钟4件、甬钟18件,分为甲组8件、乙组10件,但在《新郑古器图录》中又著为镈钟4件、甬钟19件,分为甲

---

① 同上注。李纯一先生根据钟虡上的悬挂痕迹推测中1.组本来应是悬挂14件钮钟的,但因空间不够,而被撤下,改上这11件形体较大的甬钟。

② 李淑芬:《由乐律看曾侯乙编钟的构成》,《音乐艺术》1999年第3期。

③ 河南省文物考古研究所:《新郑祭祀遗址》,郑州:大象出版社,2006年;新郑金城路编钟和城市信用社编钟也是如此配置,参看《中国音乐文物大系》总编辑部编:《中国音乐文物大系(河南卷)》,郑州:大象出版社,1996年。

④ 王子初:《郑国祭祀遗址出土编钟的考察和研究》,河南省文物考古研究所:《新郑祭祀遗址》附录一,郑州:大象出版社,2006年,第951~994页。

⑤ 俞伟超、高明:《周代用鼎制度研究》,《北京大学学报(哲社版)》1978年第1、2期,1979年第1期;后收入俞伟超:《先秦两汉考古学论集》,北京:文物出版社,1985年,第62~114页。

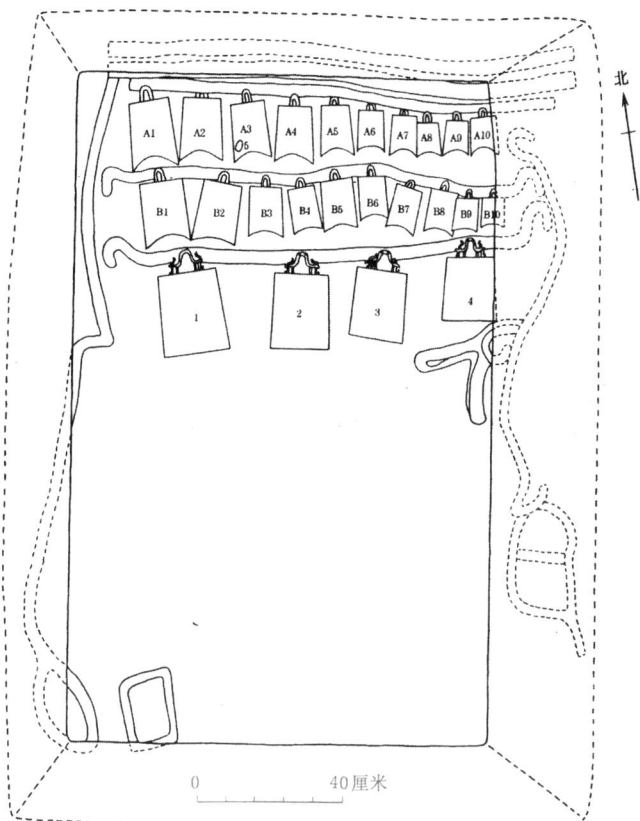

图 3-5　新郑乐器坑 M16 出土成套编钟

组 9 件、乙组 10 件；孙海波《新郑彝器》中也记为镈钟 4 件、甬钟 19 件[①]。参照新郑乐器坑可以知道，该墓也当随葬三肆铜钟，分为镈钟 4 件、甬钟两肆各 10 件（以甬代钮）。

沂水刘家店子 M1 莒国国君墓（春秋中期晚段）：乐器皆存于北库（器物

---

① 引自河南博物院、台北"国立"历史博物馆编：《新郑郑公大墓青铜器》，郑州：大象出版社，2001 年。

箱),计有甬钟9件、钮钟9件、镈钟6件①,但因被群众盗掘而出,具体摆放情况不明。从编钟类型及数量上推断,可能也是按照三肆陈列的,即每肆各悬挂一类编钟。因为在7鼎级别的莒南大店一号墓(莒国卿大夫)中,出土有9件钮钟和1件镈钟,皆放置在未被盗扰的器物箱内,其中9件钮钟成一列分布于中北部,而1件镈钟则单独位于其南侧,很显然墓主人也是意在恪守两肆葬钟之制,只是由于物用不足而导致组合残缺罢了(墓中陶列鼎7件,而铜鼎仅有2件)。大店M2被盗严重,仅余钮钟9件和编磬一套,二者并不折曲而皆沿南壁成一列摆放②。

与沂水刘家店子M1葬钟情况类似的另有沂水纪王崮春秋墓(春秋中期)。墓内随葬甬钟9件、镈钟4件、钮钟9件,无疑是组合完整且分作三列的可能性较大。但这些乐钟在下葬时皆叠置在一起,已无从稽考其原始的悬列方式了。而关于该墓墓主人的身份,虽然学界仍争说纷纭、未有定论,但从墓葬规模与分布位置看,与莒国王室的联系或许最为密切③。

叶县旧县M4:为春秋晚期早段许国国君许灵公之墓。共出土甬钟两组各10件、镈钟两组共8件(分为有脊镈4件和无脊镈4件,凑成楚制中的8件镈钟成套制度)、钮钟一组9件,已开后世双套甬(钮)钟搭配编镈、编钮(甬)之先河(如九连墩M1、天星观M2、潞城潞河M7、后川M2040、易县燕下都M16、临淄淄河店M2等)。但其在墓葬中的陈列位置较为特殊,由于乐钟皆处于墓内东北部,所以未被盗扰,可以看出其明显成三列平行布置:编号12～15、21～24、31的一组钮钟位于最东侧,镈钟5、8、11、16及12件甬钟分布于中间,而镈钟7、9、10、17及其他8件甬钟则位于其西,三肆编钟紧密排列,且北端平齐④(图3-6)。这显然不应是实际演奏时的悬列方式,但在墓中如此摆放,恐怕是

---

① 山东省文物考古研究所等:《山东沂水刘家店子春秋墓发掘简报》,《文物》1984年第9期。实际该墓所出甬钟共有19件,分为甲组夔纹9件、乙组异形夔纹7件、丙组素面2件、丁组泡形枚1件,依据春秋中晚期常见成套甬钟的数量来看,我们认为甲组9件方才是在音律上配于其他编钟的,乙、丙、丁组甬钟无论数量、音律皆不合于礼制,其来源、功用当存在多种可能。

② 山东省博物馆等:《莒南大店春秋时期莒国殉人墓》,《考古学报》1976年第3期。

③ 山东省文物考古研究所等编著:《沂水纪王崮春秋墓出土文物集萃》,北京:文物出版社,2016年。

④ 平顶山市文物管理局等:《河南叶县旧县四号春秋墓发掘简报》,《文物》2007年第9期。

为了遵守葬制的特殊规定吧？

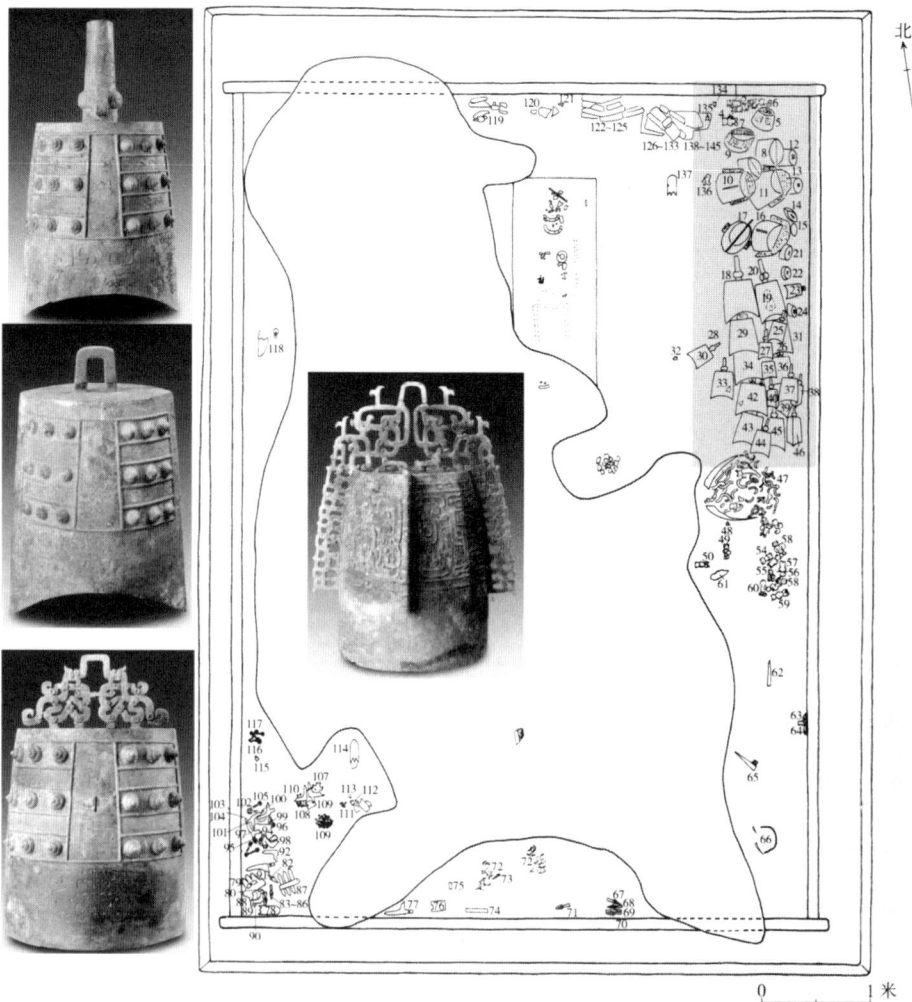

图 3-6　叶县旧县 M4 出土成套编钟

洛阳解放路战国陪葬坑[①]：由于坑中出土了附耳鼎 10 件、环耳簠 10 件，故知其身份等级之高贵。乐钟则包括镈钟 4 件、钮钟两组各 9 件，虽然未用钟虡，但在坑中摆放有序：镈钟位于西南侧呈一列分布，中间隔以一件鹿角，鹿角之东则是两列钮钟，而且这两列钮钟的大小递减次序正好相反（另见于王孙诰

---

① 洛阳市文物工作队：《洛阳解放路战国陪葬坑发掘报告》，《考古学报》2002 年第 3 期。

甬钟),应是意在表明为两肆不同的编钟。这样岂非恰好三肆之数？而且从钟体大小来看,钮钟分作两肆悬挂方能与镈钟同配于一架钟虡。

随州擂鼓墩 M2(战国中期):出土束腰平底升鼎 9 件,故知亦是曾侯级别的墓葬。但随葬的乐钟却全为甬钟,计 36 件。从其形制差别(8 件大钟、28 件小钟)及这一时期常见的乐钟搭配来看,或是希望使用 8 镈(南方楚地 8 件组镈钟最为常见,且也常摆放成 6＋2 的折曲形式)、16 甬(下葬时在墓内单独成一列放置)、12 钮(战国中期楚墓中常见,如天星观 M2,九连墩 M1、M2)的悬列方式[①],不过在随葬时全部简化为甬钟,且音律紊乱,属明器之类[②]。其在墓

图 3-7　随州擂鼓墩二号墓随葬乐钟的摆放

---

① 偏好使用甬钟应是曾国的乐制传统。随州市博物馆编著:《随州擂鼓墩二号墓》,北京:文物出版社,2008 年。从报告中图三墓葬平剖面图来看,西壁的编钟呈 2 件大甬钟在两侧、5 件小甬钟在中央的摆放形式,完全是一条直线排列而看不出上下结构。

② 许定慧等:《擂鼓墩二号墓编钟及其音率测试》,《黄钟(武汉音乐学院学报)》1988 年第 4 期。

中摆放的方式也较为特别(图 3-7):其中 29 件在椁室南部靠南壁成列式两排摆放,7 件在椁室西部沿西壁平列,故发掘者推测应是使用了曲尺形钟虡(但编磬却与南壁编钟平行放置,与曾侯乙墓不同):南面下层悬 6 件大钟,上层悬 23 件小钟,西面下层悬 2 件大钟,上层悬 5 件小钟。但是,南壁 89~94 号大钟的铣间距相加共为 181.9 厘米,而南壁的 23 件甬钟铣间距基本在 12~14 厘米之间,23 枚相加岂非达到惊人的 3 米,又如何与 6 枚大钟共存于一堵之内呢? 实际上,若细究它们的摆放位置可以发现,南壁有 16 件甬钟确是单独成列,但其他 7 件却是与镈钟同列的,且 5 件塞于 94 号大钟钟体内(节约空间),所以这显然只是墓葬内的摆放形式而绝非乐悬中的原始位置,实际演奏时当不能如此悬挂。况且该墓中并未使用钟虡,南壁与西壁的编钟之间正隔着一具殉葬棺,二者相距遥远、并不相连,又如何能视为共用一具折曲的钟虡呢?恐怕只是由于空间原因(南壁编钟、编磬已与青铜礼器相邻,而殉葬棺又占据了西南角位置)才将其中部分铜钟另置于西壁吧。所以我们只能以墓葬陈列方式来看待这些铜钟的位置,实际就是分为三列摆放的(8、16、12 三列组合),而其原始的悬挂方式显然不是如墓中所显示的这样,二者不可等同。

表 3-1　东周时期诸侯等级随葬乐钟统计简表

墓葬	年代	编钟构成			摆放方式	等级
		甬钟	钮钟	镈钟		
新郑乐器坑	春秋中期		10×2	4	上中下三列	诸侯
新郑李家楼郑伯墓	春秋中期		残 10+9	4	不明	诸侯
沂水刘家店子春秋墓	春秋中期	9	9	6	不明	诸侯
沂水纪王崮春秋墓	春秋中期	9	9	4	不明	诸侯?
山东长清仙人台 M6	春秋中期	5+6	9		钮钟一列,甬钟套置	诸侯
随州汉东路曾侯得墓	春秋中期	8+8		4	推测为三列	诸侯
叶县旧县 M4	春秋晚期	10+10	9	4+4	三列无钟架	诸侯
寿县蔡侯墓	春秋晚期	12	9	8	疑为三列	诸侯
曾侯乙墓	战国初年	32	19	1	三层,三面曲尺形	诸侯
洛阳解放路陪葬坑	战国中期		9+9	4	三列放置	不明
随州擂鼓墩 M2	战国中期	36			南壁两列西壁一列	诸侯

注:新见春秋中期曾侯得编钟 4 镈、16 甬及曾公田求歌钟 4 镈、16 甬也应该均是三列组合。

　　综观上述三肆编钟之例(另有安徽寿县蔡侯墓编钟亦是一堵三肆之制,可参看下文所述),若严格按照音律要求,当为镈钟、甬钟与钮钟各占一肆,这样即是乐悬中"一堵"的常制,以便在通常情况下演奏出低、中、高三段音阶。故《左传·襄公十一年》载:"郑人赂晋侯,以……歌钟二肆,及其镈磬",襄公十一年为562BC,歌钟二肆加上镈钟一肆,正合于春秋中期的诸侯之制,即一堵乐钟取三肆之数。而晋侯亦仅赏赐魏绛两肆的乐钟(歌钟一肆、编镈一肆),遵循的便是公卿之制(详下文)。但墓中随葬的乐钟却显然较为随意,钟体形制、数量全不固定,而只是空具三肆陈列的形式。而且有时为了刻意达到这种三肆编钟的安排,而故意将原有的组合形态打乱,如擂鼓墩 M2、叶县旧县 M4 便是如此,所以我们便要严格地区分乐悬方式与葬钟陈列方式之间的差异,不能简单依据墓中的位置来复原其在宗庙、殿堂演奏时的悬挂次序。

战国中期之后,乐制日趋混乱,随葬乐钟的面貌也随之多样化,既有如长治分水岭 M25、临淄淄河店 M2、涉县北关 M1 等随葬三类乐钟的,也有如洛阳金村大墓、涪陵小田溪墓等仅随葬一类乐钟的,那自然不能再以传统的葬钟制度来看待了。

二、公卿等级

公卿级别的编钟之例首先可举晋国子犯编钟,器主或为春秋中期晋文公之舅狐偃,官居晋国"上军佐"。据传该钟是 1992 年出土于山西闻喜一带古墓中,器铭称"用为和钟九堵",可知铸造数量之巨。但现存的仅有 16 件,其中 12 件藏台北故宫博物院,4 件藏陈鸿荣先生处,从器形、铭文及测音结果看,应是两肆甬钟各 8 件[①]。所以我们怀疑,这批铜钟在被放入墓葬时,只选用了其中的两肆,以吻合葬制及音律上的要求。不过相较于两周之际而言,两列乐钟的葬制显然在向社会下一等级"下移"。这一推断又可以得到其他诸多实例的佐证。

如春秋晚期早段的河南淅川下寺 M2 楚令尹蒍子冯墓中(7 鼎级别),共出土 26 件王孙诰甬钟[②],显然不符合于这一时期的常见乐制(通常应有镈钟、钮钟),且其中 8 件甬钟未经任何调试,是无法演奏的。若依楚地常见音律搭配

---

① 张光远:《故宫新藏春秋晋文称霸"子犯和钟"初释》,台湾《故宫文物月刊》1995 年第 4 期;李学勤:《补论子犯编钟》,《中国文物报》1995 年 5 月 28 日;裘锡圭:《关于子犯编钟的排次及其它问题》,《中国文物报》1995 年 10 月 8 日;张光远:《春秋中期晋国子犯和钟的新证、测音与校释》,台湾《故宫文物月刊》2000 年第 206 期;方建军:《子犯编钟音列组合新说》,《交响(西安音乐学院学报)》2011 年第 1 期。

② 河南省文物研究所等:《淅川下寺春秋楚墓》,北京:文物出版社,1991 年。

来推断,或是希望使用镈钟8件、钮(甬)钟两组各9件的乐悬编列。邵晓洁即根据甬钟的铭文、形制、纹饰、正鼓音音高分析,认为王孙诰编钟下层8件大钟为一组,上层为两组,每组9件[①]。王友华对于音列的再次分析亦支持了这一推论[②]。但其在墓中的陈放方式却较为特殊,赵世纲先生依据实际出土情况指出"大钟8枚自西向东一字排开……小钟18枚,散落于大钟之上或其前后,大致也作一字排列,其大小排列次序和翻倒方向恰和前述八枚大钟相反……依此推知钟架当为两层"[③],也就是说这些甬钟是分作两肆被放入墓中的,遵循的是两肆葬钟之制(图3-8)。我们今天所见到的复原方案遵循的也是这一原则。

处于同一墓地的M10(春秋晚期,5鼎大夫级别)中也出土有8件镈钟、9件钮钟的搭配,而且钟架痕迹尚存。其中8件镈钟处于椁室最东端,是从大到小、由北向南呈一条直线排列,钟钮位置上存在一条南北向的彩绘痕迹,上面绘有山

图 3-8　淅川下寺 M2 出土王孙诰编钟

① 邵晓洁:《楚钟研究》,中国艺术研究院博士学位论文,2008年,第75、113页;2010年由人民音乐出版社出版。
② 王友华:《先秦大型组合编钟研究》,中国艺术研究院博士学位论文,2009年,第196页。
③ 赵世纲:《淅川下寺春秋楚墓出土编钟的音高与音律》,收入河南省文物研究所等:《淅川下寺春秋楚墓》附录十,北京:文物出版社,1991年,第426页。

字形云纹,故知是钟架无疑。钮钟则位于镈钟西部,上面也有一条与镈钟彩绘横梁长短一样并相平行的彩绘痕迹,由此可以推断,这些编钟正是分作两肆悬挂陈列的(图3-9)。但在出土两件升鼎的下寺M1(令尹夫人)中则仅有钮钟一肆9件(敬事天王钟)[①],不过铭文中人名皆被铲去,说明原钟并非墓主所有。

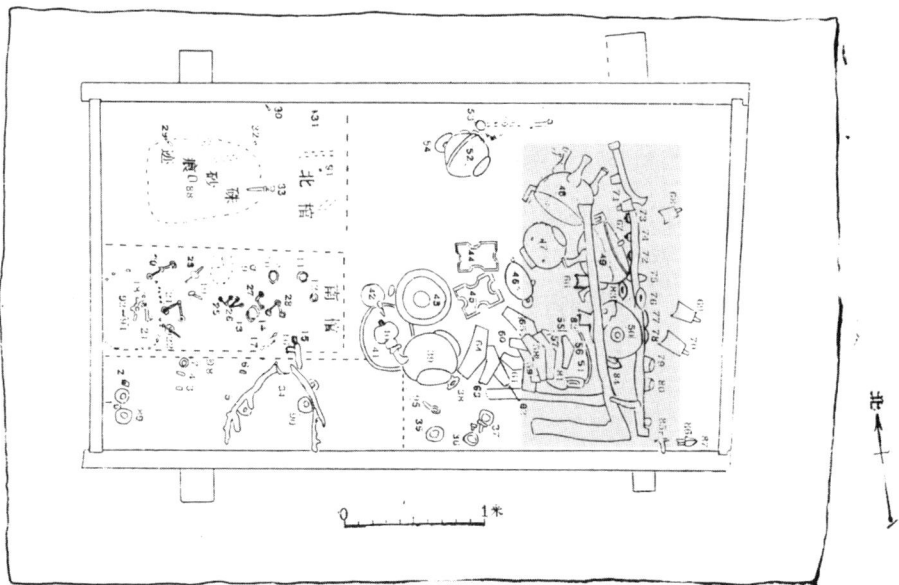

图3-9 淅川下寺M10出土编钟的摆放位置

淅川徐家岭、和尚岭墓地同为楚国薳氏家族墓地。其中和尚岭M2春秋晚期薳子辛(夫人?)墓中残存拼凑而成的铜鼎7件(5+2组合),以及钮钟9件、镈钟8件。从出土情况可以看出,这些铜钟"在随葬时均悬挂在木质的钟架上,钮钟在上,镈钟在下"。徐家岭M10(战国初年)中随葬升鼎5件,以及钮钟9件、镈钟8件,钮钟皆置于墓内东南角,成一列分布,镈钟则位于其前方,其中6件成一列平行分布,而另有2件较大者成90度置于东侧(图3-10),所以也应是分为两肆摆放的。徐家岭M3(战国初年)薳子孟升嬭墓已被盗扰,残存升鼎4件,故也当是大夫等级。乐钟保存完好,亦为镈钟8件、钮钟9件(5

---

① 该墓随葬箍口鼎4件,河南省文物研究所等:《淅川下寺春秋楚墓》,北京:文物出版社,1991年,第249页。该墓所出钮钟上铭文数量不等,多者一钟铸49字,少者一钟铸3字,且从铭文读序看,其间似缺钟较多,发掘报告推测该组钮钟原始之数应在12件以上,但在下葬时仅依音律要求选择了9件,这亦符合前文提及的铸造之钟与埋葬之钟的区别。

件未经调音,非演奏之用),其出土时正作两肆排列,钮钟在南侧,镈钟在北侧平行分布,且未见折曲现象,是以可推知和尚岭 M2 与徐家岭 M10 中两件最大的镈钟另置于一侧的做法仅是由于空间受限或故意拆分所致,而且徐家岭 M10 中编钟木架座仅见 2 个(编号 66、67),恰处于墓室南部成排钮钟、镈钟的两侧[①],说明其就是按照一虡钟架下葬的,并未将其折曲(否则在编号 8、9 两件镈钟的北侧当另有一具木架座)。

图 3-10　淅川徐家岭 M10 出土编钟的摆放位置

河南固始侯古堆一号墓(春战之际)的墓主有勾吴夫人和楚潘氏贵族两说[②]。但实际上墓中随葬的 9 件铜鼎是由不同形制拼凑而成的[③],而乐钟也仅

---

① 河南省文物考古研究所等:《淅川和尚岭与徐家岭楚墓》,郑州:大象出版社,2004 年。

② 欧谭生:《豫南考古新发现的重要意义——兼论吴太子夫差夫人墓》,《中原文物》1981 年特刊;王恩田:《河南固始"勾吴夫人墓"——兼论番国地理位置及吴伐楚路线》,《中原文物》1985 年第 2 期;欧谭生:《固始侯古堆吴太子夫差夫人墓的吴文化因素》,《中原文物》1991 年第 4 期;河南省文物考古研究所编著:《固始侯古堆一号墓》,郑州:大象出版社,2004 年;赵世纲先生则认为是阖闾的夫人,参见《固始侯古堆一号墓》附录四:《固始侯古堆出土乐器研究》,郑州:大象出版社,2004 年,第 125～133 页;徐少华先生近来指出其应是夫差之兄、阖闾太子终累的夫人,参见徐少华:《固始侯古堆一号墓的年代及其相关问题》,《楚文化研究论集》(第七集),长沙:岳麓书社,2007 年,第 306～319 页。

③ 张闻捷:《固始侯古堆一号墓的年代与墓主》,《华夏考古》2015 年第 2 期。

见镈钟 8 件、钮钟 9 件(第 4 号镈钟未经任何锉磨,音律偏差较大,无法合奏,说明是拼凑而成),与上述虋氏家族中的 5 鼎贵族相当。这些铜钟皆被置于陪葬坑的东南隅(未被盗扰),"呈东西相并排列⋯⋯铜镈钟 8 枚,靠南壁 6 枚,另外最大的两枚放在东壁与南壁的拐角处⋯⋯铜编钟 9 枚,置于编镈的北侧,东西排列在一条线上",同时钟架痕迹尚存,正为两条平行的彩绘横梁(编号 18-1、18-2),且 18-1 横梁上的长方形孔皆与钮钟相对,说明其正是悬挂这些钮钟的,那么 18-2 自然配属于镈钟编列,钟架座也仅有两个(编号 18-3、18-4),分布于南侧两列编钟的两端[①](图 3-11)。由此可见其排列方式与上述和尚岭 M2、徐家岭 M10 完全一样,是作一虡两肆布置,虽然最大的两件镈钟方向、位置不同,但并不能表明其使用了折曲钟虡,只是在下葬时被刻意取下如是放置。

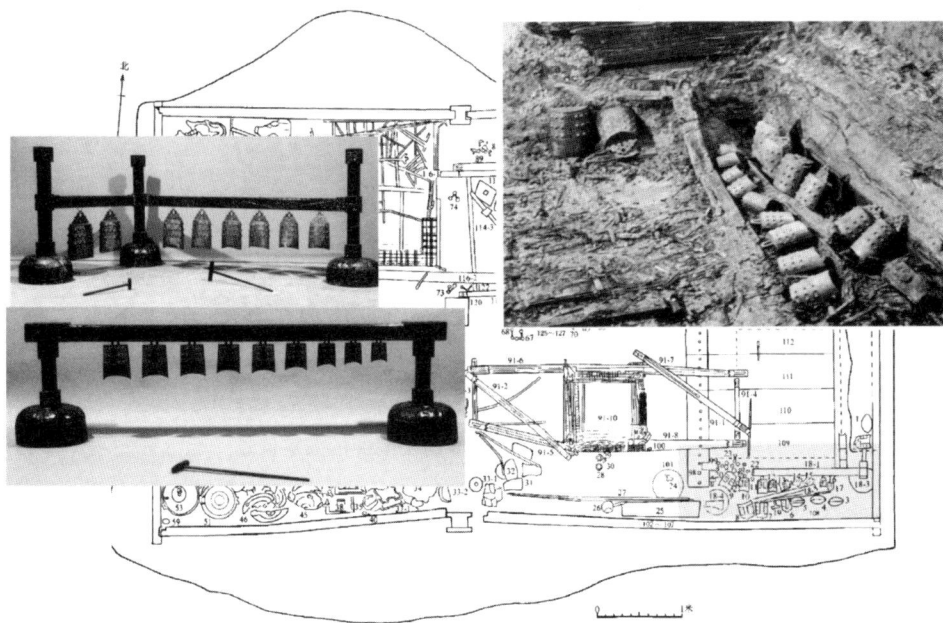

图 3-11 固始侯古堆一号墓出土编钟的摆放位置

湖北枣阳九连墩 M1 为战国中期楚国高级贵族墓葬(升鼎 5 件、卧牛钮子口鼎 7 件),据发掘者王红星先生介绍,北室出土编钟 34 件,"有上、下两层,下层甬钟一组 12 件,上层钮钟二组各 11 件",可见也是遵循两肆葬钟之制[②]。而

① 河南省文物考古研究所等:《固始侯古堆一号墓》,郑州:大象出版社,2004 年,第 48 页。
② 湖北省博物馆编:《九连墩——长江中游的楚国贵族大墓》,北京:文物出版社,2007 年,第 19 页。

且其下层所用 12 件甬钟成编的悬列方式亦可进一步提示我们,在安徽寿县蔡侯墓(春秋晚期晚段)中,共出土 12 件甬钟、8 件镈钟、9 件钮钟,未用钟虡,所以悬挂方式不明①。但若是 12 件甬钟恰好成一肆排列的话(曾侯乙墓编钟中 2 组甬钟也是如此编列),岂非正是诸侯等级的三肆乐钟葬制?

　　湖北荆州天星观二号墓为战国中期楚邸阳君潘乘夫人之墓,封君级别,东室出土乐钟 34 件,其中钮钟两组各 12 件、镈钟 10 件,分作两肆悬挂于一具钟虡之上。钟架尚存(M2:42),漆木质,单面双层,通高 123.5、通长 360 厘米,未见折曲(图 3-12)。对其测音结果表明,两组钮钟正鼓音音列采用"咬合式衔接法",形成带有"商角"、"羽曾"、"商曾"等偏音的七声音列,使得编钟音域得到进一步拓宽,这种做法在战国早中期也是十分普遍的现象。不过在墓葬内为了节约空间,除少量小件钮钟悬挂在拆散的钟架横梁上,其余大多数钮钟被集中堆放在东室南部。天星观 M1 虽盗扰严重,乐钟多不存,但漆木钟架仍在,由上下横梁、五根立柱、两个木墩(钟架)榫接而成,可知也是一件直线式的两肆编钟,未见折曲②。

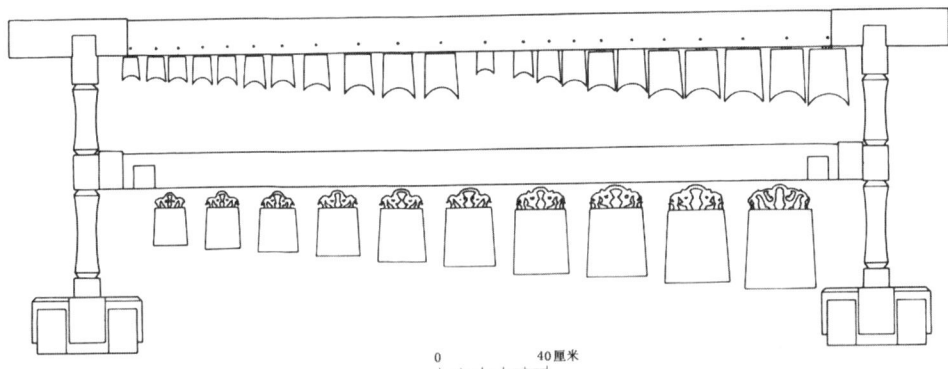

图 3-12　荆州天星观 M2 出土成套编钟

　　再来看北方地区。由于木质文物难以保存,这一区域的贵族多将编钟从钟虡上拆下,叠置或套置随葬,所以我们仅能依据乐钟的种类、音律,并对比同时期常见的乐悬组合来判断其钟列之数。不过从目前保存完好的乐钟编列来看,除去下寺 M2、擂鼓墩 M2、太原赵卿墓等全用一类乐钟的情况以及曾侯乙

<hr>

① 安徽省文物管理委员会等:《寿县蔡侯墓出土遗物》,北京:科学出版社,1956 年。

② 湖北省荆州地区博物馆:《江陵天星观 1 号楚墓》,《考古学报》1982 年第 1 期;湖北省荆州博物馆:《荆州天星观二号楚墓》,北京:文物出版社,2003 年。

墓中杂配一件楚王镈钟的特例外，凡随葬镈钟、甬钟与钮钟三类者，无不是分肆悬挂的，这一原则也对我们的判断有极好的辅助作用。

如山西太原金胜村 M251 赵卿墓（7 鼎），已如前文所述，分别使用了夔龙纹镈钟 5 件和散虺纹镈钟 14 件，出土时皆叠置在一起。从常见乐钟组合来看，散虺纹镈钟 14 件恐怕是参照了战国时期的钮钟之制（详后文），故这 19 件镈钟当是分作两肆悬挂的[1]。另一个可兹佐证的材料是在战国初年的河南汲县山彪镇一号墓（5 鼎级别）中[2]，也恰出土了镈钟 14 件，分为两型，较大者 5 件、较小者 9 件（当是参照此时甬钟或钮钟之制），与赵卿墓中的乐钟情况颇为相近。而根据郭宝钧先生所提供的墓葬平面草图来看，这些乐钟正分作两肆排列，较大的 5 件在墓内西南角，而较小的 9 件则在其东南侧另成一列分布。在一个礼乐传统如此悠久的地区，很难设想赵卿墓的墓主（赵简子或赵襄子）仅是由于财力不足或不谙音律的原因而无法使用如郑伯墓、许灵公墓、蔡昭侯墓等一样的三肆铜钟，况且其用鼎之数又是如此规范、严谨，所以随葬两肆乐钟的举措，岂不正说明葬钟制度的约束力？

山西长治分水岭 M269、M270 均为春秋中期 5 鼎贵族墓葬，其中 M269 出土甬钟 9 件、钮钟 9 件，应以两肆悬挂较为合理。但在埋葬时却并未使用钟虡，而是将钟、磬等乐器全部沿着西壁排列，不过甬钟是成一列分布，而钮钟却又并作两排，显然这不可能是其正常的悬挂状态，而只是放入墓葬时的权宜之法。M270 出土 8 件甬钟、9 件钮钟，似也应为两肆乐钟，但同样未用钟虡随葬，故具体悬挂方式不明[3]。

山西侯马上马村 M5218 为春秋晚期 5 鼎贵族墓葬，出土镈钟 13 件，分为兽形钮 4 件（明器）和环形钮 9 件（以镈代钮），未用钟虡，与编磬及其他青铜礼器一起叠放在墓室西侧[4]，从乐钟类型推测本为两肆悬挂的。此外像春秋晚

---

[1] 王子初先生进一步指出，赵卿墓两肆编钟与一肆编磬当构成三面轩悬之制，这种推断或许是正确的，但从葬钟的陈列方式上尚得不到佐证，而且与本文结论并不冲突，故暂不做讨论。王子初：《太原晋国赵卿墓铜编镈和石编磬研究》，载《太原晋国赵卿墓》，北京：文物出版社，1996 年，第 337～339 页。

[2] 郭宝钧：《山彪镇与琉璃阁》，北京：科学出版社，1959 年，第 46～47 页。关于汲县山彪镇一号墓的年代及国别历来争议较大，高明先生考证为魏国大将魏襄子，可参看高明：《略论汲县山彪镇一号墓的年代》，《考古》1962 年第 4 期。陈昭容《论山彪镇一号墓的年代及国别》对诸家意见有较好的梳理，《中原文物》2008 年第 3 期。

[3] 山西省考古研究所等：《长治分水岭东周墓地》，北京：文物出版社，2010 年。

[4] 山西省考古研究所：《上马墓地》，北京：文物出版社，1994 年，第 192 页。

期的临猗程村 M2(5 鼎,被盗后收回镈钟 4 件、钮钟 9 件)、战国中期的长治分水岭 M14(残存 8 钮、1 甬)[①]、山东滕州庄里西村编钟(4 镈、9 钮)、阳信西北村编钟(5 镈、9 钮)、诸城臧家庄编钟(7 镈、9 钮)、章丘女郎山东周墓(5 镈、7 钮)、临沂凤凰岭东周墓(9 钮成一列摆放,体型较大的 9 镈则以大套小的形式另置于钮钟西侧,当为节约空间之用)、江苏六合程桥 M2(5 镈、7 甬)、丹徒北山顶春秋墓(5 镈、7 钮)、安徽凤阳卞庄一号墓(5 镈、9 钮)、河北涉县北关 M1 编钟(4 镈、16 甬)等[②]也皆可归入这一等级之中。至于像春秋时期山东海阳嘴子前 M1(2 镈、5 甬)、M4(7 甬、2 钮),春战之际的广东清远马头岗 M1(6 甬、1 钲)、M2(7 甬),广东罗定南门峒 M1(6 甬、1 钲)等墓葬[③],由于地属偏远,编钟音列不全,故不予讨论。参看统计总表如下:

表 3-2　东周时期公卿等级随葬乐钟统计简表

墓葬	年代	编钟构成			摆放方式	等级
		甬钟	钮钟	镈钟		
子犯编钟	春秋中期	16			不明	晋国狐偃
下寺 M2	春秋中晚期	26			两列大小反向摆放	楚令尹
下寺 M10	春秋晚期		9	8	两列直线摆放	5 鼎级别
淅川和尚岭 M2	春秋晚期		9	8	三面曲尺形	蒍子辛夫人
淅川徐家岭 M10	战国初年		9	8	两面曲尺形	5 鼎级别
固始侯古堆一号墓	春战之际		9	8	两面曲尺形	不明
枣阳九连墩 M1	战国中期	12	11×2		钟架分上下两列	楚国 5 鼎

① 赵慧民等:《山西临猗县程村两座东周墓》,《考古》1991 年第 11 期;山西省考古研究所等:《长治分水岭东周墓地》,北京:文物出版社,2010 年,第 246 页。

② 《中国音乐文物大系》总编辑部编:《中国音乐文物大系(山东卷)》,郑州:大象出版社,2001 年;山东省兖石铁路文物考古工作队:《临沂凤凰岭东周墓》,济南:齐鲁书社,1987 年;江苏省文物管理委员会等:《江苏六合程桥东周墓》,《考古》1965 年第 3 期;江苏省丹徒考古队:《江苏丹徒北山顶春秋墓发掘报告》,《东南文化》1988 年第 3、4 期合刊;安徽省文物考古研究所等:《安徽凤阳卞庄一号春秋墓发掘简报》,《文物》2009 年第 8 期;《中国音乐文物大系》总编辑部编:《中国音乐文物大系 Ⅱ(河北卷)》,郑州:大象出版社,2008 年,第 9、20 页。

③ 海阳县博物馆等:《山东海阳嘴子前春秋墓出土铜器》,《文物》1985 年第 3 期;广东省文物管理委员会:《广东清远发现周代青铜器》,《考古》1963 年第 2 期;广东省文物管理委员会:《广东清远的东周墓葬》,《考古》1964 年第 3 期;广东省博物馆:《广东罗定出土一批战国青铜器》,《考古》1983 年第 1 期。

续表

墓葬	年代	编钟构成			摆放方式	等级
		甬钟	钮钟	镈钟		
荆州天星观 M1	战国中期	被盗	被盗	被盗	钟架分上下两列	封君
荆州天星观 M2	战国中期		12×2	10	钟架分上下两列	M1 夫人
太原金胜村赵卿墓	春战之际			14+5	无钟虡,叠置	赵卿
汲县山彪镇 M1	战国初年			9+5	两列摆放	魏襄子
长治分水岭 M269	春秋中期	9	9		甬钟一列钮钟两排	5 鼎
长治分水岭 M270	春秋中期	8	9		无钟虡,叠置	5 鼎
侯马上马村 M5218	春秋晚期		9	4	无钟虡,叠置	5 鼎
临沂凤凰岭东周墓	春秋晚期		9	9	钮钟一列镈钟套置	不明
凤阳卞庄一号墓	春秋晚期		9	5	镈钟一列,钮钟不明	钟离季子康
江苏丹徒北山顶墓	春秋晚期		7	5	无钟虡,叠置	吴贵族
河北涉县北关编钟	战国早期	8+8		4	被盗不明	不明

注:此等级墓葬三类编钟通常缺少一类。

三、其他大夫等级

山东蓬莱柳格庄 M6 为春秋中期的贵族墓葬[1],虽然青铜礼器被盗严重,但乐钟保存完好,计有钮钟 9 件,自西向东成一列分布于北侧二层台上。尤为难得的是,钟虡痕迹仍在,高约 75 厘米,两端双立柱,立柱底部"山"字形座。横梁左端龙头形,总长约 1.8 米,髹红漆,上绘黑色曲尺纹。据此可知东周时期确有一肆编钟的悬挂之制。

类似的单套编钟还有多例。另如山东郯城二中 M1 战国墓,残存陶鼎 6 件、铜鼎 1 件,乐钟则为钮钟 8 件,在墓中成一列摆放[2];山西侯马上马村 M13 为春秋中期 5 鼎(拼凑而成)贵族墓葬,出土钮钟一套 9 件,亦当作一肆悬挂[3];上马村 M1004 为春秋晚期 5 鼎贵族墓葬,出土双兽钮镈钟一套 9 件(以镈代

---

① 烟台市文物管理委员会:《山东蓬莱县柳格庄墓群发掘简报》,《考古》1990 年第 9 期。
② 刘一俊、冯沂:《山东郯城县二中战国墓的清理》,《考古》1996 年第 3 期。
③ 山西省文物管理委员会侯马工作站:《山西侯马上马村东周墓葬》,《考古》1963 年第 5 期。

钮),成一列置于棺椁南部;临猗程村 M1 亦是 5 鼎级别(春秋晚期,被盗后追回 4 鼎),残存钮钟一套 8 件①;山西万荣庙前战国墓为战国中期 5 鼎贵族墓葬(列鼎 5 件),出土钮钟一套 9 件,未用钟虡,以大套小集中放置于墓内西北角②;洛阳体育场路西 M8836 为春秋晚期 5 鼎贵族墓葬,出土钮钟一套 9 件,在墓中成一列分布③。从这些墓例可以看出,使用一肆编钟随葬的仍多为 5 鼎大夫级别,并以中原、山东地区居多,故文中称之为"一般大夫阶层"。

据《孟子》记载,东周之世贵族爵禄进一步分化,"公、侯、伯、子、男五等通于天下,君、卿、大夫、上士、中士、下士六等施于国中",而《左传·成公三年》则云:"小国之卿当大国之下卿,中当其上大夫,下当其下大夫",《荀子·大略》又有:"上大夫、中大夫、下大夫,吉事尚尊,丧事尚亲",《韩非子·外储说左下》:"晋国之法,上大夫二舆二乘,中大夫二舆一乘,下大夫专乘"等,这些记载皆表明东周时期大夫、士阶层又有了上、中、下之别,而从葬钟制度的差异上亦可一窥端倪,迄今未见 7 鼎贵族者使用一肆编钟,而 5 鼎贵族中使用两肆编钟者也多墓葬规模较大、随葬器物繁多,只是目前单纯依靠随葬乐钟的列数尚不足以完全清晰地展现出这些社会等级间的区别罢了(当然在东周时期广袤的地域范围内葬钟制度也不可能被同等严格地执行)。虽然有如安徽蚌埠钟离君柏墓(春秋晚期 5 鼎诸侯级别,钮钟一套 9 件)、山东长清仙人台 M5(春秋中期寺国 3 鼎贵族,钮钟一套 9 件)等墓例未必属于大夫等级却也使用一肆葬钟,但因其处在礼制核心区外且乐制紊乱④,似可不必过于苛求,而在中原、齐鲁与南方楚地,至今未见 3 鼎以下的士一等级使用编钟的现象。

---

① 山西省考古研究所:《上马墓地》,北京:文物出版社,1994 年,第 192 页;赵慧民等:《山西临猗县程村两座东周墓》,《考古》1991 年第 11 期;山西省考古研究所等:《长治分水岭东周墓地》,北京:文物出版社,2010 年,第 246 页。

② 杨富斗:《山西万荣县庙前村的战国墓》,《文物》1958 年第 12 期。

③ 洛阳市文物工作队编著:《洛阳体育场路西东周墓发掘报告》,北京:文物出版社,2011 年,第 62 页。

④ 安徽省文物考古研究所等:《春秋钟离君柏墓发掘报告》,《考古学报》2013 年第 2 期,不过上举卞庄一号墓墓主即柏的少子康,以及凤阳大东关 M1 钟离国贵族墓却都随葬的是两肆编钟。山东大学历史文化学院考古系:《长清仙人台五号墓发掘简报》,《文物》1998 年第 9 期,但该墓墓主很可能是嫁于寺国国君的夫人。而春秋早期的长清仙人台 M6 寺国国君墓则随葬甬钟 11 件、钮钟 9 件,11 件甬钟从形制上又分为平底枚 5 件和尖顶枚 6 件,似遵循三肆钟之数,但具体悬挂方式不明。出土时皆位于南边箱内,钮钟成一列摆放,而甬钟则以大套小分三列摆放,编磬又另成两列,显系依据墓葬空间调整位置所致。参看山东大学历史文化学院考古系:《山东长清县仙人台周代墓地》,图 10,《考古》1998 年第 9 期。

表 3-3　东周时期一般大夫等级随葬乐钟统计简表

墓葬	年代	编钟构成			摆放方式	等级
		甬钟	钮钟	镈钟		
枣阳郭家庙 M30	春秋早期		10		一列摆放	大夫
山东蓬莱柳各庄 M6	春秋中期		9		一列悬挂	不明
山东郯城二中 M1	战国早期		8		一列摆放	不明
诸城都吉台墓	春秋晚期		9		不明	不明
临淄大夫观墓	战国早期	8			一列摆放	大夫等级
侯马上马 M13	春秋晚期		9		一列摆放	5 鼎级别
临猗程村 M1	春秋晚期		8		被盗不明	5 鼎级别
淇县宋庄 M4	春秋晚期		8		一列摆放	大夫
山西屯留车王沟墓	春战之际		9		一列摆放	不明
洛阳 M8836	春秋晚期		9		一列摆放	5 鼎级别
太原金胜村 M88	战国早期		9		一列摆放	大夫
浏阳纸背村墓	战国早期		9		一列摆放	不明
莒南大店 M2	春秋晚期		9		一列摆放	莒大夫
万荣庙前战国墓	战国中期		9		以大套小	5 鼎级别
下寺 M1	春秋晚期		9		折曲摆放	令尹夫人
安徽蚌埠双墩 M1	春秋晚期		9		与编磬 90 度折曲	钟离君
山东长清仙人台 M5	春秋中期		9		未刊不明	3 鼎级别

　　但这显然又与《周礼·春官·小胥》篇中所载"士特悬"的制度不相吻合。实际上,在周代文献中,关于士一等级是否能够使用乐悬本就存在争议,如《礼记·曲礼下》:"君无故玉不去身,大夫无故不彻悬,士无故不彻琴瑟",《礼记·丧大记》:"疾病,外内皆埽。君大夫彻悬,士去琴瑟"。这些记载均表明士一等级仅能使用琴瑟而不能陈设乐悬(清儒孙诒让早已提出此说),所以在这一点上,我们还是当以考古资料为准绳,《周礼》一书本为战国儒生托古之作,其中不免掺杂了若干理想化的因素。

　　战国中期之后,礼乐崩坏,传统的乐钟埋葬制度亦渐趋紊乱,这具体表现在两个层面:其一,即是僭越成风,一些公卿勋贵亦开始随葬三肆乐钟。如战国晚期的河北易县燕下都 M16(燕国高级贵族,9 鼎)中,随葬镈钟 10 件(分为

4、6两组)、甬钟16件(分两组)、钮钟9件,皆为陶制明器[①]。从同时期的天星观二号墓、九连墩M1等乐钟悬挂方式来看,两组16件甬钟当悬于一肆,故共为三肆之数;山东临淄淄河店M2(战国中期7鼎贵族)随葬镈钟8件(分两型各4件)、甬钟2组共16件、铜钮钟10件[②],所以也是三肆编钟(另配有三套石磬)。而刻意拼凑出南方地区常见的8镈组合,则显示了战国中后期齐、楚文化间的交流影响。山西潞城潞河M7(战国中期5鼎级别)随葬镈钟4件、甬钟16件(分2组)、钮钟8件[③],显然亦是三肆之数。从这些墓例可以看出,战国中期后南北地域均流行使用一组两套各8件的甬钟,而钮钟之数则有8件、9件、10件等不同数量搭配,同时南方地区又见到如九连墩M1使用钮钟11件、天星观M2使用钮钟12件的现象,可知乐制上是较为随意和混乱的(春秋至战国初期基本是9件钮钟成套)。另值得注意的是,在战国中期的河南陕县后川M2040(7鼎)中,出土陶甬钟16件(分为2组)、镈钟9件、钮钟9件,但又有大型的甬钟4件,器形远大于其他编钟[④],遵循的应是北方地区传统的4件镈钟之制。类似的现象也见于春秋晚期9鼎级别的河南辉县琉璃阁甲墓中(特镈4件、镈钟9件、甬钟8件、钮钟9件)[⑤],可见是兼用了南、北方不同的编镈使用制度(北方多以4件成组,南方以8件成编),但二者在音律上如何共存及其编列方式是否以及如何共悬于一虡,由于缺乏详尽的测音报告和实际悬挂之例,所以暂且存疑。

其二,则是乐钟使用的简化,一些高等级贵族仅随葬13件或14件一组的钮钟,而不再搭配镈钟、甬钟,且常制成不可演奏的明器样式。如战国中期河南信阳长台关M1、M2中(7鼎封君级别),就随葬的皆是13件一组的钮钟(M1为铜质,M2为木质),悬于一簴钟架之上(图3-13)。且M1遣策中(简2-018)正记为"乐人之器,一槃程首钟,小大十又三",可知并无缺失[⑥];此外像河南上蔡砖瓦厂楚墓(封君级别,13件钮钟)、山东临淄商王村M2(14件钮钟)、河北平山M1战国中山王墓(7鼎,西库内出土一组14件钮钟)、四川涪陵小田

---

①　河北省文物局文物工作队:《河北易县燕下都第十六号墓发掘》,《考古学报》1965年第2期。

②　山东省文物考古研究所:《临淄齐墓》,北京:文物出版社,2007年,第322页。

③　山西省考古研究所等:《山西省潞城县潞河战国墓》,《文物》1986年第6期。

④　中国社会科学院考古研究所:《陕县东周秦汉墓》,北京:科学出版社,1994年。

⑤　河南省博物馆、台北"国立"历史博物馆编:《琉璃阁甲、乙二墓》,郑州:大象出版社,2003年。

⑥　从音律的角度看尚缺少一钟,说明原有完整编列应为14件,但下葬时不知何故减少了1件。河南省文物研究所:《信阳楚墓》,北京:文物出版社,1986年。

溪战国墓(14 件钮钟)、传世屬羌钟(14 件钮钟)等莫不如此[①]。这显然又是一种全新的乐钟埋葬方式,是战国时期新、旧礼制更替的反映之一。

图 3-13　信阳长台关 M1 出土编钮钟

小　结

综上所述,通过对两周时期随葬乐钟资料的梳理,我们注意到:墓葬中所见的乐钟与墓主人生前演奏时的乐悬无论在组合、音列及陈设方式上都是并不相同的。礼经中的乐悬有多面多堵之制,并依身份等级降差;而葬钟则几乎只见"一堵"陈列,并依身份等级有三肆、两肆、一肆的差别(但各肆编钟之数又因时代而不同),故此应归入"葬钟制度"的范畴。

同时,演奏所属之乐悬,钟型搭配有序、合理。而随葬的乐钟不仅数量上常有增减不齐的现象,钟型配备亦差距甚大,西周时期便多有采用不同形制的乐钟拼凑成组编钟的例证,东周之世像淅川下寺 M2、太原赵卿墓、汲县山彪镇 M1、擂鼓墩 M2 等均基于自身考虑而只用一类编钟,其他以甬代镈、以镈代钮的现象也屡见不鲜,由此足以反映出葬钟选择上的随意性。

---

① 驻马店地区文化局:《上蔡发现一座楚墓》,《中原文物》1990 年第 2 期;淄博市博物馆等:《临淄商王墓地》,济南:齐鲁书社,1997 年;河北省文物研究所:《礨墓——战国中山国国王之墓》,北京:文物出版社,1995 年,第 111 页;四川省博物馆等:《四川涪陵小田溪战国土坑墓清理简报》,《文物》1974 年第 5 期。

当乐钟被放入到墓葬这一特殊载体内,不仅要考虑到音律上的"穆穆和和"①,亦要充分遵从墓葬空间的需要。所以我们才见到,两周时期或将乐钟全部从钟虞上取下叠置或套置随葬,或如曾侯乙墓一样对钟虞进行重新调整而形成特别的折曲钟虞,或如淅川和尚岭 M2 等一样仅将乐钟拆散、折曲摆放而钟虞不变,其均应是在一定程度上受到钟体大小或墓葬空间的限制所致(当然亦有特殊礼制观念的影响)。

实际上,作为随葬器物而言,实用性往往并非是首先被考虑的。尤其对于青铜礼乐器而言,当固有的祭祀属性因场景变更而被淡化后,随葬的礼乐器其实更多承担的是标示身份等级的意义。所以,墓葬内的乐钟从形式上一定要完整齐备,以此彰显礼乐教养和身份差异,这也是本章突出强调葬种制度的要义所在。而且,可以想见,周代并非所有的贵族都是深谙音律之人,那随葬乐钟对于他们而言,显然身份等级的意义更为强烈。从这些诸多角度来看,我们对于随葬乐钟应更关注其礼制上的等级意义,从身份差别上梳理乐钟组合的异同,而不宜过于强调音律对于随葬乐钟数量、搭配的决定性意义。

不过从曾侯乙墓等例证来看,礼经中关于乐悬的记载恐怕又是真实可信的,《左传·成公二年》"(仲叔于奚)请曲县、繁缨以朝"的记载亦可为重要的佐证。只是在士一等级上又存在偏差,这体现出《周礼》一书依托实际但又兼具理想化的特征。《仪礼》一书则因为残缺不全,无法籍以全面了解较高等级贵族的乐钟使用情况,但其中有关"笙钟、颂钟"的区别陈设显然与《周礼》中多面乐悬之制是相近的,而与葬钟迥然有别。关于这一点,我们还将在下一章中继续展开讨论。

陈公柔、沈文倬两位先生早已提醒我们,要注意区别墓葬中的随葬品与丧礼中的奠器、宗庙中的祭器之间的差异②,而通过对周代随葬编钟的研究,我们亦发现,周代丧葬活动以及随葬品的选择、陈设自有其法度和准则,既与庙堂之制有紧密的联系,但又并非全然相同,葬制并不能涵盖礼制的全貌。所以,对待考古资料与礼经之说,既不能盲从,亦不可偏信。

---

① 钟离君柏墓编钟铭文。安徽省文物考古研究所等:《春秋钟离君柏墓发掘报告》,《考古学报》2013 年第 2 期。

② 陈公柔:《士丧礼、既夕礼中所记载的丧葬制度》,《考古学报》1956 年第 4 期;沈文倬:《对"士丧礼、既夕礼中所记载的丧葬制度"几点意见》,《考古学报》1958 年第 2 期。

第四章　葬钟陈列与周代乐悬制度

在上一章节中,我们已经较为详尽地讨论了两周时期乐钟埋葬制度与身份等级之间的关系,初步构建起周代乐钟使用、埋葬的等级体系。同时也注意到乐钟在埋葬时会呈现出与宗庙、宫室等礼仪场合中不同的使用方式,这或许可以归纳为乐钟"葬制"与"庙制"的区别之一。而在本章,我们将把关注的焦点转移至乐钟的陈设方式,来讨论周代乐钟在墓葬内的特殊摆放与典籍文献所载"乐悬制度"之间的异同。

这一问题之所以同样重要,是因为在现存的先秦礼制文献中,关于周代乐钟制度的系统记载就只有"乐悬制度"可兹参考。《周礼·春官·小胥》篇中所记:"正乐悬之位,王宫悬,诸侯轩悬,卿大夫判悬,士特悬,辨其声。凡悬钟磬,半为堵,全为肆",根据经学家郑玄的注释,无疑正与乐钟陈设的等级性差异息息相关。故此,我们在考察乐钟形制、组合、音律之外,显然也应该同时关注周代乐钟究竟是如何陈设的。

本章所涉及的部分考古实例在上一章节中已有所讨论,但需要指出的是,上一章重在探讨随葬乐钟的原始悬挂结构究竟属三列或是两列,进而认识其等级地位;而本章则更侧重讨论折曲钟磬形制本身及其产生的原因,再与典籍文献中的相关记载进行比较,认识礼典与礼制实践之间的异同。

第一节　《仪礼》中关于乐悬制度的记载

《周礼》一书行文简略,并未言明乐悬诸面的具体构成情况,是以造成后世诸说异出,莫衷一是。但实际上,在成书年代更早的礼制文献《仪礼》中,也有

《乡饮酒礼》《乡射礼》《燕礼》《大射礼》诸篇记载了周代贵族宴飨用乐的制度①，尤其是《大射礼》一篇更涉及了演奏时钟、磬、笙、鼓的具体摆放位置，故可以成为探讨乐悬制度的重要补充。兹引其原文如下②：

> 乐人宿悬于阼阶东。笙磬西面，其南笙钟，其南镈，皆南陈。建鼓在阼阶西，南鼓；应鼙在其东，南鼓。西阶之西，颂磬东面，其南钟，其南镈，皆南陈。一建鼓在其南，东鼓；朔鼙在其北。一建鼓在西阶之东，南面。簜在建鼓之间，鼗倚于颂磬西纮。

据经文记载来看，此时的钟磬共设两面，分别陈列于"阼阶东"和"西阶之西"的对向位置。东面者被称为"笙钟"，郑玄注："笙，犹生也。"胡培翚正义引褚寅亮曰："东为阳中，万物以生，故东方曰笙钟、笙磬"。西面者被称为"颂钟"，郑玄注："言成功曰颂，西为阴中，万物之所成……是以西方钟磬谓之颂。"台湾学者曾永义则认为"笙钟"即是应笙之钟，而"颂钟"与金文所见"歌钟"一样，是协和乐工歌诗的，可备一说③。

然而我们知晓，《大射礼》一篇主要记载诸侯与卿大夫较射之礼，郑目录即云："名曰大射者，诸侯将有祭祀之事，与其群臣射，以观其礼。数中者得与于祭，不数中者不得与于祭，射义于五礼属嘉礼"，是大射为诸侯之礼无疑，历来群儒皆无异议，金文中也多有例证④。而依《周礼》系统，其配乐当用诸侯三面轩悬之制，何以仅有两面钟磬呢？对此唐人贾公彦给出了较好的解释，并为后人所信服。彼贾疏云"国君合有三面，为避射位，又与群臣射，阙北面，无钟、磬、镈，惟设一建鼓，盖以备形制而已"，即射礼时北面属较射之位，为箭矢行进方向，自然不能再放置成堵编钟编磬而仅有两具建鼓以象征乐悬的形制而已。清人江藩颇赞成这一意见，"射在堂上，悬在堂下，物尽于两楹之间，鹄设于侯

---

① 《仪礼》为记载周代礼仪活动程序、仪节之书，据沈文倬、陈公柔、彭林等先生考证约成书于战国中期，故从年代上看亦可与《周礼》一书互为参照。陈公柔：《士丧礼、既夕礼中所记载的丧葬制度》，《考古学报》1956 年第 4 期；沈文倬：《对"士丧礼、既夕礼中所记载的丧葬制度"几点意见》，《考古学报》1958 年第 2 期；彭林：《〈周礼〉主体思想与成书年代研究》，北京：中国人民大学出版社，2009 年等。

② （汉）郑玄注、（唐）贾公彦疏、王辉点校：《仪礼注疏》，上海：上海古籍出版社，2008 年。

③ 曾永义：《仪礼乐器考》，台北：台湾中华书局，1986 年，第 111 页。

④ 黄益飞：《西周金文礼制研究》第六章第四节"西周射礼零拾"，北京：中国社会科学出版社，2019 年，第 284～293 页。

道之南,苟不去北面一肆,则矢及钟磬矣"[①],台湾学者曾永义所作《仪礼》乐器位置复原方案时也是遵从这一结论的。

由此可见,《仪礼》与《周礼》二书关于乐悬制度的记载实则是基本契合的,这亦可得到《左传·成公二年》"(仲叔于奚)请曲县、繁缨以朝"(曲悬即是轩悬)以及《礼记·曲礼下》"大夫无故不彻县"等记载的佐证,是故我们可以利用《仪礼·大射礼》来进一步补充我们对于乐悬制度的认识。很显然,依经文之意看来,乐悬演奏时的基本摆放原则是:诸面乐悬的钟磬之数其实是基本相等的,而且钟、镈、磬在使用时皆处于同一面上而并不分置。即郑注所云:"有钟有磬为全。镈如钟而大,奏乐以鼓镈为节",贾疏:"又天子宫县,四面皆有,诸侯轩县,阙南面,面皆有钟镈,及鼓具有也"(《仪礼注疏》)。而且郑玄在注释《周礼》"凡悬钟磬,半为堵,全为肆"时称"二八十六枚在一虡谓之堵。钟一堵、磬一堵,谓之肆",肆即是列的意思,可见郑玄也是赞同钟磬在同一面上之说的(尽管这样解释堵、肆之别未必正确),此后历代经学家及唐兰、曾永义所作的复原方案(从文献出发)莫不遵从这一原则(图 4-1)。

此外,属于士一等级的《仪礼·乡射礼》中亦提到:"悬于洗东北,西面",即只用一面乐悬,且因为"辟射位"而从北面"两阶间"(《乡饮酒礼》)改立于"东方"。乡射礼为州长春秋以礼会民、而射于州序之礼。与射者多属士一等级,盖选贤之用,"乡大夫或在焉,不改其礼"(《乡射礼》郑注),故也正合于《周礼》"士特悬"的记载。不过郑玄刻意指出"此悬谓磬也。悬于东方,辟射位也。但悬磬者,半天子之士,无钟",即直以"磬"释"悬"而未使用编钟,则显得较为突兀。事实是否如此,因为经文未有明确记载,所以只能暂付之阙如。基于此,我们就可以来进一步探讨礼经所述与考古资料中特意采用折曲钟磬形式的葬钟之间的异同。

---

① (清)江藩:《乐悬考》,转引自曾永义:《仪礼乐器考》,台北:台湾中华书局,1986 年,第 112 页。

（若用則縣半面每各去一肆）圖　縣　宮　全　子　天

西階　　　　　　　　　簜　　　　　　　　　陀階

鼓建，鏄，鐘編，磬特，磬編，鼓建，鏄，鐘編，磬特·磬編

磬編，磬特，鐘編，鏄，鏄，鼓建，磬編，磬特，鐘編，鏄，鏄，鼓建

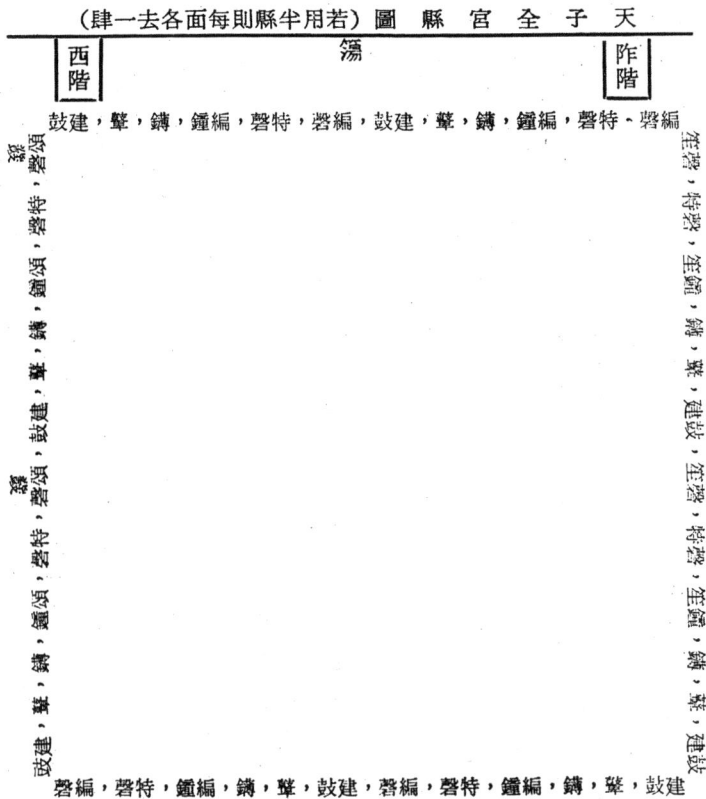

图 4-1　《周礼》乐悬制度中"宫悬"的复原方案

图片来源:曾永义:《仪礼乐器考》,台北:台湾中华书局,1986 年,第 113 页。

第二节　周代墓葬中的折曲钟磬

近年来,随着考古资料的日益丰富,我们在曾侯乙墓之外又陆续发现了多处将随葬钟磬折曲摆放以模仿多面乐悬的实例,从而为周代乐悬制度的实证研究提供了新的资料和视角。今试依年代差别分述如下:

淅川下寺 M1 为春秋晚期早段楚国令尹薳子冯(倗)之夫人墓,墓中出土箍口鬲鼎 5 件、束腰平底升鼎 2 件、折沿于鼎 4 件,兼用周、楚奇偶鼎制,故属 5

鼎大夫级别。随葬乐钟保存较好,共为钮钟一套9件(敬事天王钟),皆位于墓内中部东侧。其中6件(标号20～25)呈南北方向一线排列,3件(编号26～28)呈东西方向一线排列,二者相连并正成90度折角,而编磬则基本散置于三件编钟的一侧[①],从形制上看显然是在模仿两面"判悬"之制。但与曾侯乙墓不同的是,编磬又与其中若干件编钟置于同一侧,而非自成一面乐悬。

淅川和尚岭M2为春秋晚期蒍氏家族蒍子辛之夫人墓,墓中残存铜鼎7件,系5件箍口鼎(口沿下部有一圈凸棱承盖)与2件子母口鼎拼凑而成,故亦属大夫级别。随葬乐钟保存完好,计有镈钟一套8件、钮钟一套9件,是这一时期楚地常见的乐钟组合形式。其中6件镈钟与9件钮钟分上下两列沿墓葬南壁放置,正如发掘报告所述,(这些铜钟)"在随葬时均悬挂在木质的钟架上,钮钟在上,镈钟在下",可见是与王孙诰甬钟一样遵循一堵两肆之制。但另外2件体型最大的镈钟(编号1、2号)却单独放置于东壁南角,与南壁的两列编钟相接并正成90度折角,同时一套编磬12件又位于2件编钟的对面,这样便也构成了一个三面长方形的曲尺空间(图3-2)[②]。而且使用编磬自成一面乐悬的做法亦与曾侯乙墓相近,但将本为完整的成套乐钟拆散开来分置于转角两侧的举措又与上述下寺M1类似,说明葬钟在模仿乐悬陈列时形式是较为随意和多样的,此外蒍子辛并不属于诸侯等级,这又体现出其在等级制度上的紊乱。

固始侯古堆一号墓(春战之际)的墓主有勾吴夫人和楚潘氏贵族两说[③]。但实际上墓中随葬的9件铜鼎是由不同形制拼凑而成的[④],而乐钟也仅见镈钟8件、钮钟9件(第4号镈钟未经任何锉磨,音律偏差较大,无法合奏,说明是拼

① 河南省文物研究所等:《淅川下寺春秋楚墓》,北京:文物出版社,1991年,第51页。

② 河南省文物考古研究所等编著:《淅川和尚岭与徐家岭楚墓》,郑州:大象出版社,2004年,彩版八、九。

③ 欧谭生:《豫南考古新发现的重要意义——兼论吴太子夫差夫人墓》,《中原文物》1981年特刊;王恩田:《河南固始"勾吴夫人墓"——兼论番国地理位置及吴伐楚路线》,《中原文物》1985年第2期;欧谭生:《固始侯古堆吴太子夫差夫人墓的吴文化因素》,《中原文物》1991年第4期;河南省文物考古研究所编著:《固始侯古堆一号墓》,郑州:大象出版社,2004年;赵世纲先生则认为是阖闾的夫人,参见《固始侯古堆一号墓》,附录四:《固始侯古堆出土乐器研究》,郑州:大象出版社,2004年,第125～133页;徐少华先生近来指出其应是夫差之兄、阖闾太子终累的夫人,参见徐少华:《固始侯古堆一号墓的年代及其相关问题》,《楚文化研究论集》(第七集),长沙:岳麓书社,2007年,第306～319页。

④ 张闻捷:《固始侯古堆一号墓的年代与墓主》,《华夏考古》2015年第2期。

凑而成），与上述蒍氏家族中的 5 鼎贵族相当。这些铜钟皆被置于陪葬坑的东南隅，未被盗扰，出土时"呈东西相并排列……铜镈钟 8 枚，靠南壁 6 枚，另外最大的两枚放在东壁与南壁的拐角处……铜编钟 9 枚，置于编镈的北侧，东西排列在一条线上"，同时钟架痕迹尚存，正为两条平行的彩绘横梁（编号 18-1、18-2），钟架座也仅有两个（编号 18-3、18-4），分布于南侧两列编钟的两端（图3-11）①。由此可见其排列方式与上述和尚岭 M2 基本一样，主体编钟成一堵两肆陈列于南壁，并有钟虡遗痕，而两件体型最大的镈钟则单独放置于东壁南角，二者构成 90 度的折曲形式。但特别的是，这座墓葬中并未见到编磬，所以若据《周礼》记载，仅能归入大夫"判悬"一等。

安徽蚌埠钟离君柏墓（春秋中晚期）中随葬钮钟一套 9 件、编磬 2 组 12件，未用钟簴，在墓内也呈折曲形式摆放：9 件钮钟在南部沿东西方向一列放置，而 9 件编磬在东部沿南北方向一列放置，二者相连并成 90 度折角②。

淅川徐家岭 M10 为战国初年蒍氏家族成员蒍子昃之墓，墓中出土束腰平底升鼎 5 件，故属大夫级别无疑。随葬编钟亦为钮钟 9 件、镈钟 8 件。钮钟皆置于墓内东南角，成一列分布，镈钟则位于其前方，其中 6 件成一列分布，而另有两件较大者（编号 7、8）成 90 度置于东侧，与和尚岭 M2、固始侯古堆一号墓中的葬钟摆放形式几乎一致，均将镈钟拆解为 6＋2 两组，只是一套编磬散置于编钟西侧，从出土位置上尚难以辨认究竟是纵向还是横向排列，所以其与编钟的具体位置关系只能暂且存疑。不过这座墓葬中保存的钟架座亦仅有两个，分别编号 66、67，位于南侧编钟的两端，而在东侧 2 件编钟的附近是并没有见到钟架座或钟架遗痕的③，表明它们是被特意取下来放置于此。因此从这几座墓葬资料可以看出，其均是将原有的完整编钟拆散，而仅将几件体积最大者另置于一侧来形成一面乐悬的形式，也即是说，这种乐悬形制应该是刻意摆放出来的，实际演奏时当不能如此陈设。

随州擂鼓墩二号墓（战国中期）因为同样出土了束腰平底升鼎 9 件，故知亦是曾侯级别的墓葬。但随葬的乐钟却全为甬钟，计 36 件。从其形制差别（8件大钟、28 件小钟）及这一时期常见的乐钟搭配来看，当是希望使用 8 镈、16

---

① 河南省文物考古研究所等：《固始侯古堆一号墓》，郑州：大象出版社，2004 年，第 48 页。

② 安徽省文物考古研究所等：《钟离君柏墓》，北京：文物出版社，2013 年，图版三一。张闻捷：《钟离君柏墓的礼乐制度》，《文物》2020 年第 2 期。

③ 河南省文物考古研究所等：《淅川和尚岭与徐家岭楚墓》，郑州：大象出版社，2004 年，第 250 页。

甬、12钮的悬列方式①,不过在随葬时全简化为甬钟,且音律紊乱,属明器之类②。其在墓中摆放的方式也较为特别:29件在椁室南部靠南壁成列式两排摆放,其中16件甬钟自成一列,而其他7件甬钟则与6件镈钟同列,且5件甬钟塞于94号大钟钟体内,很显然是为了节约空间之用,而并非是实际演奏时的乐悬方式。另有7件编钟(2件大钟、5件小钟)又被单独置于墓内西壁,亦成一列摆放,故发掘者推测应是使用了曲尺形钟虡(图3-7)。不过与上述诸墓不同的是,该墓编钟是将上下两列皆成折曲摆放,而且为了适应墓葬空间的限制,而有意将成列的编钟打乱,叠置在一起,这样就与真正的乐悬方式更加相去甚远了。此外该墓编磬主要与南壁编钟平行放置,而并未如曾侯乙墓、淅川和尚岭M2一样形成独立的一面乐悬。

其实这种折曲钟磬的形制不仅多见于南方楚地,中原地区亦有发现。如山西潞城潞河M7为战国早期5鼎级别贵族墓葬,随葬乐器包括钮钟8件、镈钟4件、甬钟16件(分为两组)以及编磬10件,由于木质钟架易朽,故并未使用钟虡而全部取下成列放置,这也是北方地区随葬钟磬的常见做法。其中8件甬钟分布于墓内北部,沿北壁成列放置,而其余钟磬则皆成一列置于墓葬南部,沿南壁放置,从形制上看,二者平行分布,当亦是模仿大夫"判悬"之制,且编磬并未单独成列。

洛阳西工区M131为战国中期5鼎贵族墓葬,出土甬钟16件,分为两组各8件③。其在墓葬中的摆放形式亦颇为特别:其中8件甬钟成一列分布于墓内东侧,从北向南依次由小到大,而另8件甬钟则成一列分布于墓内南侧,从西向东依次由小到大(这种两肆编钟大小反向排列的情况也见于上述王孙诰编钟),两列编钟恰成90度折角,而一列编磬则位于东侧编钟的北部(图4-2)。虽然未用钟虡,但各堵编钟之数完全相等,不仅吻合于《周礼》中的大夫"判悬"之制,亦与《仪礼》中的相关记载更为接近。同时查阅其墓葬平面分布图,可以看出墓内空间较为宽敞,专门放置乐器的位置尚有较多空余,而不存在空间的限制,所以这样特殊的摆放形式显然是有其礼制深意的。

东部地区则可举江苏邳州九女墩M2、M3徐国贵族墓为例。九女墩三号墓为春秋晚期徐国王室墓葬,虽然仅出土铜鼎3件,但随葬乐器却有甬钟4

---

① 随州市博物馆编著:《随州擂鼓墩二号墓》,北京:文物出版社,2008年。
② 许定慧等:《擂鼓墩二号墓编钟及其音律测试》,《黄钟(武汉音乐学院学报)》1988年第4期。
③ 蔡运章等:《洛阳西工131号战国墓》,《文物》1994年第7期。

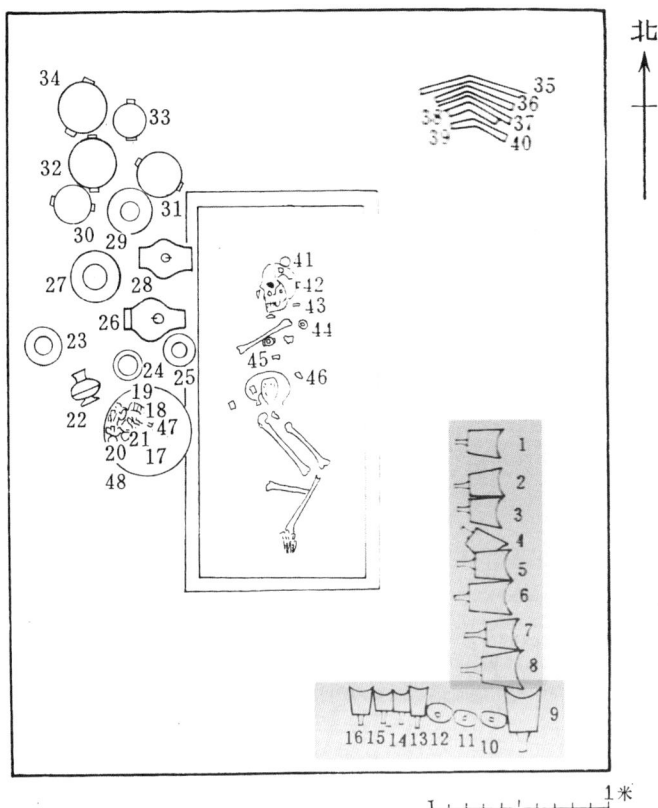

| 1~16.编钟 | 17.铜盘 | 18~21.铅俑 | 22~25.铜豆 | 26~29.铜壶 | 30~34.铜鼎 |
| 35~40.编磬 | 41、43、45.玉璧 | 42、44.玉饰 | 46.碎玉饰 | 47.铜勺 | 48.铜马街 |

图 4-2　洛阳西工区 M131 内随葬乐钟的折曲摆放

件、钮钟 9 件、镈钟 6 件、编磬 13 件,在墓中亦成折曲形式陈设:1 号镈钟与编磬位于北侧成一列摆放,2~6 号镈钟与 9 件钮钟在东侧成一列摆放,4 件大型甬钟则在南侧成一列摆放,所有乐器恰构成一个长方形的曲尺空间(图 4-3)[①],显然是在刻意模仿周礼中的诸侯"轩悬"之制,但又与实际演奏时的悬挂状态有别,不仅编钟音律十分紊乱,而且一件镈钟又岂能单独与编磬同悬于一虡呢?另在战国初年的九女墩二号墓中,亦出土铜鼎三件,但随葬乐器仅有镈钟 6 件、甬钟 8 件及编磬一套,不过这些乐器同样被有意摆放成长方形的曲尺

---

① 孔令远、陈永清:《江苏邳州市九女墩三号墩的发掘》,《考古》2002 年第 5 期。

形状,即每列镈钟、甬钟与编磬各占一面①。从这两座墓葬可以看出,虽然乐钟数量、种类有别,却完全能够通过有意的调整而得到几乎相近的乐悬形式。而在这种原则下,任何数量的编钟、编磬其实都可以构成"轩悬"之制的形状,这样便徒具形式而无任何等级意义了。这种现象无疑折射出,虽然徐国贵族通晓姬周文化的乐悬之礼,但在墓葬中却仅通过简化的"形式主义"陈设出来,而并不在意诸面乐悬的具体构成或音律搭配,其目的仅在于标榜甚至"哄抬"身份之高贵。

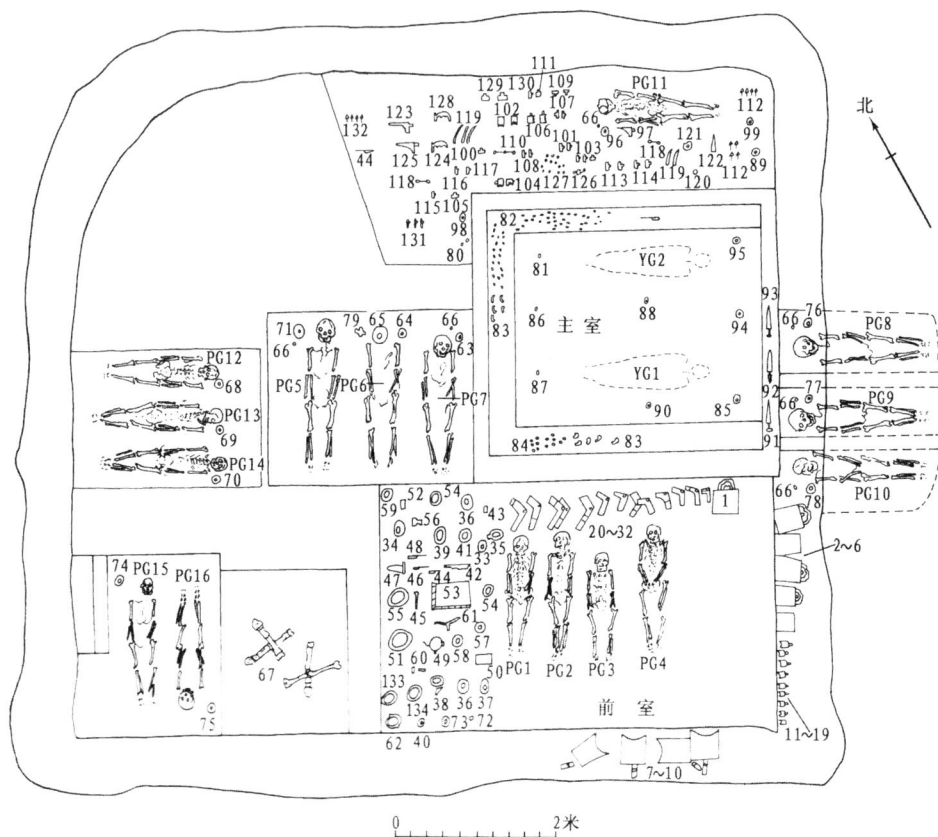

图 4-3 江苏邳州九女墩 M3 出土编钟的折曲摆放

综合上述诸墓乐器的摆放形式来看,显然皆是在刻意模仿礼经中所记载的多面乐悬制度,才会将原本成组的钟磬拆开、分多面陈设,表明这些贵族在

---

① 南京博物院等:《江苏邳州市九女墩二号墩发掘简报》,《考古》1999 年第 11 期。

观念上深受实际演奏时金、石之器多面环绕的位置关系影响,死后仍求在墓葬中"如样再现"。而且其分布地域包括楚、三晋、周、徐等中国大部,无疑凸显出乐悬制度的影响深远,所以这些墓葬应可以成为证明乐悬制度确在东周时期普遍流行的重要物证。

但另一方面,如果仔细检视这些葬钟的"乐悬"形制就会发现,它们之间缺乏统一的形制与组合规范,既有将 8 件镈钟拆分为(6+2)两组分面放置的情况,亦有完全将一组成套 8 件甬钟单独陈列的例子,甚至还有将镈钟与编磬共置于一面乐悬的做法,而且编磬是否作为单独的一面乐悬亦并不固定。所以我们认为,葬钟的陈设虽然偶有在刻意模仿典籍中的乐悬形式,但只是一种形式上的简单借鉴,而并不具备实际演奏的可能,故不能成为判断墓葬等级的直接依据,亦不能简单用来尝试复原周代乐悬制度的原貌,就如同我们不能简单地将墓葬中摆放的青铜礼器等同于其在宗庙祭祀时的位置、组合一样。

其实从曾侯乙编钟的设计上就可以明显看出,周代贵族完全能够依据具体需要对随葬钟磬的木虡进行相应调整和改造。发掘报告中即披露,曾侯乙编钟中层短梁上有已经被填塞的 14 个悬挂钮钟的横孔,表明中层短梁曾经悬挂 14 件钮钟,后来,梁被截短、填塞,重新髹漆着彩,挂上 11 件甬钟。但因钟梁被截短,而被迫在梁端铜套上罕见地悬挂两件编钟(中.1.1 与中.1.2),并为此增焊两个铜钩。同时底层中部用于悬挂镈钟的方形部件(因为镈钮宽而平,所以要用两个方形配件挂住钮顶两端,才能保持镈的平衡与稳定)一共是 4 副,说明起初是规划悬挂 4 件成套的楚王镈,但后来因为空间原因而只能装配一件而已[①],而这显然都是无法满足演奏需要的。这些举措表明葬钟的尺寸、音律并非是如实际演奏时那样的严格,完全可以根据各种实际情况做出相应变动。

最后再来比较礼经所载与考古发现之间的异同,其结论也是显而易见的:迄今为止,尚未见到一例墓葬中的折曲钟磬能够完全依照礼经所述来原样摆放,而考古资料所呈现出的多样性又使我们有理由认为,礼制实践与礼典成书之间是存在一定差异的。在现阶段对于周代乐悬制度的理解恐怕还是暂时应

① 湖北省博物馆编:《曾侯乙墓》,北京:文物出版社,1984 年,第 61～90 页;李淑芬曾对曾侯乙编钟进行了详细的音律研究,并指出其本非整套编钟,而是原本作为单独演奏的四套编钟,只因曾侯乙作古后,才把它们合在一起作为陪葬品下葬的。现存钟架也并非墓主人生前原配,而是在下葬时经过重组而成的。参看李淑芬:《从乐律铭文看曾侯乙编钟的构成》,《音乐艺术》1999 年第 3 期。

以文献资料为准绳,这可能是贵族们在实际演奏时的乐器悬挂方式模本,唯如此才能诸面协和,以应声律。而葬钟的选择、陈列则会同时受到诸多其他因素的制约,进而呈现出如上所述的并不一致的局面。

小　结

通过梳理战国时期成书的《周礼》、《仪礼》这两本重要的礼典文献,我们对于周代乐悬制度的具体摆放形式有了进一步的了解:乐悬诸面的钟磬之数应当基本相等,且编钟与编磬在演奏时应处于同一面上,诸面乐悬间的功能与称名皆存在差异(如笙钟与颂钟)。这显然对于既往研究中利用实物资料来尝试复原乐悬制度提出了新的挑战和启示,促使我们去重新思考葬钟的陈列方式与礼经所载乐悬制度之间的异同。

同时,在曾侯乙墓之外,我们又从考古资料中陆续发现了其他亦将随葬钟磬折曲摆放的墓葬实例,其年代集中于东周时期而分布地域颇为广泛,足以证明乐悬制度确曾普遍盛行于这一时期的贵族群体中,从而形成了将金石之器多面折曲摆放的礼制意识。但是,这些随葬乐器的陈列只是从形式上拼凑成曲尺形(判悬)或长方形(轩悬)形制,却缺乏统一的组合与位置搭配关系,在等级制度上也颇显紊乱,更与礼经所述无法契合,所以我们认为墓葬中所展现出的折曲钟磬应是一种形式化的乐悬,是"事死如生"观念影响下的产物,而不能作为复原乐悬制度的直接依据。

第五章　春秋晚期乐钟随葬制度的变革

——以曾国、晋国为中心

　　周代社会奉守"礼乐并重"的治国原则，各类编钟、编磬与青铜礼器一样，成为贵族身份等级的重要标识，并形成一套独特而严格的乐钟制度。历经西周至春秋时代的发展，至春秋中晚期阶段，周人已经构建起完备的由钮钟、甬钟、镈钟所构成的三元组合编钟系统，而不同等级的贵族也形成了各自有别的乐钟组合形式。在《左传·襄公十一年》（562BC）中记载："郑人赂晋侯，以……歌钟二肆，及其镈磬"，即诸侯等级使用两列歌钟与一列镈钟，而晋侯仅赏赐重臣魏绛两肆乐钟（"歌钟一肆、镈钟一肆"），说明二者的用乐组合是显然不同的。考古资料对此亦多有反映，如河南叶县旧县 M4 许灵公墓便随葬甬钟两组各 10 件、镈钟两组共 8 件（分为有脊镈 4 件和无脊镈 4 件）、钮钟一组 9 件[①]；新近发掘的山东沂水纪王崮春秋墓同样随葬甬钟 9 件、镈钟 4 件、钮钟 9 件[②]；其他像寿县蔡侯墓、辉县琉璃阁甲墓、沂水刘家店子春秋墓、邳州九女墩三号墓、曾侯乙墓等贵族墓葬中也都采用了类似的多元编钟配列[③]，说明这已成为此时各地高级贵族们的共识，而中小贵族用乐则依次降差（参看第三章）[④]。

　　但是，正如前文所指出的，考古所见周代的编钟多出土于墓葬之内，迄今

---

① 平顶山市文物管理局、叶县文化局：《河南叶县旧县四号春秋墓发掘简报》，《文物》2007 年第 9 期。

② 山东省文物考古研究所等编著：《沂水纪王崮春秋墓出土文物集萃》，北京：文物出版社，2016 年。

③ 安徽省文物管理委员会、安徽省博物馆：《寿县蔡侯墓出土遗物》，北京：科学出版社，1956 年；山东省文物考古研究所、沂水县文物管理站：《山东沂水刘家店子春秋墓发掘简报》，《文物》1984 年第 9 期；孔令远、陈永清：《江苏邳州市九女墩三号墩的发掘》，《考古》2002 年第 5 期；中国科学院考古研究所编著：《辉县发掘报告》，北京：科学出版社，1956 年；湖北省博物馆编：《曾侯乙墓》，北京：文物出版社，1984 年。

④ 音乐史学者对此已经多有讨论，考古资料的梳理亦可参看张闻捷：《周代葬钟制度与乐悬制度》第二节的讨论，《考古学报》2017 年第 1 期。

未见到宗庙、宫室里的乐钟组合情况。而墓葬的营建与随葬品的选择、陈设又受到墓室空间、生死观念、财富多寡、往来赠赙等多种因素的影响和制约，往往呈现出与宗庙礼制不同的特点。所以当我们主要通过考古资料来探讨周代乐钟使用方式的变化时，无疑将其定义为乐钟的随葬制度更为准确，而不能简单地等同于贵族生前的用乐模式。当然，这二者之间又并非是绝然割裂的，仅从青铜礼器的角度看，无论是器物形制、纹饰乃至组合、制度等，葬器都受到了生前用器的强烈影响，同样是身份等级的重要反映。所以，基于这一原则，我们也可以从乐钟随葬制度的视角来粗略窥探贵族用乐观念的宏观变化。

实际上，在春秋末年，由于列国政局急剧动荡，社会政治、经济结构均出现了显著的变革，相应地，礼乐制度亦随之革新。通过考察此时南方曾国与北方晋国的一系列贵族墓葬随葬编钟，可以发现两点迥异于之前时代的全新乐钟随葬制度：其一是逐渐兴起的对单类乐钟的偏好，并成为战国乐钟葬制新的典范；其二是新的随葬乐钟摆放形式的出现，折曲钟磬逐渐成为各地贵族的新兴风尚，而这又与礼制文献的成书息息相关。今试分析如下。

第一节　随葬编钟配列方式的变革

编钟配列方式是指在整套编钟内，不同类型的乐钟遵循音律要求，选用特定的数量并按照相应的排列方式悬挂组合。通常来讲，东周时期等级较高的贵族其钟型配备亦更为丰富，钟列结构更为复杂，即前文所述的三元组合编钟系统，而等级较低的贵族则常常仅有两类或一类乐钟，以此形成身份等差。但是，当高等级贵族墓葬内所见编钟的配列方式亦摒弃传统而普遍只采用一类乐钟时，必然意味着一种新的随葬乐钟选择理念的出现。

一、曾国的甬钟偏好

首先来看曾国墓葬中新的编钟配列方式。在新近发掘的随州文峰塔 M1 春秋晚期曾侯舆墓中，共出土乐钟 10 件，其中 5 件完整，5 件残缺，均为甬钟。依据器形特征及钟体铭文可以将编钟分为三组（图 5-1）：A 组铸于"惟王正月吉日甲午"，器形硕大（M1:1，通高 112.6 厘米），长甬、长枚，衡部与甬体饰浮雕蟠螭纹，舞部与鼓部饰浮雕蟠龙纹，铭文按"右起左行"分布，全文共 169 字，叙述曾侯克定楚难、改复曾疆的功绩；B 组铸于"惟王十月吉日庚午"，器形略小于 A 组，长甬、长枚，衡部饰涡纹，舞部与正鼓部饰浮雕蟠螭纹，铭文亦采用"右起左行"模式，全文经补足为 38 字，记叙曾侯定曾土、做钟"以祈眉寿"；C 组器形最小，未铭铸造时间，长甬，钟枚呈上细下粗的圆柱体，顶端弧突，饰涡纹。两面正鼓部均用红铜铸镶圆涡纹或鸟云纹作为敲击标志，甬体及鼓部饰细小的蟠螭纹。钟体铭文同样采用"右起左行"模式，全文共 36 字，记述铸钟的用途主要为宴乐"吾以及大夫、肆士"①。所以无论从器形、纹饰，还是铭文内容来看，这均是三组不同阶段铸造的甬钟而临时被拼凑在一起，与曾侯乙编钟的中层情况十分相似（详下文）。虽然这座墓葬曾被盗掘，但很难想象会仅盗走镈钟、钮钟而仍剩下完整的并带有长篇铭文的甬钟，而且迄今所见采用三元组合编钟系统的例子内，也没有见到同时配备三套甬钟的。所以更为合理的推测是，曾侯舆就只使用了三套（或者更多）甬钟随葬，采用的是全套甬钟的配列方式，其中 A 组应是替代此前盛行的镈钟组合，而 B、C 组则是分作两列的主体乐钟。这又可以得到其他曾侯墓葬的印证。

M1:1　　　　　　　M1:3　　　　　　　M1:5

图 5-1　随州文峰塔 M1 出土三类甬钟（A、B、C）

在新近发掘的随州汉东东路曾国墓地中，M129 被推断为春秋中期的曾侯得之墓，年代早于曾侯舆，虽然被盗但乐钟因僻在一隅而保存较好，共计镈

---

① 湖北省文物考古研究所、随州市博物馆：《随州文峰塔 M1（曾侯舆墓）、M2 发掘简报》，《江汉考古》2014 年第 4 期。

钟 4 件、甬钟 16 件(图 5-2)①。其中甬钟按形制、纹饰可分为两组各 8 件,是西周晚期以来的常见组合形式。所以,除仍然使用西周时代以来的镈钟外,其余乐钟情况与曾侯舆墓是比较相似的,这也说明曾侯采纳全套甬钟的趋势是从春秋晚期才开始的。

图 5-2　随州汉东东路 M129 出土曾侯得编钟

随州擂鼓墩一号墓为战国初年曾侯乙之墓,出土 9 鼎 8 簋组合及完整编钟、编磬各一套。编钟皆出于中室,共计 65 件,分作 3 层,上层悬挂 19 件钮钟,中层悬挂 32 件甬钟(又分为 9、11、12 三组),下层悬挂 13 件甬钟及 1 件大镈钟(图 5-3)。从钟型配备来看,似乎亦是三元组合编钟系统,但其实最下层的镈钟仅有 1 件,并不成组,而且音律上也不与其他 13 件甬钟搭配(替换掉原有的"姑洗之大羽"甬钟),显然是考虑到作为楚惠王赠送的特别之物而临时被添加、拼凑进来的(原打算共装 4 件),并不属于原有的钟列之内;最上层的 19 件钮钟则被分隔在 3 个不同的小钟架内,分为 6、6、7 三组。谭维四、冯光生先生曾指出,上层二、三组钮钟实际是从中层最左侧短梁上被撤下的 14 件钮钟

———————————

① 湖北省文物考古研究所等:《随州汉东东路墓地 2017 年考古发掘收获》,《江汉考古》2018年第 1 期。

内挑选而来,但分组时缺少一钟。而上层一组钮钟则是从另一套完整钮钟内抽出 6 件加入的,也即是说,这些钮钟完全是拼凑形成的结果[①]。且各组在音律上也是十分紊乱,"音列结构都不符合演奏乐曲的要求"[②],与钟虡上所标音高也无一对应,同时距离地面过高(高 2.65～2.75 米),也未见演奏它们用的钟槌出土,所悬之虡上又无标音铭文,表明这些编钟也是按照某种特定的需要后加的,而非演奏之用[③]。从这些迹象看来,曾侯乙编钟的演奏实际是仅依靠甬钟来完成的,是一套以甬钟为核心的配列方式,只是在丧葬活动中由于特殊的原因而临时将钮钟、镈钟加入进来,却并不具有实际的用途(一说钮钟为定律之用)。

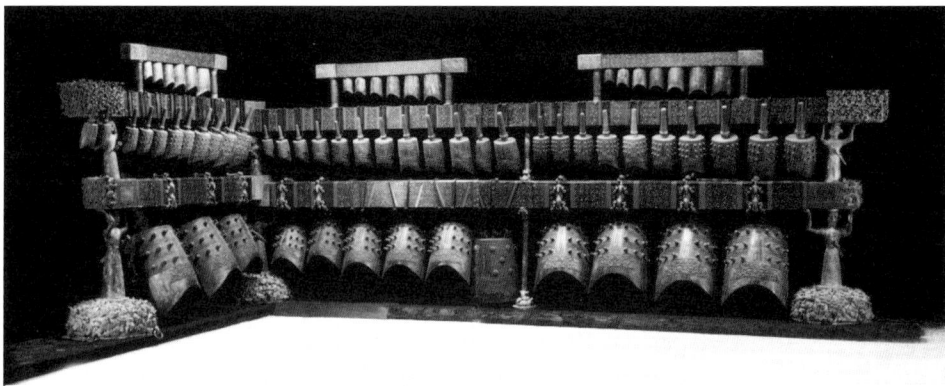

图 5-3　随州擂鼓墩一号墓出土曾侯乙编钟

发掘报告中还进一步指出,该编钟中层短梁上有已经被填塞的 14 个长方形榫槽和小方孔,表明其曾悬挂过 14 件钮钟,后来,钟梁被截短、填塞,重新髹漆着彩,改挂上 11 件甬钟。但因钟梁被截短(受墓葬空间所限),而被迫将两

① 谭维四、冯光生:《关于曾侯乙墓编钟钮钟音乐性能的浅见——兼与王湘同志商榷》,《音乐研究》1981 年第 1 期。

② 李纯一:《曾侯乙墓编钟的编次和乐悬》,《音乐研究》1985 年第 2 期;黄翔鹏先生在《先秦文化的光辉创造——曾侯乙墓的古乐器》一文中亦指出曾侯乙编钟实际用于演奏的仅有中、下两层乐钟,《文物》1979 年第 1 期。有学者指出上层乐钟为定律之用,但实际上 19 枚乐钟中仅有 9 枚标有乐律铭文,总体上诸家学者都赞同上层乐钟乐律混乱、无法演奏的结论,另可参看潘建明:《曾侯乙编钟音律研究》,《上海博物馆集刊》1982 年第 2 期。

③ 湖北省博物馆编:《曾侯乙墓》,北京:文物出版社,1984 年。

件甬钟悬挂在梁端铜套上①，由此益可见墓主人对于甬钟钟型的偏好。

战国中期的随州擂鼓墩二号墓因为同样出土了升鼎 9 件、方座簋 8 件，所以也是一代曾侯之墓。墓内编钟皆为明器，故未被盗掘，共计 36 件，全为甬钟。其中 8 件体型较大、28 件体型较小，音律紊乱，无法演奏。与曾侯乙编钟一样，这些乐钟在墓葬内也呈特殊的折曲形式摆放，所以他们在乐钟葬制上应是一脉相承的②，只是擂鼓墩二号墓的墓主不再有丧事中的诸多调整，而直接以明器编钟随葬，这也是战国之后日趋普遍的现象，但仅用甬钟配列的方式却无疑是曾国特有的乐钟葬制。

依据这些墓例可以看出，从春秋晚期开始，曾侯墓葬中盛行仅以多套甬钟搭配的编列方式，即全套乐钟只见甬钟，取代了传统的三元组合编钟系统，成为区域性的新的乐钟葬制，我们可以称其为"甬钟偏好"。这一方面当然是得益于乐钟铸造、调音技术的进步，使得甬钟亦可以达到镈钟、钮钟的音律要求，而另一方面又折射出曾国高级贵族对于古老的甬钟形态的偏好。张昌平先生曾提及曾国墓葬对于甬钟具有特殊的喜好③，现在又可以进一步得到考古新资料的证实。

由此，我们还可以来尝试解答曾令人倍感困惑的王孙诰编钟的组合问题。在淅川下寺 M2（春秋晚期早段）楚国令尹蒍子冯墓中，曾出土有一套著名的"王孙诰编钟"，共计 26 件，未被盗扰，但钟型却全为甬钟，分为大型 8 件、小型 18 件，在墓内成两列分布④。这与已知的春秋时期楚国乐钟葬制呈现出截然不同的特点：像下寺 M1 随葬 9 件一组的钮钟，下寺 M10 随葬 8 件镈钟、9 件钮钟，淅川和尚岭 M2 蒍子辛夫人墓（春秋晚期）随葬 8 件镈钟、9 件钮钟，淅川徐家岭 M3、M10 同样随葬镈钟 8 件、钮钟 9 件，固始侯古堆一号墓随葬镈钟 8 件、钮钟 9 件等⑤，未见一例只使用甬钟的现象。而在明晰了曾国新的乐钟葬制特点后，我们便可以知晓"王孙诰编钟"其实是借鉴了这一时期的曾国乐制

① 同上注，另参看邹衡、谭维四主编：《曾侯乙编钟》（上册），北京：金城出版社、西苑出版社，2017 年，第 159 页。

② 随州市博物馆编著：《随州擂鼓墩二号墓》，北京：文物出版社，2008 年；许定慧：《擂鼓墩二号墓编钟及其音率测试》，《黄钟（武汉音乐学院学报）》1988 年第 4 期。

③ 张昌平：《曾国青铜器研究》，北京：文物出版社，2009 年，第 220～222 页。

④ 河南省文物研究所、河南省丹江库区考古发掘队、淅川县博物馆：《淅川下寺春秋楚墓》，北京：文物出版社，1991 年。

⑤ 邵晓洁：《楚钟研究》，北京：人民音乐出版社，2010 年。

而设计、铸造的,与楚制无涉。那么,王孙诰就与蓮氏家族的乐钟制度截然不同(实际上这种全套甬钟的组合形式在战国楚墓中都不曾见到),这对于探讨他的身份无疑提供了新的启示。

二、晋国的镈钟偏好

与曾国贵族仅用甬钟来构成全套随葬乐钟所不同的是,这一时期北方的晋国公族墓葬又盛行镈钟编列,即全套随葬编钟内只见镈钟,而全不用甬钟和钮钟搭配。

最具代表性的例子当属山西太原金胜村 M251,墓主为春战之际的晋国公卿赵简子或赵襄子,7 鼎级别,未被盗扰。随葬乐钟共 19 件,却全为镈钟,按照器形、纹饰分作两类,分别为体型较大的夔龙纹镈钟 5 件和体型较小的散虺纹镈钟 14 件(图 5-4)。我们知道,5 件一组的镈钟遵循的仍是传统的镈钟器用制度(北方地区一般以 4～5 件成组),而 14 件一组的镈钟却采用的是钮钟的数量组合方式[①]。也即是说,从传统乐钟搭配来看,墓主人应该使用镈钟 5 件、钮钟 14 件的配列,但很显然,他更倾向于采用雍容华贵的镈钟来取代钮

图 5-4　山西太原金胜村 M251 出土镈钟编列

---

① 山西省考古研究所、太原市文物管理委员会:《太原晋国赵卿墓》,北京:文物出版社,1996 年;王子初:《太原金胜村 251 号春秋大墓出土编镈的乐学研究》,《中国音乐学》1991 年第 1 期。

钟,从而形成了 14 件镈钟成组这样一种全新的随葬乐钟组合形式。

此外,像山西侯马上马村 M5218 为春秋晚期晋国 5 鼎贵族墓葬,出土镈钟 13 件,分为兽形钮 4 件(明器)和环形钮 9 件(以镈代钮),未用钟虡,与编磬及其他青铜礼器一起叠放在墓室西侧①;上马村 M1004 为春秋晚期 5 鼎贵族墓葬,出土双兽钮镈钟一套 9 件(以镈代钮),成一列置于棺椁南部②;山西屯留车王沟春战之际墓葬中出土一套编镈钟 9 件,底面平,钟体饰夔龙、蟠螭纹,乳钉状钟枚,并搭配编磬一套 9 件③;新近发掘的山西临汾陶寺北墓地 M1 五鼎贵族墓中出土编钟一套 8 件,均为镈钟,形制相同、大小依次递减④;临猗程村 M0002 为春秋中晚期晋国 7 鼎贵族墓葬,出土镈钟一套 9 件(以镈代钮),同时又搭配一套钮钟 9 件⑤,呈现出新、旧两种乐制共存的状态。这些墓例启示我们,全套镈钟的配列方式可能正是源于晋国内部(目前尚未见于其他地域)。

另在战国初年的河南汲县山彪镇一号墓中,墓主为 5 鼎级别的魏国贵族,也恰出土了镈钟 14 件,分为两型,较大者 5 件、较小者 9 件,与赵卿墓中的乐钟情况较为相近。而根据郭宝钧先生所提供的墓葬平面草图来看,这些乐钟正作两列排布,较大的 5 件在墓内西南角,而较小的 9 件则在其东南侧另成一列分布⑥。

从这些墓例可以看出,在春秋晚期阶段,部分晋国公族也开始摆脱传统乐钟葬制的束缚,而偏好将镈钟作为核心乐器,以镈代甬或以镈代钮,形制上取用镈钟形态,而数量上又遵循甬钟或钮钟的规范。这样全套随葬乐钟就仅以镈钟构成,不见甬、钮钟。与南方曾国的甬钟偏好一起,他们形成了这一时期各具特色的随葬乐钟组合形式,共同揭开了乐钟葬制变革的新篇章。

当然,需要补充说明的是,并非所有的曾、晋两国贵族墓葬皆采用的是上述甬钟或镈钟的配列方式,新、旧礼制的更替绝非一日之功。像枣阳曹门湾

---

① 山西省考古研究所:《上马墓地》,北京:文物出版社,1994 年。

② 同上注。

③ 《中国音乐文物大系》总编辑部编:《中国音乐文物大系(山西卷)》,郑州:大象出版社,2000 年,第 72 页。

④ 承蒙发掘者告知,谨致谢忱。

⑤ 赵慧民、李百勤、李春喜:《山西临猗县程村两座东周墓》,《考古》1991 年第 11 期。

⑥ 郭宝钧:《山彪镇与琉璃阁》,北京:科学出版社,1959 年,第 46～47 页;关于汲县山彪镇一号墓的年代及国别,陈昭容《论山彪镇一号墓的年代及国别》对诸家意见有较好的梳理,《中原文物》2008 年第 3 期。

M30 曾国贵族墓出土的便是一套 10 件的钮钟[1]；而山西长治分水岭 M269 随葬甬钟 9 件、钮钟 9 件，M270 随葬甬钟 8 件、钮钟 9 件[2]等，便仍遵循的是传统的乐钟葬制。但是当新的随葬乐钟配列方式出现之后，便迅速盛行起来，并对战国之后的乐钟埋葬制度产生了革命性的影响，我们将在后文中重点论述这一问题。

第二节　随葬编钟摆放形式的变革

编钟使用需按照一定的形式展开，这既是为演奏之便，同时也可以成为彰显身份等级的又一工具。西周至春秋早中期，贵族墓葬中的编钟多成列分布，或者为节约空间，而简单叠置或套置在一起，并未出现将随葬钟磬折曲摆放的现象。像北赵晋侯墓地 M93 疑为“晋文侯”墓中，共出土 16 件甬钟，分为大小两组，已是西周乐制发展的巅峰。这些乐钟在出土时“大型一套 8 件，南北排列，甬均朝东，小型的一套 8 件，位置偏南，被大钟所压”[3]，说明正是分作两列直线分布的。其至当出现不同类型的乐钟相互搭配使用时，也仍然遵循这样的线性摆放原则：如随州叶家山曾国墓地 M111（曾侯犺）中，共随葬 4 件甬钟与 1 件镈钟，出土时“皆钟口朝下，一字排开”[4]，证明即是成一列摆放的；甘肃礼县大堡子山秦国祭祀坑 K5（春秋早期）中，出土 8 件甬钟与 3 件镈钟搭配，但镈钟与甬钟仍是成一列摆放（图 3-3）[5]。春秋之后，乐制繁复，镈钟、钮钟相继成为独立的编列，但也仍是分作不同的钟列成上下式直线分布。最具代表性的当属河南新郑礼乐祭祀坑，其中 K1、K4、K5、K7、K8、K9、K14、K16 之内均为镈钟 4 件、钮钟 20 件，且分作三列陈设，即镈钟一列 4 件、钮钟两列各 10

---

[1]　方勤、胡刚：《枣阳郭家庙曾国墓地曹门湾墓区考古主要收获》，《江汉考古》2015 年第 3 期。

[2]　山西省考古研究所、山西博物院、长治市博物馆：《长治分水岭东周墓地》，北京：文物出版社，2010 年。

[3]　北京大学考古系、山西省考古研究所：《天马—曲村遗址晋侯墓地第五次发掘》，《文物》1995年第 7 期。

[4]　方勤：《叶家山 M111 号墓编钟初步研究》，《黄钟（武汉音乐学院学报）》2014 年第 1 期；方建军：《论叶家山曾国编钟及有关问题》，《中国音乐学》2015 年第 1 期。

[5]　早期秦文化联合考古队：《2006 年甘肃礼县大堡子山祭祀遗迹发掘简报》，《文物》2008 年第11 期。

件。钟虡痕迹仍在,正为上、中、下三层结构,未见任何折曲[1]。

但春秋晚期之后,与墓葬中编钟的配列方式变革一起,许多贵族开始将随葬的钟磬成 90 度折曲摆放,进而形成了一种特别的多面"乐悬制度"。曾侯乙编钟的折曲形制早已被学界所熟知,其出土编钟、编磬皆位于中室,编钟钟虡成 90 度折曲,6 件钮钟、11 件甬钟与 3 件大型甬钟成上、中、下三列悬挂于南侧钟虡上,其余编钟则位于西侧钟虡上,一组编磬又位于北侧,单独成列,这样恰构成了一个三面长方形的曲尺空间[2],与西周至春秋早中期的直线式摆放形式截然不同。

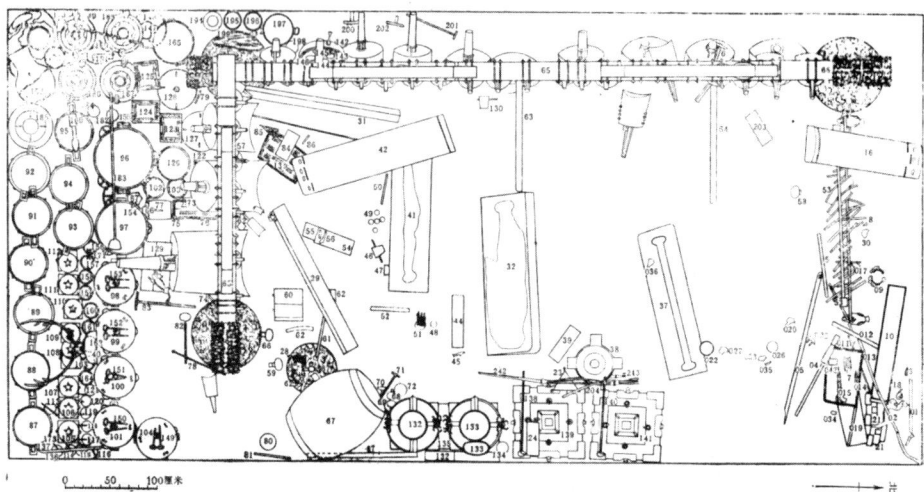

图 5-5　曾候乙编钟的折曲钟磬

实际上,近年来我们又陆续发现了众多如曾侯乙编钟一样使用折曲钟磬的实例,从而认识到这是春秋晚期之后各地兴起的一种共通的随葬乐钟摆放现象。在之前的章节中,我们已经比较详尽地探讨了这一问题,所以本节仅列简表如下:

---

[1]　河南省文物考古研究所:《新郑祭祀遗址》,郑州:大象出版社,2006 年;新郑金城路编钟和城市信用社编钟也是如此配置,参看《中国音乐文物大系》总编辑部编:《中国音乐文物大系(河南卷)》,郑州:大象出版社,1996 年。

[2]　湖北省博物馆编:《曾侯乙墓》,北京:文物出版社,1984 年。

表 5-1 使用折曲钟磬形式的贵族墓葬统计简表

墓葬	年代	墓主	乐钟	乐钟摆放形式	乐悬
曾侯乙墓	战国初年	曾侯乙	1 镈、19 钮、45 甬	编钟钟簴分南侧、西侧两部分,折角成 90 度;编磬单独悬挂于北面	轩悬
淅川下寺 M1	春秋晚期	令尹夫人	9 钮	6 件(标号 20～25)呈南北方向一线排列,3 件(编号 26～28)呈东西方向一线排列,二者相连并正成 90 度折角;编磬则基本散置于三件编钟的一侧	判悬
淅川和尚岭 M2	春秋晚期	薳子辛夫人	8 镈、9 钮	6 件镈钟与 9 件钮钟分上下两列沿墓葬南壁放置,另外 2 件体型最大的镈钟(编号 1、2 号)单独放置于东壁南角,与南壁的两列编钟相接并正成 90 度折角;一套编磬 12 件则位于 2 件编钟的对面	轩悬
固始侯古堆 M1	春战之际	楚国贵族	8 镈、9 钮	呈东西向相并排列。铜镈钟靠南壁 6 枚,另外最大的两枚放在东壁与南壁的拐角处,成 90 度折角。铜编钟 9 枚,置于编镈的北侧,东西排列在一条线上。无编磬	判悬
淅川徐家岭 M10	春秋晚期	薳子昃	8 镈、9 钮	钮钟皆置于墓内东南角,成一列分布,镈钟则位于其前方,其中 6 件成一列平行分布,而另有两件较大者(编号 7、8)成 90 度置于东侧。编磬散落不明	轩悬?
随州擂鼓墩 M2	战国中期	曾侯	36 甬	29 件在椁室南部靠南壁成列式两排陈设,其中 16 件甬钟自成一列,而其它 7 件甬钟则与 6 件镈钟同列;另有 7 件编钟(2 件大钟、5 件小钟)被单独置于墓内西壁,亦成一列摆放。编磬与南壁编钟平行放置	判悬?
蚌埠双墩 M1	春秋中期	钟离君柏	9 钮	编钟成一列沿北壁放置,而编磬则自北向南平行于东壁陈列,正与编钟形成 90 度折角	判悬
枣阳曹门湾 M1	春秋早期	曾侯	不明	根据钟簴遗痕推断为折曲形制。编磬位置不明	判悬?
山西潞城潞河 M7	战国早期	5 鼎贵族	8 钮、4 镈、16 甬	8 件甬钟分布于墓内北部,沿北壁成列放置,而其余钟磬则皆成一列置于墓葬南部,沿南壁放置。二者对向平行	对向的判悬

续表

墓葬	年代	墓主	乐钟	乐钟摆放形式	乐悬
洛阳西工区 M131	战国中期	5鼎贵族	16甬	8件甬钟成一列分布于墓内东侧,从北向南依次由小到大,而另8件甬钟则成一列分布于墓内南侧,从西向东依次由小到大,两列编钟恰成90度折角。编磬位于东侧编钟的北部	判悬
邳州九女墩 M3	春秋晚期	徐国王室成员	4甬、9钮、6镈	1号镈钟与编磬位于北侧成一列摆放,2~6号镈钟与9件钮钟在东侧成一列摆放,4件大型甬钟则在南侧成一列摆放	轩悬
邳州九女墩 M2	战国早期	徐国王室成员	6镈、8甬	6件镈钟在北部成一列摆放,8件甬钟在东侧成一列摆放,一套编磬在南侧成一列摆放	轩悬

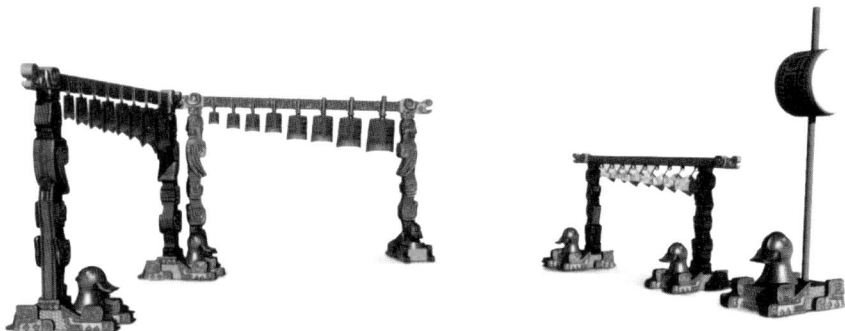

图 5-6 枣阳曹门湾一号墓出土编钟、编磬的折曲摆放复原

从上述诸多实例可以看出,在春秋晚期至战国初年,不同地区的贵族都开始将随葬钟磬折曲摆放,从而形成了一种新的葬仪。尤其是一些贵族墓葬内空间其实仍十分宽敞,随葬乐器并不受到空间的限制,但仍然做如此特殊的陈设,显然是蕴含了深刻的礼制含义。虽然目前这种摆放形式仅见于墓葬资料,并不能够完全等同于贵族生前的乐钟使用方式,且数量上也并非十分巨大,但至少能够表明,这些贵族在生前已经具备了将金石之器多面环绕的意识,并在死后继续如此展现。同时我们也注意到,上述墓葬中的折曲钟磬其实缺乏统一的形式规范,既有将镈钟拆解开来分两面摆放的现象,也有将甬钟与镈钟共置于一面的情况,同时编磬是否作为单独的一面乐器也是因人而异、各有不

同,可见虽然贵族们逐渐接受了折曲钟磬的摆放原则,但在具体展现形式上却颇具弹性,而没有绝对一致的标准。当然,这也是由于墓葬这一特殊载体的制约,既有空间上的特定要求,同时也与不同贵族如何看待生死的观念息息相关。

第三节　乐钟随葬制度变革的影响

如上所述,春秋晚期的乐钟葬制变革具体表现在两方面:其一是对单类乐钟的偏好,以单类乐钟所构成的葬钟编列逐渐取代传统的三元组合编钟系统,在南方以曾国的甬钟偏好为核心,全套葬钟内只见甬钟,而在北方则以晋国的镈钟偏好为核心,全套葬钟内只使用镈钟;其二是新的随葬乐钟摆放形式——折曲钟磬逐渐成为各地贵族们的共识[1]。这两种乐钟埋葬制度的变化又对战国礼制产生了深远影响,同时也为战国时期礼典文献的成书奠定了重要的基础。

首先,从乐律的角度看,全套甬钟或镈钟配列的出现,意味着音律对于乐钟类型的束缚被消除,钮钟、甬钟、镈钟不再囿于高、中、低音的限制,同一类型的乐钟即可满足各种乐律要求。因此,战国之后,不同类型乐钟之间相互替代的现象便层出不穷,同时,编钟尺寸也不如昔日一样,遵循钮钟、甬钟、镈钟依次增大的趋势,而呈现出多样和随意的局面。

在上举邳州九女墩 M3 中,便可以见到体型最大的不再是传统的镈钟,反而是 4 件甬钟,而且以 4 件成组的方式在这一时期也是属于镈钟的器用制度(甬钟基本以 8～10 件成组),所以墓主人应是以甬钟来替代镈钟使用[2]。再如河南陕县后川 M2040(7 鼎贵族)中,出土编钟包括陶甬钟 16 件(分为 2 组)、镈钟 9 件、钮钟 9 件,但又有大型的甬钟 4 件,尺寸远大于其他的乐钟[3],故而也是"以甬代镈"的现象,而 9 件一组的镈钟又采用的是以镈代钮的做法,显示出其与晋国礼制系统的深厚渊源。

---

[1]　不排除在未来的考古发现中能够找到早于春秋晚期的使用折曲钟磬的墓例,但从现有资料判断,这种现象的普遍化恐怕还是定在春秋晚期阶段较为适宜。

[2]　孔令远、陈永清:《江苏邳州市九女墩三号墩的发掘》,《考古》2002 年第 5 期。

[3]　中国社会科学院考古研究所:《陕县东周秦汉墓》,北京:科学出版社,1994 年。

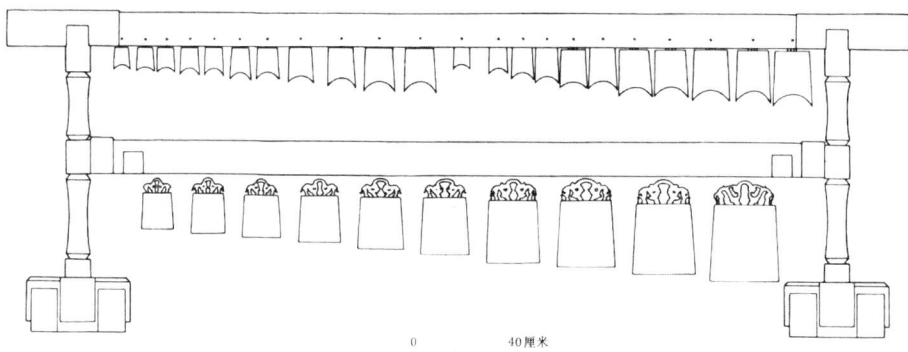

图 5-7　荆州天星观二号墓出土编钟

　　类似的现象亦频繁见于南方楚地,像湖北枣阳九连墩 M1 战国中期楚国高级贵族墓中(升鼎 5 件),据发掘者王红星先生介绍,北室出土编钟 34 件,"有上、下两层,下层甬钟一组 12 件,上层钮钟二组各 11 件"[1]。而在等级相近的荆州天星观 M2 邸阳君潘乘夫人墓中,也恰出土了 34 件编钟,但编列结构却为钮钟两组各 12 件、镈钟 10 件,分作两列悬挂于一架钟虡之上(图 5-7)。这两套乐钟内的钮钟均采用"咬合式衔接法",形成带有"商角"、"羽曾"、"商曾"等偏音的七声音列[2],但与主钟搭配的既可以是 12 件甬钟,也可以是 10 件镈钟,说明他们可以实现相近的音律要求,自然这些贵族在选择钟型时就不再存在绝对的标准了。

　　另在业已发掘的广州象岗南越王墓、山东洛庄汉墓(乐器坑)和江苏大云山一号汉墓等汉代诸侯王墓葬中,均出土 5 件甬钟、14 件钮钟搭配的乐钟组合,分作上下两列陈设[3],应是汉代这一等级常用的乐制。而如果回顾两周时期的乐钟制度,便可以知道 5 件一组实则是镈钟的编列方式,但汉代之后镈钟

----

① 湖北省博物馆编:《九连墩——长江中游的楚国贵族大墓》,北京:文物出版社,2007 年,第 19 页。

② 湖北省荆州博物馆:《荆州天星观二号楚墓》,北京:文物出版社,2003 年。

③ 广州市文物管理委员会等:《西汉南越王墓》,北京:文物出版社,1991 年;济南市考古研究所等:《山东章丘市洛庄汉墓陪葬坑的清理》,《考古》2004 年第 8 期;王子初:《洛庄汉墓出土乐器述略》,《中国历史文物》2002 年第 4 期;方建军:《洛庄汉墓 14 号陪葬坑编钟研究》,《音乐研究》2007 年第 2 期;王清雷:《章丘洛庄编钟刍议》,《文物》2005 年第 1 期;南京博物院等:《江苏盱眙县大云山西汉江都王陵一号墓》,《考古》2013 年第 10 期。

消失,工匠们便用甬钟来代替镈钟使用,而且在乐律上也同样仅起着节音的作用[①],可见春秋晚期以来的乐制变革理念一直持续影响至汉代。

其次,曾、晋等国这两种新的葬钟配列方式无疑开启了一种将随葬乐钟简化的趋势,无论对铸造者还是演奏者而言,当只需关注于一类乐钟的铸造和演奏时,自然会节约相应的资源、时间和精力。因此,战国之后,这种理念持续发酵,进而催生出另一种新的葬钟配列方式——钮钟配列[②],也就是高等级贵族墓内的全套编钟只有钮钟,而不再采用各种类型乐钟混搭的模式,同时编钟列数也简化为一列。如著名的信阳长台关 M1、M2 中,均只出土了 13 件一组的钮钟(M1 为铜质、M2 为木质),悬于一虡钟架之上。且 M1 遣策中(简 2-018)正记为"乐人之器,一椠桯首钟,小大十又三",可知并无缺失。这两座墓葬的主人均属于楚国的封君,等级上高于上述淅川和尚岭 M2、徐家岭 M10、九连墩 M1 等墓葬,所以若依照传统礼制,自然应是甬、钮、镈钟三列齐备。但在战国时期新的乐钟埋葬理念下,就仅被简化为一列的成套钮钟了[③]。此外,像河南上蔡砖瓦厂楚墓(封君级别,13 件钮钟)、山东临淄商王村 M2(14 件钮钟)、河北平山 M1 战国中山王墓(西库内出土一组 14 件钮钟)、四川涪陵小田溪战国墓(14 件钮钟)、传世䣄䣄钟(14 件钮钟)等出土编钟莫不如此配置(图 5-8)[④]。如果不明晰春秋晚期以来的乐钟葬制简化趋势,自然就无法理解这些与身份等级不相匹配的乐钟组合,实际上他们的制度源头皆在春秋晚期,遵循的是曾、晋两国开启的乐钟埋葬制度的变革理念,并持续影响至汉代。

最后我们再来看折曲钟磬的摆放形式在乐器制度史上的重要意义,显然它与礼制文献中的"乐悬制度"联系最为密切。在《周礼·春官·小胥》篇中有关于这一制度的简略记载:"正乐悬之位,王宫悬,诸侯轩悬,卿大夫判悬,士特悬,辨其声。凡悬钟磬,半为堵,全为肆。"自汉世以来,这一制度便深受历代注

---

① 南京博物院等:《江苏盱眙县大云山西汉江都王陵一号墓》,《考古》2013 年第 10 期。

② 需要说明的是,春秋时期以来单纯的钮钟配列就已经出现,像侯马上马 M13 便只出土了 9 件一组的钮钟,不过这一时期主要局限在较低等级的贵族墓葬内,而与高等级贵族所采用的三元组合编钟系统形成等级上的差异。而这里提到的战国时期的钮钟配列则主要是指高等级贵族在简化乐钟的理念下,所使用的一种编列方式,而替代了原有的多列组合编钟系统。

③ 河南省文物研究所:《信阳楚墓》,北京:文物出版社,1986 年。

④ 驻马店地区文化局:《上蔡发现一座楚墓》,《中原文物》1990 年第 2 期;淄博市博物馆、齐故城博物馆:《临淄商王墓地》,济南:齐鲁书社,1997 年;河北省文物研究所:《䂞墓——战国中山国国王之墓》,北京:文物出版社,1995 年;四川省博物馆、涪陵地区文化局:《四川涪陵地区小田溪战国土坑墓清理简报》,《文物》1974 年第 5 期。

图 5-8　四川涪陵小田溪战国墓出土钮钟编列

经者的关注。郑玄引郑众之说释为："宫悬四面悬,轩悬去其一面,判悬又去其一面,特悬又去其一面。四面象宫室四面有墙,故谓之宫悬。轩悬三面,其形曲,故春秋传曰:'请曲悬繁缨以朝',诸侯之礼也……玄谓轩悬去南面,辟王也。判悬左右之合,又空北面。特悬悬于东方,或于阶间而已",即天子使用四面钟磬,诸侯、大夫、士等级依次降差。但是,由于经文简短,并未言明各悬的实际构成情况和音律搭配原则,是以后世在乐悬制度的具体形式上诸说迭出,莫衷一是。清代学者江藩曾作《乐悬考》一书,简略梳理了历史上的乐悬诸说,"公彦以八音八风释康成二八之义,是已……自有服(十九钟)说,而编磬、编钟之制,紊乱不伦:有设十二钟于辰位,四面设编钟、编磬者,北齐也;以钟磬七正七倍而悬十四者,后周也;以浊倍三七而悬二十一者,梁武也;以钟磬参悬之,正声十二、倍声十二而悬二十四者,魏公孙崇之说也;主十六枚之说,又加以宫商各一枚者,隋牛宏之说也。言人人殊,茫无定说",足见这其中的混乱局面①。

　　其实在《仪礼》书中的《乡饮酒礼》、《乡射礼》、《燕礼》、《大射礼》诸篇也有关于周代贵族宴飨用乐的记载,尤其是《大射礼》更涉及了演奏时钟、磬、笙、鼓的具体摆放位置,故可成为探讨乐悬制度的重要补充:"乐人宿悬于阼阶东。笙磬西面,其南笙钟,其南镈,皆南陈。建鼓在阼阶西,南鼓;应鼙在其东,南

---

① (清)江藩:《乐悬考》,转引自曾永义:《仪礼乐器考》,台北:台湾中华书局,1986年,第112页。

鼓。西阶之西，颂磬东面，其南钟，其南镈，皆南陈。一建鼓在其南，东鼓；朔鼙在其北。一建鼓在西阶之东，南面。鼗在建鼓之间，鞻倚于颂磬西纮。"[1]台湾学者曾永仪即根据这一记载，对"乐悬制度"的不同摆放形式做出了很好地复原，主要遵循以下三个重要的原则：一是乐悬诸面的钟、磬、镈基本对称，数量相当；二是乐悬诸面并不连接，各自采用独立的钟虡，这样方能便于移动和演奏；三是乐悬制度中编钟与编磬均是处于同一面上的，不存在将编钟、编磬拆解为两面的现象[2]。

但实际上，如果我们再检视上述考古资料的话，可以发现几乎没有与礼经记载相一致的例子，无论是具体摆放形式还是等级差异上，现实情况都呈现出颇为多样、随意的局面。仅以轩悬制度而言，就可以看到曾侯乙编钟、䢔子受编钟、九女墩M3、九女墩M2等四种截然不同的摆放形式，而身份也包含了诸侯、卿大夫等不同层级。这一方面固然可以部分归结于墓葬资料的特殊性，但同时也表明，礼典文献的记载虽然是以现实的礼制实践为蓝本，但其编撰却又是一时、一地之功，并很可能掺入了后世学者的一些理想化成分，所以并不能完全涵盖现实中的诸多礼制现象。我们可以说，经书中的"乐悬制度"确是依据春秋晚期以来的礼制实践而创作、整理的[3]，并进而说明《仪礼》、《周礼》中相关篇章的成书当在战国之后。但同时，我们又不能盲从于文献所述，而应充分认识到现实礼制实践的多样性和礼制文化的多元性。

小　结

春秋晚期阶段，贵族墓葬内的随葬乐钟出现了两方面显著的制度性变革：一方面是对单类乐钟的偏好逐渐取代了传统的以甬钟、钮钟、镈钟所构成的三元组合编钟系统。在南方的曾国墓葬内出现了全新的甬钟编列方式，即全套编钟仅以甬钟构成，而北方的晋国墓葬内则出现镈钟编列方式，全套编钟只用镈钟而不见甬、钮钟。这两种革新性的葬钟组合方式对于战国礼制亦产生了深远影响，不仅使乐钟类型之间的约束被打破，钟型相互替代的现象层出不

① 胡培翚撰、段熙仲点校：《仪礼正义》，南京：江苏古籍出版社，1993年。
② 曾永义：《仪礼乐器考》，台北：台湾中华书局，1986年。
③ 陈公柔：《士丧礼、既夕礼中所记载的丧葬制度》，《考古学报》1956年第4期；沈文倬：《对"士丧礼、既夕礼中所记载的丧葬制度"几点意见》，《考古学报》1958年第2期。

穷,也导致了战国中期之后随葬乐钟组合的不断简化,以致如屬羌钟一样的全套钮钟编列方式的盛行,这其中蕴含的乐制变革理念自然是一脉相承的。另一方面,从春秋晚期开始,随葬编钟的摆放形式也出现重要变革,折曲钟磬逐渐成为贵族们的共识并在各地涌现,虽然他们之间缺乏统一的形式规范,但无疑是贵族们将金石之器多面环绕的礼制意识的反映,并为战国之后礼典文献中有关"乐悬制度"的创作奠定了重要基础。

葬钟配列方式与摆放形式的双重变化是春秋晚期乐钟埋葬制度变革的核心体现,不仅为探讨战国乐钟葬制的形成提供了重要资料,亦为理解这一时期的"礼崩乐坏"局面开辟了新的视角。

当然,还需补充说明的是:首先,我们所使用的主要是墓葬中的乐钟资料,但墓葬作为一类特殊的物质载体,其随葬品的选择、陈设自有其法度、准则,并受到空间、财富、政治以及观念(如明器编钟)等诸多因素的影响,并不能直接等同于贵族生前的礼仪活动,葬制不能涵盖礼仪活动的全部。所以我们既不能简单依靠墓葬资料来尝试复原周代祭祀、宴飨等礼仪活动中的用乐情况,也不能简单凭借统计分析来解释问题,而需充分意识到墓葬资料的多样性。虽然一些贵族墓葬并未采用上述乐钟配列或摆放形式,但并不表明它们就不具备这样的礼制意识。其次,东周列国文化虽然同出一源,但亦"渐行渐远",各地礼乐制度的差异性是不容忽视的。而礼典文献的创作又是一时、一地之功,势必无法全面地"覆盖"各地的礼制实践情况,所以我们在对待考古资料与文献记载时,既不能盲目地苛求一致,更不应该互相否定彼此,而应充分意识到它们之间必然存在的差异性,进而利用这种差异性来探讨礼制文献的成书时间、地域等问题。

附记:在山西临汾陶寺北墓地 2016 年发掘的 M1 5 鼎贵族墓中出土编钟一套 8 件,均为镈钟,形制相同、大小依次递减,也属于晋国典型的镈钟编列。但 M2 同属 5 鼎等级,编钟却是钮钟 9 件一套;另在信阳长台关发掘的战国中期 M9 中出土完整编钟一套,经博物馆实地查验,其由 9 件镈钟、9 件钮钟共同组成,分上下两列悬挂。镈钟 9 件一组显然遵循的是甬钟或钮钟的编列制度,所以这里也是以镈代甬(钮)的现象,同时镈钟呈折曲形制摆放,2 件较大者在一侧,7 件较小者在另一侧,与上述和尚岭等诸楚墓是一致的。

第六章　者汃编钟与越国乐制

　　者汃编钟是周代贵族者汃所铸造的一组实用乐钟,在钟体铭文内有"唯越十有九年"的明确纪年,故可以断定应属越国之器。那么,对其年代、组合与音律的考察,无疑将有助于我们去深入了解越国的青铜乐制问题。

　　由于并非是科学发掘品,者汃编钟现多流散海外,组合残缺。目前仅见13件,包括镈钟1件,现藏苏州市博物馆;钮钟12件,分别藏于故宫博物院(1件)、上海博物馆(1件)、日本京都泉屋博古馆(2件)和日本神户东畑谦三氏处(8件)。日本学者浅原达郎曾撰有《者汃钟》一文,详细介绍了这些编钟在诸藏家手中的流转和著录情况[①],可兹参考。

　　关于该组编钟的年代,由于在位年数达19年的越王仅有勾践、朱句和翳3位[②],所以学者们也多从此三王立论,依据对编钟铭文的释读,而形成了两种截然不同的意见:

　　1. 勾践十九年说:容庚、饶宗颐、陈梦家、罗泰、曹锦炎与浅原达郎等先生皆主张此说,当然对于器主又有勾践之子"与夷"(鹿郢、盱与、适郢、者旨於睗)或者勾践之臣"诸稽郢"(诸稽、柘稽)等不同看法[③]。

　　2. 王翳十九年说:郭沫若先生最早提出"者汃"当读为"诸咎",是越王翳

---

① 浅原达郎:《者汃钟》,载泉屋博古馆编:《泉屋博古纪要》第五卷,1987年,第17～41页。

② 蒙文通:《越史丛考》,北京:人民出版社,1983年;董楚平:《吴越文化新探》,杭州:浙江人民出版社,1988年;毛颖、张敏:《长江下游的徐舒与吴越》,武汉:湖北教育出版社,2005年;冯普仁:《吴越文化》,北京:文物出版社,2007年;孟文镛:《越国史稿》,北京:中国社会科学出版社,2010年。越国史实研究者众多,兹不赘举。

③ 容庚:《鸟虫书》,《中山大学学报》1964年第1期;饶宗颐:《者汃编钟铭释·序》,载《金匮论古综合刊》第1期,第73页,香港:亚洲石印局,1955年;Lothar Von Falkenhausen, *Suspended Music: Chime-bells in the Culture of Bronze Age China*, University of California Press, 1993. p.187;陈梦家:《西周年代考·六国纪年》,北京:中华书局,2005年,第157页;曹锦炎:《鸟虫书通考》,上海:上海书画出版社,1999年,第58页。

之子,所以铭文中的王应指越王翳①。近来董珊先生又提出"者汈"可能是《纪年》中所提到的越大夫"寺區",而该钟铭是越王翳十九年对大夫寺區的训诰②。

但我们知道,勾践十九年是 478BC,属春秋晚期阶段,而越王翳十九年是 393BC,属战国早期晚段③,两者相距几近百年之久,这种差别在铜器断代上显然是无法被搁置或模糊处理的。而正如董珊先生所言:"者汈钟铭是一种美术化的字体,笔画多方委曲,不容易准确隶定。所谓'汈'字的右旁,已经有'弓'、'尸'、'刀'、'人'等多种释法,以现有的文字学研究水平来看,还不能肯定到底哪种是对的",所以,目前单纯依靠释读文字资料恐怕是无法断定该组编钟的年代和器主的。

不过,幸得于考古资料的积累,迄今为止我们业已发现了众多隶属于这两个历史时期的完整编钟,从而对春秋晚期和战国早期的乐钟制度有了较为清晰的认识④,并能够揭示出他们之间显著的制度性差异。因此,我们就可以从乐钟制度的角度出发,通过考察现存者汈编钟的尺寸、铭文排列方式与音律,来尝试复原其本来的编列组合,再与已有的编钟资料相互比较,来探讨这一乐钟制度所应出现的时代,进而推知者汈编钟的铸造年代。

同时,者汈编钟又是目前确知的越国青铜乐器,如果将其与江苏无锡鸿山、浙江海盐黄家山、长兴鼻子山、余杭崇贤战国墓等土墩墓所出土的其他越国编钟相比照⑤,显然能够帮助我们去分析越国乐制中可能存在的"二分现象",从而为判断者汈的身份提供新的线索。

---

① 郭沫若:《两周金文辞大系图录考释》,上海:上海书店出版社,1999 年,第 158 页;董楚平先生亦指出勾践十九年正致力于军事扩张,是否能制作如此豪华的礼器尚值得怀疑,《吴越文化新探》,杭州:浙江人民出版社,1988 年,第 346 页。

② 董珊:《越者汈钟铭新论》,《东南文化》2008 年第 2 期;董珊著:《吴越题铭研究》,北京:科学出版社,2014 年,第 88～92 页。

③ 越国世系年代参照浅原达郎文中意见,春秋、战国之间则取 453BC 三家分晋为界标。

④ 李纯一:《中国上古出土乐器综论》,北京:文物出版社,1996 年;王子初:《中国音乐考古学》,福州:福建教育出版社,2003 年;方建军:《中国古代乐器概论(远古—汉代)》,北京:人民出版社,1996 年;陈荃有:《中国青铜乐钟研究》,上海:上海音乐学院出版社,2005 年;邵晓洁:《楚钟研究》,北京:人民音乐出版社,2010 年;王友华:《先秦编钟研究》,桂林:广西师范大学出版社,2013 年。

⑤ 浙江省文物考古研究所、海盐县博物馆:《浙江海盐出土原始瓷乐器》,《文物》1985 年第 8 期;浙江省文物考古研究所、长兴县博物馆:《浙江长兴鼻子山越国贵族墓》,《文物》2007 年第 1 期;余杭县文物管理委员会:《浙江省余杭崇贤战国墓》,《东南文化》1989 年第 6 期;南京博物院、江苏省考古研究所、无锡市锡山区文物管理委员会:《鸿山越墓发掘报告》,北京:文物出版社,2007 年。

第一节　者汈编钟的组合

下面我们将分别从者汈编钟的尺寸、铭文排列方式与音律组合来探讨其本来的编列形式。

一、编钟尺寸

周代乐钟依靠振动发音,所以编钟尺寸与设计音高息息相关[①]。为追求音律的和谐,周代乐工常将编钟铸造成尺寸递减的形制,并辅以精细的锉磨调音,以便演奏出高低不同的音阶。这一规律自西周以来便逐渐形成,如西周中期的曲村晋侯墓地 M9 中所出 4 件一组的甬钟通高分别为 35.8、34.0、32.2、30.6 厘米,间距基本在 1.8 厘米左右[②]。而春秋战国之后,随着乐律的发展,这种现象更趋普遍和严格,以南方地区春秋中晚期至战国早期的 5 组代表性钮钟为例,详见下表:

表 6-1　春秋中晚期至战国初年部分出土钮钟通高数据表[③]

编钟	通高(cm)									
新郑 K1B	27.15	26.40	24.9	23.0	21.8	19	18.45	18.6	16.10	14.10

---

① 黄翔鹏:《先秦编钟音阶结构的断代分析》,《江汉考古》1982 年第 2 期。后均收入氏著:《黄翔鹏文存》(上下卷),济南:山东文艺出版社,2007 年;马承源:《商周青铜双音钟》,《考古学报》1981 年第 1 期;冯光生:《周代编钟的双音技术及应用》,《中国音乐学》2002 年第 1 期。当然尺寸只是决定编钟音高的重要因素之一,在尺寸设计之外,精细的调音仍是不可或缺的。

② 北京大学考古系、山西省考古研究所:《天马—曲村遗址晋侯墓地第五次发掘》,《文物》1995 年第 7 期;当然西周时期多有乐钟拼凑的现象,所以编钟尺寸也常增减不齐,尺寸递减的趋势并不十分严格。参看王清雷:《西周乐悬制度的音乐考古学研究》,北京:文物出版社,2007 年;王友华又指出西周晚期编钟存在"二分规律",即 8 件组编钟中每 4 件之内是尺寸递减的,但两组 4 件之间尺寸又差别较大,说明是以 4 件为基础扩展而成的。参看王友华:《先秦编钟研究》,桂林:广西师范大学出版社,2013 年,第 219 页。

③ 数据来源:河南省文物考古研究所:《新郑祭祀遗址》,郑州:大象出版社,2006 年;河南省文物研究所等:《淅川下寺春秋楚墓》,北京:文物出版社,1991 年;河南省文物考古研究所等编著:《淅川和尚岭与徐家岭楚墓》,郑州:大象出版社,2004 年;河南省文物考古研究所编著:《固始侯古堆一号墓》,郑州:大象出版社,2004 年。

续表

编钟	通高（cm）									
下寺 M1	21.5	21.0	18.8	17.5	15.8	14.1	13.7	12.98	11.75	
固始侯古堆	21	20.5	19.25	17.6	17.7	16.25	14.6	13.4	12.16	
和尚岭 M2	23.6	22.2	22	21	19.8	18	16.2	14	13.5	
徐家岭 M10	21.5	20.5	19	18	16.8	16	15	14.7	13.8	

注：郑国夹处楚、晋之间，乐钟制度对于南方地区具有显著的影响，故亦备列于此。

由表中可知，各组编钟的通高间差基本在1～3厘米之间，尺寸递减的趋势是一目了然的，未出现一例编钟通高数据完全相同的情况，而他们的音高也自然呈现出相应的差别，这种设计原则在甬钟、镈钟上也同样体现得十分明显。由此，我们再来看者汈编钟的尺寸数据：

表 6-2　现存者汈编钟（钮钟）尺寸数据表[①]

单位：cm

尺寸 ＼ 编钟	泉屋大钟	上博藏钟	故宫藏钟	泉屋小钟	东畑谦三所藏							
					T1	T2	T3	T4	T5	T6	T7	T8
通高	25.7	25.3	18.8	18.5	18.5	17.5	16.5	16.5	14.8	14.9	13.5	13.5
铣长	19.7	19.5	14.7	14.7	14.4	13.5	12.6	12.5	11.7	11.4	10.9	10.8
钮高	5.9	6.6	4.0	残	4.0	4.1	3.8	3.9	3.5	3.4	3.5	3.4
钲长	17.0	16.8	12.3	12.1	11.5	11.0	10.5	10.4	9.7	9.5	9.1	8.7
铣间	15.6	15.9	10.5	10.8	10.2	10.0	9.3	9.6	8.5	8.5	8.2	8.0
鼓间	11.5	12.0	6.7	7.4	7.4	7.0	6.2	6.2	6.4	6.0	5.7	5.6
舞修	14.2	14.2	9.5	9.2	8.8	8.2	7.9	8.0	7.5	7.5	6.9	6.8
舞广	10.2	10.1	6.2	6.4	5.9	5.6	5.4	5.5	5.4	5.2	4.5	4.5

可以发现，在现存者汈编钟内，泉屋大钟与上博藏钟、T3 与 T4、T5 与 T6、T7 与 T8 诸钟的尺寸是基本相同的，虽然铣长、钮高、铣间等数据仍略有差异，但基本在1～3厘米之间，这对于先秦时期的铸造技术来说应是可以接

[①]　数据来源：故宫藏钟尺寸委托故宫友人实测，其他乐钟数据来源于高桥准二氏的测量报告，高桥准二：《者汈钟の音高测定》，载泉屋博古馆编：《泉屋博古纪要》第五卷，1987年，第45页。

受的误差。这一点,高桥准二氏在其《者汈钟の音高测定》一文中早已指出[①],而且下文中我们还将看到这几组乐钟的铭文排列方式亦是完全相同,所以我们认为,这几组编钟在尺寸设计时便是等大的。根据上举同套编钟尺寸依次递减的原则,也即是说,他们应分别属于两套相同尺寸的钮钟序列(每一序列内尺寸又依次递减)。

图 6-1　故宫藏者汈编钟及鼓部纹饰拓片

那么,从通高数据来看,目前最大的泉屋大钟为 25.7 厘米,最小的 T7、T8 钟为 13.5 厘米,相差约 12 厘米,其它乐钟间差基本在 1～1.5 厘米左右,这样算来,每套钮钟序列内的数量应在 8～12 枚之间,依据铣长、铣间、鼓间或者舞修、舞广数据也都可以得到几乎相近的结论。这是仅从编钟尺寸上就可以得到的一个初步结果,即者汈编钟应是由两组各 8～12 件的钮钟并辅以若干件镈钟所构成的。

----

① 高桥准二:《者汈钟の音高测定》,载泉屋博古馆编:《泉屋博古纪要》第五卷,1987 年,第 42
　　～49 页。

二、铭文排列方式

者汈编钟铭文自"唯越十有九年"起始,终于"子孙永保",全篇共 92 字(不计重文符号),在钟体上呈现出极有规律的排列方式,从而为我们推断其缺失的编钟数量提供了一种新的研究角度。如下表所示:

表 6-3　现存者汈编钟(钮钟)铭文排列方式统计表

编钟	铭文排列					
	正面钲部	正面左鼓部	背面右鼓部	背面钲部	背面左鼓部	正面右鼓部
泉屋大钟	锈蚀	7～15	16～24	25～30	锈蚀	锈蚀
上博藏钟	1～6	7～15	16～24	25～30	31～39	40～48
故宫藏钟	53～56	57～60	61～64	65～68	69～72	
泉屋小钟	1～4	5～8	9～12	13～16		
T1	73～76	77～80	81～84	85～88	89～90	91～92
T2	1～4	5～8	9～12	13～16	17～20	21～24
T3	25～28	29～32	33～36	37～40	41～44	45～48
T4	25～28	29～32	33～36	37～40	41～44	45～48
T5	49～52	53～56	57～60	61～64	65～68	69～72
T6	49～52	53～56	57～60	61～64	65～68	69～72
T7	73～76	77～80	81～84	85～88	89～90	91～92
T8	73～76	77～80	81～84	85～88	89～90	91～92

首先,者汈编钟的铭文书写顺序是从正面钲部向左旋转,至正面左鼓部,再背面右鼓部、背面钲部、背面左鼓部,最后终结于正面右鼓部。与新近发现的随州文峰塔 M1 编钟的铭文书写格局是完全一样的,亦是春秋晚期之后最为流行的编钟铭文排列方式,这一点王世民先生已经有很好的论述[①],兹不赘引。

同时,我们也注意到,者汈编钟的铭文排列有"四字模式"和"六～九字模

---

① 王世民:《西周暨春秋战国时代编钟铭文的排列形式》,载《中国考古学研究(二)——夏鼐先生考古五十年纪念论文集》,北京:科学出版社,1986 年。

式"两种,即依据钟体大小在每一面上有 4 或 6～9 字分布。在"四字模式"中,T3 与 T4、T5 与 T6、T7 与 T8 的铭文排列完全一致,同时他们之间的钟体尺寸亦是基本相同,所以显然应分属于两套钮钟序列。而这三组之间铭文又相互衔接,尺寸上亦是依次递减,正说明他们是同批设计和铸造的成组乐钟。另从铭文格局上看,泉屋小钟、T1 与 T2 钟也应属于这一组别,只是中间暂有缺环;"六～九字模式"目前仅见于泉屋大钟和上博藏钟,由于泉屋大钟正面锈蚀严重,局部铭文已基本不识,但从残存的文字布局来看,与上博藏钟是完全一致的,而他们的钟体大小也趋同,所以也应该是分属两套。

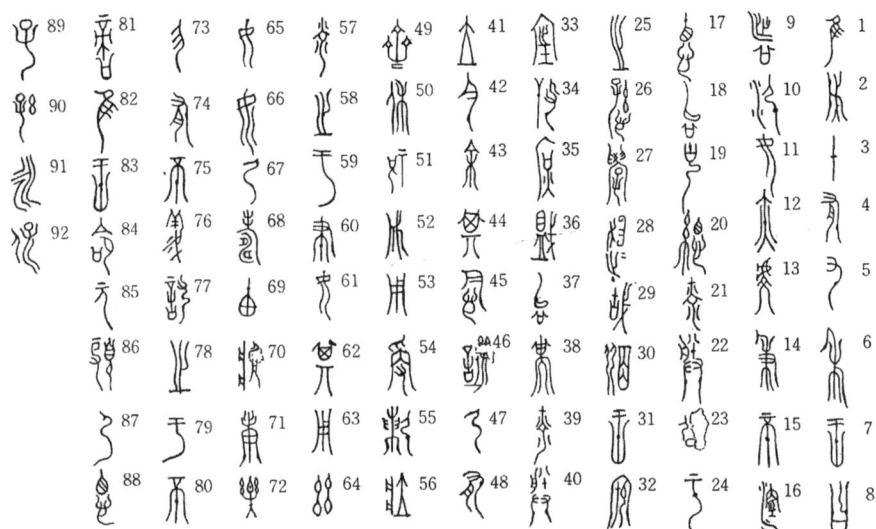

泉屋小钟四字模式

泉屋大钟六字模式

图 6-2　者汈编钟 92 字铭文摹本及两种分布模式

由此看来,者汈编钟的设计尺寸与铭文排列方式之间是基本契合的,相似尺寸的编钟其铭文排列布局也是完全一致,而铭文相互衔接的乐钟其钟体大小也是依次递减[①]。这样,我们就可以从剩余的 10 件乐钟铭文布局来推断此套者汈钮钟的数量:其中 T2 至 T8 构成两列完整的铭文,所以应是两组钮钟各 4 件(暂残缺 1 件)。从这里也可以看出,保证长篇铭文的完整性是此套编钟设计的重要原则之一(近似"王孙诰编钟")。而泉屋小钟与 T1 钟照此规律推算,恐怕也应该是两组各 4 件方能保证铭文完整。故宫藏钟在尺寸上与此组最为接近,或许即是为了补足该组中的某件缺失品。因此"四字模式"的编钟便共有两组各 8 件,而"六~九字模式"的乐钟也同样分为两组,按每钟最多48 字计,全篇 92 字就至少需要 2 件乐钟,也即是说,"六~九字模式"的编钟至少为两组各 2 件。综合看来,者汈编钟应是一套两组至少各 10 件的钮钟编列,这与依据尺寸数据所得出的复原结论是相互吻合的。

三、编钟乐律

最后我们来看这套编种的乐律情况。日本学者高桥准二氏已对其中的10 件进行了详尽的测音,并以 F♯ 为宫,将其复原成两组各 10 件的钮钟序列[②](高文表三)。但其中许多音高数据明显与测音结果不合,而且复原出的正鼓音与侧鼓音之间也缺乏清晰的三度关系,对此高氏只能认为者汈编钟多属明器,调音不准。此后,浅原达郎先生改以 C♯ 为宫,并依照三度关系将其重新复原成两组各 12 件的钮钟序列,参看下表:

---

① 目前唯一无法融入这一系统的仅有故宫所藏者汈钟,不仅尺寸(一说为通高 18.3 厘米)不在递减序列内,铭文布局也是迥异于其他"四字模式"编钟,如果他们确实同出于一座墓葬的话,那只能理解为:由于现有乐钟存在缺失,而临时从其他组别的者汈编钟内取来以拼凑乐律。杜迺松:《青铜礼乐器——故宫博物院藏文物珍品全集》,香港:商务印书馆(香港)有限公司,2006 年,第 152~153 页。这种现象学者多有论及,此不赘述。参看李朝远:《楚公逆钟的成编方式及其他》,载《青铜器学步集》,北京:文物出版社,2007 年;谭德睿:《编钟设计探源——晋侯苏钟考察浅识》,载上海博物馆编:《晋侯墓地出土青铜器国际学术研讨会论文集》,上海:上海书画出版社,2002 年;高西省:《楚公编钟及有关问题》,《文物》2015 年第 1 期;王清雷:《西周乐悬制度的音乐考古学研究》,北京:文物出版社,2007年;王友华:《先秦编钟研究》,桂林:广西师范大学出版社,2013 年等。

② 高桥准二:《者汈钟の音高测定》,载泉屋博古馆编:《泉屋博古纪要》第五卷,1987 年,第42~49 页。

表 6-4　者氵刁编钟（钮钟）的实际测音结果与浅原氏复原方案

浅原氏复原方案					实际测音结果		
复原序号	铭文排列	正鼓音	侧鼓音	对应编钟	实有编钟	实测正鼓音	实测侧鼓音
1	1～48	宫 C_5#		泉屋大钟	泉屋大钟	C_5#−18.0c	E_5#+27.8c
2	49～92	商 D_5#	清角 F_5#		上博藏钟	C_2#−50.0c	E_2#−36c
3	1～48	角 F_5#	微 G_5#		故宫藏钟		
4	49～92	微 G_5#			泉屋小钟	D_6#+24.3c	F_6#+5.6c
5	1～24	羽 A_6#	宫 C_6#		T1	F_6#−18.9c	G_6#−30.2c
6	25～48	宫 C_6#			T2	G_6#+48.9c	A_6#+39.0c
7	49～72	商 D_6#	清角 F_6#	泉屋小钟	T3	D_7#+7.3c	F_7#−13.2c
8	73～92	角 F_6#	微 G_6#	T1	T4	D_7#+41.1c	F_7#−24.1c
9	1～24	羽 A_6#	宫 C_7#		T5	F_7#+5.3c	G_7#−35.3c
10	25～48	商 D_7#	清角 F_7#	T3、T4	T6	G_7#−17.7c	B_7#−47.8c
11	49～72	角 F_7#	微 G_7#	T5	T7	E_7#−28.4c	G_7#+5.6c
12	73～92	羽 A_7#	宫 C_8#		T8	G_7#−2.3c	A_7#−0.6c

　　相较于高桥准二的复原方案而言，浅原氏的复原虽然亦是建立在现有者氵刁编钟多调音不准的前提基础上，但其能较好地兼顾正、侧鼓音的三度关系，更重要的是能够与同时期的曾侯乙中层 1 组甬钟（战国早期）和屬羌钟（战国中期）的音律结果较好的对应[1]，所以具有更强的说服力。而且从表中还可以看出，T3 与 T4 这两件相同尺寸的编钟音高也基本相同，说明在最初设计时，音高与编钟尺寸、铭文排列恐怕都是严格对应的，只是由于铸造水平限制或长期流转磨损，才造成了部分乐钟音色不佳、难以合奏的情况。

　　总体来看，无论是依据编钟的尺寸、铭文排列方式，或是音律的复原结果，我们都可以发现，现存的者氵刁钮钟应是一套由两组各 10～12 件的编钮钟组合而成的，同时搭配若干件的镈钟。虽然目前确切的数量还无法遽定，但已足以帮助我们从乐钟制度的角度来推定该组编钟的铸造年代了。

---

[1]　浅原达郎:《者氵刁钟》,载泉屋博古馆编:《泉屋博古纪要》第五卷,1987 年,第 17～41 页。

第二节　者汈编钟的年代

钮钟自两周之际出现后,历经春秋时代的发展,至春秋中晚期阶段业已形成了独立而固定的编列制度。今天,我们通过对考古资料的梳理,已经能够揭示出春秋晚期至战国早期钮钟编列方式的巨大变化,从而为推定者汈编钟的铸造年代提供新的解决方案。

在一组完整的编钟内,钮钟依据组合方式的不同可以区分为"单套钮钟"和"双套钮钟"两种编列方式,二者的转变正在春秋战国之际。

一、单套钮钟编列

我们知道,钮钟是在两周之际于甬钟内"脱胎而出",并从效仿甬钟的8件一组发展至春秋初年的9件成编①。目前所见最早的钮钟编列为三门峡虢国墓地出土的虢仲钮钟,为8件一组,仍沿用西周晚期以来的甬钟编列制度②。至春秋早期后,山西闻喜上郭村M210、M211(晋国大夫级别)中均随葬一列钮钟9件,形制相同、大小相次③。至春秋中期阶段,多数钮钟仍遵循这一编列方式,如山东蓬莱柳各庄M6钮钟、山西侯马上马村M13钮钟等,便皆是9件一组④。这种单套钮钟的编列制度一直延续至春秋晚期阶段,参看下表:

表6-5　春秋晚期单套钮钟编列情况统计表

编钟名称	数量	编钟名称	数量
临猗 LC1 号墓钮钟	9	徐家岭 M10 钮钟(战国初年)	9

① 近来张翔先生从春秋早期郭家庙 M30 出土的钮钟指出,钮钟的形态应是从铃发展而来,张翔:《郭家庙 M30 出土的编钮钟》,《音乐研究》2016 年第 5 期。

② M2009 虢仲墓的发掘报告尚未公布,可参看《中国音乐文物大系》总编辑部编:《中国音乐文物大系(河南卷)》,郑州:大象出版社,1996 年,第 128 页。

③ 山西省考古研究所:《1976 年闻喜上郭村周代墓葬清理记》,载《三晋考古》(第一辑),太原:山西人民出版社,1994 年。

④ 烟台市文物管理委员会:《山东蓬莱县柳格庄墓群发掘简报》,《考古》1990 年第 9 期;山西省文物管理委员会侯马工作站:《山西侯马上马村东周墓葬》,《考古》1963 年第 5 期。

编钟名称	数量	编钟名称	数量
临猗程村 M2 钮钟	9	侯马上马村 M1004 钮钟	9
固始侯古堆一号墓番子成周钮钟	9	山西屯留车王沟钮钟	9
和尚岭 M2 蓮子受钮钟	9	长治分水岭 M25 钮钟	9
徐家岭 M3 钮钟	9	洛阳体育场路西 M8836	9
辉县琉璃阁甲墓钮钟	9	寿县蔡侯墓钮钟	9
长治分水岭 M269 钮钟	9	长治分水岭 M270 钮钟	9
莒南大店 M1 钮钟	9	长清仙人台 M5 钮钟	9
沂水刘家店子 M1 钮钟	9	叶县旧县 M4 钮钟	9
莒南大店 M2 钮钟	9	下寺 M10 钮钟	9
凤阳卞庄 M1 钟离君少子康钮钟	9	下寺 M1 钮钟	9
蚌埠双墩 M1 钟离君柏墓钮钟	9	邳州九女墩 M3 钮钟	9
六合程桥 M1 钮钟	9	临沂凤凰岭东周墓钮钟	9
丹徒北山顶春秋墓钮钟	7	海阳嘴子前春秋墓钮钟	2
六合程桥 M2 钮钟	7	枣阳郭家庙 M30	10

图 6-3　淅川下寺 M1 出土 9 件一组的钮钟

从表中可见①,在春秋晚期阶段,无论是南方的楚国、蔡国、吴国、钟离国,还是中原至北方的晋国、许国、周王廷,乃至东部的寺国、莒国、郳国、徐国等,均使用的是 9 件一组的钮钟编列。除个别边缘地区墓葬略有编列不全的情况外,其制度的统一性是极强的。

二、双套钮钟编列

双套钮钟的编列方式目前最早出现于春秋中期的郑国。在新郑乐器坑 K1、K4、K5、K7、K8、K9、K14、K16 和新郑李家楼郑伯墓内均为镈钟 4 件、钮钟 20 件,且分作 3 列陈设(镈钟 1 列、钮钟 2 列各 10 件)②。但从春秋晚期的情况来看,这一全新制度显然并未得到普遍推广,尤其是在南方楚国、吴国等地都没有见到这样的编列方式(这可能与郑国国力的急剧衰落有关)。由此可见,春秋时代的乐制变化主要集中在甬钟和镈钟之间,而钮钟则主要承袭传统的乐钟制度。

---

① 赵慧民、李百勤、李春喜:《山西临猗县程村两座东周墓》,《考古》1991 年第 11 期;山西省考古研究所:《上马墓地》,北京:文物出版社,1994 年;山西省考古研究所、山西博物院、长治市博物馆:《长治分水岭东周墓地》,北京:文物出版社,2010 年;中国科学院考古研究所编著:《辉县发掘报告》,北京:科学出版社,1956 年;平顶山市文物管理局、叶县文化局:《河南叶县旧县四号春秋墓发掘简报》,《文物》2007 年第 9 期;河南省文物考古研究所等编著:《淅川和尚岭与徐家岭楚墓》,郑州:大象出版社,2004 年;山东省文物考古研究所、沂水县文物管理站:《山东沂水刘家店子春秋墓发掘简报》,《文物》1984 年第 9 期;山东省博物馆、临沂地区文物组、莒南县文化馆:《莒南大店春秋时期莒国殉人墓》,《考古学报》1976 年第 3 期;河南省文物考古研究所:《固始侯古堆一号墓》,郑州:大象出版社,2004 年;安徽省文物管理委员会、安徽省博物馆:《寿县蔡侯墓出土遗物》,北京:科学出版社,1956 年;山东省兖石铁路文物考古工作队:《临沂凤凰岭东周墓》,济南:齐鲁书社,1987 年;山东大学历史文化学院考古系:《长清仙人台五号墓发掘简报》,《文物》1998 年第 9 期;江苏省文物管理委员会、南京博物院:《江苏六合程桥东周墓》,《考古》1965 年第 3 期;江苏省丹徒考古队:《江苏丹徒北山顶春秋墓发掘报告》,《东南文化》1988 年第 3、4 期合刊;孔令远、陈永清:《江苏邳州市九女墩三号墩的发掘》,《考古》2002 年第 5 期;安徽省文物考古研究所、蚌埠市博物馆:《春秋钟离君柏墓发掘报告》,《考古学报》2013 年第 2 期;安徽省文物考古研究所、凤阳县文物管理所:《安徽凤阳下庄一号春秋墓发掘简报》,《文物》2009 年第 8 期;海阳县博物馆、滕鸿儒、王洪明:《山东海阳嘴子前村春秋墓出土铜器》,《文物》1985 年第 3 期。

② 河南省文物考古研究所:《新郑祭祀遗址》,郑州:大象出版社,2006 年;《中国音乐文物大系》总编辑部编:《中国音乐文物大系(河南卷)》,郑州:大象出版社,1996 年;河南博物院、台北"国立"历史博物馆编:《新郑郑公大墓青铜器》,郑州:大象出版社,2001 年。

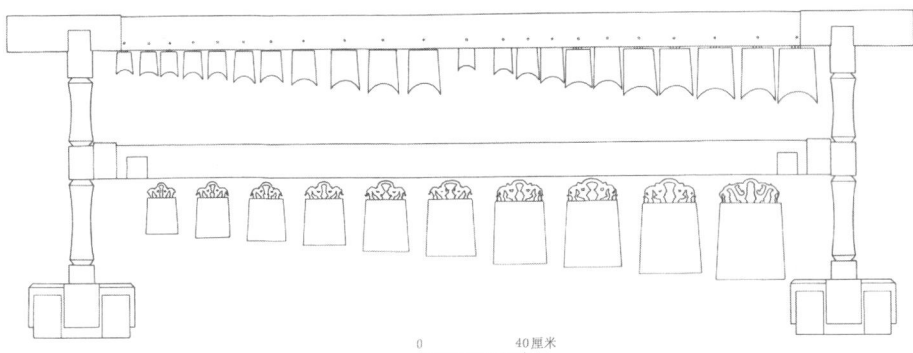

图 6-4　天星观二号楚墓出土"双套钮钟"编列

　　但是,到战国时期,我们在洛阳及南方地区率先见到了钮钟制度的革新,即同时采纳双套钮钟来搭配镈钟成组的做法:如洛阳解放路战国中期陪葬坑中即出土镈钟 4 件、钮钟 2 组各 9 件(共 18 件),虽然未用钟虡,但在坑中摆放有序。镈钟位于西南侧呈一列分布,中间隔以一件鹿角,鹿角之东则是两列钮钟,而且这两列钮钟的大小递减次序正好相反(另见于王孙诰甬钟),应是意在表明其是两列不同的编钟[①]。湖北枣阳九连墩 M1 为战国中期楚国高级贵族墓葬(升鼎 5 件、子口鼎 7 件),据发掘者王红星先生介绍,北室出土编钟 34件,"有上、下两层,下层甬钟一组 12 件,上层钮钟二组各 11 件"[②]。湖北荆州天星观二号墓为战国中期晚段楚邸阳君潘乘夫人之墓,封君级别,东室出土乐钟 34 件,其中钮钟两组各 12 件、镈钟 10 件,分作两列悬挂于一具钟虡之上。钟架尚存(M2:42),漆木质,单面双层,通高 123.5 厘米、通长 360 厘米,未见折曲。对其测音结果表明,两组钮钟正鼓音音列采用"咬合式衔接法",形成带有"商角"、"羽曾"、"商曾"等偏音的七声音列,使得编钟音域得到进一步拓宽[③]。天星观一号墓由于被盗严重,青铜钮钟仅存有 4 件,但钟虡痕迹仍在,上

---

①　洛阳市文物工作队:《洛阳解放路战国陪葬坑发掘报告》,《考古学报》2002 年第 3 期。

②　湖北省博物馆编:《九连墩——长江中游的楚国贵族大墓》,北京:文物出版社,2007 年,第 19 页。

③　湖北省荆州博物馆:《荆州天星观二号楚墓》,北京:文物出版社,2003 年。从钮钟纹饰可以看出,编号 M2:42-17 的钮钟钮部、舞部、枚部等纹饰与其他钮钟有较大差别,呈现出不同的风格,故发掘报告第 77 页推断"应是在原有钮钟缺失后,另外补充的"。

有悬挂钮钟的空孔 22 个,可见是一套 2 组各 11 件的钮钟编列[①]。

表 6-6　战国时期双套等数钮钟编列情况统计表

墓葬	甬钟	钮钟	镈钟	年代	地区
新郑乐器坑		10×2	4	春秋中期	新郑
李家楼郑伯墓		10×2	4	春秋中期	新郑
洛阳解放路器物坑		9×2	4	战国中期	洛阳
九连墩 M1	12	11×2		战国中期	楚
天星观 M1		11×2	?	战国中期	楚
天星观 M2		12×2	10	战国中期	楚

注:双套钮钟编列主要见于中高等级贵族墓葬内,是单套钮钟编列进一步拓展其音域的结果。由于被盗扰的原因,这种组合形式目前还不多见。

从这些例子可以看出,双套等数钮钟成组搭配的现象在战国早中期的高等级贵族中已得到应用,成为新的钮钟编列方式,并使得编钟音域不断拓宽。我们注意到,这种编列方式目前仅见于洛阳与南方地区,皆与郑国毗邻,所以似可以推测,其是在春秋时期郑国双套钮钟各 10 件的乐制基础上发展而出的。与之相对的是,在战国时期的北方地区,却仍然延续春秋以来的旧有钮钟制度,如战国晚期的河北易县燕下都 M16(燕国高级贵族,9 鼎)中,随葬镈钟 10 件(分为 4、6 两组)、甬钟 16 件(分 2 组)、钮钟 9 件,皆为陶制明器[②];山西潞城潞河 M7(战国中期 5 鼎级别)随葬镈钟 4 件、甬钟 16 件(分 2 组)、钮钟 8 件[③];山东临淄淄河店 M2(战国中期 7 鼎贵族)随葬镈钟 8 件(分两型各 4 件)、甬钟 2 组共 16 件、铜钮钟 10 件[④];其他像山西万荣庙前战国墓出土一套钮钟 9 件,山东滕州庄里西村战国墓出土编钟 4 镈、9 钮,阳信西北村编钟 5 镈、9 钮,诸城臧家庄编钟 7 镈、9 钮等均是以 8~10 件单套成组[⑤],并未见到双套钮钟的现象,可见这一乐制主要局限于当时的南方地区,故能够被越国贵族者氾所采用。

---

① 湖北省荆州地区博物馆:《江陵天星观 1 号楚墓》,《考古学报》1982 年第 1 期。

② 河北省文物局文物工作队:《河北易县燕下都第十六号墓发掘》,《考古学报》1965 年第 2 期。

③ 山西省考古研究所、晋东南地区文化局:《山西省潞城县潞河战国墓》,《文物》1986 年第 6 期。

④ 山东省文物考古研究所:《临淄齐墓》,北京:文物出版社,2007 年,第 322 页。

⑤ 杨富斗:《山西万荣县庙前村的战国墓》,《文物》1958 年第 12 期;烟台市文物管理委员会:《山东蓬莱县柳格庄墓群发掘简报》,《考古》1990 年第 9 期;刘一俊、冯沂:《山东郯城县二中战国墓的清理》,《考古》1996 年第 3 期;《中国音乐文物大系》总编辑部编:《中国音乐文物大系(山东卷)》,郑州:大象出版社,2001 年。

据此,我们认为,者汈编钟以双套等数钮钟(各 10～12 件)来搭配镈钟的编列制度应是在战国时期出现的新兴乐制,其铸造年代无疑在战国早中期。另据最初收藏者陈介祺等记述来看,其中两枚乐钟确定出于河南省境内,说明是战国时期的楚越战争才造成了这套乐钟的流散,这在越王勾践时期恐怕也是不大可能发生的[①],所以编钟铭文"惟越十有九年"当指战国阶段的越王翳十九年,彼时越国王位已呈不稳之势(越王翳后被太子诸咎所杀),是以铭文中有"勿有不义"、"诰之于不啻"等敦敦训诫之语。

第三节　越国乐制的"二分现象"

从者汈编钟的铭文来看,这套乐钟是越人者汈受到越王勉励、训诫后所作,无疑属越国青铜乐器,虽然多有散失,但残存的乐钟音律仍清晰可辨,说明其是按照实用乐钟来设计的。越国势力衰微后,其被楚人所房而携至楚国境内,也表明这套乐钟可能并未被者汈家族埋葬而是长期在者汈氏的宗庙里演奏(与越王勾践剑或有类似)。此外,在被盗严重的春秋晚期印山越王墓内,也曾出土了一件青铜乐器铎[②],另外传世的还有青铜质地的"之利(鼎盖)残片"、"者尚余卑公于即盘"、"能原镈"、"戎桓镈"等[③],都表明春秋晚期之后的越国其实是可以铸造并使用青铜礼乐器的。

但是,自 80 年代以来,在江苏无锡鸿山、浙江海盐黄家山、长兴鼻子山、余杭崇贤战国墓等越国土墩墓中也陆续发现了隶属越国的编钟资料,只是皆以原始瓷或硬陶制成。我们将这两种不同材质的乐钟相比较,便可以发现越国乐制中可能存在的"二分现象"。

江苏无锡鸿山土墩墓被推断为越大夫范蠡或文种的家族墓地,仅次于印山越王陵一级。其中邱承墩出土乐器最多,均为原始青瓷制成,包括甬钟 26 件、镈钟 11 件、编磬 16 件及其他句鑃、錞于等乐器。26 件甬钟可分为 2 型,10 件采用虎形悬虫,16 件采用蛇形悬虫;老虎墩出土乐器包括原始青瓷和硬陶

① 　郭沫若:《两周金文辞大系图录考释》,上海:上海书店出版社,1999 年,第 158 页;董楚平先生亦指出勾践十九年正致力于军事扩张,是否能制作如此豪华的礼器尚值得怀疑,《吴越文化新探》,杭州:浙江人民出版社,1988 年,第 346 页。

② 　浙江省文物考古研究所等编著:《印山越王陵》,北京:文物出版社,2002 年。

③ 　董珊:《吴越题铭研究》,北京:科学出版社,2014 年,第 84～94 页。

两种质地,原始青瓷甬钟为 3 件,硬陶乐器有甬钟 8 件、镈钟 15 件、编磬 15 件(句鑃、錞于等不再详列),8 件甬钟依纹饰可分为 2 型,4 件使用环形悬虫,4 件使用兽首形悬虫;万家坟出土乐器均为硬陶质地,有甬钟 24 件、镈钟 16 件、编磬 18 件。24 件甬钟纹饰多样,1 件已残,8 件使用虎形悬虫,15 件使用环形悬虫[①]。

　　浙江海盐黄家山土墩墓(5 鼎级别)共出土甬钟 13 件、镈钟 3 或 4 件、编磬 4 件及其他句鑃、錞于等乐器,均用原始瓷制作而成。甬钟 13 件大小依次递减,在墓内成列分布。钟体先用泥条盘筑法叠成圆筒形,然后竖剖为两片,再拼合而成,显然是无法演奏的[②]。浙江长兴鼻子山土墩墓出土乐器包括原始瓷与硬陶两种质地,原始瓷乐器有甬钟 7 件,环形悬虫,纹饰略有不同(3＋4两组),镈钟 3 件,编磬均为硬陶质地,残存 13 件[③]。余杭崇贤笆斗山战国墓(3鼎级别)出土原始瓷甬钟 4 件,分为 2 型,九棱形甬管者 1 件,圆柱形甬管者 3件[④]。浙江温岭塘山 M1 出土陶质镈钟 3 件,其中 1 件为硬陶,2 件为泥质红陶,钮钟 2 件,出土时叠置在一起,另有陶质编磬 18 件[⑤]。据此,我们制表如下:

表 6-7　越国贵族墓出土原始瓷或硬陶钟磬统计表

墓葬	甬钟	镈钟	钮钟	编磬
邱承墩	26	11		16
老虎墩	3＋8	15		15
万家坟	24	16		18
海盐黄家山	13	3 或 4		4
长兴鼻子山	7	3		13
余杭崇贤	4			
温岭塘山 M1		3	2	18

　　从这些墓葬资料可以看出,越国贵族并不使用青铜礼乐器随葬,而皆改以

① 南京博物院、江苏省考古研究所、无锡市锡山区文物管理委员会:《鸿山越墓发掘报告》,北京:文物出版社,2007 年。

② 浙江省文物考古研究所、海盐县博物馆:《浙江海盐出土原始瓷乐器》,《文物》1985 年第 8 期。

③ 浙江省文物考古研究所、长兴县博物馆:《浙江长兴鼻子山越国贵族墓》,《文物》2007 年第 1 期。

④ 余杭县文物管理委员会:《浙江省余杭崇贤战国墓》,《东南文物》1989 年第 6 期。

⑤ 浙江省文物考古研究所:《浙江越墓》,北京:科学出版社,2009 年,第 190～192 页。

原始瓷或硬陶制成,这是其与
吴国葬制的重要区别,学者们
对此已多有论述①。而且这些
原始青瓷或硬陶乐钟皆空具
形式,而实际上根本无法演
奏,所以数量、组合并无相应
的规律和等差制度,与青铜乐
钟严格的编列方式截然不同。

同时,我们还注意到,这
些墓葬的年代从春秋晚期一
直延续到战国中期,与上述所
列越国青铜礼乐器的年代跨
度相当,说明这种差异化的现
象自春秋晚期以来便是存在
并延续的(春秋早中期情况尚
不明)。对此,我们推测:在越
国境内,可能仅有出自王室的
重臣贵族方能使用青铜乐器
(者氏即出自越国王室,详下
文),并参照周制、楚制而形成

图 6-5 江苏无锡鸿山越墓出土原始青瓷甬钟、镈钟

严格的编列制度,依照音律要求来采用特定的数量、组合②;而其他非王室贵
族仅能使用原始瓷或硬陶乐钟,因为无需演奏所以数量、组合上不受音律限
制,仅依照身份差别而体现出数量的多寡而已。

从青铜剑铭来看,越王允常被称为"者旨",越王舆夷被称为"者旨於睗",
越王翳又称"者旨不光",越王翳之子称"者咎",越王初无余称"者差其余",均
是以"者"或"者旨"为氏的③,可见"者汋"正与越国王室同气连枝,所以才能够
铸造如此厚重精美的乐钟。

---

① 张敏:《吴越贵族墓葬的甄别研究》,《文物》2010 年第 1 期;浙江省文物考古研究所:《浙江
越墓》,北京:科学出版社,2009 年,第 217～219 页。

② 新近发掘的浙江安吉八亩墩越墓中也有不少楚式鼎等礼器器型,说明越国高层有效仿青
铜礼乐制度的做法。

③ 董珊:《吴越题铭研究》,北京:科学出版社,2014 年。

小　结

周代社会奉守"礼乐并重"的原则,是以各类青铜乐钟盛行。与青铜礼器一样,编悬乐钟的形制、纹饰皆有其特定的时代性,故可成为编钟断代的外在依据。但同时,乐钟使用又受到乐律的严格限制,而"乐随世迁",不同时代的乐律发展亦存在其显著的阶段性,从而形成了不同形式的乐钟组合,或称为"乐钟制度",此亦是编钟断代的又一重要手段①。

具体到者汈编钟而言,前贤郭沫若、陈梦家、容庚、曹锦炎、浅原达郎等先生业已从编钟的形制、纹饰对其年代进行了探讨,并与子璋钟、沇儿钟、寿县蔡侯墓钮钟、固始侯古堆钮钟、臧孙编钟等进行比较(形制、纹饰相近)②,但这仅能将其铸造年代局限于春秋晚期至战国早期阶段,而无助于解决编钟铭文内"唯越十有九年"的争论。所以,我们尝试从编钟尺寸、铭文排列方式以及音律安排来推断出者汈钮钟应是由一组双套等数钮钟各 10～12 件所构成的,再搭配以 4 或 8 件的镈钟。这种乐钟制度不见于春秋晚期阶段,而盛行于战国中期的洛阳及楚国境内。据此,我们可以推定者汈编钟应设计、铸造于战国早中期,是对楚国乐制的模仿,"唯越十有九年"当指越王翳十九年。

既已判定者汈编钟属越国青铜乐器,便可以进一步与江苏无锡鸿山、浙江海盐黄家山、长兴鼻子山、余杭崇贤战国墓等越国土墩墓所出各类原始瓷、硬陶编钟进行比较,无疑他们在乐钟制度上具有显著的差异:青铜乐钟的使用存在制度性规范和乐律限制,而原始瓷、硬陶编钟因其特殊材质而无法演奏,所以数量、组合上并无定制,这是越国乐制中的"二分现象"。目前所见越国各类土墩墓皆不随葬青铜礼乐器,而只用原始瓷、硬陶编钟,所以极有可能在越国

---

① 王子初:《中国青铜乐钟的音乐学断代——钟磬的音乐考古学断代之二》,《中国音乐学》2007 年第 1 期。

② 容庚:《鸟虫书》,《中山大学学报》1964 年第 1 期;饶宗颐:《者汈编钟铭释·序》,载《金匮论古综合刊》第 1 期,第 73 页,香港:亚洲石印局,1955 年;Lothar Von Falkenhausen,*Suspended Music*:*Chime-bells in the Culture of Bronze Age China*,University of California Press,1993. p.187;陈梦家:《西周年代考·六国纪年》,北京:中华书局,2005 年,第 157 页;曹锦炎:《鸟虫书通考》,上海:上海书画出版社,1999 年,第 58 页。郭沫若:《两周金文辞大系图录考释》,上海:上海书店出版社,1999 年,第 158 页;董楚平:《吴越文化新探》,杭州:浙江人民出版社,1988 年,第 346 页。

境内仅有出自王室的重臣贵族方能使用和随葬青铜乐钟,这与传世的越国青铜乐器资料是相吻合的,或可成为判断者汈身份的又一线索。当然,这还有待于今后考古发掘资料的证实。

第七章　钟离君柏墓的礼乐器制度

钟离君柏墓位于安徽省蚌埠市双墩村境内,是春秋中晚期钟离国国君柏的葬地[①]。其墓室呈特殊的圆形,内分 5 室,而青铜礼乐器皆位于北椁室(图 7-1),未被盗扰,组合完整,是探讨钟离国乃至淮水流域东周时期青铜礼制文化的重要资料。

图 7-1　钟离君柏墓的墓室结构(左南右北)

乐器方面,该墓共随葬青铜乐钟 9 件,均为直悬的钮钟,尺寸依次递减,铭

[①] 安徽省文物考古研究所、蚌埠市博物馆:《春秋钟离君柏墓发掘报告》,《考古学报》2013 年第 2 期;安徽省文物考古研究所、蚌埠市博物馆编著,阚绪杭主编:《钟离君柏墓》,北京:文物出版社,2013 年;徐少华:《蚌埠双墩与凤阳卞庄两座墓葬年代析论》,《文物》2010 年第 8 期。

文自称"惟王正月初吉丁亥,钟离君柏作其行钟,钟离之金",当知是一套完整的乐钟,并皆经过了精细的调音。出土时沿南壁呈东西方向一线排列,未见钟簴。另搭配有编磬一套9件,在其东部沿南北方向一列放置。但是,与钟离君柏墓宏大的墓葬规模以及震撼世人的独特葬俗相比,其编钟搭配却似乎显得十分"简陋",完全无法企及像曾侯乙墓、寿县蔡候墓、叶县旧县 M4 许灵公墓、邳州九女墩 M2 徐国国君墓、沂水刘家店子 M1 莒国国君墓等这一时期的南方诸侯所用乐钟规模[①]。尤其是,在其子嗣(季子)康的墓葬凤阳卞庄一号墓内,青铜乐钟包括镈钟5件、钮钟9件[②],乐钟数量、组合反盛于其父,着实令人困惑不解。那么,钟离君柏为什么会采用这样的乐钟制度呢? 这究竟是个人喜好还是制度使然? 其与墓内随葬的青铜礼器之间存在怎样的联系? 编钟与编磬为何会呈现如此特殊的摆放形式呢? 针对这些问题,本章将结合考古与文献资料来进行初步地探讨,以期作为将青铜礼器与乐器综合研究的一次尝试。

第一节　礼器制度与墓主等级

关于钟离国国君的爵秩,传世文献尚无从稽考[③],但墓内所见列鼎制度与礼器组合却可以提供重要的参照。

一、列鼎制度

钟离君柏墓共出土铜鼎5件,按形制差别分为两型:

A 型为蟠虺纹立耳无盖鼎,3件(图 7-2:1),属典型的中原式铜鼎,且遵循周制用奇数。在春秋中晚期的三晋两周地区,这种形制的铜鼎均大量存在,但却不见于南方吴、楚贵族墓葬中。如长治分水岭 M269、M270(图 7-2:2),上马 M13,洛阳西工区 1975M60、C1M3498、C1M3427,山西太原赵卿墓等墓葬内都

①　参看王友华:《先秦编钟研究》,桂林:广西师范大学出版社,2013 年,第 161 页的相关梳理。

②　安徽省文物考古研究所等:《安徽凤阳卞庄一号春秋墓发掘简报》,《文物》2009 年第 8 期。

③　由于传世文献中对于钟离国的历史缺乏记载,所以难以准确判断其爵位情况,仅在《凤阳县志》内简略记载有"春秋时(一说周时)以姓为国封为钟离子国",即子爵国家,然亦无法证。参看凤阳县地方志编撰委员会:《凤阳县志》,北京:方志出版社,1999 年,第 120 页。

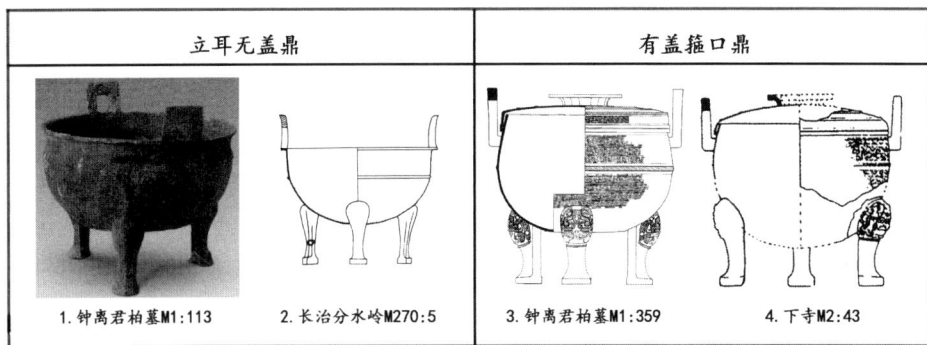

图 7-2　钟离君柏墓中铜鼎形制比较图

普遍见到这种形制的列鼎①。尤其是春秋晚期的辉县琉璃阁乙墓内,共出土蟠虺纹立耳无盖鼎一套5件,无论器形、纹饰皆与此墓所出者最为相近②。

B型为有盖深腹蹄足鼎,2件(图7-2:3)。盖顶设圆形抓手,口沿下有一圈凸棱承盖,所以是典型的楚式"箍口鼎",在淅川下寺墓地、和尚岭墓地、徐家岭墓地、郧县乔家院墓地、南阳彭氏家族墓地等春秋时期楚系墓葬中都十分普遍,但却罕见于中原地区。据高崇文、刘彬徽先生的研究,楚地"箍口鼎"亦始

---

① 据现有资料,这类铜鼎始见于春秋中期早段的河南郏县太仆乡铜器墓,洛阳JM32、C1M6112等墓葬内。春秋晚期长治分水岭M269、M270亦各出土了5件立耳无盖鼎,大小相次成列。即至身份较低的上马M13,洛阳C1M3498、C1M3427等墓葬内也都无一例外随葬了数量不等的这种立耳(或作附耳)无盖鼎。而略晚时期(春战之际)的山西太原赵卿墓中,凤魖纹立耳无盖鼎共5件,形制、大小、花纹一致,与其他7件附耳子母口鼎和5件敦形鼎共同形成了三套不同的用鼎组合,由此可见,"立耳无盖鼎"在春秋时期的中原地区礼器体系中占据着极为重要的地位,且出现年代亦明显早于钟离君柏墓,所以随葬这种铜鼎应是效法中原礼制的结果。河南省博物馆、台北"国立"历史博物馆编:《琉璃阁甲乙二墓》,郑州:大象出版社,2003年,第67页;山西文物工作委员会东南工作组:《长治分水岭269、270号东周墓》,《考古学报》1974年第2期;山西省文物管理委员会侯马工作站:《山西侯马上马村东周墓》,《考古》1963年第5期;洛阳市第二文物工作队:《洛阳市纱厂路东周墓(JM32)发掘简报》,《文物》2002年第11期;洛阳市文物工作队:《洛阳西工区春秋墓发掘简报》,《文物》2010年第8期;洛阳市文物工作队:《洛阳市613所东周墓》,《文物》1999年第8期;山西省考古研究所等:《太原晋国赵卿墓》,北京:文物出版社,1996年,第21~50页。

② 河南省博物馆、台北"国立"历史博物馆编:《琉璃阁甲乙二墓》,郑州:大象出版社,2003年,第67页。

于春秋中期早段①。而春秋中晚期之际的下寺 M1:67、下寺 M2:43 两件箍口鼎(图 7-2:4),不仅形制上与此墓所出者极为相仿,皆作圆形抓手盖、兽面直蹄足形(而尚未出现春秋晚期晚段瘦高蹄足外撇、鼎盖环形钮配三个螭鸟钮的装饰风格),同时纹饰上亦是蟠虺纹作主体花纹,腹部凸棱上另饰斜线纹;器足、器耳均分体浇铸铸接,证明其年代、铸造技术相近②。据铭文资料可知,这种铜鼎在春秋时期的楚地被称为"鯀鼎"(或取用物繁多之意),多两两成组使用,形制、大小、花纹一致③。所以该墓所出两件一套的箍口鼎无疑是效法楚国礼制的结果。

也即是说,该墓所出 5 件铜鼎分属南、北两个不同的礼器体系,且遵循完全有别的奇、偶数礼制规范。但实际上,这种使用"立耳无盖鼎"加上"有盖深腹鼎"来拼凑一套列鼎制度的做法并非孤例,在春秋中晚期的中原地区,实则是十分普遍的礼制实践现象,代表了东周时代新的礼器使用方式。

如在春秋早期偏晚的洛阳 C1M9950 中,5 件铜鼎即分别由 3 件无盖附耳鼎(图 7-3:9、10、12)、1 件平盖附耳鼎(图 7-3:13)和 1 件罐形鼎(图 7-3:11)拼凑而成④;洛阳纱厂路 JM32(春秋中期晚段)中 3 件铜鼎分为 2 件平盖、附耳、深腹鼎(图 7-3:14,原简报 A 型)和 1 件立耳无盖鼎(图 7-3:15,原简报 B型)⑤。又如春秋中期偏早的洛阳 C1M3427 中,3 件无盖附耳鼎(图 7-3:1、2、4,形制、纹饰略有差别)和 2 件平盖三环钮附耳鼎(图 7-3:3)共同拼凑成一套 5 件的"列鼎";C1M6112 三鼎墓(春秋中期偏早)中,出土 2 件无盖直口立耳鼎、大小不一,1 件平盖附耳深腹鼎,且鼎的底部均有烟炱痕迹,鼎内盛装牲骨,当

① 高崇文:《东周楚式鼎形态分析》,《江汉考古》1983 年第 1 期;刘彬徽:《楚系青铜器研究》,武汉:湖北教育出版社,1995 年,第 114~117 页。

② 河南省文物研究所等:《淅川下寺春秋楚墓》,北京:文物出版社,1991 年,第 52、105 页。此种类型的箍口鼎向东一直传播至吴国境内,如丹徒北山顶铜器墓所出"甚六鼎"、苏州虎丘铜器墓所出铜鼎、吴县何山东周墓Ⅰ式鼎等均是楚式箍口鼎,故其在吴、楚交界的钟离国出现当在情理之中。参看江苏省丹徒考古队:《江苏丹徒北山顶春秋墓发掘报告》,《东南文化》1988 年第 3、4 期合刊;苏州博物馆:《苏州虎丘东周墓》,《文物》1981 年第 11 期;吴县文管会:《江苏吴县何山东周墓》,《文物》1984 年第 5 期。

③ 张闻捷:《试论楚墓的用鼎制度》,《江汉考古》2010 年第 4 期;张闻捷:《周代用鼎制度疏证》,《考古学报》2012 年第 2 期。

④ 洛阳市文物工作队:《河南洛阳市润阳广场 C1M9950 号东周墓葬的发掘》,《考古》2009 年第 12 期。

⑤ 洛阳市第二文物工作队:《洛阳市纱厂路东周墓(JM32)发掘简报》,《文物》2002 年第 11 期。

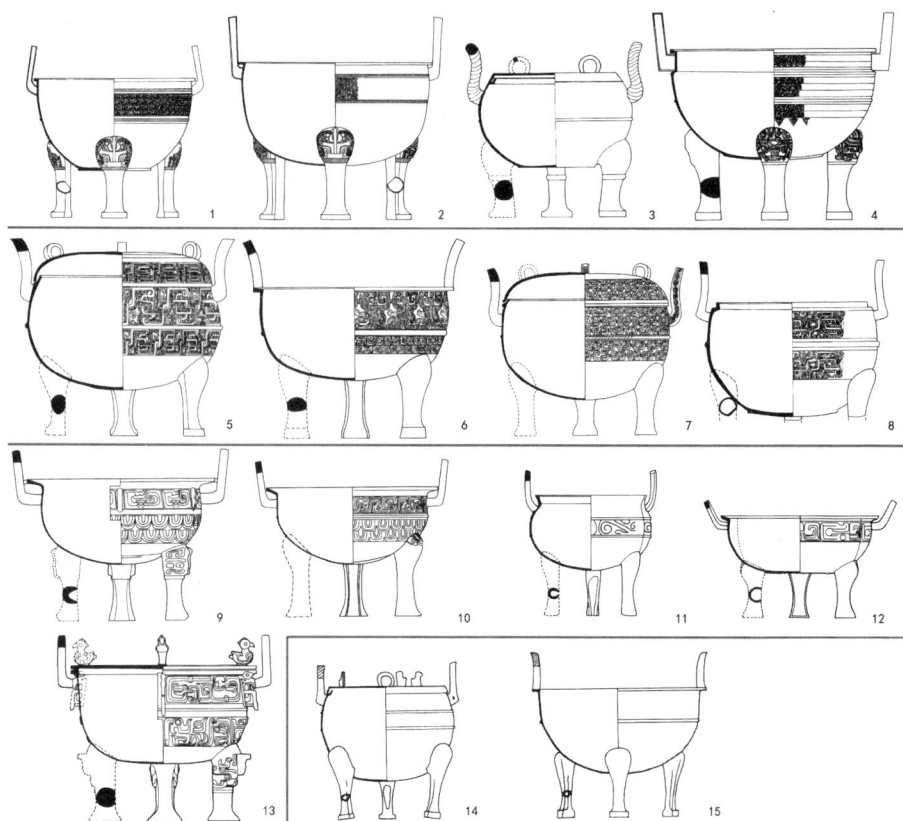

1～4. 洛阳 C1M3427（C1M3427:16　C1M3427:17　C13427:23　C1M3427:18）

5～8. 洛阳 C1M3498（C1M3498:11　C1M3498:10　C1M3498:12）

9～13. 洛阳 C1M9950（C1M9950:21　C1M9950:19　C1M9950:28　C1M9950:30　C1M9950:24）

14～15. 洛阳沙厂路 JM32（JM32:7　JM32:5）

图 7-3　洛阳地区春秋铜器墓中"立耳（附耳）无盖鼎"与"有盖深腹鼎"的组合

均属实用礼器，功能上并无差别①。另如洛阳 C1M3498（春秋晚期晚段）中，5
件铜鼎分为两型，A 型 2 件无盖立耳外侈鼎（图 7-3:6），B 型 3 件有盖三环钮
深腹蹄足鼎（图 7-3:5、7、8），与钟离君柏墓中的情况颇有近似之处②。这种现
象不仅多见于洛阳地区，像著名的山西侯马上马墓地 M13（春秋中期晚段）中，
5 件铜鼎亦是由 3 件三环钮盖附耳深腹鼎和 2 件立耳无盖圜底鼎（即"庚儿

————————

① 洛阳市文物工作队:《洛阳市 613 所东周墓》,《文物》1999 年第 8 期。

② 洛阳市文物工作队:《洛阳西工区春秋墓发掘简报》,《文物》2010 年第 8 期。

鼎")拼凑而成[1]。

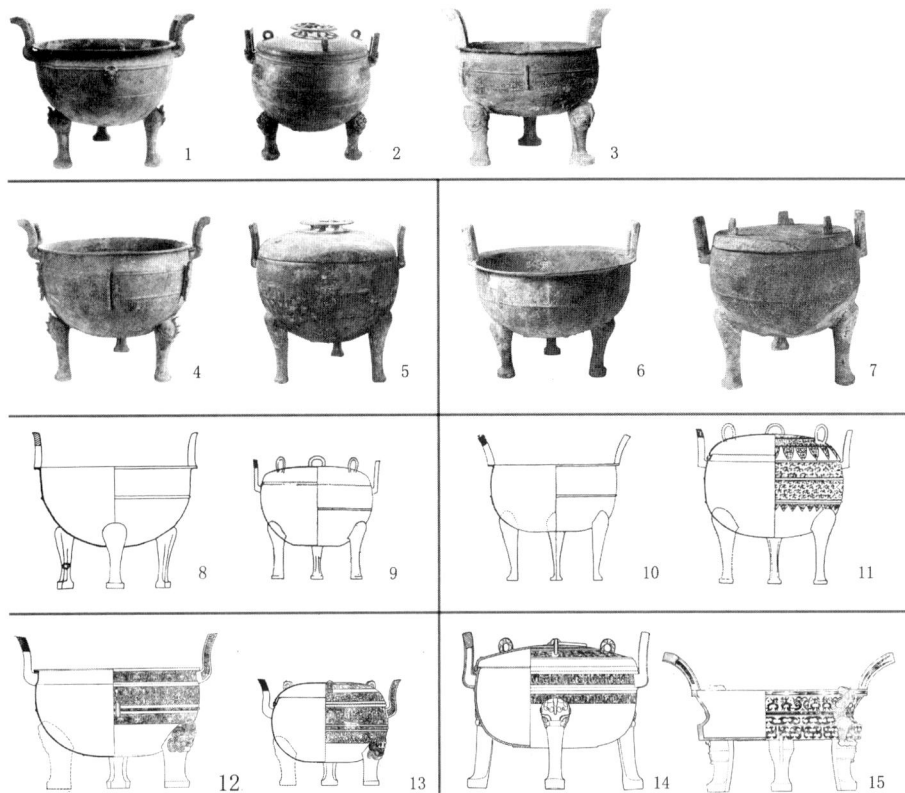

图 7-4　其他春秋铜器墓中"立耳(附耳)无盖鼎"与"有盖深腹鼎"的组合

1、2、3. 新郑李家楼郑伯墓　　4、5. 琉璃阁甲墓　　6、7. 琉璃阁乙墓
8、9. 分水岭 M270:5、8　　10、11. 分水岭 M269:1、3
12、13. 太原赵卿墓(M251:612、613)　　14、15. 曾侯乙墓(C.102、87)

不过,中原地区更高等级的贵族却无意拼凑鼎制之数,而是直接采用这两种不同形制的铜鼎,来分作两套列鼎使用,且数量上多相等或相差一个等级。如春秋中期偏晚的新郑李家楼郑伯墓中,Ⅰ式无盖、蟠虺纹、束颈曲耳鼎 9 件(图 7-4:1)、Ⅱ式蟠螭纹立耳无盖铜鼎 6 件,大小相近,腹有扉棱(图 7-4:3),Ⅲ

①　山西省文物管理委员会侯马工作站:《山西侯马上马村东周墓》,《考古》1963 年第 5 期。

式蟠虺纹有盖深腹鼎 7 件(图 7-4:2)①;春秋晚期的琉璃阁甲墓中Ⅱ式蟠螭纹三环钮盖鼎一套 9 件(图 7-4:5)、Ⅲ式蟠虺纹无盖附耳鼎一套 3 件(图 7-4:4);琉璃阁乙墓中平盖鼎一套 5 件(图 7-4:7),蟠虺纹立耳无盖鼎一套 5 件(图 7-4:6)②;春秋晚期长治分水岭 M269、M270 中均是立耳无盖鼎 5 件一套与三环钮盖深腹圜底鼎 5 件一套组合而成(图 7-4:8~11)③;春战之际的太原赵卿墓中,仍然有Ⅱ式立耳无盖凤螭纹蹄足鼎 5 件(图 7-4:12)和Ⅲ式附耳三环钮盖螭纹蹄足鼎 7 件(图 7-4:13)等不同形制、数量的铜鼎搭配④。

这样看来,在春秋中晚期阶段,中原三晋两周地区十分盛行将"无盖立耳(或附耳)鼎"与"有盖深腹鼎"搭配使用,中小贵族墓内兼用二者来拼凑一套列鼎,而高等级贵族墓则直接制作成两套列鼎。依据器物类型学的分析可知,周代铜鼎普遍由立耳无盖逐渐演变为附耳有盖⑤,所以"无盖立耳鼎"相较于"有盖深腹鼎"而言,形制便更显古朴和守旧(接近西周传统形制),这种刻意将"古式"与"今式"两种铜鼎同时放入墓中随葬的做法无疑具有着深刻的礼制含义⑥。

类似的"上行下效"的礼制新实践显然也波及至南方地区⑦与淮水流域,从而出现了钟离君柏墓这样的拼凑鼎制现象。故此,我们可以认为,钟离君柏

---

① 河南省博物院、台北"国立"历史博物馆编:《新郑郑公大墓青铜器》,郑州:大象出版社,2001年,第 58~86 页。

② 河南省博物馆、台北"国立"历史博物馆编:《琉璃阁甲乙二墓》,郑州:大象出版社,2003 年,第 67 页。

③ M269 有盖鼎暂缺 1 件,山西文物工作委员会东南工作组:《长治分水岭 269、270 号东周墓》,《考古学报》1974 年第 2 期。

④ 山西省考古研究所等:《太原晋国赵卿墓》,北京:文物出版社,1996 年,第 31~42 页。

⑤ 高明:《中原地区东周时代青铜礼器研究》,《考古与文物》1981 年第 2~4 期;朱凤瀚:《中国青铜器综论》,上海:上海古籍出版社,2009 年。

⑥ 陈芳妹:《盆、敦与簋——论春秋早、中期间青铜粢盛器的转变》,《故宫学术季刊》第 2 卷第 3 期,1984 年;罗泰:《宗子维城》[Chinese Society in the Age of Confucius(1000—2500BC):The Archaeological Evidence],Cotsen Institute of Archaeology,UCLA,2006,pp.302-306;苏芳淑:《古人拟古:近年西方学者看东周青铜器》,故宫博物院编:《故宫学术论坛录》第一辑,北京:紫禁城出版社,2010 年,第 351~359 页;朱凤瀚:《中国青铜器综论》,上海:上海古籍出版社,2009 年,第 1554~1555 页;张闻捷:《战国时代的铜器复古》,《考古》2017 年第 4 期。

⑦ 这一时期南方楚系墓葬中流行使用立耳无盖的束腰平底升鼎搭配附耳有盖的箍口鼎或折沿鼎。

其实是兼用了两种不同体系、不同形制的铜鼎来拼凑一套 5 件的列鼎,属于 5 鼎等级的贵族。

二、其他礼器组合

不仅列鼎如此,墓内其他青铜礼器也是分属南、北不同的礼制体系,而最后由墓主选择、拼凑而成一套完整的礼器群。我们可以将其制表如下:

表 7-1　钟离君柏墓随葬铜器分类表

礼器体系	鼎	粢盛器	烹饪器	酒器	水器
中原礼制系统	立耳无盖鼎(3)	折沿镂孔豆(2)	甗(1)	罍(2)	
楚国礼制系统	箍口鼎(2)	簠(4,2组)			盘(1)匜(1)盉(1)

注:墓中另出土有锻制铜匜 1 件,具体功能、来源暂且不明。

由于钟离国地处淮北地区,历史上与吴、楚、越、鲁、徐乃至齐、晋等国都曾有密切的交流和联系[①],使得其青铜文化兼具南北两系特色。因而在分析该墓的青铜礼器制度时,又需从中原、楚地两种不同的礼制体系来共同考量。

通过上文中对于钟离君柏墓出土铜器的考察,我们可以注意到,尽管铜器的形制、纹饰具有一定程度的淮水流域特色,但其礼制渊源却主要来自于中原三晋两周地区和南方的楚文化区,与淮域传统青铜文化有着显著的差别。不过钟离君柏又并非依据中原和楚地两个不同的礼制系统而分别构建出两套完全不同的礼器群,而是依据功能的需要对铜器进行了特定的选择,由此拼凑出一套完整的礼器组合:5 鼎、4 簠、2 豆、2 罍、1 盘、1 盉、2 匜、1 甗,从而涵盖烹饪器、盛食器、酒器、水器的基本门类。这样我们也便可以确定,钟离君柏应是一个 5 鼎级别的诸侯。其对中原礼制文化倍加推崇,但又迫于政治形势而兼用楚制。

---

① 《左传·成公十五年》:"(晋、鲁、宋、卫、郑、邾等国)会吴于钟离",《左传·昭公四年》"楚箴尹宜咎城钟离"等。

第二节 乐钟组合与礼制渊源

既已明确了钟离君柏为 5 鼎级别的诸侯,我们便可以通过检视、比较春秋中晚期不同地区内 5 鼎级别贵族所用乐钟的组合情况,来了解钟离君柏墓乐钟制度的渊源和成因。由于其青铜礼器呈现出南、北地区不同的礼制特色,暗示着钟离君柏的礼制思想亦应主要来自于这两个地区,所以,我们在梳理相关乐钟资料时,也自当按照南、北两个礼制中心来分别进行。参看下表[①]:

表 7-2　春秋中晚期至战国早期中原地区、南方楚文化区 5 鼎级别贵族随葬乐钟统计表

中原地区				南方楚文化区			
墓葬	年代	等级	乐钟组合	墓葬	年代	等级	乐钟组合
长治分水岭 M269	春秋中期晚段	5 鼎,2 套	9 甬、9 钮	下寺 M10	春秋晚期晚段	5 鼎	8 镈、9 钮
长治分水岭 M270	春秋中期晚段	5 鼎,2 套	8 甬、9 钮	和尚岭 M2	春秋晚期晚段	5 鼎	8 镈、9 钮
侯马上马村 M5218	春秋晚期	5 鼎	4 镈、9 钮	和尚岭 M3	春秋晚期晚段	5 鼎(1 件被盗)	8 镈、9 钮
侯马上马村 M13	春秋中期晚段	5 鼎	9 钮	徐家岭 M10	战国初期	5 鼎	8 镈、9 钮
山西临猗程村 M1001	春秋晚期	5 鼎	8 钮	南阳市名门华府 M1	春秋晚期	县公彭启墓,5 鼎	8 镈、9 钮

[①] 相关考古资料可参看路国权:《东周青铜容器谱系研究》,下册,附表,上海:上海古籍出版社,2018 年;乐钟资料参看《中国音乐文物大系》总编辑部编:《中国音乐文物大系(河南卷)》,郑州:大象出版社,1996 年;《中国音乐文物大系》总编辑部编:《中国音乐文物大系(山西卷)》,郑州:大象出版社,2000 年;《中国音乐文物大系》总编辑部编:《中国音乐文物大系(湖北卷)》,郑州:大象出版社,1999 年;南阳市名门华府 M1 资料参看南阳市文物考古研究所等编著:《吉金墨影——南阳出土青铜器全形拓》,郑州:河南美术出版社,2016 年;随州汉东路 M129 资料参看湖北省文物考古研究所等:《随州汉东路墓地 2017 年考古发掘收获》,《江汉考古》2018 年第 1 期。其中 M81 也为 5 鼎级别贵族墓葬,并出土钮钟 9 件,但因为年代属春秋早期,似继承了西周晚期以来的乐钟制度(如上村岭虢国墓地),故不纳入本表。

中原地区				南方楚文化区			
墓葬	年代	等级	乐钟组合	墓葬	年代	等级	乐钟组合
河南洛阳体育场路西 M8836	春秋中期	列鼎5件	9钮	下寺 M1	春秋晚期	2升鼎	9钮
山西万荣庙前 1958M1	战国早期	5鼎	9钮	随州义地岗 M6	春秋晚期	2鼎,曾公子去疾	5钮
河南陕县后川 M2041	战国中期	5鼎	9钮	叶县旧县 M4	春秋晚期早段	许灵公,残升鼎3件	20甬、8镈、9钮
太原金胜村 1994 M88	战国早期	未完全公布	9钮	寿县蔡侯墓	春秋晚期晚段	蔡昭侯,9鼎	12甬、8镈、9钮
临汾陶寺北 2016 M2	春秋中期	5鼎	9钮	随州擂鼓墩 M1	战国初年	曾侯乙,9鼎	1镈、19钮、45甬
长治分水岭 M25	战国早期	5鼎	9钮	随州汉东路 M129	春秋中期晚段	曾侯得,鼎被盗空	4镈、16甬

注:右下暗色部分为参考墓葬资料;其他未出土乐钟的5鼎贵族墓不再收入此表。

图 7-5　钟离君柏墓出土 9 件一组的钮钟

　　在中原地区,钮钟自两周之际开始出现后,逐渐形成了 9 件成组、较为固定的使用方式(8 件一组相对罕见),并一直延续至战国时期。从表 7-2 左侧数据可以知道,春秋中晚期至战国初年,中原地区的 5 鼎级别贵族用乐组合主要包含三种方式:其一为钮钟 9 件与甬钟搭配,主要见于长治分水岭墓地 M269、M270 两墓,但该墓墓主列鼎其实均有两套,与表中左侧其他诸墓并不相同,至少在财富规格上级别更高(或者有上、中、下大夫之别);其二为钮钟 9 件与镈钟 4 件搭配,目前仅见于侯马上马村 M5218;其三则是最常见的仅使用钮钟

9件一套,并不搭配镈钟、甬钟,而且这些墓主与钟离君柏一样,随葬单套或拼凑而成的一套列鼎5件。

相反,楚文化区内的情况就截然不同。从下寺 M10,和尚岭 M2、M3,徐家岭 M10,南阳市名门华府 M1 等 5 鼎贵族的随葬乐钟来看,均为 8 镈、9 钮的固定组合形式,分上下两列悬挂,十分统一,音律上也相互契合,应代表了楚制中这一等级的用乐规模。而像下寺 M1,虽然是令尹夫人墓,但随葬升鼎仅有 2 件,故只能搭配一套 9 件组钮钟。随州义地岗 M6 为曾公子去疾墓,未被盗扰,属 2 鼎士一级别,亦只有一套钮钟。随州均川刘家崖曾国贵族墓残存铜鼎 2、壶 2、鬲 4 件,从墓葬规模与铜鼎数量来看,与随州义地岗 M6 相当,同属士一等级,故也只有钮钟一套 5 件[①];但是,在等级明显高于 5 鼎大夫级别的高级贵族墓葬内,又均会在钮钟、镈钟之外另搭配上甬钟一套(表 7-2 右下角 4 例),从而形成了"三元编钟组合"的型态。

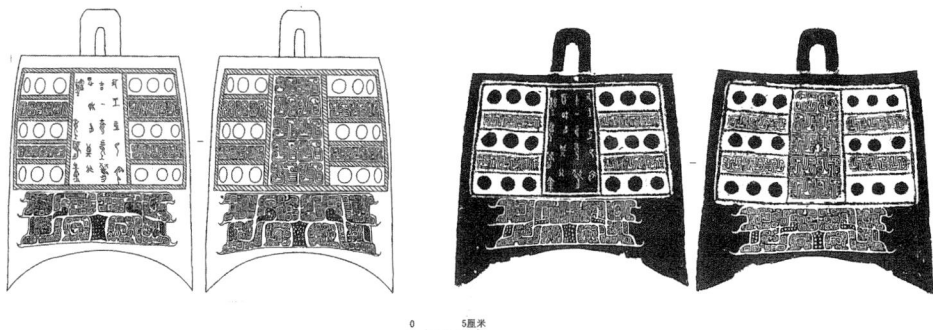

图 7-6 钟离君柏墓出土编钟及拓片

所以,无论从鼎制搭配还是乐钟组合来看,钟离君柏墓的礼乐制度显然更接近于中原地区的 5 鼎贵族。当然我们并不清楚钟离君柏为何以这样的礼制等级自居,但从礼乐用器的型态、组合角度,却可以寻找到其礼制思想的源头应更多来自于中原之地。

实际上,即使到春秋晚期钟离君柏的季子康墓内(凤阳卞庄一号墓),所采用的 5 镈、9 钮的乐钟组合也仍然与楚制完全不同[②],因为这一时期楚制中都

---

① 随州市博物馆:《湖北随县刘家崖发现古代青铜器》,《考古》1982 年第 2 期。
② 凤阳卞庄一号墓的镈钟系追缴所得,原始组合是否如此,目前还无法完全确认。所以本文仅就目前所见的乐钟组合来进行讨论,当然这并不影响对于钟离君柏墓的考察结论。

是采用镈钟 8 件成组,像作为楚国附庸的叶县旧县 M4 许宁公墓内,甚至要杂取秦式的有脊镈 4 件与楚式的无脊镈 4 件来共同拼凑出一套 8 件的镈钟编列[1]。但是,在约同时期的中原地区,镈钟则由 4 件一组逐渐向 5 件一组演进:在春战之际的山西太原赵卿墓内(墓主为晋国公卿赵简子或赵襄子,7 鼎级别,未被盗扰),随葬乐钟共 19 件,全为镈钟,按照器形、纹饰分作两类,分别为体型较大的夔龙纹镈钟 5 件和体型较小的散虺纹镈钟 14 件(以镈代钮)[2]。战国初年的河南汲县山彪镇一号墓中,墓主为 5 鼎级别的魏国贵族,也恰出土了镈钟 14 件,分为两型,较大者 5 件、较小者 9 件,与赵卿墓中的乐钟情况较为相近。而根据郭宝钧先生所提供的墓葬平面草图来看,这些乐钟正作两列排布,较大的 5 件在墓内西南角,而较小的 9 件则在其东南侧另成一列分布[3]。如果将 9 件一组的镈钟理解为"以镈代钮"(镈钟采用钮钟的编列制度,此时镈钟并没有 9 件成组的组合方式)的话,正与钟离国季子康墓的乐钟组合一致。战国之后,5 件一组的镈钟又继续按倍数规律变化为 10 件一组,这也是周代乐钟常见的演变规律[4],本文不再赘述。

所以,由此看来,钟离国季子康所遵循的乐制可能与其先父一样,亦渊源于中原三晋两周地区。而其乐钟数量反盛于其父的原因,可能也主要是与中原地区春秋晚期阶段的乐制变革有关。不过,值得注意的是,在江苏丹徒北山顶春秋晚期吴国贵族墓葬内,也出土了一组 5 件的镈钟,并搭配钮钟 7 件、石磬 12 件,出土时套置在一起。其中 5 件镈钟大小依次递减,且均有相同内容的铭文[5]。另在江苏六合程桥春秋晚期吴国贵族墓内,乐钟组合亦是 5 件镈钟搭配 7 件甬钟[6],虽然具体组合型态略有区别,但表明吴国贵族此时也倾向于

① 平顶山市文物管理局、叶县文化局:《河南叶县旧县四号春秋墓发掘简报》,《文物》2007 年第 9 期。

② 山西省考古研究所、太原市文物管理委员会:《太原晋国赵卿墓》,北京:文物出版社,1996 年;王子初:《太原金胜村 251 号春秋大墓出土编镈的乐学研究》,《中国音乐学》1991 年第 1 期。

③ 郭宝钧:《山彪镇与琉璃阁》,北京:科学出版社,1959 年,第 46～47 页;关于汲县山彪镇一号墓的年代及国别,陈昭容《论山彪镇一号墓的年代及国别》对诸家意见有较好的梳理,《中原文物》2008 年第 3 期。

④ 陈荃有:《中国青铜乐钟研究》,上海:上海音乐学院出版社,2005 年;邵晓洁:《楚钟研究》,北京:人民音乐出版社,2010 年;王友华:《先秦编钟研究》,桂林:广西师范大学出版社,2013 年等。

⑤ 江苏省丹徒考古队:《江苏丹徒北山顶春秋墓发掘报告》,《东南文化》1988 年第 3、4 期合刊。

⑥ 江苏省文物管理委员会等:《江苏六合程桥东周墓》,《考古》1965 年第 3 期。

采用 5 件镈钟成组的乐制搭配,提示我们吴国可能是这一时期中原地区礼乐制度南传的重要媒介(《左传·成公十五年》)①。

最后,我们来看乐钟音律的情况。根据李清、杨和平、方建军等学者的测音工作与研究②,钟离君柏墓的钮钟正鼓音为宫音♯C 的具有羽调式倾向的五声音阶,"在春秋时期南、北两系编钟里都比较常见,是当时 9 件组合编钟的固定音阶模式"③。但侧鼓部无敲击点痕迹,所发之音也不在调式和使用之列,所以,这是一套一钟一音的编钮钟,与同时期其他编钟截然不同,是否与其自铭"行钟"这样一类特殊的乐钟有关呢?无论怎样,钟离君柏所采用的 5 鼎(3+2 拼凑)、4 簠、2 豆、2 罍、1 盘、1 盉、2 匜、1 甗以及钮钟 9 件的礼乐器组合都与春秋中晚期北方地区同等级贵族更为相近,而到时代最晚的凤阳大东关一号墓内,其乐制(8 镈、9 钮)显然就完全楚式化了④。

第三节　乐器陈列与乐悬制度的兴起

钟离君柏墓内的编钟与编磬虽然皆未见钟簨,但下葬时仍基本按照生前悬挂时的状态由小到大成一列分布,说明在摆放时是经过精心布置的,并未受到空间局限的影响。尤为特别的是,编钟 9 件皆靠着北椁室的北壁呈东西向一线放置,而编磬 9 件则沿着北椁室的东壁呈南北向一线放置,二者正好形成了 90 度的折角(图 7-7)。

---

① 通过对编钟形制、纹饰的简单比较可以看出,钟离君柏墓的乐钟其实更接近于南方所出土的钮钟,而非中原地区。如钟离君柏墓与叶县旧县 M4 出土的乐钟纹样同属于动物纹,以蟠螭或蟠虺纹等龙纹为主,而新郑祭祀遗址纹饰则属于几何形纹样,以云纹为主。钮部形制来看,前两者同属方形钮,而新郑祭祀遗址乐钟则是梯形钮。同时钮部纹饰,新郑也是刻划纹样,全钟不见动物纹样。所以,钟离国的乐制可能来源于中原地区,但乐钟的铸造似乎还是应在南方地区完成的。

② 李清等:《蚌埠双墩一号春秋墓出土乐器的音乐学研究》,安徽省文物考古研究所、蚌埠市博物馆编著,阚绪杭主编:《钟离君柏墓》第十四章,北京:文物出版社,2013 年,第 601～608 页;方建军:《钟离国编钟编镈研究》,《中国音乐学》2012 年第 3 期。

③ 方建军:《钟离国编钟编镈研究》,《中国音乐学》2012 年第 3 期。方建军先生认为钟离国的乐钟组合应统一是 8 镈、9 钮的组合,但其实钟离君柏墓虽发现盗洞,但盗洞并未到达墓室,青铜礼乐器的组合是十分完整的。

④ 安徽省文物考古研究所、凤阳县文物管理所:《凤阳大东关与下庄》,北京:科学出版社,2010 年。

这样特殊的乐器陈设方式自然令我们联想到典籍文献中所记载的"乐悬制度"。在《周礼·春官·小胥》篇中有关于这一制度的简略记载:"正乐悬之位,王宫悬,诸侯轩悬,卿大夫判悬,士特悬,辨其声。凡悬钟磬,半为堵,全为肆",汉代经学家郑玄引郑众之说注释为"宫悬四面悬,轩悬去其一面,判悬又去其一面,特悬又去其一面"[①],即天子采用四面钟磬,而诸侯、大夫、士等级依次降差。

图 7-7 钟离君柏墓北椁室乐器的折曲摆放

虽然由于经文简短,我们对于乐悬制度中各种名称的具体悬挂方式(包括乐钟数量、种类、钟磬如何搭配等)已经无从稽考,但至少从字面意义上理解,钟离君柏墓的乐器陈设恰分为北、东两面,岂不正吻合于乐悬制度中的"判悬"之制吗?如果按照《公羊传·桓公二年》何休所注"礼祭天子九鼎,诸侯七、大

① (汉)郑玄注、(唐)贾公彦疏、彭林整理:《周礼注疏》,上海:上海古籍出版社,2010 年,第 605~606 页。

夫五、元士三也"的用鼎序列来看,这样的"判悬"制度也与前文所论钟离君柏的用鼎之数是相互契合的。

更有意义的还在于,在略晚于钟离君柏墓的其他一些墓葬内,也见到了类似的"判悬"陈设形式,这样就为我们理解"判悬"的具体含义提供了新的线索。如春秋晚期早段的淅川下寺 M1,墓主为楚国令尹蒍子冯(俑)的夫人。其随葬乐钟保存较好,共为钮钟一套 9 件(敬事天王钟),皆位于墓内中部东侧。其中 6 件(标号 20~25)呈南北方向一线排列,3 件(编号 26~28)呈东西方向一线排列,二者相连并正成 90 度折角,而编磬则基本散置于 3 件编钟的一侧[1],从形制上看显然也是在模仿两面"判悬"之制。洛阳西工区 M131 为战国中期 5 鼎贵族墓葬,出土甬钟 16 件,分为 2 组各 8 件[2],是这一时期较为常见的乐钟组合。其在墓葬内的摆放形式亦颇为特别:其中 8 件甬钟成一列分布于墓内东侧,从北向南依次由小到大,而另 8 件甬钟则亦成一列分布于墓内南侧,从西向东依次由小到大(这种两列编钟大小反向排列的情况也见于王孙诰编钟),两列编钟恰成 90 度折角,而一列编磬则位于东侧编钟的北部。同时查阅其墓葬平面分布图(图 7-8),可以看出墓内空间较为宽敞,专门放置乐器的位置尚有较多空余,而不存在空间的限制,所以这样特殊的摆放形式显然是有其礼制深意的。

当然,春秋中晚期后还有其他采用三面折曲形制的随葬乐器墓例,这里就不再一一赘举[3]。凡此足以表明,至少从春秋中晚期开始,贵族们已逐渐具有了将金石之器环绕、折曲摆放的意识,并进而形成了区分身份等差的又一重要工具。同时,从以上 3 个重要的墓例看来,"判悬"之制应主要是指钟磬之间或编钟之间呈 90 度折角的两列摆放形式,而非东西对置,至少在墓葬中周代贵族是如此呈现给我们的。那么郑玄所注:"判悬,左右之合,又空北面"[4],该当如何理解呢? 是否意味着乐钟在使用与埋葬时存在着并不相同的摆放原则呢?

---

① 河南省文物研究所等:《淅川下寺春秋楚墓》,北京:文物出版社,1991 年,第 51 页。

② 蔡运章等:《洛阳西工 131 号战国墓》,《文物》1994 年第 7 期。

③ 张闻捷:《周代葬钟制度与乐悬制度》,《考古学报》2017 年第 1 期。

④ (汉)郑玄注、(唐)贾公彦疏、彭林整理:《周礼注疏》,上海:上海古籍出版社,2010 年,第 605~606 页。

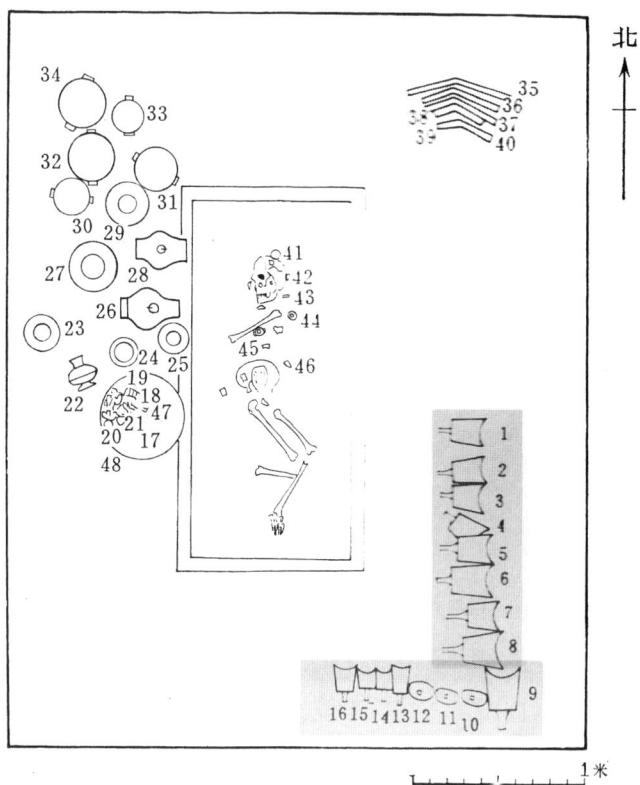

1~16.编钟 17.铜盘 18~21.铅俑 22~25.铜豆 26~29.铜壶 30~34.铜鼎

35~40.编磬 41、43、45.玉璧 42、44.玉饰 46.碎玉饰 47.铜勺 48.铜马衔

图7-8 洛阳西工区M131乐钟折曲摆放形式

小 结

综上所述,我们认为钟离君柏墓的青铜礼乐器制度与乐悬陈设方式是相互协调一致的:青铜礼器为5鼎(3+2拼凑)、4簠、2豆、2罍、1盘、1盉、2匜、1鬲组合一套,涵盖盛食器、水器、酒器、烹饪器等主要礼器门类,并兼具中原与南方楚系礼器特色;乐器则为钮钟9件一套,与中原地区5鼎贵族的用乐制度相当,暗示着这一时期钟离国的乐制思想仍深受北方影响,而随着吴楚争霸的深入,其后人的乐钟组合也逐渐偏向南方楚式化了;墓内编钟与编磬呈90度

折曲摆放,合乎礼制文献中所记载的 5 鼎大夫等级采用"判悬"的乐钟陈设制度,也揭示出从这一时期开始,南方地区的部分贵族具有了将随葬乐器折曲摆放进而体现身份等差的思想。由此,可以看出,尽管地处偏远,钟离君柏在礼乐器的选择与使用上却经过了精心的安排与策划,足见其深谙礼制之道。

最后,通过这样一个特殊个案的讨论,我们还希望能够在礼乐制度的研究方法论上有所启示:周代无疑是一个典型的礼制型社会,奉守礼乐并重的治国原则,所以青铜礼器与乐器一样,皆是标识身份等级的重要工具。那么,在研究具体墓葬的器用制度并进而认识相关贵族的身份爵秩时,便需要将二者结合起来综合考量,才能全面地了解周代社会的"礼"、"乐"互动情况;而且对于周代青铜礼乐器的考察,应不仅仅局限于对形制、纹饰的比较,亦应关注不同地区间礼器组合以及礼制思想的对照,这样就能够为讨论周代社会思想观念的传播提供新的研究途径。

第八章　沂水纪王崮春秋墓的礼乐器制度

2012 年初,山东省沂水县纪王崮崮顶发现一座春秋时期的大型墓葬(图8-1),墓室与车马坑共凿建于一个长方形、斜壁内收的岩坑之中,出土了众多青铜器、玉石器、陶器、漆器等文物。其中大部分资料以简报和图录的形式进行了发表,同时刊发出土玉器、动物骨骼等相关鉴定报告与出土甬钟的修复报告[①],为初步探讨该墓的礼乐器制度奠定了基础。

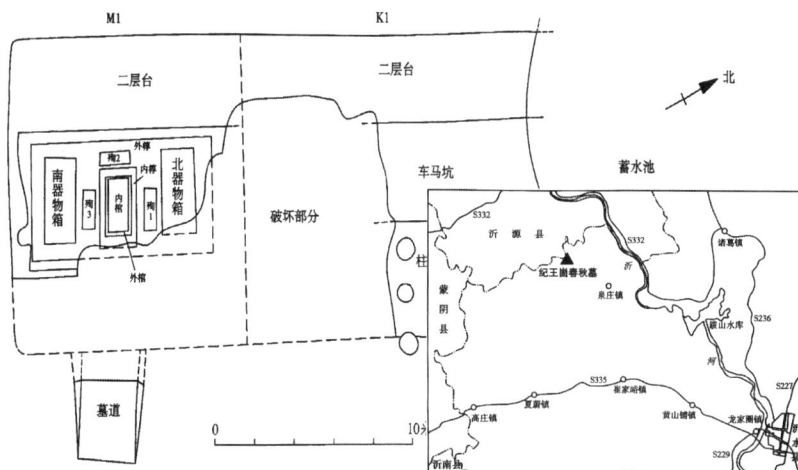

图 8-1　纪王崮 M1 墓葬形制及所在位置

(依据《沂水纪王崮春秋墓出土文物集萃》图二、图四修改)

---

① 山东省文物考古研究所、临沂市文物考古队、沂水县博物馆:《山东沂水县纪王崮春秋墓》,《考古》2013 年第 7 期。山东省文物考古研究所、临沂市文物考古队、沂水县博物馆:《沂水县纪王崮一号春秋墓及车马坑》,《海岱考古》第 6 辑,北京:科学出版社,第 280～311 页。山东省文物考古研究所、临沂市文化广电新闻出版局、沂水县文化广电新闻出版局编著:《沂水纪王崮春秋墓出土文物集萃》,北京:文物出版社,2018 年。王荣、郝导华、尹纪亮:《沂水纪王崮一号春秋墓出土玉器和料器材质与工艺研究》,《江汉考古》2018 年第 1 期。山东大学历史文化学院、山东省文物考古研究院:《山东沂水纪王崮 M1 动物鉴定报告》,《海岱考古》第 10 辑,北京:科学出版社,2017 年,第 178～193 页。蔡友振、刘建国、吴双成:《山东沂水纪王崮出土甬钟修复及相关问题探讨》,《人类文化遗产保护》,西安:西安交通大学出版社,2019 年。

由于墓葬所处地理位置特殊,又缺乏文献记载和确切证明墓葬国别的资料,因此,自墓葬发掘以来,有关墓主人身份的讨论便一直众说纷纭,尚未达成一致意见①。目前主要有鲁国华氏女子说②、项王说③、莒国贵族说④等观点。本章拟在前贤研究的基础上,对纪王崮 M1 出土的青铜礼乐器进行再探讨,尝试梳理该墓所使用的礼乐器形制、数量与组合的礼制渊源,及其所反映的墓主身份等级,最后对墓葬的国别进行判断。

第一节　墓葬的年代

目前关于该墓年代的争论聚焦于春秋中期与春秋晚期之间,主要有以下三种观点:

1.“春秋晚期早段”说:见于发掘简报⑤,毕经纬《海岱地区商周青铜器研

---

① 郑同修:《沂水纪王崮春秋墓出土文物集萃·序言》,山东省文物考古研究所、临沂市文化广电新闻出版局、沂水县文化广电新闻出版局编著:《沂水纪王崮春秋墓出土文物集萃》,北京:文物出版社,2018 年,第 11 页。

② 钟红丹:《纪王崮墓葬国族问题小议》,《绵阳师范学院学报》2016 年第 1 期。作者认为纪王崮 M1 所出土的华孟子鼎为春秋时鲁国华氏女子嫁给纪国邢地采邑主的陪嫁之物,墓主人也可能是她。同为墓主女子说的还有毕经纬在其博士论文附论中的简要分析,他认为该墓主为莒文化区内的诸侯夫人。

③ 侯乃峰:《山东沂水纪王崮春秋大墓墓主蠡测》,《考古与文物》2018 年第 6 期。作者认为青铜盂铭文“邡”字指《左传》中提到的项国,项国在春秋中期被鲁攻灭,其国君或后继者流落到附近的纪王崮之地,死后便埋葬于此。

④ 印群:《论沂水纪王崮春秋时期莒国贵族墓随葬车马坑——兼谈嬴秦贵族墓随葬车马坑之东夷文化因素》,《复旦学报(社会科学版)》2018 年第 3 期。作者认为纪王崮 M1 随葬车马坑一定程度上揭示了当时以莒文化为代表的东夷文化之内涵。同样持此观点的有刘延常先生,他认为该墓属于春秋晚期早段莒文化系统,规格属小诸侯国国君级别。山东省文物考古研究所、北京大学震旦古代文明研究中心编著:《青铜器与山东古国学术研讨会论文集》,上海:上海古籍出版社,2017 年,第 241 页。

⑤ 山东省文物考古研究所、临沂市文物考古队、沂水县博物馆:《山东沂水县纪王崮春秋墓》,《考古》2013 年第 7 期。

究》[①]、刘延常《莒文化新发现及相关认识与思考》[②]等论文。

2."春秋中晚期之交"说:见于郝导华主编《沂水纪王崮春秋墓出土文物集萃》图录[③]。

3."春秋中期偏晚阶段"说:见于任相宏、邱波《山东沂水天上王城出土芈孟子鼎、繁君季鳠盉铭考略》[④],刘智《鲁东南地区东周贵族墓葬初探》[⑤]等论文。

可以看到,发掘者对于墓葬年代的认识也经历了一个变化过程,从发掘简报中的"春秋晚期"至出土文物集萃图册中的"春秋中晚期之交"[⑥]。而古文字学的研究结果倾向于该墓年代当在出土铭文中提到的"江国"被灭前后,即春秋中期阶段,这与考古学偏向春秋晚期的认识是相矛盾的。由于在目前已发表的研究中,对于该墓年代的判断以及证据仍是比较模糊的,故本节首先将该墓所出器物与鲁东南地区墓葬所出同类器型相互比较,以判明其确切的年代。

纪王崮 M1 的南器物箱出土了鼎、鬲、铺、浴缶[⑦]、匕各 7 件和 5 件小鼎,是该墓较有代表性的礼器。从鼎的形制来看,纪王崮 M1 所出 7 件组铜鼎均为平顶盖,盖面中部有一桥状钮,周围均匀分布 3 个矩形钮[⑧],子口、鼓腹、大圜底、附耳、三蹄形足(图 8-2:1)。该类三蹄足附耳鼎在山东地区出现时间较早,在春秋早期时是较为宽侈的无盖鼎,之后出现平盖,盖上分置 3~4 个缺角呈

---

① 毕经纬:《海岱地区商周青铜器研究》,陕西师范大学博士学位论文,2013 年。

② 刘延常、张文存、张子晓:《莒文化新发现及相关认识与思考》,山东省文物考古研究所、北京大学震旦古代文明研究中心编著:《青铜器与山东古国学术研讨会论文集》,上海:上海古籍出版社,2017 年,第 229~259 页。

③ 山东省文物考古研究所、临沂市文化广电新闻出版局、沂水县文化广电新闻出版局编著:《沂水纪王崮春秋墓出土文物集萃》,北京:文物出版社,2018 年。

④ 任相宏、邱波:《山东沂水天上王城出土芈孟子鼎、繁君季鳠盉铭考略》,《中国文物报》2012 年 8 月 17 日第 6 版。

⑤ 刘智:《鲁东南地区东周贵族墓葬初探》,山东大学硕士学位论文,2020 年。

⑥ 简报认为"南器物箱出土的曲收腹罐与临沂凤凰岭(春秋晚期偏早)同类陶罐有一定的相似性;列鼎为附耳,与莒地春秋中期流行的立耳鼎稍有不同"。故初步将墓葬年代定为春秋晚期。《沂水纪王崮春秋墓出土文物集萃》认为"该墓立耳鼎鼎耳皆外撇,南器物箱的列鼎已变为附耳,鼎盖多为平盖、一部分带矩形钮;簋肩或口沿变窄,或足尖变钝,有的甚至出现颈部;敦出现环钮耳,腹部较浅,盖已经隆起;附耳盘腹部已变浅,圈足较矮,耳外侈;出现双半环耳衔环素面铜盘。以上这些铜器多属春秋中期之器,有些还有春秋晚期的特征,年代或已进入春秋中晚期之交。"

⑦ 发掘简报中为罍 7 件,《沂水纪王崮春秋墓出土文物集萃》中为 1 件罍,7 件浴缶,从《集萃》。

⑧ 山东省文物考古研究所、临沂市文化广电新闻出版局、沂水县文化广电新闻出版局编著:《沂水纪王崮春秋墓出土文物集萃》,北京:文物出版社,2018 年,第 32 页。

方形的铜片,腹部也逐渐变浅。春秋晚期阶段出现弧形盖,腹部更浅,三足较高、聚于底部,原来的平盖顶则不再流行①。纪王崮 M1 所见矩形钮盖鼎腹部深度更接近春秋中期偏晚阶段的仙人台 M5(图 8-2:2),而相较于枣庄徐楼M1②中出土的鼎(图 8-2:3)更深。

另 5 件小鼎(图 8-2:4)亦为平顶盖,立耳外侈现象较明显。它与 7 件组的附耳三矩形钮盖鼎同属于平盖鼎系统,都是东夷特色的礼器。这类平盖铜鼎集中出现于春秋中期鲁东南和淮河流域一带,在沂水刘家店子 M1(图 8-2:5)、长清仙人台 M6(图 8-2:6)等这一时期的东夷墓葬中都可以见到。李宏先生认为,其器形渊源可追溯至商晚期的殷墟青铜器,与商文化关系密切,体现了东夷文化中深厚的商文化根基③。《后汉书·东夷传》记载:"武乙衰敝,东夷浸盛,遂分迁淮岱,渐居中土。"这类平盖铜鼎也作为东夷文化的载体,通过列国婚聘、征伐、盟会等不同形式的交往,播迁演变,出现在安徽六安肥西小八里、南阳李八庙铜器墓、河南辉县琉璃阁④等地,最终于战国初年消失不见⑤。

在与列鼎搭配的礼器中,7 件大小形制基本相同的铜鬲(图 8-2:7)为折沿稍斜或斜折沿,方唇,耸肩,弧裆。从裆部形态观察,纪王崮 M1 所出铜鬲裆部较西周晚期至春秋早期的临沂中恰沟 M1:5⑥铜鬲(图 8-2:8)矮,又相对于春秋晚期之初的薛国故城 M2(图 8-2:9)所出铜鬲高,故其年代也介于二者之间,

---

① 毕经纬:《山东出土东周青铜礼容器研究》,山东大学硕士学位论文,2009 年,第 46 页。
② 枣庄市博物馆、枣庄市文物管理委员会办公室、枣庄市峄城区文广新局:《山东枣庄徐楼东周墓发掘简报》,《文物》2014 年第 1 期。路国权先生认为该墓铜器群的绝对年代可以判定在公元前 588—公元前 530 年之间,作为春秋中期的标准铜器群,可从。
③ 李宏:《论春秋时期平盖铜鼎的起源与承传》,山东省文物考古研究所、北京大学震旦古代文明研究中心编著:《青铜器与山东古国学术研讨会论文集》,上海:上海古籍出版社,2017 年,第 82~93 页。
④ 琉璃阁乙墓出土的平盖列鼎一组五件,大小相同,与东夷诸国列鼎组合风格相同。琉璃阁甲乙二墓是夫妇异穴祔葬墓,据《春秋会要》卷一对后夫人妃的记载,可见卫军多娶于姜姓,其次为宋国的子姓南子,和来自许的许穆夫人。姜齐和子姓的宋,都自东方诸国,在琉璃阁乙墓中出土带有东夷特色的平盖鼎是有历史根据的。李宏:《论春秋时期平盖铜鼎的起源与承传》,山东省文物考古研究所、北京大学震旦古代文明研究中心编著:《青铜器与山东古国学术研讨会论文集》,上海:上海古籍出版社,2017 年,第 82~93 页。
⑤ 李宏:《论春秋时期平盖铜鼎的起源与承传》,山东省文物考古研究所、北京大学震旦古代文明研究中心编著:《青铜器与山东古国学术研讨会论文集》,上海:上海古籍出版社,2017 年,第 82~93 页。
⑥ 冯沂:《山东临沂中恰沟发现三座周墓》,《考古》1987 年第 8 期。

为春秋中期。铜敦属于平底无足的类型(图 8-2:10),是这类器物的早期形态,始出现于春秋中期,如齐侯敦、洛阳市纱厂路 JM32[①](图 8-2:11)、辉县琉璃阁乙墓出土的 59 号敦、长清仙人台 M5 出土的敦(图 8-2:12)等。其中,长清仙人台 M5 出土的盘有铭,为邿国之物,该墓年代当在公元前 560 年邿国灭亡之前[②]。这类平底无足的敦多见于春秋中期,在春秋晚期之后演变成有足、多环耳、束颈的形式[③],如春秋晚期的铭文铜器荆公孙敦具有矮小蹄足与乳钉装饰[④]。纪王崮 M1 出土敦的束颈形态尚不及仙人台 M5 的敦明显,年代也应较之更早。口沿外侈、平底单耳无钮的铺(图 8-2:13)同样出现在春秋中期晚段的新郑李家楼大墓(图 8-2:14)和春秋中期偏晚阶段的洛阳中州路 M2415:5(图 8-2:15)当中,纪王崮 M1 的年代也当在春秋中期这一范围内[⑤]。

铜浴缶(图 8-2:16)则是楚式浴缶的初创形式,盖似圈足盘倒扣于缶上,环形双耳,平底。相似形制者见于襄阳沈岗 M1022(春秋中期中段,图 8-2:17)[⑥]和淅川下寺 M7(春秋中期早段,图 8-2:18)等春秋中期早中段的楚墓中。到了春秋中晚期之际,如淅川下寺 M36 的缶,不仅盖顶圈形捉手上添了四小方孔,双耳由素朴环形变为龙形环耳,纹饰也更为纤细、繁复[⑦],原先朴素的环耳不再出现。因此,纪王崮 M1 浴缶的年代应在春秋中期,不会晚到春秋晚期。

除了器物形制的时代性特征之外,列鼎大小和铜盉铭文也为墓葬的年代提供了线索。大小相同的列鼎常被视作东夷文化区的特征,如长清仙人台 M6(春秋早期)、小邾国 M2(春秋早期)、沂水刘家店子 M1 和 M2(春秋早中期)、临沂凤凰岭(春秋中期)等,但即使是具有显著东夷文化特征的春秋晚期墓葬,如薛国故城 M2、枣庄徐楼 M1、长清仙人台 M5 等,也都使用大小相次的列鼎,与纪王崮 M1 中 7 件列鼎大小尺寸相同的情况不同。或许是当时莒国势力衰

①　洛阳市第二文物工作队:《洛阳市纱厂路东周墓(JM32)发掘简报》,《文物》2002 年第 11 期。发掘简报将该墓定为战国中期偏晚,彭裕商先生在《春秋青铜器年代综合研究》中通过器物形制与组合的比较定为春秋中期偏晚,从彭说。

②　山东大学历史文化学院考古系:《长清仙人台五号墓发掘简报》,《文物》1988 年第 9 期。

③　朱凤瀚:《中国青铜器综论》,上海:上海古籍出版社,2009 年,第 144 页。

④　王恩田先生考证荆公孙敦的年代在前 490—前 480 年之间。王恩田:《荆公孙敦的国别与年代》,《文物春秋》1992 年第 2 期。

⑤　值得注意的是,敦、铺用三件的现象目前仅见于该墓,足以体现该墓墓主对于奇数礼器制度的偏好,但具体缘由及功能尚不明确。

⑥　襄阳市文物考古研究所:《湖北襄阳沈岗墓地 M1022 发掘简报》,《文物》2013 年第 7 期。

⑦　刘彬徽:《楚系青铜器研究》,武汉:湖北教育出版社,1995 年,第 205 页。

1

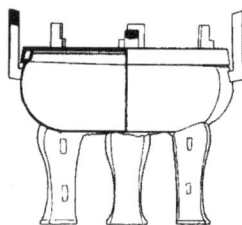
2

3

4

5

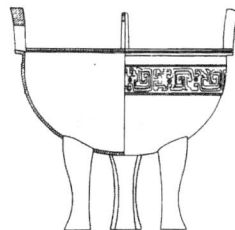
6

7

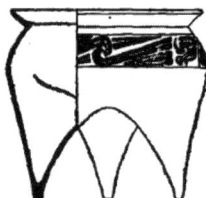
8

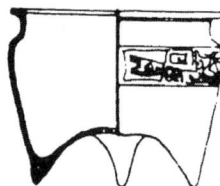
9

10

11

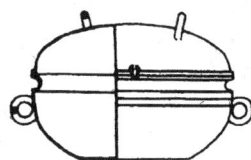
12

13

14

15

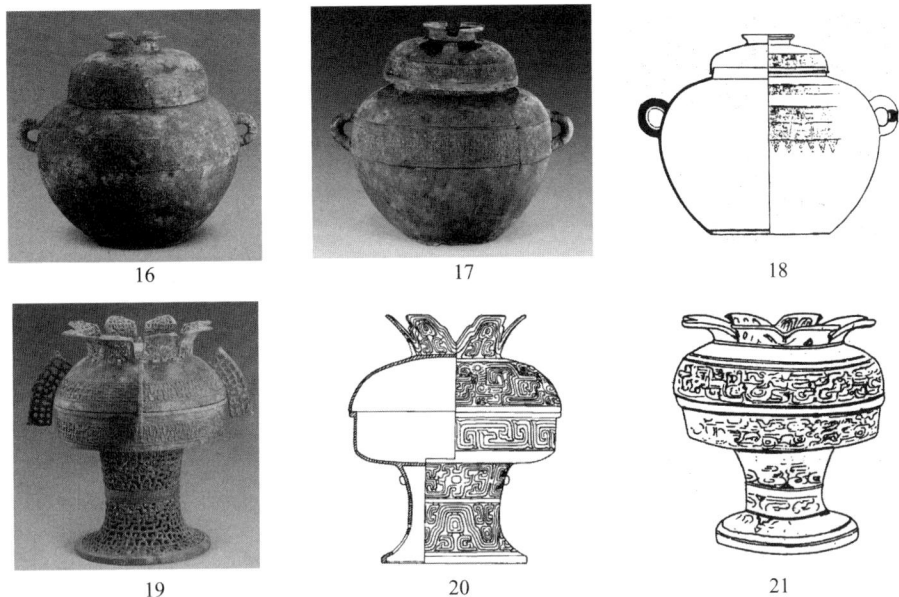

图 8-2 纪王崮 M1 器物形制比较图

1、4、7、10、13、16、19.纪王崮 M1　2.长清仙人台 M5:72　3.枣庄徐楼 M1:39　　5.沂水刘家店子 M1:3
6.长清仙人台 M6:B3　　8.临沂中恰沟 M1:5　9.薛国故城 M2:114　11.洛阳纱厂路 JM32:8
12.长清仙人台 M5:79　　13.薛国故城 M4:6　14.新郑李家楼大墓　15.洛阳中州路 M2415
17.襄阳沈岗 M1022:6　　18.淅川下寺 M7:3　20.长清仙人台 M6　21.鲁大司徒厚氏元铺

微、东夷各国向齐鲁与中原文化圈靠近的结果,在一定程度上具有年代指示的
作用。其次,铜盂铭文中"自乍(作)滥盂"的"滥",与《说文》表泛滥义之"滥"
同形,它在字形源流关系上是表"监"之本义"以水照影"之义,"滥盂"是一种专
门用于照影的水盆,出现于由盂向春秋晚期的"鉴"分化过程之中[1],说明了该
铜盂的年代应当早于春秋晚期。综上所述,该墓年代宜定在春秋中期偏晚阶
段,考虑到该墓中的江国铜器最有可能是在其亡国后流落到此地的,因此绝对
年代宜定在公元前 623 年江国被楚所灭后到公元前 560 年邾国灭亡之前。

---

① 苏影:《山东沂水春秋古墓新出铜盂铭"滥"字释读》,《殷都学刊》2013 年第 2 期。

第二节　列鼎制度与礼器组合

纪王崮 M1 的南北两器物箱中所放置的随葬品已经有了一定的功能区分。南器物箱以礼器为主,其中各 7 件的鼎、鬲、铺、浴缶、匕等器物的形制已在上文分析,另外有陶罐 7 件和部分漆器,北器物箱则以乐器和兵器为主。本节在上文形制分析的基础上,关注不同类型礼器使用的数量与组合形式,探究列鼎制度及其他礼器组合所代表的等级含义与礼制渊源。

总体而言,该墓的鲁东南区域特点非常鲜明。墓葬结构、殉人、腰坑殉狗、短窄墓道偏于墓葬一侧、有器物箱等[①]外部特征,在发掘简报中均已有表述。通过梳理鲁东南地区东周时期的贵族墓葬材料(见表 8-1),我们发现以鼎鬲为中心的礼器组合在鲁东南地区并不鲜见,是进入春秋之后鼎簋制度在此地逐渐变革的表现之一,如小邾国 M2、M3,沂水刘家店子 M1,滕州薛国故城 M2、M4 等皆用列鼎与数量相同或次一级的铜鬲搭配。纪王崮 M1 中,铺、敦均用三件,与中原、楚地墓葬中常见组合为 1~2 件的情况不同,体现了器物在发源地较高的礼仪地位[②]。而鬲、铺、浴缶等礼器用 7 件的现象,其数量和组合整体上承袭自鲁东南地区的器用传统,即"辅助"礼器数量与作为核心礼器的鼎、鬲数量相对应,更确切地说,"辅助"礼器数量与列鼎数量一致或低一等级,如滕州后荆沟墓 M1,日照崮河崖墓 M1,小邾国 M2、M3,莒南大店 M3 等。上述墓葬中的礼器虽均为偶数,但多与鼎数一致或略低一级,以 4+4、4+2 或 8+8、8+6 的形式出现。而在使用奇数鼎制的纪王崮 M1 中,其他礼器组合仍然在数量上保持了与列鼎制度的一致性,以 7+7 的形式出现。无独有偶,在器物形制、组合方面都与纪王崮 M1 相似的沂水刘家店子 M1 中,鼎、鬲数量亦呈现奇数相同等级的现象,以 9+9 的形式出现,彰显出二者在器用制度上的紧密联系。

---

①　山东省文物考古研究所、临沂市文物考古队、沂水县博物馆:《山东沂水县纪王崮春秋墓》,《考古》2013 年第 7 期。

②　毕经纬:《山东出土东周青铜礼容器研究》,山东大学硕士学位论文,2009 年,第 46 页。作者认为铺可能起源于鲁东南地区,在铜器墓中出现的频率较高。

表 8-1　西周晚期至春秋晚期鲁东南地区贵族墓葬礼器组合

分期	墓葬名称	随葬礼器组合		
		食器	酒器	水器
西周晚期至春秋早期	滕州后荆沟墓 M1	鼎 2、鬲 2、簋 2、簠 2、罐 2		
	长清仙人台 M6①	鼎 15（列鼎 8，形制大小相同），簋 8（4+4），盖豆 2	方壶 2，圆壶 2	
	莒县西大庄②	鼎 3（大小递减）、簋 4、簠 2、鬲 1、甗 1	壶 2	匜 1，盘 1
	日照崮河崖墓 M1	鼎 4、鬲 4	壶 2	
	小邾国 M2③	鼎 4（形制大小相同）、鬲 4、簠 4、陶罐 8	壶 2、罍 1	盘 1、匜 1
	小邾国 M3	鼎 4（列鼎 3）、鬲 2、簠 4、陶罐 7	壶 2、罍 2	盘 1、匜 1
	沂源姑子坪 M1④	立耳鼎 5（大小递减）、簋 2、簠 2	罍 1，壶 1，方彝 1	盘 1
	莒南大店 M3	鼎 2、簋 2、陶鬲 2、陶豆 4、陶罐 2		
春秋中期	滕州薛国故城 M1⑤	列鼎 7、簋 6、鬲 6、簠 2	壶 3	
	沂水刘家店子 M1⑥	列鼎 9（大小相同）、鬲 9、簠 7、甗、罐各 1	壶 7，罍 4	盘、盂、匜各 1，盆 2
	沂水刘家店子 M2	立耳平盖鼎 9（大小相同）		
	临沂凤凰岭⑦	鼎 10（列鼎 6，大小相同）、敦 3、簋 3、簠 2	铀 2	盆 1
	郯城县大埠二村 M1⑧	立耳铜鼎 2，鬲 1	背壶 1	盘、匜、盆各 1
	栖霞吕家埠 M2	陶鼎 8、簋 12、豆 8、罐 14	罍 8	
	沂水纪王崮 M1	鼎 7+5、鬲 7、铺 7、匕 7		浴缶 7

---

① 山东大学考古系:《山东长清县仙人台周代墓地》,《考古》1998 年第 9 期。

② 莒县博物馆:《山东莒县西大庄西周墓葬》,《考古》1999 年第 7 期。

③ 李光雨、张云:《山东枣庄春秋时期小邾国墓地的发掘》,《中国历史文物》2003 年第 5 期。

④ 山东大学考古系、淄博市文物局、沂源县文管所:《山东沂源县姑子坪周代墓葬》,《考古》2003 年第 1 期。

⑤ 山东省济宁市文物管理局:《薛国故城勘察和墓葬发掘报告》,《考古学报》1991 年第 4 期。

⑥ 山东省文物考古研究所、沂水县文物管理站:《山东沂水刘家店子春秋墓发掘简报》,《文物》1984 年第 9 期。

⑦ 山东省兖石铁路文物考古工作队编:《临沂凤凰岭东周墓》,济南:齐鲁书社,1987 年。

⑧ 山东省文物考古研究所、临沂市文物管理委员会、郯城县文物管理所:《郯城县大埠二村遗址发掘报告》,《海岱考古》第 4 辑,北京:科学出版社,第 105～140 页。

续表

分期	墓葬名称	随葬礼器组合		
		食器	酒器	水器
春秋中期偏晚至春秋晚期偏早	长清仙人台 M5①	附耳三矩形钮盖鼎 3(大小递减)、敦 2、甗 1	壶 1	舟 2、匜鼎 2、盘 1
	滕州薛国故城 1978M2②	鼎 8(附耳三矩形钮盖列鼎 7,大小递减)、鬲 6、簋 6、簠 2	壶 3	
	滕州薛国故城 1978M4	鼎 11(附耳三矩形钮盖列鼎 7,大小递减)、鬲 6、簠 2、簋 6	壶 3、陶罍 6	
	莒南大店 M1(莒国国君墓)	鼎 2、陶鼎 7、陶敦 6、豆 14、罐 2	铆 3、陶壶 7	
	莒南大店 M2(莒国国君墓)	铜罍 2、鬲 6、陶鼎 7、罐 8、豆 12	铆 2、罍 2	
	海阳嘴子前 M4③	鼎 7、甗 1	方壶 2、和 1	盆 2、匜 1、盂 1
	枣庄徐楼 M1	鼎 3、簋 2、簠 4、铺 2、盒 2	罍 2	舟 1、盘 1、匜 1
	莒县天井汪④(莒国卿大夫)	鼎 6	罍 2、壶 2	鉴 1

由此看来,春秋中期的鲁东南地区在列鼎制度及礼器组合上都发生了不同于此前的变化:在列鼎制度方面,西周晚期至春秋早期的 4 座代表性墓葬的列鼎制度可分为两种情况,第一类是长清仙人台 M6 和小邾国 M2 所使用的偶数鼎制,其中列鼎形制大小均相同,代表我们所认知的东夷文化传统。第二种是莒县西大庄和沂源姑子坪 M1 所使用的奇数鼎制,其中列鼎形制相同而大小依次递减,与中原鼎制相契合。而自春秋中期伊始,以沂水刘家店子 M1 为代表的墓葬出现了第三种鼎制用法,即介于前两大传统之间的形制大小相同的奇数列鼎制度。到了春秋晚期的海阳嘴子前 M4、薛国故城 M2 中,所见的列鼎大多都是形制相同、大小相次的奇数列鼎制度。纪王崮 M1 形制大小

---

① 山东大学考古系:《长清仙人台五号墓发掘简报》,《考古》1998 年第 9 期。

② 山东省兖石铁路文物考古工作队编:《临沂凤凰岭东周墓》,济南:齐鲁书社,1987 年。

③ 烟台市文物管理委员会、海阳县博物馆:《山东海阳县嘴子前春秋墓的发掘》,《考古》1996 年第 9 期。

④ 齐文涛:《概述近年来山东出土的商周青铜器》,《文物》1972 年第 5 期。

相同的奇数列鼎制度,与刘家店子 M1 和 M2 相同,恰处在这两者之间,为鲁东南地区在春秋中期产生的这一礼制变化提供了关键性的材料。

但是,与奇数鼎制及礼器组合数量不同的是,纪王崮 M1 所使用的两套奇数等差的列鼎制度却在鲁东南地区缺乏明确的制度来源,亦稀见于其相邻的齐鲁地区,却是这一时期在中原地区 7 鼎及以上等级贵族墓中开始兴起的用鼎制度,甚至在春秋晚期成为三晋两周地区和南方的曾国、楚国中普遍的文化现象。如新郑李家楼郑伯墓(春秋中期偏晚)使用正鼎 9 件、7 件两组[①];琉璃阁甲墓正鼎包括 9 件、5 件两套[②];琉璃阁墓地 M80、M55、M75 使用有盖列鼎 5 件、无盖列鼎 7 件两套;寿县蔡侯墓出土无盖立耳鼎 7 件和 9 件有盖深腹列鼎(6 件成对,3 件不成对)[③]等。但除了纪王崮 M1,目前尚未发现春秋时期的鲁东南地区有随葬等级相次或相等的两套奇数列鼎的做法。这种特殊现象说明墓主人在礼器使用配置方面对中原通行的礼制有相当程度的了解,体现了他对中原礼乐文化的认可,与同时期的莒地贵族有别。

由于纪王崮 M1 与确定为莒国国君墓的沂水刘家店子 M1 有诸多的相似性,而在等级上又存在一定差距,所以二者应当是同一文化区内不同级别的墓葬。从鼎制来看,纪王崮 M1 属于 7 鼎墓,文献中使用 7 鼎的主要有诸侯和卿大夫两种情况。其一是何休所注《公羊传·桓公二年》:"礼祭,天子九鼎,诸侯七,大夫五,元士三也。[④]"其二是《仪礼·公食大夫礼》所载"甸人陈鼎七,当门[⑤]",即卿大夫享用 7 鼎待遇。将其置于春秋中晚期鲁东南地区高等级墓葬及其他地区 7 鼎墓的考古背景中,可以发现其等级应在公侯以下、上卿(上大夫)之列(见表 8-2),故墓主身份更有可能是莒国高级贵族或春秋中期依附于

---

① 俞伟超:《周代用鼎制度研究》,《先秦两汉考古学论集》,北京:文物出版社,1985 年,第 93～94 页;河南博物院、台北"国立"历史博物馆:《新郑郑公大墓青铜器》,郑州:大象出版社,2001 年。

② 河南省博物院、台北"国立"历史博物馆:《琉璃阁甲、乙二墓》,郑州:大象出版社,2003 年。

③ 安徽省文物管理委员会、安徽省博物馆:《寿县蔡侯墓出土遗物》,北京:科学出版社,1956 年,第 6 页。

④ (汉)何休解诂、(唐)徐彦疏:《十三经注疏·春秋公羊传注疏》,上海:上海古籍出版社,2014 年,第 127 页。

⑤ (汉)郑玄注、(唐)贾公彦疏:《十三经注疏·仪礼注疏》,上海:上海古籍出版社,2008 年,第 765 页。

莒国的小国国君及奔莒贵族[①]。前者在文献中也可找到线索,《左传·文公十八年》记载:"莒纪公生大子仆,又生季佗,爱季佗而黜仆,且多行无礼于国。"杜预注曰:"纪,号也。莒夷无谥,故有别号。"莒纪公名庶其,季佗当即莒渠丘公。按俞樾《平议》云:"纪乃莒邑名,纪公盖以邑为号。"纪为莒邑,纪公之子季佗后又为莒国国君,从等级和时代上来看都是符合纪王崮出土礼器现状的,而纪王崮与纪邑在地名上的巧合也值得继续深究。

表8-2 春秋中晚期青铜列鼎墓葬墓主身份与列鼎数量对照表

	墓葬编号	墓主身份	青铜列鼎数量
春秋中晚期鲁东南地区高等级墓葬	刘家店子 M2	公侯级夫人	一套列鼎9
	薛国故城 M1	公侯级	列鼎7
	薛国故城 M2	公侯级	列鼎7
	凤凰岭 M1	公侯级	两套列鼎3
	小邾国 M2	公侯级	列鼎4
春秋中晚期其他地区7鼎墓	下寺乙组 M2	令尹	列鼎7
	金胜村 M251	晋国上卿	一套列鼎7、一套列鼎6、两套列鼎5
	琉璃阁 M55	上大夫级夫人	一套列鼎7,一套列鼎5
	琉璃阁 M80	上大夫级	一套列鼎7,一套列鼎5
	上村岭 M1052	太子	列鼎7

[①] 春秋中期因莒国势力强大,在文献中有许多其他国家贵族奔莒避难的记载。《左传》载庄公八年齐公子小白奔莒,庄公十年谭子奔莒,闵公二年鲁公子庆父奔莒,成公十七年齐高无咎奔莒,襄公二十五年齐王何奔莒,襄公三十一年齐工楼洒等四人奔莒,哀公六年齐国夏奔莒等事。杨伯峻编著:《春秋左传注》,北京:中华书局,1981年,第176、185、262、896、1099、1184、1634页。

第三节　乐钟制度

纪王崮 M1 中所出乐器包括甬钟、钮钟、镈钟、镈于、铙、石编磬、古瑟套件等，种类丰富。乐钟集中摆放在北器物箱的南部，粗略可划分为三层：最上层是 2 件镈于①，中间为甬钟和钮钟，最下层是 4 件镈钟，另有 2 件甬钟被塞在最大的一件镈钟内部，或是为了节省空间之故。大部分乐钟都留有调音痕迹，应为墓主生前的实用器。

甬钟（图 8-3∶1）一组共 9 件，形制相同，大小递减。钟体呈合瓦形，甬呈柱形，舞部平，饰卷曲的对称龙纹，器身有 36 枚。篆部、正鼓部饰龙纹。部分甬钟内部下缘处留有多道弧形凹槽，应是调音槽。根据正鼓部的龙纹，可将其与藏于上海博物馆的传世鲁原钟、海阳嘴子前 M1（图 8-3∶3）和 M4 出土的两套甬钟以及刘家店子 M1 的甲组甬钟（图 8-3∶4）等归为一类，又因其钲部约为钟体的二分之一，可进一步确认其时代当与苍山甬钟②（图 8-3∶2）更为接近。这类甬钟在两周时期山东地区的演变规律是高度增加、厚度增加、钟体更加修长、钲部上缩、正鼓面积加大③。从整体上看，它能够在山东地区找到自己的来龙去脉，尤其是莒国故地所见甬钟在腔体形制、枚、篆区与鼓部比例等方面都体现出较为明显的地域特征与传承关系④。

钮钟（图 8-3∶5）亦是一组 9 件，形制相同，大小递减。钟体呈合瓦形，钮为长方形，中间有长方形孔。舞部平，无纹饰。钲部有枚 3 层，每层每面 4 枚，整钟共有 24 枚。篆部饰重环纹，鼓部饰龙纹。钟的内部下缘处，皆留有弧形凹槽，应是调音槽⑤。根据其方钮和 24 个乳状枚的特征，可与仙人台 M6 所出 9

---

① 2 件镈于形制相同，大小相近。这类环钮无盘的镈于一般被认为是较早期的形态，集中出现在春秋时期的中原和东方各国。但一般都是单件使用，如此成套出土且形制大小相同的镈于目前仅见于山东沂水刘家店子 M1，类似情况仅有江苏镇江谏壁王家山春秋墓出土三件大小依次递减的镈于，或许与这一时期鲁东南地区同江淮流域的文化交流、两地所共有的音乐演奏形式有关，因出土资料太少，目前尚难深入探讨。

② 朱晓芳通过类型学分析判断苍山甬钟年代为春秋中期。

③ 朱晓芳：《齐鲁金声——山东地区两周乐钟研究》，上海：上海古籍出版社，2016 年，第 60 页。

④ 王童：《周代莒国乐钟之研究》，山东大学硕士学位论文，2019 年。

⑤ 山东省文物考古研究所、临沂市文物考古队、沂水县博物馆：《山东沂水县纪王崮春秋墓》，《考古》2013 年第 7 期。

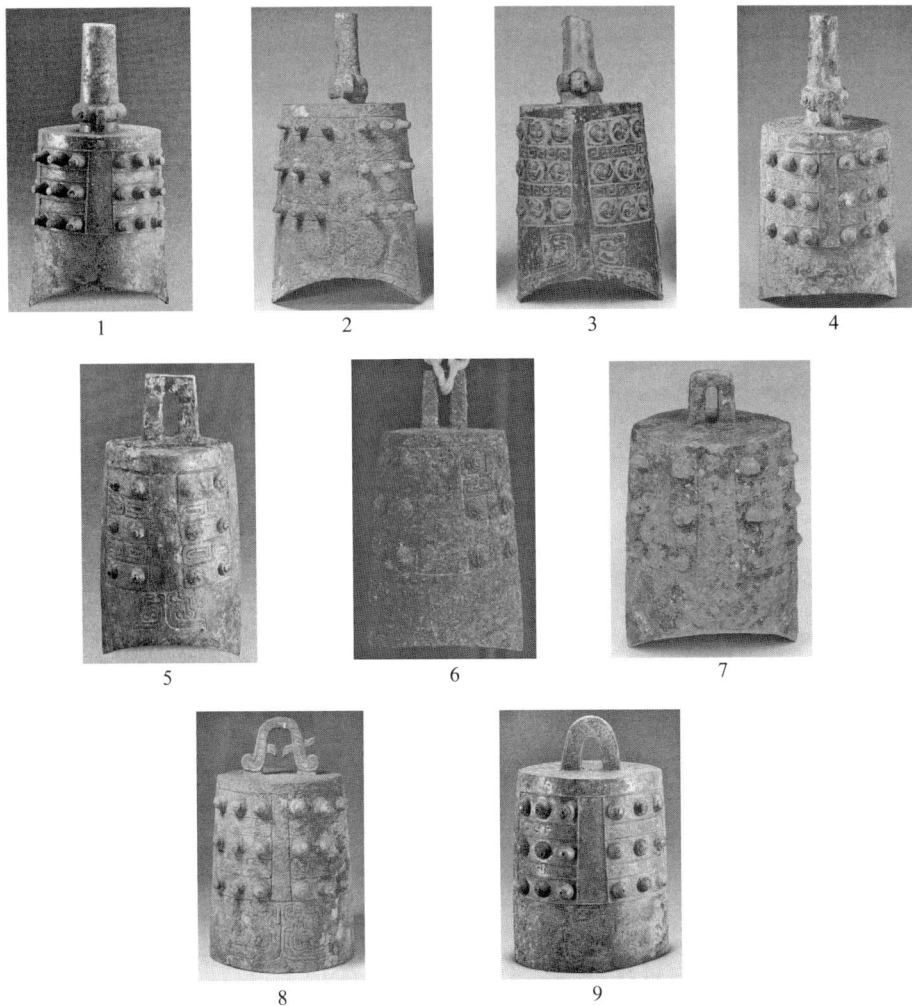

1. 纪王崮 M1:13 甬钟　　　2. 苍山甬钟　　　　　　3. 海阳嘴子前 M1 甬钟
4. 刘家店子 M1 甲组甬钟　5. 纪王崮 M1:23 钮钟　　6. 仙人台 M6 钮钟
7. 蓬莱柳格庄 M6 钮钟　　8. 苍山镈　　　　　　　9. 纪王崮 M1:19 镈钟

图 8-3　乐钟形制比较图

件一套钮钟(图 8-3:6)及蓬莱柳格庄 M6 所出 9 件一套钮钟(图 8-3:7)归为同一型,该型持续了整个春秋时期,且在鲁东南地区十分流行。

镈钟(图 8-3:9)一套共 4 件,形制相同,大小递减。钟体呈合瓦形,钮为桥形,中间有桥形孔。舞部饰龙纹和鸟纹,钲部有 36 枚。篆部、正鼓部亦饰龙纹。该类桥形钮镈钟依据整体形制的演变可分为前后 2 式:Ⅰ式为近梯形的桥形环钮,如沂水刘家店子 M1 出土 4 件编镈;Ⅱ式为近半圆形的桥形环钮,根据枚的区别又可分为螺旋形枚和乳状枚①。纪王崮 M1 所出 4 件镈钟即属于Ⅱ式中的乳状枚,同样的还有临沂凤凰岭第二组编镈②、春秋晚期莒南大店 M1 特镈和苍山镈(图 8-3:8)③,都仅见于山东地区,可见这种形制的镈钟也属于典型的地方类型。

综上,从形制、纹饰观察,纪王崮 M1 出土的乐钟都体现出春秋中期流行于鲁东南地区的风格特征。但若考察其数量组合(见表 8-3),又发现它与青铜礼器呈现出同样的特点——即地方性的形制纹饰与中原化的器用制度的结合。纪王崮 M1 所使用的乐钟数量,显然较同时期山东地区其他贵族墓葬更加规范,更接近于作为礼制中心的中原地区的常见组合形式。

表 8-3　春秋时期山东地区墓葬乐钟用制

出土地	列鼎用制	乐钟用制	等级
临沂花园公社	列鼎 3	编甬钟 9 件(5+4)	士一级
仙人台 M6	列鼎 8	甬 11,钮 9,石编磬 10	
仙人台 M5	列鼎 3	钮 9,石磬 14	邿国士级贵族女性
柳格庄 M6		钮 9	国君
嘴子前 M1	鼎 1	甬 5,镈 2	卿大夫
嘴子前 M4	鼎 7	甬 7,钮 2	卿大夫
刘家店子 M1	列鼎 9	甬 19,镈 6,钮 9,錞于 2,钲 1	莒国国君
刘家店子 M2	列鼎 9	钮 9	国君夫人
纪王崮 M1	列鼎 7+5	甬 9,钮 9,镈 4	莒国卿大夫(?)
天井汪	列鼎 5	甬 6,镈 3	莒国卿大夫
莒南大店 M1		钮 9,镈 1	莒国国君
莒南大店 M2		钮 9,石磬 12	莒国国君
大埠二村 M2		钮 4,石磬残片 2	郯国士一级

① 朱晓芳:《齐鲁金声——山东地区两周乐钟研究》,上海:上海古籍出版社,2016 年,第 68 页。
② 《中国音乐文物大系》总编辑部编:《中国音乐文物大系(山东卷)》,郑州:大象出版社,2001 年,第 40 页。
③ 《中国音乐文物大系》总编辑部编:《中国音乐文物大系(山东卷)》,郑州:大象出版社,2001 年,第 43 页。

续表

出土地	列鼎用制	乐钟用制	等级
凤凰岭	列鼎 7	钮 9,镈 5+4	
庄里西(春秋晚期)		钮 9,镈 4,石磬 13	滕国国君
都吉台(春秋晚期)		钮 9	
临朐扬善公社	列鼎 5	钮 5,镈 1,石磬不详	

　　9 甬、9 钮、4 镈几乎是青铜乐钟在春秋时期最普遍的编列组合形式,既有一类乐钟单独出土者,亦多见于与其他类型乐钟的搭配。9 甬的编列,新见于春秋中期之后,突破了西周时期固有的 8 甬编列,10 甬、11 甬的编列也同时出现,如沂水刘家店子 M1 出土的 19 件甬钟的甲组,即为 9 甬成编的情况;河南叶县旧县村 M4 出土的甬钟分为甲、乙二组,每组各 10 件;新郑李家楼出土的18 件甬钟按大小可看出原来应为两组,每组各 10 件(佚失 2 件)[①],可见甬钟编列在春秋中期时已在各地呈现出多样化的格局。

　　9 钮的组合,已是钮钟最成熟的一种编列形态[②],在春秋中期阶段,出土地点、年代比较清楚的 26 例 334 件钮钟中,13 例是 9 件成编,这 13 例分别是长清仙人台 M6 钮钟、淅川下寺 M1 钮钟、淅川下寺 M10 钮钟、莒南县大店镇 M1钮钟、莒南县大店镇 M2 钮钟、沂水刘家店子钮钟、长治分水岭 M269 钮钟、长治分水岭 M270 钮钟、临猗程村 M1001 钮钟、临猗程村 M1002 钮钟、侯马上马M13 钮钟、叶县旧县村 M4 钮钟、长清仙人台 M5 钮钟等,说明 9 件组编列是这一时期钮钟的编列常制[③]。9 件成编的钮钟最早出现于中原地区,如山西闻喜上郭村 M210 钮钟、M211 钮钟和陕县上村岭虢太子墓钮钟,各组钮钟形制、纹饰相同,大小相次,音列一致。这些 9 件组编列钮钟的年代皆晚于春秋初年的 8 件组编列的虢仲钮钟[④]。显然,钮钟从 8 件编列到 9 件编列,体现了音列扩展的需要,是钮钟乐制在中原地区进化、演进的结果,而纪王崮 M1 则是学习借鉴了这一成果[⑤]。

---

① 杨文胜:《新郑李家楼大墓出土青铜器研究》,《华夏考古》2001 年第 3 期。
② 朱文玮、吕琪昌:《先秦乐钟之研究》,台北:南天书局,1994 年,第 117 页。
③ 王友华:《先秦编钟研究》,桂林:广西师范大学出版社,2013 年,第 256 页。
④ 王友华:《先秦编钟研究》,桂林:广西师范大学出版社,2013 年,第 193 页。
⑤ 而春秋中期开始,河南新郑一带的钮钟突破了 9 件编列,以 10 件成组出现。从纪王崮 M1的发现来看,彼时郑国新的乐制特点还未传播到此地。

春秋中期镈钟进入繁盛期,大部分都以4件成组[①]。有学者认为4件镈钟成编继承自西周晚期的甬钟4件组编列,是"礼"的规范性在编列上延续的体现,在音列上也符合"宫·角·徵·羽"的安排[②]。不过,相较于中原地区规范的镈钟编列,这一时期鲁东南地区对于镈钟的使用是相当混乱的,沂水刘家店子M1为6件组编镈,临沂凤凰岭墓为9件编镈,莒县天井汪则为3件编镈,枣庄徐楼M1和莒南大店M1均为1件镈钟独出。反观同时期的南方楚国地区,镈钟多以8件一组的编列形态出现,与中原截然不同。故纪王崮M1所使用的4件编镈组合显然不是来自于鲁东南地区的传统或是受其他外来文化的影响,而是向中原乐制学习的结果。

通常来讲,这种以成套甬钟、钮钟、镈钟相搭配的组合,属于"三元编钟组合"形态,是最为完整、最高等级的乐钟用制,多见于东周时期国君级的高等级墓葬中。春秋中期共出土两例,分别是山东沂水刘家店子M1和河南平顶山叶县旧县M4。山东沂水刘家店子M1为莒国国君墓,出土编钟共34件,由5个编列组合而成,其中甬钟19件,分3组,甲组9件、乙组7件、丙组3件,镈钟6件,钮钟9件;河南平顶山叶县旧县M4为许国国君墓,出土编钟共37件,也可分为5个编列,其中甬钟共20件,为2个10件组编列,钮钟9件,镈钟8件,为2个4件组编列[③]。春秋晚期的多元大型编钟组合有4例,分别为长治分水岭M25编钟(5甬9钮4镈)、辉县琉璃阁甲墓编钟(8甬9钮4+9镈)、江苏邳州九女墩M3编钟(4甬9钮6镈)、安徽寿县蔡侯编钟(12甬9钮8镈)等。所以,从乐钟编列和列鼎制度看来,都表明纪王崮M1的墓主人身份等级在9鼎、5组编列的国君礼乐制度之下,较有可能是卿上大夫等级,为当时的莒国重臣或王室贵族。

朱晓芳认为若按甬钟、镈钟、钮钟和石磬各一虡摆列,则成四面悬挂的宫悬之制;若按滕州庄里西复原之钮钟和镈钟上下两梁,同在一虡的悬挂方式,

---

[①] 春秋中期出土地明确且断代清晰的4件成组镈有:新郑中行工地T595K1编镈、新郑中行工地T606K4编镈、新郑中行工地T594K5编镈、新郑中行工地T595K7编镈、新郑中行工地T615K8编镈、新郑中行工地T605K9编镈、新郑中行工地T613K14编镈、新郑中行工地T615K16编镈、新郑中行工地T566K17编镈、新郑金城路编镈、新郑城市信用社编镈、新郑李家楼虺螭纹编镈(存2)、河南叶县旧县村M4编镈(4+4)等。
[②] 王友华:《先秦编钟研究》,桂林:广西师范大学出版社,2013年,第256、307页。
[③] 王友华:《先秦编钟研究》,桂林:广西师范大学出版社,2013年,第256、300页。

则是轩悬之制[①]。这样规范的高等级乐钟组合与 7+5 的两组列鼎同出于一座墓葬内，礼乐器都呈现出形制、纹饰为本地特征，而数量组合遵循中原等级观念的双重特点，不难想象，墓主人应当是对春秋时期中原礼制规范有着深刻了解、且身份仅次于诸侯等级的王室贵族或重臣。

第四节　文化因素分析与国别判断

该墓的器物特征和用器制度显示出它受到了周边地区鲁文化、楚文化以及中原文化的影响。鲁文化的影响主要表现在随葬陶器方面，该墓陶器仅有南器物箱出土的陶罐 7 件，不仅数量与礼器一致，而且与代表性的 7 件套礼器组合出于同一器物箱内，显然具有一定的礼制意义。形制皆为方圆唇，折沿，有颈，圆肩，收腹，平底，有圈足碗式盖，素面，与春秋中期鲁国故城甲组墓M209∶11 的陶罐高度近似[②]，这种做法也与小邾国和鲁国随葬相同形式的多件陶罐的葬俗一致，可能与文献中所载的莒、鲁通婚之事有关："文公七年（620BC），穆伯娶于莒，曰戴己，生文伯；其娣声己生惠叔。""文公八年，公孙敖如京师，不至而复。丙戌奔莒。秋，襄王崩。穆伯如周吊丧，不至，以币奔莒，从己氏焉。穆伯之从己氏也，鲁人立文伯。穆伯生二子于莒，而求复。复而不出。三年而尽室以复适莒。"[③]楚文化的影响则在铜铺和铜浴缶上尤为显著。铜铺（图 8-2∶19）为半球形盖，盖顶有八花瓣形捉钮，纹饰以蟠螭纹为主，形制与纹饰都类似于春秋中期偏晚阶段的鲁大司徒厚氏元铺（图 8-2∶21），该类铜铺常见于东夷文化区内，如仙人台 M5（图 8-2∶12）亦出。但纪王崮 M1 所出铜铺多添加的扉棱在他处未见，似受到楚国失蜡法的影响[④]。刘彬徽先生认为

---

① 朱晓芳：《齐鲁金声——山东地区两周乐钟研究》，上海：上海古籍出版社，2016 年，第 158 页。

② 山东省文物考古研究所、山东省博物馆、济宁地区文物组、曲阜县文管会编：《曲阜鲁国故城》，济南：齐鲁书社，1982 年，第 102 页，图版肆壹。

③ 杨伯峻编著：《春秋左传注》，北京：中华书局，1981 年，第 605 页。

④ 左传："成公九年……楚师围莒。莒城亦恶，庚申，莒溃。"杨伯峻编著：《春秋左传注》，北京：中华书局，1981 年，第 842 页。楚在短期内攻克莒三城，莒因此被迫与楚交往，这一定程度上揭示了莒文化高等级贵族墓葬中为何多包含一定楚文化因素。刘智：《鲁东南地区东周贵族墓葬初探》，山东大学硕士学位论文，2020 年。

罍是属于中原文化系统的器类,浴缶是南方楚文化系统的器类[①]。而在纪王崮 M1 中,罍与浴缶同出,浴缶有 7 件之多,是主要的礼器组合之一,罍仅有 1 件,纹饰上还表现出楚式浴缶的凸圆饼饰特征[②],该墓之深受楚文化影响可见一斑。如首节所述,该墓的年代在春秋中期晚段,不会晚于 550BC。在此之前,623BC 楚国灭江,584BC 楚公子婴齐帅师伐郑,公会晋侯、宋公、卫侯、曹伯、莒子、邾子、杞伯救郑,八月同盟于马陵[③];公元前 582 年楚子重自陈伐莒,莒溃,楚人入郓[④]。文献中记载楚惠王时期楚国势力方至泗水以北,"是时越已灭吴而不能正江、淮北;楚东侵,广地至泗上"。从纪王崮 M1 的发现来看,楚文化的影响比楚国政治势力扩展的速度更快,伴随着楚国与中原诸国和东夷各国的几次交锋,在春秋中期时就已出现在泗水以北的大墓之中。

中原文化的影响则体现在鼎的器用制度上。正如上文所述,使用 7 件附耳平盖鼎加 5 件立耳平盖小鼎的两套列鼎制度未见于当地和周边的齐鲁地区,很可能直接来自于这一时期中原的礼制变革。至于他是如何知晓这一套制度并将其运用于自己的墓葬之中,或许与他和中原交流的个人经历有关。但他所使用的两套列鼎均为大小尺寸相同者,且将不同种类的鼎实置于一鼎之内的现象[⑤],又反映出他并非土生土长的中原人士,甚至可能也未能亲眼目睹中原礼制的实践过程,而仅学到了部分外显的礼仪知识。

除去这些特殊的外来文化因素,纪王崮 M1 出土的礼乐器形制、纹饰或是器用制度的主流仍是鲁东南地区本地的风格。首先,礼器和乐器应当均是在当地制作,纹饰、形制都显示出这一地区固有的传统。其次,鼎、鬲、铺、浴缶的礼器组合以及均 7 件的数量,都能够在当地找到礼制渊源。最后,墓葬结构、殉人、腰坑殉狗、短窄墓道偏于墓葬一侧、有器物箱(库)等做法也无疑均是当地葬俗。它们所反映出来的不仅是墓主的个人倾向,更是其背后整个家族对

---

①　刘彬徽:《罍、缶辨证》,《江汉考古》1982 年第 2 期。

②　根据刘彬徽先生的研究,罍的颈比浴缶长,罍的盖沿与器口沿相合,而浴缶的盖口沿大于器口沿,罩住了器口沿,落于肩上。罍有颈而缶无颈,缶盖呈覆盆状罩住整个口沿,盖缘接于器之肩部,大多数缶之盖与肩、腹间有凸圆饼饰。

③　杨伯峻编著:《春秋左传注》,北京:中华书局,1981 年,第 832 页。

④　杨伯峻编著:《春秋左传注》,北京:中华书局,1981 年,第 842 页。

⑤　7 件铜鼎内大多是牛、猪、鹿、鱼混合放置。山东大学历史文化学院、山东省文物考古研究院:《山东沂水纪王崮 M1 动物鉴定报告》,《海岱考古》第 10 辑,北京:科学出版社,2017 年,第 178～193 页。

于礼制的选择,体现了该墓墓主与其家族在当地具有比较深厚的文化根基。

因此,我们赞成大部分研究者对于该墓国别的判断——即纪王崮 M1 为莒文化区内的墓葬,并进一步推断,该墓应当是莒文化区内的莒国墓葬。莒文化包括了鲁东南地区墓葬反映的形制结构、丧葬习俗、器物组合与形态等较为一致的多个古国文化,已知的有莒国、向国、郚国、阳国、郯国、鄅国等。而纪王崮 M1 在器物形制和礼制方面都与莒国国君墓刘家店子 M1 非常相似,其中的高弧裆鬲、带镂空高柄的莲花瓣鸟顶豆、带流匜、折肩罍、铜、鬲、罐多加平顶单环钮盖,盖钮喜作伏兽或鸟形,大小相同的列鼎都代表了春秋中期莒国的区域特征①。二者还皆在车马坑内随葬鼎、敦、鬲等青铜容器,有学者认为可能是与铭文中习见的"旅器",即征伐、巡狩必载庙主、社主的制度有关②,代表着特殊的族群和身份认同。而在莒文化区内的其他高等级墓葬中,如临沂凤凰岭鄅国大墓等就并无如此多的契合之处。从时间上来看,春秋中期也是莒文化墓葬分布范围最为广泛的一个时期,高等级贵族墓数量也比此前明显增多,其疆域以莒县、沂水为核心,实际控制范围应包括鲁东南地区东部、中部、南部以及北部的一定范围,领土涵盖鲁东南大部分区域,区域内的部分古国墓葬也全部呈现莒文化特征,实为国力之鼎盛阶段。而到了春秋晚期时,莒国在西、北两面受到齐、鲁的频繁攻伐,向东南方向退缩,实际控制范围在以莒南为中心的鲁东南地区东南部③,此时的莒国两面受敌,自然无法在与敌国临境建造大型的墓葬,纪王崮 M1 在莒、鲁交界地带出现则显然不合逻辑。

小　结

纪王崮 M1 是春秋中期偏晚阶段的莒国大型墓葬,器物形制表现出从春秋中期过渡到春秋晚期的时代性特点,以及莒文化区内共有的地域性特征。其使用的列鼎与乐钟等级证明墓主人的身份为仅次于诸侯等级的王室贵族或重臣。但 7＋5 的两套列鼎制度,使用牛、猪、鹿、鱼的鼎实等级,和 9＋9＋4 的甬、钮、镈三元编钟组合,都罕见于鲁东南地区,彰显出墓主人对同时期中原礼制的了解,

① 朱凤瀚:《中国青铜器综论》,上海:上海古籍出版社,2009 年,第 1706 页。
② 郎剑锋:《山东沂水刘家店子春秋墓铜器三题》,《江汉考古》2016 年第 4 期。
③ 刘智:《鲁东南地区东周贵族墓葬初探》,山东大学硕士学位论文,2020 年。

反映了该地区初步的华夏化进程。而一部分特殊的器物如与鲁国葬俗相关的 7 件陶罐、楚式的铜浴缶等则表明了当时莒国与鲁国、楚国等不同文化区的交往关系，是春秋时期大国博弈、政局变化、文化消长在物质层面的表现。

　　附记：冯锋先生新近发表《论沂水纪王崮 M1 的年代和墓主》(《古代文明》第 15 卷，2021 年)亦主张该墓时代为春秋中期晚段，墓主可能是莒国国君莒纪公，与本章观点多有契合。

第九章　王孙诰编钟的乐制与器主

　　在河南淅川下寺二号楚墓中,曾出土一套著名的"王孙诰编钟":全套乐钟由 26 件甬钟组成,形制、纹饰基本相同,其中 8 件尺寸较大,18 件尺寸较小(图 9-1)[①]。发掘者之一的赵世纲先生依据出土位置推断,其应是分作上下两列悬挂于钟虡之上的。下层 8 枚大钟,由西向东尺寸依次递减,上层 18 枚小钟,尺寸递减次序恰与下层相反[②]。这些乐钟上计铸 17 篇完整的长篇铭文,主要记述王孙诰敬事楚王,恭顺勤勉,于军、政、盟、祀诸领域皆有建树功绩,故做铸和

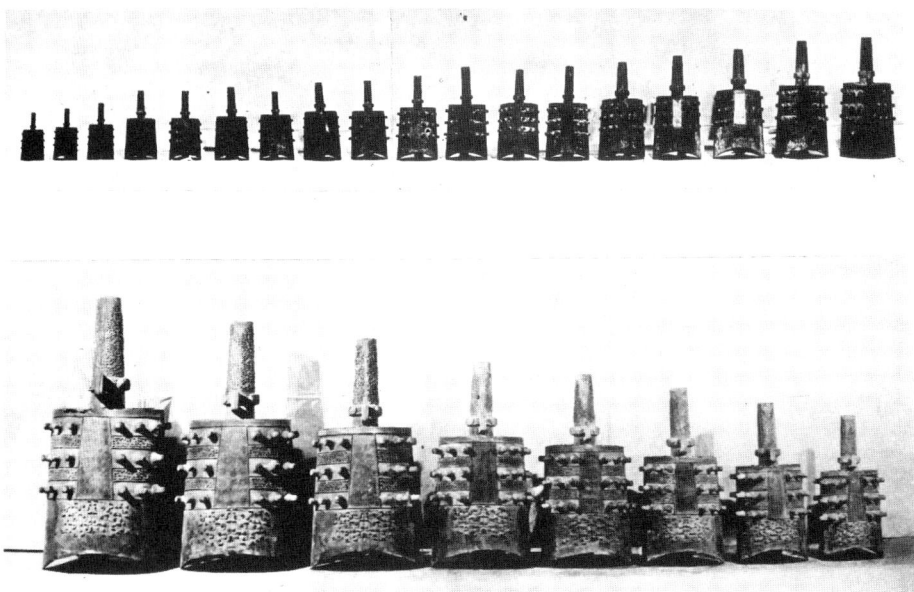

图 9-1　淅川下寺 M2 出土王孙诰编钟

---

① 河南省文物研究所、河南省丹江库区考古发掘队、淅川县博物馆:《淅川下寺春秋楚墓》,北京:文物出版社,1991 年。

② 赵世纲:《淅川下寺春秋楚墓出土编钟的音高与音律》,收入河南省文物研究所、河南省丹江库区考古发掘队、淅川县博物馆:《淅川下寺春秋楚墓》,北京:文物出版社,1991 年,第426 页;赵世纲:《淅川楚墓王孙诰钟的分析》,《江汉考古》1986 年第 3 期。

钟"以乐楚王、诸侯嘉宾及我父兄诸士",可见是典型的铭功性质的宗庙乐钟。

我们知道,淅川下寺墓地是楚国名门薳氏的家族墓地,M2 的墓主人是曾担任楚国令尹的薳子冯(傰)[①]。而关于王孙诰,学界普遍认为是王子午(令尹子庚)的子嗣[②],皆出自楚国王室,故得称王孙,那么也应当是楚人无疑。

但是,随着近年来淅川和尚岭、徐家岭、南阳彭氏家族墓地、固始侯古堆M1、叶县旧县 M4 等一系列楚系墓葬的发掘,一批保存完好的楚系编钟得以再现,使我们突然意识到,王孙诰编钟的乐制组合竟与这一时期(春秋晚期至战国初年)的其他楚系编钟截然不同:像下寺 M1 随葬 9 件一组的钮钟,下寺M10 随葬 8 件镈钟、9 件钮钟,淅川和尚岭 M2 随葬 8 件镈钟、9 件钮钟,淅川徐家岭 M3、M10 同样随葬镈钟 8 件、钮钟 9 件,南阳彭启墓随葬镈钟 8 件、钮钟 9 件,固始侯古堆一号墓随葬镈钟 8 件、钮钟 9 件,叶县旧县 M4 中随葬甬钟两组各 10 件、镈钟两组共 8 件(分为有脊镈 4 件和无脊镈 4 件)、钮钟一组 9件[③]。很显然,这些楚系编钟均是由甬钟、钮钟、镈钟所共同构成的,是一种三元组合编钟系统,而且镈钟通常是 8 件一组,钮钟通常是 9 件一组,并不存在如王孙诰编钟一样只用甬钟的现象(表 9-1)。既然他们同为楚人(或为楚人傀傰),何以在编钟乐制上呈现出如此迥异的差别呢?

---

① 河南省丹江库区文物发掘队:《河南省淅川下寺春秋楚墓》,《文物》1980 年第 10 期;陈伟:《淅川下寺二号楚墓墓主及相关问题》,《江汉考古》1983 年第 1 期;李零:《楚叔之孙傰究竟是谁——河南淅川下寺二号墓和年代问题的讨论》,《中原文物》1981 年第 4 期;张亚初:《淅川下寺二号墓的墓主、年代与一号墓编钟的名称问题》,《文物》1985 年第 4 期;顾铁符:《关于河南淅川楚墓的若干参考意见》,《故宫博物院院刊》1985 年第 3 期;张剑:《淅川下寺楚墓的时代及其墓主》,《中原文物》1992 年第 2 期;建夫:《评〈淅川下寺春秋楚墓〉》,《考古》1994 年第 12 期;李零:《再论淅川下寺楚墓——读〈淅川下寺楚墓〉》,《文物》1996 年第 1 期。

② 李零:《楚叔之孙傰究竟是谁——河南淅川下寺二号墓和年代问题的讨论》,《中原文物》1981 年第 4 期;张亚初:《淅川下寺二号墓的墓主、年代与一号墓编钟的名称问题》,《文物》1985 年第 4 期;赵世纲:《淅川下寺春秋楚墓出土编钟的音高与音律》,收入河南省文物研究所、河南省丹江库区考古发掘队、淅川县博物馆:《淅川下寺春秋楚墓》,北京:文物出版社,1991 年,第 426 页;赵世纲:《淅川楚墓王孙诰钟的分析》,《江汉考古》1986 年第 3 期。

③ 河南省文物考古研究所等编著:《淅川和尚岭与徐家岭楚墓》,郑州:大象出版社,2004 年;河南省文物考古研究所等:《固始侯古堆一号墓》,郑州:大象出版社,2004 年;平顶山市文物管理局、叶县文化局:《河南叶县旧县四号春秋墓发掘简报》,《文物》2007 年第 9 期。

表 9-1　春秋晚期至战国初年楚地出土编钟统计简表

墓葬	年代	甬钟	钮钟	镈钟	备注
下寺 M1	春秋晚期早段		9		令尹夫人
下寺 M10	春秋晚期晚段		9	8	5 鼎
南阳彭启墓	春秋晚期晚段		9	8	5 鼎
和尚岭 M2	春秋晚期		9	8	蓬氏克黄夫人
徐家岭 M3	春秋晚期		9	8	蒍子辛
徐家岭 M10	战国早期晚段		9	8	蒍子旻
固始侯古堆 M1	春战之际		9	8	
叶县旧县 M4	春秋中期晚段	10×2	9	8	许灵公
寿县蔡侯墓	春秋晚期晚段	12	9	8	甬钟被盗
下寺 M2	春秋晚期早段	26（王孙诰）			蓬子冯（7 鼎）
文峰塔 M1	春秋晚期	三组，残存 10			曾侯與
曾侯乙墓	战国早期	45	19	1（后配）	9 鼎，曾侯乙
擂鼓墩 M2	战国中期	36			9 鼎，曾侯

实际上，赵世纲先生业已指出，王孙诰编钟的上层 18 件甬钟应分为两组各 9 件，"甲组较大，花纹形制与下层八枚大钟相同……乙组较小，他们与甲组不同之点是钟甬较短，甬顶端与根部等粗，钟身钲部较高，而鼓部则较矮。并且钟口无调音痕迹"[1]；邵晓洁则根据甬钟的铭文、形制、纹饰、正鼓音音高分析，也认为王孙诰编钟下层 8 件大钟为一组，上层为两组，每组 9 件[2]。王友华对于音列的再次分析亦支持了这一推论[3]。所以，若对比同时期的楚系编钟，仅从乐钟数量上看，王孙诰显然是想采用镈钟 8 件、钮钟两组各 9 件（共 26件）的楚式乐钟组合形式[4]。但是在实际铸造时，却又全部更换成甬钟，即出现了"以甬代镈"、"以甬代钮"的现象，这确实是极为特殊的用乐制度。那么，

---

[1]　赵世纲：《淅川楚墓王孙诰钟的分析》，《江汉考古》1986 年第 3 期。

[2]　邵晓洁：《楚钟研究》，北京：人民音乐出版社，2010 年，第 75、113 页。

[3]　王友华：《先秦大型组合编钟研究》，中国艺术研究院博士学位论文，2009 年，第 196 页。

[4]　发掘报告中进一步指出，两组较小的钮钟内有一套 9 件没有任何调音的痕迹，应是后加入的，也即是说，这套乐钟初始组合数量应为 8＋9 两套，与其他楚系编钟相近。见发掘报告第 140 页。

图 9-2　王孙诰编钟编列复原

究竟是基于怎样的考虑促使王孙诰采用了这样一种特殊的乐钟组合呢？或者说,王孙诰编钟的乐制是从何地习来呢？这对于判断王孙诰其人的身份是否具有新的启示意义呢？

第一节　曾国的甬钟编列[①]

　　与王孙诰编钟几乎相同的组合形式其实也见于战国中期的随州擂鼓墩二号墓内。其出土乐钟共由 36 件甬钟所组成,形制大体相同,但尺寸上却分为两组:一组 8 件,体型较大,通高在 75.1～96.7 厘米之间;另一组 28 件,体型较小,通高在 30.0～43.2 厘米之间。其中 12 件正鼓部饰双体龙纹,16 件正鼓部饰单体龙纹,在墓内自成一列摆放,显然是分作两类乐钟铸造的。若从编钟数量及这一时期常见的乐律搭配来看[②],墓主人恐怕是希望采用 8 件镈钟、16 件甬钟、12 件钮钟的乐钟搭配形式,但是在实际铸造时,也均改作了甬钟。也即是说,这里的甬钟在乐律上已经能够完全替代镈钟、钮钟的相应功能,由此也展现出墓主人对于甬钟形态的特殊偏好。擂鼓墩二号墓正毗邻于著名的曾侯乙墓,又同样出土束腰平底升鼎 9 件,故知亦是曾侯级别的墓葬。这提示我们,上述特殊的甬钟配列方式或许与曾国乐制有着密切的关联。

　　近年来,在湖北枣阳郭家庙、曹门湾、随州文峰塔等地又陆续发掘了一批曾国贵族墓葬,使我们有机会一窥春秋时期曾国的乐制情况[③]。尤其在春秋晚期的随州文峰塔 M1 曾侯與墓中,共出土乐钟 10 件,其中 5 件完整,5 件残缺,均为甬钟。依据器形特征及钟体铭文可以将编钟分为三组(图 9-3):A 组铸于"惟王正月吉日甲午",器形硕大、长甬、长枚,衡部与甬体饰浮雕蟠虺纹,舞部与鼓部饰浮雕蟠龙纹,铭文按"右起左行"分布,全文共 169 字,叙述曾侯克定楚难、改复曾疆的功绩。B 组铸于"惟王十月吉日庚午",器形略小于 A 组,长甬、长枚,衡部饰涡纹,舞部与正鼓部饰浮雕蟠虺纹,铭文亦采用"右起左

[①]　本节在书中第五章已有所论述,但为了使本章结构完整易懂,故不避累赘,在这里作继续探讨。

[②]　王世民:《春秋战国葬制中乐器和礼器的组合情况》,湖北省博物馆编:《曾侯乙编钟研究》,武汉:湖北人民出版社,1992 年,第 98～112 页;王世民、蒋定穗:《最近十多年来编钟的发现与研究》,《黄钟(武汉音乐学院学报)》1999 年第 3 期;《中国音乐文物大系》总编辑部编:《中国音乐文物大系》,郑州:大象出版社,1996—2011 年;王子初:《中国音乐考古学》,福州:福建教育出版社,2003 年;王友华:《先秦大型组合编钟研究》,中国艺术研究院博士学位论文,2009 年。

[③]　方勤:《曾国历史的考古学观察》,《江汉考古》2014 年第 4 期;张昌平:《从五十年到五年——曾国考古检讨》,《江汉考古》2017 年第 1 期。

行"模式,全文经补足为 38 字,记叙曾侯定曾土、做钟"以祈眉寿";C 组器形最小,长甬,钟枚呈上细下粗的圆柱体,顶端弧突,饰涡纹。两面正鼓部均用红铜铸镶圆涡纹或鸟云纹作为敲击标志,甬体及鼓部饰细小的蟠螭纹。钟体铭文同样采用"右起左行"模式,全文共 36 字,记述铸钟的用途主要为宴乐"吾以及大夫、肆士"[①]。所以,无论从器形、纹饰、还是铭文内容来看,这均是三组不同阶段铸造的甬钟而临时被拼凑在一起(合金配比亦不相同[②]),与曾侯乙编钟的中层情况十分相似。虽然这座墓葬曾被盗掘,但很难想象会仅盗走镈钟、钮钟而仍剩下完整的、并带有长篇铭文的甬钟,而且迄今所见采用多元编钟组合系统的例子内,也没有见到同时配备三套甬钟的。所以更为合理的推测是,曾侯與就只使用了三套(或者更多)甬钟随葬,采用的是全套甬钟的配列方式。从编钟体积来看,A 型甬钟当是替代镈钟使用,而 B、C 型则是两套独立的甬钟,所以其编列结构当与王孙诰编钟十分相似。

M1:1　　　　　　M1:3　　　　　　M1:5

图 9-3　随州文峰塔 M1 出土三种类型甬钟

注:从左至右依次是 A、B、C 三组乐钟的代表。

---

① 湖北省文物考古研究所、随州市博物馆:《随州文峰塔 M1(曾侯與墓)、M2 发掘简报》,《江汉考古》2014 年第 4 期。

② 关于三组编钟合金配比的差异,可参看李洋等:《随州文峰塔 M1、M2 出土金属器的科学分析》,《江汉考古》2014 年第 4 期。

枣阳曹门湾 M1 中亦有编钟钟虡出土,且与曾侯乙墓、擂鼓墩二号墓等一样摆放成特殊的折曲形式,只可惜随葬编钟皆被盗走,无法讨论其乐钟组合情况[①]。

最后,我们再来看曾侯乙墓编钟。其乐钟皆出于中室,共计 65 件,分作三层,上层悬挂 19 件钮钟,中层悬挂 32 件甬钟(又分为 9、11、12 三组),下层悬挂 13 件甬钟及 1 件大镈钟。从钟型配备来看,似乎亦是三元编钟组合,但最下层的"楚惠王镈钟"仅有 1 件,并不成组,而且音律上也不与其他 13 件甬钟搭配(替换掉原有的"姑洗之大羽"甬钟),显然是考虑到作为楚惠王赠送的特别之物而临时被添加、拼凑进来的(原打算共装 4 件),并不属于原有的钟列之内,悬挂部件也改为特别制作的方形。最上层的 19 件钮钟则被分隔在三个不同的小钟架内,分为 6、6、7 三组。谭维四、冯光生先生曾指出,上层二、三组钮钟实际是从中层最左侧短梁上被撤下的 14 件钮钟内挑选而来,但分组时缺少一钟。而上层一组钮钟则是从另一套完整钮钟内抽出 6 件加入的,也即是说,这些钮钟完全是拼凑形成的结果[②]。且各组在音律上十分紊乱,"音列结构都不符合演奏乐曲的要求"[③],与钟虡上所标音高也无一对应,同时距离地面过高(高 2.65~2.75 米),也未见演奏它们用的钟槌出土[④],表明这些编钟也是按照某种特别的需要后加的,而非演奏之用[⑤]。所以,曾侯乙编钟的演奏实际是仅依靠甬钟来完成的,是一套以甬钟为核心的配列方式,只是在丧葬活动中由于特殊的原因而临时将钮钟、镈钟加入进来,却并不具有实际演奏的用途。

发掘报告中还进一步指出,该编钟中层短梁上有已经被填塞的 14 个长方

① 湖北省文物考古研究所主编:《三苗与南土——湖北省文物考古研究所"十二五"期间重要考古收获》,武汉:《江汉考古》编辑部,2016 年,第 79 页。

② 谭维四、冯光生:《关于曾侯乙墓编钟钮钟音乐性能的浅见——兼与王湘同志商榷》,《音乐研究》1981 年第 1 期。

③ 李纯一:《曾侯乙墓编钟的编次和乐悬》,《音乐研究》1985 年第 2 期;黄翔鹏先生在《先秦文化的光辉创造——曾侯乙墓的古乐器》一文中亦指出曾侯乙编钟实际用于演奏的仅有中、下两层乐钟,《文物》1979 年第 1 期。有学者指出上层乐钟为定律之用,但实际上 19 枚乐钟中仅有 9 枚标有乐律铭文,总体上诸家学者都赞同上层乐钟乐律混乱,无法演奏的结论,另可参看潘建明:《曾侯乙编钟音律研究》,《上海博物馆集刊》1982 年第 2 期。

④ 曾侯乙墓共出土撞钟棒 2 件(C.63、C.64),用于敲击下层的大型钟镈,木质钟锤 6 件(C.50、C.73、C.83、C.200、C.201、C.202),配于中层三组甬钟。邹衡、谭维四主编:《曾侯乙编钟》(上册),北京:金城出版社、西苑出版社,2017 年,第 158 页。

⑤ 湖北省博物馆编:《曾侯乙墓》,北京:文物出版社,1984 年。

形榫槽和小方孔,表明其曾悬挂过 14 件钮钟,后来,钟梁被截短、填塞,重新髹漆着彩,改挂上 11 件甬钟。但因钟梁被截短(受墓葬空间所限),而被迫将两件甬钟悬挂在梁端铜套上[①],由此益可见墓主人对于甬钟钟型的偏好。

那么,依据这些墓葬实例可以看出,至少从春秋晚期开始,曾国的高级贵族们开始盛行甬钟配列的乐钟制度,即全套乐钟内不再采用镈钟、钮钟,而全以甬钟组成。张昌平先生曾指出,曾国贵族对于古老的甬钟形态具有特殊的偏好[②],这显然又可以得到新的考古资料的佐证。那么,王孙诰编钟无疑是在这种新的乐制影响下所产生的,是按照曾国乐制来铸造的一组完整编钟。

实际上,源自曾国的这种新的甬钟配列方式亦对北方的晋国乐制乃至此后战国乐制的形成都产生了深远影响。如山西太原金胜村 M251,墓主为春战之际的晋国公卿赵简子或赵襄子,7 鼎级别,未被盗扰。随葬乐钟共 19 件,却全为镈钟,按照器形、纹饰分作两类,分别为体型较大的夔龙纹镈钟 5 件和体型较小的散虺纹镈钟 14 件。我们知道,5 件一组的镈钟遵循的仍是传统的镈钟器用制度(北方地区一般以 4~5 件成组),而 14 件一组的镈钟却采用的是钮钟的数量组合方式(如临淄商王村 M2、中山王𰾽墓出土编钟与传世属羌钟等)[③]。也即是说,从传统乐钟配列来看,墓主人应该使用镈钟 5 件、钮钟 14 件的搭配,但很显然,他更倾向于采用雍容华贵的镈钟来取代钮钟,从而形成了 14 件镈钟成组这样一种新的乐钟组合形式。

此外,像山西侯马上马村 M5218 为春秋晚期晋国 5 鼎贵族墓葬,出土镈钟 13 件,分为兽形钮 4 件(明器)和环形钮 9 件(以镈代钮),未用钟虡,与编磬及其他青铜礼器一起叠放在墓室西侧[④];上马村 M1004 同为春秋晚期 5 鼎贵族墓葬,出土双兽钮镈钟一套 9 件(以镈代钮),成一列置于棺椁南部[⑤]。

另在战国初年的河南汲县山彪镇一号墓中,墓主为 5 鼎级别的魏国贵族,

①　湖北省博物馆编:《曾侯乙墓》,北京:文物出版社,1984 年。另参看邹衡、谭维四主编:《曾侯乙编钟》(上册),北京:金城出版社、西苑出版社,2017 年,第 159 页。

②　张昌平:《曾国青铜器研究》,北京:文物出版社,2009 年。但像 1979 年随州义地岗季氏梁墓和新近发掘的郭家庙 M30 等曾国小贵族墓内又只随葬钮钟,或 5 件、或 10 件一组,说明甬钟配列主要局限于曾国的上层,当然这两座墓葬的年代均偏早,所以还有待更多资料的充实。张翔:《郭家庙 M30 出土的编钮钟》,《音乐研究》2016 年第 5 期。

③　山西省考古研究所、太原市文物管理委员会:《太原晋国赵卿墓》,北京:文物出版社,1996 年;王子初:《太原金胜村 251 号春秋大墓出土编镈的乐学研究》,《中国音乐学》1991 年第 1 期。

④　山西省考古研究所:《上马墓地》,北京:文物出版社,1994 年。

⑤　山西省考古研究所:《上马墓地》,北京:文物出版社,1994 年。

也恰出土了镈钟 14 件,分为两型,较大者 5 件、较小者 9 件,与赵卿墓中的乐钟情况较为相近。而根据郭宝钧先生所提供的墓葬平面草图来看,这些乐钟正作两列排布,较大的 5 件在墓内西南角,而较小的 9 件则在其东南侧另成一列分布①。

由此可见,这一时期的晋国高级贵族采用了与曾国相似的用乐理念,开始流行特殊的镈钟配列方式:全套乐钟内只见镈钟而没有甬钟、钮钟。无论他们是基于乐钟简化使用的理念,还是出于对特定形制乐钟的偏好,这都成为了一次重要的乐制改革实践,并逐渐取代自西周以来形成的甬钟、钮钟、镈钟的三元组合形式。战国之后,我们不仅大量见到墓葬内"以甬代镈"或者"以甬代钮"的乐钟混用现象,更在战国中期出现了特别的钮钟配列方式,即全套乐钟内只有钮钟,而不再使用甬、镈钟②,这其中蕴含的用乐思想、理念显然与曾、晋两国所开创的乐制变革是一脉相承的。

第二节　春秋晚期的"王孙"铭文铜器

26 件王孙诰编钟上计铸 17 篇相同的铭文,且铭文连续未见重复、中断,均表明做器者是王孙诰本人(未见到补刻、毁改现象),且音律上较为齐整③,显然是一套完整的编钟,而并非临时拼凑之物。前人研究多从"王子"、"王孙"的称谓出发,认为楚国称王而曾为附庸,王子午的身份又明确无疑,故同墓所见王孙诰亦当定为楚人,属王子午之后,而这些铜器均是蓮氏乘"子南之祸"时从王子午家族中劫掠所得。

但如上所述,王孙诰编钟又完全是按照曾国的新兴乐制所铸造的一组乐钟,与楚制截然不同,且同时期其他楚国高级贵族也并未采用这样的乐钟搭配

---

① 郭宝钧:《山彪镇与琉璃阁》,北京:科学出版社,1959 年,第 46～47 页;关于汲县山彪镇一号墓的年代及国别,陈昭容《论山彪镇一号墓的年代及国别》对诸家意见有较好的梳理,《中原文物》2008 年第 3 期。

② 参看拙作:《周代葬钟制度与乐悬制度》,《考古学报》2017 年第 1 期。

③ 赵世纲先生指出:"王孙诰钟是目前我国出土春秋编钟中数量最多,规模最大,音域最宽,音律较准,保存较好的一组乐器",并对编钟进行了科学的测音报告,参看赵世纲:《淅川楚墓王孙诰钟的分析》,《江汉考古》1986 年第 3 期;郑祖襄:《河南淅川下寺 2 号楚墓王孙诰编钟乐律学分析》,《音乐艺术》2005 年第 2 期。

方式,而趋同于 8 镈、9 钮的固定组合。因此,如果继续将王孙诰理解为楚国王族的话,这在强调宗法礼乐制度的周代社会中,无疑是极难理解的。

实际上,近年来在南方地区已经陆续出土了多例带有"王孙"铭文的铜器,而他们的主人却未必均指向楚国、楚族。1979 年,在湖北随州北郊义地岗的季氏梁发现一座春秋中期墓葬,出土青铜礼器鼎、簠、甗、编钟和兵器戈等随葬品。其中两件铜戈上铭文分别称"周王孙季怠"和"曾大攻尹季怠",显然墓主人出自曾国季氏,并担任"大攻尹"一职,而非寄居曾国的周王之后[①]。这一方面有力地证明了东周之世的曾国确为姬姓封国,另一方面也提示我们,曾国贵族既属周王之后,自然可以自称"周王孙"了。

同样的例子又见于淅川下寺 M7 中。该墓所出铜匜上有铭文称"宣王之孙、雠(雍)子之子东姬"(《新收》0398)[②],东为私名而姬为姓,故其自称是周宣王之后,亦属于"王孙"体系之中。

此外,下寺楚墓 M10 中出土有一套瓶钟(《新收》0485、0489～0491、0495),为 8 镈 9 钮组合,遵从楚制。器主自称"余吕王之孙,楚成王之盟仆,男子之埶"[③],李零先生读"埶"作"蓺",意为支庶[④],那么,该器器主就是姜姓吕王的后代,仕官于楚成王时期,故亦称"王孙",但与墓主蔿氏的出身和年代就截然不同了,当系赠予或政治斗争所得。

1977 年在陕西凤翔翟家寺东南秦代建筑遗址的一处战国早期窖藏内,出土了一件吴王孙鼎,铭文称"吴王孙无土之脰鼎"[⑤],显然这是吴王后裔无土所做的实用铜鼎,后辗转流落至秦国腹地。

---

① 随县博物馆:《湖北随州城郊发现春秋墓葬和铜器》,《文物》1980 年第 1 期;张昌平:《从五十年到五年——曾国考古检讨》,《江汉考古》2017 年第 1 期;东周时期曾国为姬姓亦可由大量媵器得证,参看黄尚明:《从青铜器铭文看曾国贵族的婚姻关系》,《江汉考古》2017 年第 4 期。

② 河南省文物研究所、河南省丹江库区考古发掘队、淅川县博物馆:《淅川下寺春秋楚墓》,北京:文物出版社,1991 年,第 35～36 页;《新收》指钟柏生、陈昭容等:《新收殷周青铜器铭文暨器影汇编》,台北:艺文印书馆,2006 年,以下皆同。

③ 河南省文物研究所、河南省丹江库区考古发掘队、淅川县博物馆:《淅川下寺春秋楚墓》,北京:文物出版社,1991 年,第 257～288 页。

④ 李零:《再论淅川下寺楚墓——读〈淅川下寺楚墓〉》,《文物》1996 年第 1 期。

⑤ 韩伟、曹明檀:《陕西凤翔高王寺战国铜器窖藏》,《文物》1981 年第 1 期;吴国称"王孙"者又见于《国语·吴语》中的王孙苟("夫差退于黄池使王孙苟告于周")和黄池之会时建言吴王的"王孙雒"等。

1975 年在湖北当阳曹家岗 M5（春秋晚期）的附葬器物坑中出土了两件王孙雹簠，铭文称"王孙雹作蔡姬飤簠"，应是王孙雹为妻子蔡姬所作的礼器（图 9-4）。墓中同时出土了皮质甲胄及大量兵器，所以墓主人应是男性贵族，且铭文铜器中仅见王孙雹自铭，故墓主可能就是王孙雹本人。而我们又注意到，该墓墓主的头向朝南，与南阳彭氏墓地、江陵天星观潘胜夫妇墓等楚国异姓贵族一致[①]，但与典型楚国公族头向朝东的葬俗不同，说明王孙雹也并非是来自楚国宗族。

图 9-4　当阳曹家岗 M5 出土王孙雹簠

发掘者进一步提出王孙雹即是楚国名臣申包胥[②]，是楚昭王时期的大夫，曾赴秦乞师，救楚国于危难之中。其在《国语·吴语》中又异称为"王孙包胥"，前贤曾据此认为申包胥应是楚之同姓宗族，属蚡冒之后，故称王孙。但近来田成方先生根据湖北郧县肖家河墓地出土的叔姜簠（"申王之孙叔姜自作飤簠，其眉寿无諆，永保用之"）和黄锡全先生所提供的州卉簠铭文（"惟正十月初吉庚午，申文王之孙州卉，择其吉金，自作飤簠，永保用之"）指出（图 9-5），申包胥应出自申国公族，是申国之后在楚仕官者，王孙之称是申国一度称王的反映（即王孙包胥应是指申王之孙包胥）。申包胥与蚡冒不仅时代相距较远，且蚡冒之时尚称楚公而并未僭越为王，故二者没有必然联系[③]，这无疑是十分正确的。其实在传世文献中也有许多佐证，如周之王孙满（《左传·宣公三年》）、卫之王孙贾（《论语·八佾》）、齐之王孙贾（《战国策·齐策六》）、王孙挥（《左传·襄公二十三年》）等，其实都是周王之后在各地为官者，而文献中实则都将国名省略掉了，可见单称王孙而省略国名的现象并不是楚国特有的。1958 年在湖北江陵泗场公社的一座楚墓中曾出土了一件春秋晚期铜戈，铭文称"楚王孙鱼之用"（楚司马子鱼）[④]，可见楚人有时

---

① 参看田成方：《东周时期楚国宗族研究》，北京：科学出版社，2016 年，第 167 页。

② 湖北省宜昌地区博物馆：《当阳曹家岗 5 号楚墓》，《考古学报》1988 年第 4 期。

③ 田成方：《东周时期楚国宗族研究》，北京：科学出版社，2016 年，第 158～165 页。

④ 石志廉：《"楚王孙鱼"铜戈》，《文物》1963 年第 3 期。

也会在王孙称谓之前加上国名限定,所以是否省略国名看来与特定国家之间并没有必然的联系。

图 9-5　叔姜簋和州卉簋铭文拓片

　　最后值得补充的一个资料是,清朝光绪年间相传在湖北宜都县城西曾出土一套"王孙遗者钟",钟体铭文格式、语调与王孙诰编钟十分相近,起首曰"惟正月初吉丁亥,王孙遗者择其吉金,自作龢钟"①。但由于铭文中未提及王孙遗者的出身,所以对于该套编钟的国别,也一直有徐器、楚器的争论。其中邹安、吴闿生、于省吾、郭沫若、白川静等先生从铭文字体、姓名考释等角度均主张是徐国王孙之器,与《宜桐鼎》"徐王季□之孙宜桐作铸𠦪盂"的格式是十分相近的②。如果徐器之说确实成立的话,无疑可以进一步佐证我们上面的结论,即单称王孙的铭文铜器并不一定局限于楚国,而是在南方称王诸国中都曾普遍出现。不过由于该器国属争议未定,故本章暂备书于此,以待今后更进一步的讨论。

　　从以上诸例可以看出,春秋中晚期伊始,南方地区的众多贵族崇尚追认高

① 　郭沫若:《两周金文辞大系·释文》,北京:科学出版社,1957 年,第 160 页。

② 　孙启康:《楚器〈王孙遗者钟〉考辨》,《江汉考古》1983 年第 4 期;刘翔:《王孙遗者钟新释》,《江汉论坛》1983 年第 8 期。

贵的远祖世系以提升自己的名望、地位,所以王子、王孙铭文铜器得以大量出现,不仅楚王后裔如此,这种风尚也波及徐、吕、申、吴等称王诸国的后代,甚至本为诸侯、后沦为楚国附庸的曾国也遥追至周王室,亦见到自称王孙的现象。

当然,上述贵族又多会在王子、王孙之前冠以国名以示区别,是故有楚王孙、周王孙、吕王孙、吴王孙等不同称谓,对于这些铜器的归属自然是不难解决的。但有时他们亦会将限定的国名省略掉,而径直称为王孙某,如王孙诰、王孙鼋等铭文铜器以及王孙遗者钟等。现在看来,这种省略现象并不局限于楚国(传世文献中便几乎未见有国名限定词),因此不能简单地将其判定为楚人之属,而应该结合器物的形制、纹饰、器用制度乃至墓葬葬制来进行更细致的分析。

小　结

春秋晚期阶段,曾国高级贵族率先对传统的乐钟组合方式进行变革,而开创出全套甬钟搭配的新的乐钟制度,这在随州文峰塔 M1、曾侯乙墓及擂鼓墩 M2 等墓葬中均有体现,并对北方晋国乐制乃至此后战国乐制的形成都产生了深远影响。

但是,通过梳理淅川下寺墓地、和尚岭墓地、徐家岭墓地以及固始侯古堆 M1、寿县蔡侯墓、叶县旧县 M4 等这一时期的楚系贵族墓葬资料,可以发现,楚人的乐钟制度并没有受到曾国乐制变革的影响,仍然采用的是甬钟、钮钟和镈钟共同使用的三元组合方式(直至战国中期)。迄今为止,并未见到一例楚国高级贵族改用源自曾国的甬钟配列方式。所以,我们从乐钟制度上可以将其归属为"曾制"与"楚制"两类,这对于判断乐钟的国别来源显然具有新的方法论意义。

从这一角度看来,淅川下寺 M2 所出土的 26 件王孙诰编钟因为采用的是全套甬钟成组的搭配方式,所以应是按照曾国乐制来铸造的一套乐钟。当然,墓主蒍子冯是从王孙诰处劫掠所得,所以与墓主本人的身份并无联系,但是对王孙诰其人是否属楚王后裔就提出了新的挑战。我们通过进一步对比同时期出土的其他王子、王孙铭文铜器,可以发现,这一阶段南方地区普遍盛行在铜器自铭中追认遥远的高贵远祖以提升自己的名望、地位,所以能够见到诸如周王孙、宣王孙、吕王孙、申王孙、楚王孙等称呼,虽然多数会冠以国名来作为区分,但也有将国名省略而仅称"王孙"者,如王孙诰、王孙雹、王孙遗者等。而这种省略现象目前来看并不局限于楚国,所以我们不能简单地依据"王孙"称呼而将王孙诰隶定为楚王之后。实际上,从乐钟制度的线索来推断,王孙诰有可能是与随州季氏梁所见周王孙季怠一样,属于姬姓曾国贵族。

在淅川下寺墓地、和尚岭墓地、徐家岭墓地中,其实可以见到许多来自曾国的铜器,如和尚岭 M1 中的曾太师鼎(M1:5)、M2 中的曾仲姬敦(M2:28)与镇墓兽器座(M2:66)、徐家岭 M9 中的曾孟□朱姬簠(M9:15)等①,说明蔿氏家族与曾国一直保持着密切的联系,所以王孙诰编钟来自曾国恐怕也不足为奇。

当然,囿于资料所限,上述讨论仅仅是对王孙诰的身份做出一种可能性的推断,而青铜礼器的生产、流通与易手情况本就十分复杂和多样(如可能存在曾国为他国王孙专门定制乐钟的情况),相信未来随着更多王孙铭文铜器和春秋中晚期楚国高等级贵族随葬乐钟的发现,我们对于王孙诰编钟可能有日益深入的认识。

---

① 河南省文物研究所、河南省丹江库区考古发掘队、淅川县博物馆:《淅川下寺春秋楚墓》,北京:文物出版社,1991 年;河南省文物考古研究所等编著:《淅川和尚岭与徐家岭楚墓》,郑州:大象出版社,2004 年。

第十章　由铭文论东周时期乐钟功能的变化

——以行器为例

　　两周时期,铜钟自铭上多有限定其音律或使用场合的语辞,如林、衡、宝、旅、和、协、歌、御、游、走等[①],而"行钟"亦是其中重要一例。在安徽寿县蔡侯墓出土编钟上便分别有"歌钟"和"行钟"的称名[②],李纯一先生通过测音后发现,"歌钟用于上层贵族日常燕飨之时,所以它是按照一个完整音阶(或调式)而定音而组合;行钟为上层贵族巡狩征行时所用,因而它的定音和组合是以一个音阶(或调式)中的骨干音为根据"[③]。简言之,"歌钟"为宴饮之用,"行钟"为出行之备,二者不仅称名方式不同,功能和定音上亦各有差别。但近来,在安徽蚌埠双墩一号墓中亦出土了一套 9 件组完整编钟,皆自铭"钟离君柏作其行钟",可见均属"行钟"之列,然而墓中却并未见到其他歌钟、宝钟、旅钟等,由此不免令人产生疑问:何以钟离国君仅有巡狩征行之钟,而无祭祀宴飨之钟呢? 通过对其测音后也发现,该组编钟使用的是"徵—羽—宫—商—角—羽—商—角—羽这样的音阶结构,在春秋时期南、北两系编钟里都比较常见,是当时 9 件组合编钟的固定音阶模式"[④],即并未见到较之其他编钟音色更为高亢的特点,所以这里的"行钟"显然不吻合于巡狩征行之需的内涵。

---

① 饶宗颐、曾宪通:《随县曾侯乙墓钟磬铭辞研究》,香港:香港中文大学出版社,2007 年,第 28～30 页。

② 钮钟三至七皆自铭"行钟",编镈及其余钮钟自铭"歌钟",安徽省文物管理委员会、安徽省博物馆:《寿县蔡侯墓出土遗物》,北京:科学出版社,1956 年。

③ 即行钟之音较之歌钟更为高亢,李纯一:《关于歌钟、行钟及蔡侯编钟》,《文物》1973 年第 7 期。近来孙思雅撰文指出:自名为"行钟"的钟镈并非如李氏所说,是按照一个音阶或调式的骨干音来定音组合,只能奏出简单刚健的曲调,或用于外出巡守征行时所使用,而是应与"歌钟"一样,其件数及组合形式可以构成春秋时期比较常见的五声音阶结构,是可以正常演奏的。《论两周青铜乐器之"歌钟"与"行钟"》,《音乐研究》2020 年第 1 期。

④ 安徽省文物考古研究所、蚌埠市博物馆:《春秋钟离君柏墓发掘报告》,《考古学报》2013 年第 2 期;方建军:《钟离国编钟编镈研究》,《中国音乐学》2012 年第 3 期。

256

　　实际上在卞庄一号墓出土编钟上自铭称"童丽（钟离）公柏之季子康，择其吉金，自作和钟……以从我师行，以乐我父兄"①，可见"和钟"亦可兼备于师行之用，而不必专称"行钟"。所以这一时期"行钟"的含义恐怕是需要重新斟酌的。

图 10-1　寿县蔡侯墓出土镈钟与钮钟

　　所幸的是，在春秋至战国初年，许多出土青铜礼器上亦存在着自铭中有"行"字限定词的现象，不妨可统称为"行器"②。而周代社会礼、乐并重，青铜礼器与乐器之间通常有着近似的使用方法和原则，故可以通过考察"行器"的内涵及变化，并参之以礼制文献中的相关记载，来推断周代"行钟"所具有的特殊含义及演变情况。

---

① 安徽省文物考古研究所、凤阳县文物管理所：《安徽凤阳卞庄一号春秋墓发掘简报》，《文物》2009 年第 8 期。

② 有关周代铜器称谓的研究，可参看张亚初：《商周青铜鼎器名、用途研究》，《古文字研究》第十八辑，北京：中华书局，1992 年，第 301～309 页；黄盛璋：《释旅彝——铜器中"旅彝"问题的一个全面考察》，《中华文史论丛》第 2 辑，1979 年；陈芳妹：《两周婚姻关系中的"媵"与"媵器"——青铜器铭文中的性别、身份与角色研究之二》，《"中央研究院"历史语言研究所集刊》第七十七本第二分；陈英杰：《西周金文作器用途铭辞研究》，北京：线装书局，2008 年；邹芙都：《铜器用途铭辞考辨二题》，《求索》2012 年第 7 期；陈双新：《青铜乐器自名研究》，《华夏考古》2001 年第 3 期；黄崇铭：《殷代与东周之"弄器"及其意义》，《古今论衡》第 6 期，"中央研究院"历史语言研究所编，2001 年；张吟午：《"走"器小考》，《江汉考古》1995 年第 3 期等。

第一节　行器：巡狩征行之器

"行器"的本意确是从巡狩征行活动而来。其初见于西周时期，器铭后多有"用征用行"的固定语辞。《大戴礼记·主言》"行施弥博"王聘珍解诂称："行，谓行师征伐"，《周礼·春官·太卜》"一曰征"郑玄注："征亦曰行，巡狩也"，故知"行"为总括之名，兼及征伐、会盟、田猎等远行活动。如"卫文君夫人鬲"："卫文君夫人叔姜作其行鬲，用从遥征"（《集成》595）；"为甫人盨"："□□为甫（夫）人行盨，用征用行，万岁用常"（《集成》4406）等。此类语辞亦见于"侯母戎壶""侯母作侯父戎壶，用征行，用求福无疆"（《集成》9657）、"纪伯子父征盨""纪伯子□父，作其征盨，其阴其阳，以征以行"（《集成》4442～4445）等器物上，"戎"、"征"二字皆与军旅有关，是亦可证此时行器的功能。

近来在随州叶家山墓地西周早期 M65、M111 又皆出土"田壶"1 件，铭文称"曾侯作田壶"，虽然形制各异，但使用功能上应是相同的，为田猎之游而作[1]。另有"晋侯对盨"铭曰："其用田狩"，明证古人可为田狩活动而作器，亦属广义的"行器"范畴。冯时先生即称"田游之器为方便携带和使用，遂制为提梁，或加錾流，以区别于一般的标准形制"[2]，而这种提梁壶的形制同样见于"薛侯行壶"（提链）、"侯母戎壶"（两小环形耳）、"樊夫人龙嬴行壶"（两贯耳穿绳）、"奚季宿车行壶"（两贯耳穿绳）等一类器物之上（图 10-2）[3]，与祭祀所用底部设禁的铜壶明显有异，可见周人对于不同功能的铜器形制是有相应安排的，这也是"行器"出现的重要思想根源——铜器功能差异化的需要。

只是在西周时期，这种祭祀礼器与实用铜器间的区别尚不严格，铜器功能的分工并非完善，故而一种铜器常被兼用于不同的礼仪场合中。如"膳夫克

---

① 湖北省文物考古研究所、随州市博物馆：《湖北随州叶家山西周墓地发掘简报》，《文物》2011年第 11 期；《湖北随州叶家山西周墓地》，《考古》2012 年第 7 期；《湖北随州叶家山 M65 发掘简报》，《江汉考古》2011 年第 3 期。

② 冯时：《叶家山曾国墓地札记三题》，《江汉考古》2014 年第 2 期。

③ 铜壶早期作为盛水使用时，多配以贯耳或提梁。但西周中期后作为宗庙祭祀礼器盛酒时，由于仅陈设使用，且随底部"禁"一起移动，故双耳多转作装饰部件，如饰环耳、透雕爬兽耳等。参看高崇文：《西周时期铜壶的形态学研究》，收入俞伟超主编：《考古类型学的理论与实践》，北京：文物出版社，1989 年，第 177～233 页。

叶家山墓地 M65:田壶　　　　叶家山墓地 M111:田壶　　　　薛侯行壶

图 10-2 "田壶"与"薛侯行壶"

盨"铭文称"克拜稽首,敢对天子丕显鲁休扬,用作旅盨,唯用献于师尹、朋友、婚媾,克其用朝夕享于皇祖考"(《集成》4465),即见这件盨不仅用于祭祀皇祖考,也同时兼用于和师尹、朋友以及婚媾等各种宴饮场合。"行器"亦是如此,"用征用行"的语辞也见于一些宗庙祭祀的宝、尊、旅器上,如"陈公子叔原父甗""唯九月初吉丁亥,陈公子子叔原父作旅甗,用征用行,用饎稻粱,用祈眉寿,万年无疆,子孙是常"(《集成》947),"史免簠":"史免作旅簠,从王征行,用盛稻粱,其子子孙孙永宝用享"(《集成》4579),"曾伯霥簠""唯王九年,初吉庚午,曾伯霥哲圣元武⋯⋯余用自作旅簠,以征以行,用盛稻粱,用享用孝于我皇祖、文考"(《集成补》4631)等,皆表明宗庙祭祀之器也常被拿来作为出征远行之用。故而上举春秋晚期卞庄铜编钟以"和钟"兼用于"师行"和"祭祀"(乐我父兄)两事,显然是西周传统制度的孑遗。

文献中亦有关于此类"行器"的专门记载。如《左传·昭公元年》:"具行器矣!楚王汰侈而自说其事,必合诸侯。吾往无日矣。"杜预注:"行器,会备。"杨伯峻注:"准备行装为盟会之用。"故《周礼》一书中设有大行人、小行人之职以专司会盟,《周礼·秋官》大行人"掌大宾之礼及大客之仪,以亲诸侯",小行人"掌邦国宾客之礼,藉以待四方之使者",且"行人"一职亦广泛见于《左传》、《国语》、《管子》、《论语》、《史记》等文献之中[①],显然这些"行"的含义均是从上述

---

① 宗福邦等编:《故训汇纂》,北京:商务印书馆,2003 年,第 2044 页。

"行器"一脉相承而来。

在此基础上,周人又进一步衍生出祭祀"行神"的祀典。《仪礼·聘礼》有"释币于行,告将行也",郑玄注云:"行者之先,其古人之名未闻……今时民春秋祭祀有行神。"胡培翚《仪礼正义》称:"谓古有始教行之人,后遂祀为道路之神,其名未闻也",即"行神"为远行护佑之神,以保路途平安。清人孙希旦又将其区分为"宫中行神"和"国外行神"两类,《礼记·月令》"其祀行",孙希旦《集解》:"行谓宫内道路之神也……行神所主不同:《月令》'冬祀行',《聘礼》'释币于行',此宫中之行神也;《聘礼》记云:'出祖释軷',軷,祭行神,此国外之行神也。行神皆主道路,但所主不同耳。"而在战国时期楚地盛行的卜祀祭祷简中,也大量见到"祀行"的记载,并多用白犬,如包山简 233"举祷行一白犬"、望山简 28"兴祷宫行,一白犬,酒食"、葛陵简乙一 28 简"就祷行一犬"、天星观一号墓简 38"举祷行一白犬"、秦家咀 M99 简"赛祷行一白犬"、江陵九店 M56 日书简 27"以祭门行,享之"等①,《礼记·祭法》篇中还将其列入了与司命、中雷等并重的七祀(或称"五祀")之一②,足见其在这一时期的兴盛程度和时人对于远行一事的重视。

因此,上述行器、行人与行神皆是因巡狩征行活动而来,为其备器、专设官职与祀典,这是"行"字具有的第一层含义,也是行器制作的初衷和本意。

第二节　行器:大行之器

但东周之后,在汉淮地区的一些国家,"行器"又被赋予了一种全新的功能和使用方式,这是"行器"开始具有的第二层含义,并对西周以来的葬器制度产生了显著影响。

在枣阳郭家庙曾国墓地 GM17(春秋早期)中,墓葬主室被盗而南侧的附

---

① 湖北省荆沙铁路考古队:《包山楚简》,北京:文物出版社,1991 年;河南省文物考古研究所:《新蔡葛陵楚墓》,郑州:大象出版社,2003 年;湖南省文物考古研究所、北京大学中文系:《望山楚简》,北京:中华书局,1995 年,第 70 页;荆沙铁路考古队:《江陵秦家咀楚墓发掘简报》,《江汉考古》1988 年第 2 期;王明钦:《湖北江陵天星观楚简的初步研究》,北京大学硕士学位论文,1989 年,第 44 页。

② 《礼记·祭法》:"王为群姓立七祀,曰司命,曰中雷,曰国门,曰国行,曰泰厉,曰户,曰灶。"《礼记·月令》中又有"五祀"之说,郑玄注云"五祀,门、户、中雷、灶、行也。"

葬箱保存完好,共出土铜鼎二件、壶二件、鬲一件,应是一套完整的组合。而且据发掘报告介绍,这些器物出土时"器身残存范土,无使用痕迹,推测这三种礼器可能是在墓主人下葬前不久新铸之器"①。其中两件铜鼎上均有铭文称"曾亘嫚非录为尔行器,尔永祜福"(图10-3),故知是为嫁入曾国(姬姓)的嫚姓女子所作的"行器"。这里有两点值得特别注意:一是铜鼎两件成套使用的方式,且形制、纹饰一致,大小相次,与周礼"鼎俎奇而笾豆偶"(《礼记·郊特牲》)的原则不合;二是虽然亦属"行器",但显然与传统的巡狩征行之器不同,因为器身上并无任何使用痕迹且残留范土,并非是墓主人的生前常用之物。

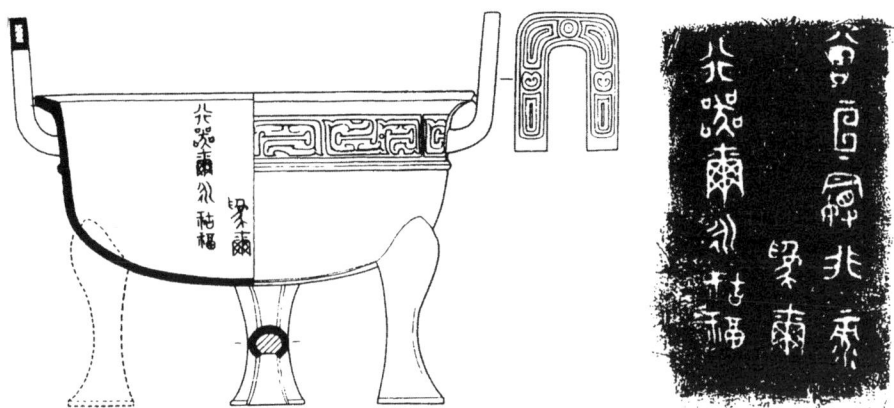

图 10-3　枣阳郭家庙墓地 M17 出土"曾亘嫚非录行鼎"

类似的情况亦见于河南光山宝相寺黄君孟夫妇墓(春秋早期)中。G1为黄君孟之墓,出土立耳无盖鼎2、镂孔豆2、矮颈扁壶2、醽2、盘1、匜1,铭文多为"黄君孟自作行器……";G2为黄夫人孟姬墓,随葬立耳无盖鼎2、镂孔豆2、矮颈扁壶2、醽2、鬲2、盉2、盘1、匜1,铭文多为"黄子作黄夫人孟姬行器,则永祜福,灵终灵后"(图10-4)②。从礼制的角度看,此两墓亦皆以2件铜鼎随葬,与周礼不同,尤其是黄夫人还来自于姬姓之国,所以采用上述器用制度应是具

---

① 襄樊市考古队等:《枣阳郭家庙曾国墓地》,北京:科学出版社,2005年。董珊先生认为"非录"即"不录"或"无录",是对死亡的讳称,此器为"曾亘嫚死后,他人为之作丧葬用器",引自冯峰:《东周丧葬礼俗的考古学观察》,北京大学博士学位论文,2010年。

② 河南信阳地区文管会、光山县文管会:《春秋早期黄君孟夫妇墓发掘报告》,《考古》1984年第4期。

有特殊的含义①。而且墓中全用行器随葬，且组合完整、数量严格，显然是参照一定的标准而铸造，与此前零星出土的征伐远行之"行器"（一墓多仅1～2件）完全不同。同时若干器物形体巨大、厚重（如盛水的罍），并不适宜于远行携带。

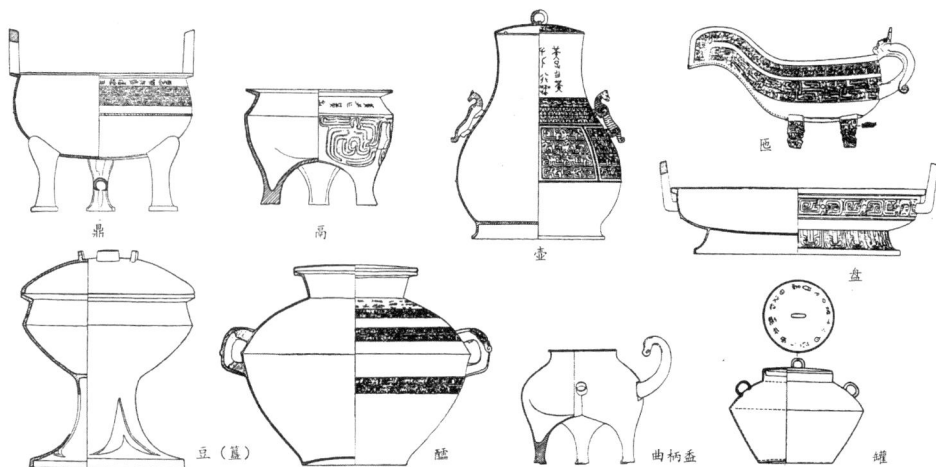

图 10-4 黄君孟夫妇墓(G2)出土成套行器组合

此外在信阳平桥樊君夔及其夫人龙嬴的同穴合葬墓（春秋早期晚段）内，樊君夔随葬铜鼎2、簋2、壶2、盘1、匜1，夫人龙嬴随葬铜鼎1、壶1、鬲2、盆1、盘1、匜1，铭文多为"樊夫人龙嬴用其吉金，自作行器"②。其他如随州桃花坡 M1③，随州何店古墓④，随州周家岗墓（若依墓中铜簋铭文，墓主人曾任曾国太保一职，显然身份不会在士一等级、却也用2件铜鼎随葬）⑤，随州80刘家崖墓⑥，

---

① 黄夫人墓中两件铜鼎不仅形制、纹饰略有差别，铭文字体、位置亦不相同，显然是为了凑成特定的组合而后配的。
② 河南省博物馆等：《河南信阳市平桥春秋墓发掘简报》，《文物》1981年第1期。
③ 随州市博物馆：《湖北随县安居出土青铜器》，《文物》1982年第12期。
④ 随州市博物馆：《湖北随县新发现古代青铜器》，《考古》1982年第2期。
⑤ 随州市博物馆：《湖北随县发现商周青铜器》，《考古》1984年第6期。
⑥ 随州市博物馆：《湖北随县刘家崖发现古代青铜器》，《考古》1982年第2期。

罗山高店黄国奚子宿车墓(行器鼎、盆、盘、匜一套)[①]，桐柏月河 M1[②]、M4[③]，桐柏新庄养国贵族墓[④]，信阳杨河番国贵族墓[⑤]等汉淮地区的贵族墓葬，亦多采用成套的"行器"随葬，且遵循着与周人迥异的偶数鼎制。所以无论从器物形制还是礼制组合上看，此处的"行器"皆与西周以来的巡狩征行之器有着截然不同的特点。

　　张昌平先生在统计曾国所出"行器"时发现，这些行器铭文之末多配有"永祜福"的固定嘏辞[⑥]，而非西周晚期以来常见的"永命"、"眉寿"、"难老"、"万年无疆"等祈求物主长寿的语句(长寿语辞表明铜器铸造于物主生前)；同时上述行器均为"自作"(黄君孟行器、奚子宿车行器、黄仲酉行器等)或夫妻间互作(黄夫人行器、曾亘嫚非录行器等)，不见为父、母等祖先所作的器例；器物的功能均为"自用"，如"冹叔鼎"："冹叔之行鼎，永用之"(《集成》2355)、"奚子宿车鼎"："唯奚子宿车作行鼎……自用"(《集成》2603、2604)等，故铭文后无"用享孝于宗庙"或"用享孝于皇祖、文考"等语辞。这些铭文内容上的深刻变化都暗示了此类"行器"功能的特殊性，而更显著的证据来自淅川下寺 M1 出土的"敬事天王钟"，铭文称"唯王正月，初吉庚申，自作铃钟，其眉寿无疆，敬事天王，至于父兄，以乐君子，江汉之阴阳，百岁之外，以之大行"(《集成》73-4 至 80-1)，"百岁"之辞亦见于山东费县所出"徐子氽鼎"[⑦]，"徐子氽之鼎，百岁用之"，显然是与"永寿用之"类似，表明生前的含义。所以"百岁之外，以之大行"就应是指死后，将这件器物用作大行之器。《诗·唐风·葛生》"百岁之后，归于其居"即是悼亡之意，《史记·李斯列传》中亦有："胡亥喟然叹曰：'今大行未发，丧礼未终，岂宜以此事干丞相哉！'"即将始皇之丧称为"大行"，《后汉书·安帝纪》"大行皇帝不永天年"李贤引韦昭曰："大行者，不反之辞也"，由此说明在这一时期的江汉地区已经出现了将死亡理解为"大行"不返的思想，再结合上述成套行器组合随葬的现象，即可明晰这里的"行"字所采纳的正是"大行"之意：行器专为丧葬活动而备，用以

---

①　信阳地区文管会等:《河南罗山县发现春秋早期铜器》,《文物》1980 年第 1 期。

②　南阳市文物研究所、桐柏县文管办:《桐柏月河一号春秋墓发掘简报》,《中原文物》1997 年第 4 期。

③　河南省文物考古研究所、桐柏县文物管理委员会:《河南桐柏月河墓地第二次发掘》,《文物》2005 年第 8 期。

④　南阳地区文物工作队:《河南桐柏县发现一批春秋铜器》,《考古》1983 年第 8 期。

⑤　信阳地区文管会:《河南信阳发现两批春秋铜器》,《文物》1980 年第 1 期。

⑥　张昌平:《曾国青铜器研究》,北京:文物出版社,2009 年。

⑦　心健、家骥:《山东费县发现东周铜器》,《考古》1983 年第 2 期。

大行,故不再祈求用器者长寿难老;其铸造于丧葬活动之前不久,故没有使用痕迹,并皆为自用之物,遵循特定的礼制规范。

与此相应的是,这一时期的铜器铭文与文献记载中亦出现了关于死后世界的清晰描述:在中原地区其被称作"黄泉"、"下土"或"下都",《左传·隐公元年》中即有著名的郑庄公"黄泉见母"的故事,"不及黄泉,毋相见也"杜预注云:"黄泉,地中之泉",原是指地下之意,为死者埋藏之所,故可用来代指死亡,亦见于《荀子·劝学》、《孟子·滕文公下》等著作中①;"下土"一词见于"哀成叔鼎"铭,曰:"嘉是佳(唯)哀成叔之鼎,永用禋祀,□于下土,台(以)事康公,勿或能怠"②,就明言哀成叔死后在"下土"继续"以事康公";"下都"则见于"郑藏(庄)公之孙鼎",铭曰:"佳正六月吉日唯己,余郑藏公之孙,余刺之□子卢,作铸□彝,以为父母。其□于下都曰:'呜呼,哀哉! 刺叔刺夫人,万世用之'"③,显然也是认为其逝去的祖先在于"下都"。

在南方则被称为"幽都",战国时期成书的《楚辞·招魂》篇中有:"魂兮归来,君无下此幽都些",王逸注云:"幽都,地下后土所治也。地下幽冥,故称幽都。""幽都"本来是指北方偏远之地,《尚书·尧典》:"申命和叔宅朔方,曰幽都",此后为南方的楚人所借用,因其为极寒之地,适宜于阴气聚集,故引申为灵魂的安置所,里面又有土伯、敦脄、参目等官吏或恶兽。

既然死后已有明确的归宿,那么死亡的过程便自然被理解为通向这些地下世界的漫长行途,而"行器"便是这随行所用之物。在包山二号墓遣策简中单设有"相尾之器所以行"组简(简 260～264),正对应脚箱(箱尾)所藏各种冠服、安寝、梳妆用具④,而未见兵革之物,所以这里的"行"字恐怕也应理解为大行途中所备之物? 至汉代画像石中多见"车马出行图"题材,便正是展现了墓主死后通向东王公、西王母所在仙境的行程⑤,而其思想根源即在于先秦时期

---

① 《荀子·劝学》:"上食埃土,下饮黄泉";《孟子·滕文公下》:"夫蚓,上食槁壤,下饮黄泉。"

② 洛阳博物馆:《洛阳哀成叔墓清理简报》,《文物》1981 年第 7 期;释文参见赵振华:《哀成叔鼎的铭文与年代》,《文物》1981 年第 7 期;张政烺:《哀成叔鼎释文》,《古文字研究》(第五辑),北京:中华书局,1981 年;蔡运章:《哀成叔鼎铭考释》,《中原文物》1985 年第 4 期。

③ 黄锡全、李有才:《郑藏公之孙鼎铭考释》,《考古》1991 年第 9 期。

④ 湖北省荆沙铁路考古队:《包山楚墓》及附录一:《包山二号楚墓简牍释文与考释》,北京:文物出版社,1991 年。

⑤ 吴雪珊:《汉代启门图像性别含义释读》,《文艺研究》2007 年第 2 期;信立祥:《汉代画像中的车马出行图考》,《东南文化》1999 年第 1 期、《汉代画像综合研究》,北京:文物出版社,2000 年;罗二虎:《汉代画像石棺研究》,《考古》2000 年第 1 期等。

的"行器"所延伸出的大行观念(唯目的地不同而已)。

在此基础上,便进而出现了著名的"明器"概念,即孔子所言专致鬼神的"器不成用"之物①,实则也是丧时制作、不具实用的随葬品的统称,与"行器"之间含义多有相通之处。故《仪礼·既夕礼》中记载:"(大遣奠毕)行器,茵、苞、器序从,车从。"郑注:"(行者)目葬行明器,在道之次。"贾疏:"包牲讫,明器当行乡圹,故云'行器'。"即此行器就是指"当行向圹"的明器。

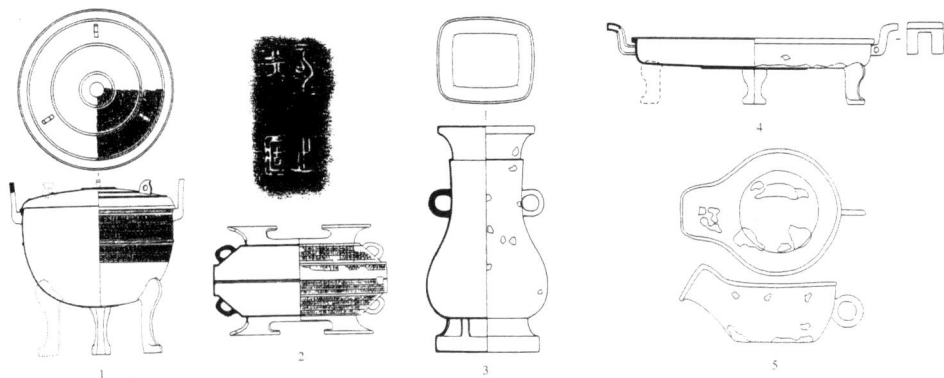

图 10-5　随州东风油库 M2 可墓中出土成组"明器化"行器

实际考古所见亦能清晰反映二者渐趋重合的态势(当然行器不必定为明器,亦有以生前实用礼器改做充当的可能),除上述"曾亘嫚非录行鼎"外,另像春秋晚期的东风油库 M1(曾少宰黄仲酉墓)、M2(可墓)中,随葬青铜器鼎、簋、壶、盘、匜等(数量均为 1 件)皆自铭为"行器",属一套完整的组合,但均胎体轻薄、制作粗陋,无任何使用痕迹,铜壶器、盖浑铸一体且"口、足镂孔多未穿透,圈足内残存范土",明显属明器之列(图 10-5)②。而在出土了"洀叔之行鼎"的80 刘家崖墓中,5 件铜编钟均为素面,铸造粗糙、胎体轻薄,表面无任何敲击的痕迹③,很显然也十分吻合"器不成用"的明器特点。而既然该墓铜鼎已自称行器,那么是否这些编钟也可依例称为"行钟"呢?

也即是说,在东周时期"行钟"可能亦如"行器"一样,指专备随葬的明器化

---

① 孔子历来主张:"之死而致死之,不仁而不可为也。之死而致生之,不知而不可为也。是故竹不成用,瓦不成味,木不成斫,琴瑟张而不平,竽笙备而不和,有钟磬而无簨虡。其曰明器,神明之也"(《礼记·檀弓上》),明器正是在丧时制作、致送于神明的不成用之物。

② 湖北省文物考古研究所:《曾国青铜器》,北京:文物出版社,2007 年,第 338~361 页。

③ 随州市博物馆:《湖北随县刘家崖发现古代青铜器》,《考古》1982 年第 2 期。

铜钟。实际上,东周时期不仅明器化的青铜礼器日趋增多,明器铜钟的数量也出现显著的增长。在临淄淄河店 M2,临淄大夫观,阳信西北村,长清仙人台 M6,后川 M2040、M2041,潞城潞河 M7,侯马上马 M5218 等墓葬中皆出土了青铜制作的明器编钟[①],如后川 M2040 中 16 件甬钟枚里、甬内仍残留泥芯,器壁厚仅 0.2 厘米,铸造十分粗糙,"经测音鉴定似非实用乐器"[②];而在临淄大武,郯城二中一号墓,易县燕下都 M16、M30、M8,涉县北关一号墓等墓葬内则出土了陶制的明器编钟[③],更加不具备实用功能,只做随葬之物。显然这些编钟不属于祭祀、宴飨以及巡狩征行用钟,而仅能归为大行随葬之钟。

最后再回到文首所提及的钟离君柏行钟,虽然该器在墓主生前可能确用于祭祀宴飨等礼仪活动,故音律齐整,但当放入墓葬之中后,显然只能理解为大行随葬之钟,唯如此才合乎"行"字之意(寓意大行途中所用),并契合于未见其他礼仪用钟的情况。而钟离国所在的蚌埠一带不正毗邻上述汉淮诸国吗?同时该铜钟上铭文简短,并未如普遍所见乐钟上多言祖先之事,而仅提及自做自用,与上述随葬之行器铭文特点近似,亦可佐证这一观点。

小　结

东周时期的礼制文献中出现了有关"行器"的两种截然不同的解释,并可与金文、简牍及考古实物相互印证:其一是以《周礼》中的"行人"为代表,意为巡狩征行之意。而为此类活动所备之"行器"则自西周以来久已有之,铭文后常有"用征用行"的固定语辞,且器形上多为便于提携的实用之物。在此基础上进而衍生出祭祀"行神"的礼仪,并成为东周时期极为重要的祀典之一。其二是以《仪礼》中的"行器"为代表,意为行向墓圹的明器,实即随葬品的代称。在东周时期的汉淮地区也正出现了用成套"行器"随葬的现象,无论器形、组合皆与传统的、周人礼制中的巡狩征行之器不同,在铭文内容上也独具特色。从

---

① 参看《中国音乐文物大系》之河南卷、山东卷、河北卷,郑州:大象出版社,1996 年、2001 年、2008 年。

② 中国社会科学院考古研究所编著:《陕县东周秦汉墓》,北京:科学出版社,1994 年,第 68 页。

③ 胡小满先生曾对燕下都所出 150 余件明器编钟进行了细致分析,指出其数量仍具有相当的礼制含义,但由于"礼崩乐坏"局面的出现,乐器渐渐由失律始、继而失音,变成一种摆设。参看胡小满:《河北燕下都乐器明器的出土意义》,《中国音乐学》2014 年第 2 期。

"敬事天王钟"的铭文中可进一步获知,这一时期业已出现了将死亡理解为大行不返的观念,同时关于死后世界的描述也日渐清晰,因此死亡的过程也自然被理解为通向这些地下世界的漫长路途,故需做器以从之,这便是"行器"随葬用意的由来。在这一思潮的影响下,专制于丧葬之时、器不成用的明器开始大行其道,成为东周后显著的丧葬礼制改革。"明器"与"行器"之间含义多有相通,故《仪礼》郑注直称"行明器"。

由于周代社会礼、乐并重,故我们可以将青铜礼器铭文中所见"行"字的多重含义"移植"于编钟之上,来解释东周时期出现的一些仅以成套"行钟"随葬的现象,至少这其中有部分也应理解为大行之钟,并迅速推动了明器化编钟的盛行。

这种视丧葬为远行不返的观念在汉代更为盛行,并进而促成了画像石中车马出行图的风靡以及"大行皇帝"[1]专称的出现,同时许多汉墓中亦多有使用明器化编钟的实例,近出盱眙大云山 M1 江都王刘非墓中便随葬着三套明器编钟与一套实用乐钟[2],而其渊源无疑皆在于先秦时期。

　　附记:在新近公布的山西黎城西关墓地 M7 春秋早期楷(黎)侯墓中,出土一件青铜盘(M7:39),盘铭称"中考父不录,季□端誓,遣尔盘、匜、壶两、簠两、鼎一,永害福尔后。"盘铭记载了中考父死,夫人季□为其准备随葬用品,还进行了宣读。M7 青铜礼器为鼎一、簠二、壶二、盘一、匜一,与盘铭对应。器物均未使用过,而墓主人生前使用的器物并没有埋葬在该墓中,反而埋葬在 M8 中[3]。这个例证极好地说明了东周时期已经开始专门制作随葬用的青铜礼器,并遣之入墓,且与身份等级并不完全对应。这对本章的观点无疑是重要的佐证,也说明"行器"的称名看来主要起源并盛行于南方。

　　(本章曾发表于拙著《楚国青铜礼器制度研究》一书,因为与东周时期乐钟功能的变迁亦紧密相关,故略做修改后,又收录于此书中。)

---

[1]　《史记·李斯列传》中亦有:"胡亥喟然叹曰:'今大行未发,丧礼未终,岂宜以此事干丞相哉!'";《后汉书·安帝纪》"大行皇帝不永天年"李贤引韦昭曰:"大行者,不反之辞也。"

[2]　参看李则斌等:《盱眙大云山汉墓考古发掘》,《考古》2012 年第 7 期;南京博物院编:《长毋相忘:读盱眙大云山江都王陵》,南京:译林出版社,2013 年。

[3]　山西省考古研究院:《山西黎城西关墓地 M7、M8 发掘简报》,《江汉考古》2020 年第 4 期。

第十一章　东周画像铜器上的乐悬考论

春秋晚期至战国阶段，"画像铜器"成为一种新的铜器装饰类型[1]。其独特的技法与内容丰富的图像，不仅是研究东周社会生活风貌、礼仪制度的重要窗口，也为了解中国早期绘画的发展面貌提供了直观依据。

1. 河北平山 M8101 出土图像纹铜豆　2. 上博藏刻纹铜杯

图 11-1　东周时期的画像铜器

概略而言，"画像铜器"包括"刻纹铜器"与"图像纹铜器"两类（图 11-1）。"刻纹铜器"者，是指"在极薄的器壁上用尖锐的小刀刻出图像的青铜器"[2]，多施于铜器内壁；而"图像纹铜器"，则是通过块范法在器物表面上直接铸造出浅

---

[1] "画像铜器"主要采用刘敦愿先生《关于战国青铜器画像问题的若干思考》一文中的定名，氏文参看《纪念山东大学考古专业创建 20 周年论文集》，济南：山东大学出版社，1992 年，第 303～315 页。

[2] 需要说明的是，画像铜器中也有少量神兽、竞舟、舞蹈等内容，但与周人的礼仪活动似乎关联不大，故不在本文的讨论范围内。叶小燕：《东周刻纹铜器》，《考古》1983 年第 2 期。

浮雕风格的纹样。二者虽技法有异，但图像内容却基本一致，主要由宴饮、狩猎、竞射、采桑、水陆攻战等内容构成①，显示出二者之间有紧密的联系。由于这些社会化的礼仪图像具有强烈的写实风格，与传统铜器抽象的几何或兽面装饰"判若云泥"，因此成为历史学、考古学与艺术史学都极为关注的资料。

自 20 世纪上半叶以来，中外学者如查尔斯·韦伯（Charles D. Weber）、徐中舒、梅原末治、林巳奈夫、刘敦愿、叶小燕、马承源、李零、方辉、许雅惠、张广立、刘建国、林留根、贺西林、白云翔、宋玲平、李夏廷、田建文等众多前贤都对这类铜器进行了详尽的梳理与探讨，已基本厘清了其年代、工艺、产地等诸多问题②。但是，对于铜器上画像的具体内容与主旨，学界却形成了截然不同的看法：多数学者均主张是东周贵族现实生活的写照，是写实性的图像文本。不过对于其中的宴乐、竞射、采桑等场景，学者们又进一步区分为"世俗享乐"和

---

① 宋玲平：《东周青铜器叙事画像纹地域风格浅析》，《中原文物》2002 年第 2 期。

② 代表性的研究包括：Charles D. Weber, *Chinese Pictorial Bronze Vessels of the Late Chou Period*, Switzerland: Artibus Asiae Publishers, 1966；徐中舒：《古代狩猎图像考》，《徐中舒历史论文选辑》，北京：中华书局，1998 年，第 225～293 页；梅原末治：《战国式铜器之研究》，东方文化学院京都研究所，1936 年；林巳奈夫：《战国时代的画像纹饰》，《考古学杂志》1961 年第 47 卷第 3～5 号；刘敦愿：《关于战国青铜器画像问题的若干思考》，《纪念山东大学考古专业创建 20 周年论文集》，济南：山东大学出版社，1992 年，第 303～315 页；叶小燕：《东周刻纹铜器》，《考古》1983 年第 2 期；叶小燕：《我国古代青铜器上的装饰工艺》，《考古与文物》1983 年第 4 期；马承源：《漫论战国青铜器上的画像》，《文物》1962 年第 2 期；李零：《琉璃阁铜壶上的神物图像》，收入氏著：《入山与出塞》，北京：文物出版社，2004 年，第 213～217 页；李零：《中国的水陆攻战图和亚述的水陆攻战图》，收入氏著：《入山与出塞》，北京：文物出版社，2004 年，第 364～377 页；方辉：《记皇家安大略博物馆藏的一件画像青铜壶》，收入氏著：《海岱地区青铜时代考古》，济南：山东大学出版社，2007 年，第 462～477 页；许雅惠：《东周的图像纹铜器与线刻画像铜器》，《故宫学术季刊》2002 年第 20 卷第 2 期；张广立：《东周青铜刻纹》，《考古与文物》1983 年第 1 期；刘建国：《春秋线刻画像铜器初论》，《东南文化》1988 年第 5 期；林留根、施玉平：《试论东周刻纹铜器的起源及其分期》《文物研究》第六辑，合肥黄山书社，1990 年，第 191～195 页；贺西林：《东周画像铜器题材内容的演变》，《文博》1989 年第 6 期；贺西林：《东周线刻画像铜器研究》，《美术研究》1995 年第 1 期；白云翔：《辽宁东大杖子墓地出土的刻纹铜器及相关问题》，收入何驽主编：《李下蹊华——庆祝李伯谦先生八十华诞论文集》，北京：科学出版社，2017 年；白云翔：《论基于风格与分布的考古遗物产地推定法》，《考古》2016 年第 9 期；宋玲平：《东周青铜器叙事画像纹地域风格浅析》，《中原文物》2002 年第 2 期；李夏廷：《关于图像纹铜器的几点认识》，《文物季刊》1992 年第 4 期；田建文：《刻纹铜匜说晋吴——兼谈东周刻纹铜匜的演变与传播》，《古代文明研究通讯》第 76 期，2018 年 3 月；梓溪：《战国刻绘宴乐画像铜器残片》，《文物》1964 年第 1 期；张英群：《试论河南战国青铜器的画像艺术》，《中原文物》1984 年第 2 期等。

"宗教典礼"两派观点,进而在此基础上结合典籍文献的记载来探讨东周时期礼仪制度的盛况与变化。但与此不同的是,林巳奈夫先生在 1961 年发表的《战国时代的画像纹饰》一文中首次敏锐地指出:"宴乐虽然在东周后期才产生,却可能与东周的'丰收礼'有关。这些不合时宜的图像反映了当时人对过去的黄金时代的一种祈求和向往。"[①]此后扬之水女士也提出了将这类铜器图像与《诗经》记载的西周礼仪相关联的研究途径[②],从而指明画像铜器所绘可能是虚拟化的理想性复古场景,反映了东周贵族对于业已消逝的理想社会的追忆。

受此启发,笔者注意到,在部分画像铜器上描绘宴会、竞射的同时,亦有悬挂钟磬、演奏礼乐的场景(图 11-2)。并且,这些乐悬的组合形式与摆放状态都

1. 故宫藏图像纹铜壶 2. 成都百花潭 M10 出土铜壶 3、4. 华尔特美术陈列馆藏图像纹铜豆

图 11-2　东周时期图像纹铜器上的乐悬场景

① 林巳奈夫:《战国时代的画像纹饰》,《考古学杂志》1961 年第 47 卷第 3~5 号。
② 扬之水:《诗经名物新证》,北京:北京古籍出版社,2000 年,第 224 页。

存在着极强的共性,显然是基于共同的乐制思想或者音乐观念为创作蓝本的。众所周知,音乐是具有强烈时代性的。受制于音律发展、社会风尚与铸造技术等诸多因素,不同时代的乐悬形态是截然不同的。近二十年来,随着地下成套编钟资料陆续出土,考古资料日渐丰富,从而使我们能够初步构建出两周时期不同阶段的乐悬组合形态及变化过程,这样我们就具有了一张较为清晰的乐悬发展"年表"。那么,将画像铜器中的乐悬形态与实际考古所见进行比较,就可以帮助判明该乐悬组合所盛行的时代,亦可以为解答画像铜器上意欲揭示的礼仪年代乃至图像主旨提供新的启示。

第一节　发现概况

截至目前,据笔者所见,画像铜器上配有乐悬场景者共记 16 件,除上博所藏铜椭杯、江苏淮阴高庄战国墓出土铜盘、辉县琉璃阁 M1 出土铜奁等三件因保存不佳而致图像不明外,其余铜器上乐悬组合及悬挂方式皆清晰可辨。参看下表:

表 11-1　配有乐悬场景的画像铜器统计简表

编号	器物来源	器型	时间	数量组合	资料来源
1	华尔特美术陈列馆藏	豆	战国初期	钟 4,磬 4	陈梦家:《美国所藏中国铜器集录》,金城出版社,2016 年,第 570 页
2	华尔特美术陈列馆藏	豆	战国初期	钟 4,磬 4	陈梦家:《美国所藏中国铜器集录》,金城出版社,2016 年,第 565 页
3	河南陕县后川 M2040 出土	豆	战国中期	钟 4,磬（残）3	中国社科院考古研究所:《陕县东周秦汉墓》,科学出版社,1994 年,第 15 页
4	河北平山三汲乡 M8101 出土	豆	战国初期	钟 4,磬 4	《中国青铜器全集》9,图 153
5	中山国灵寿城出土	豆	战国中期	钟 4,磬 4	河北省文物研究所:《战国中山国灵寿城》,文物出版社,2005 年,第 278 页
6	成都百花潭中学 M10 出土	壶	战国中晚	钟 4,磬 5	四川省博物馆:《成都百花潭中学十号墓发掘记》,《文物》1976 年第 3 期,第 40～46 页
7	故宫博物院藏	壶	战国中晚	钟 4,磬 5	《中国青铜器全集》7,图 140

续表

编号	器物来源	器型	时间	数量组合	资料来源
8	河南辉县赵固 M1 出土	鉴（刻纹）	战国中晚	钟5，磬5	中国科学院考古研究所：《辉县发掘报告》，科学出版社，1953 年，第110 页
9	江苏淮阴高庄出土	盘（刻纹）	战国中期	磬2（残）	淮阴市博物馆：《淮阴高庄战国墓》，《考古学报》1988 年第 2 期
10	保利艺术博物馆藏	壶	战国中、晚期	钟4，磬4	《保利藏金》编辑委员会：《保利藏金——保利艺术博物馆精品选》，广州：岭南美术出版社，1999 年
11	皇家安大略博物馆藏	壶	战国中、晚期	钟4，磬5	方辉：《记皇家安大略博物馆藏的一件画像青铜壶》，《海岱地区青铜时代考古》，山东大学出版社，2007 年，第462～477 页
12	法国吉美博物馆藏	壶	战国中期	钟4，磬4	Lothar Von Falkenhausen，*Suspended Music*：*Chime-bells in the Culture of Bronze Age China*，University of Califonia Press，1993，Fig.15，P.30
13	山西长治分水岭 M84 出土	鉴（刻纹）	战国中期	钟5，磬5	《中国音乐文物大系（山西卷）》，第286 页。
14	上海博物馆藏	杯（刻纹）	战国早期	乐悬部分残，可见4 件乐钟	《中国青铜器全集》7，图 147
15	辉县琉璃阁 M1 出土	奁（刻纹）	战国中期	乐悬部分残	郭宝钧：《山彪镇与琉璃阁》，科学出版社，1959 年，第 62 页

这些铜器以壶、豆、鉴为大宗，多盛行于战国之后。其中壶、豆上多使用图像纹，鉴、盘、匜等水器上多用刻纹。而且在分布地域上，除江苏淮阴高庄战国墓所出一件残缺的铜盘外，其余诸器均在三晋之地出土或生产。似乎可以推定，这种在画像铜器上绘制乐悬的做法应是东周时期三晋贵族的创举，相反在吴越地区的刻纹铜器上却十分罕见，这也正体现出两地之间在礼仪积淀上的差异。

再从所悬乐钟的器类来看，山彪镇铜壶、平山三汲乡铜豆、成都百花潭铜壶、故宫博物院所藏铜壶、保利艺术博物馆所藏铜壶、皇家安大略博物馆所藏铜壶等器物上都可以清晰地观察到，所悬乐钟的舞部之上有较长的甬管部分，而非钮钟的长方形或桥形钮，亦非复杂的双龙双兽镈钟钮饰，同时钟体于口部分明显呈弧形,所以可以判定这些悬挂的乐钟应该主要是甬钟,而非钮钟或镈钟。当然,其余诸器由于细节并不清晰,尚无法完全判明究竟是甬钟还是钮钟,不过从上述所有图像中的编钟于口位置(弧形)来看,镈钟显然是可以排除的,而这对于我们下文对编列制度的讨论将是十分重要的。

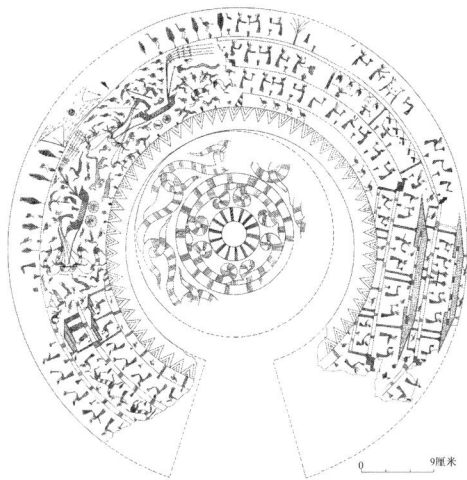

分水岭M84:7

图 11-3　刻纹铜器上的乐悬场景

最后,这些乐悬图像中最特别之处无疑要数编钟的数量组合与悬挂方式:在几乎所有已知的"图像纹铜器"中,所悬乐钟皆是 4 件甬钟,且尺寸依次递减,只是与其搭配的编磬,或 4 件,或 5 件,但二者均悬于同一架直线型的钟簴上,未见折曲。同时旁侧还常常搭配有一具建鼓和一具应鼓;而在"刻纹铜器"上,由于细节难以表现,所以钟型无法完全辨认,但数量似乎均为 5 件一组(图 11-3),同时搭配 5 件编磬。尤其在辉县赵固 M1 所出铜鉴上,编钟与编磬分置于双层阁楼的两侧,似乎已有典籍所载乐悬制度中的"判悬"之意[①],所以无论是编钟数量还是悬挂方式似乎都较"图像纹铜器"更为发展,或是同一系统下进一步演进的结果[②]。可惜现在由于材料还过于稀缺(确定的仅有 2 件),上述讨论仍只能停留在推测阶段。

当然,我们还需要考虑到图像技法与图像空间的问题。是否绘制这样特殊的编钟组合是因为技法或空间所限呢?由于东周时期尚未发明远近构图法,三度空间情境无法在同一平面上表达,所以悬挂的钟磬暂无法展现出折曲的形态(其实从理论上讲,似乎也可以实现,如轩悬制度即可以在赵固 M1 铜鉴刻纹基础上另在图像南侧补刻一列钟磬),但乐钟的类型与数量却显然是可控与可调整的。查阅上述 15 件画像铜器上的乐钟尺寸,可以发现其差异较大,并非完全同一大小,而且乐钟、编磬之间的间距亦并不固定,随意性较大,

---

① Lothar Von Falkenhausen,*Suspended Music*:*Chime-bells in the Culture of Bronze Age China*,University of Califonia Press,1993,p.31.

② 从考古发现来看,由 4 件组编钟发展为 5 件组编钟在甬钟、镈钟上皆能够见到。

所以可以通过调整乐钟尺寸、间距或者增加钟磬的层数来实现悬挂更多乐钟的目标。尤其是在辉县赵固 M1 铜鉴上,钟磬的两侧尚有大量留白,完全可以容纳更多的钟磬,而显然构图者受制于礼乐思想的约束而选择了固定的乐钟组合形式。与此形成对比的是,这些图像上乐钟的演奏者却数量不等,有 1~4 人等不同形式,随意性较强,说明图像设计者在这一方面又存在较大的灵活性与自主性,可以通过人物尺寸、间距来实现个性化的调整。此外,在曾侯乙墓出土的漆木质地鸳鸯盒(W·C·2:1)上也有一幅"撞钟击磬图",不过钟磬却呈现出上下两层结构,上层悬钟而下层悬磬,且数量均只有两件[1],这不仅提示我们,此类图像可以通过上下结构来改变乐悬的形式乃至数量,亦说明在缺乏特定主题的情况下,悬挂钟磬的数量将会是十分多样的。

那么,随之而来的问题是,为什么这些画像铜器上的乐悬均采用 4 或 5 件一套的编钟组合呢?笔者以为,礼乐思想应是乐悬图像创作的重要基础。东周时期这样高度统一的图像形式显然不是随意"涂绘"的结果,而应是基于一个明确而固定的乐制思想为蓝本的。那么这样的创作蓝本意在表达怎样的礼乐思想呢?在战国时期,乐悬制度已经普遍盛行的时代,为何在这些画像铜器上却看不到将钟磬鼓乐折曲摆放的例子呢?[2] 我们能否通过对考古资料的梳理,来判断出这种特定乐悬形式的流行年代,进而推定整幅图像所意在揭示的礼仪活动的年代乃至主旨呢?

第二节 考古所见西周时代的乐悬制度

周代乐钟制度起源于商代编铙制度[3]。周人灭商之后,借鉴商代编铙而鸣的形式,创造出全新的成套编钟悬列使用的方式,并亦以 3 件成组。在新近发掘的山西翼城县大河口霸国墓地 M1(西周早期)中,3 件商式编铙与 3 件周

---

① 湖北省博物馆编:《曾侯乙墓》,北京:文物出版社,1984 年。

② 辉县赵固 M1 的例子是否能够被确定为"判悬"仍存在许多争议,如果严格与《仪礼》等文献对照,按郑玄之意"判悬,左右之合,又空北面",实际讲的是左右之悬的编钟、编磬是对称分布的,而不是像图中那样拆分为钟、磬各一列,而且目前也仅见这一例,在考古资料中并没有见过类似的摆放实例。

③ 王清雷:《西周乐悬制度的音乐考古学研究》,北京:文物出版社,2007 年;常怀颖:《论商周之际铙钟随葬》,《江汉考古》2014 年第 1 期等。

式甬钟共出,正清晰地展现出这种乐制传承关系①。另在陕西宝鸡強国墓地所发掘的竹园沟 M7(图 11-4)、茹家庄 M1 乙等西周初年贵族墓内也出土了这种组合形式的编钟,3 件铜钟皆大小相次,成一列摆放②。此外,像翼城大河口墓地 M1017、陕西长安普渡村长甴墓编钟、河南平顶山魏庄编钟等均作如此配置③,是为西周初期主要的乐悬形态。

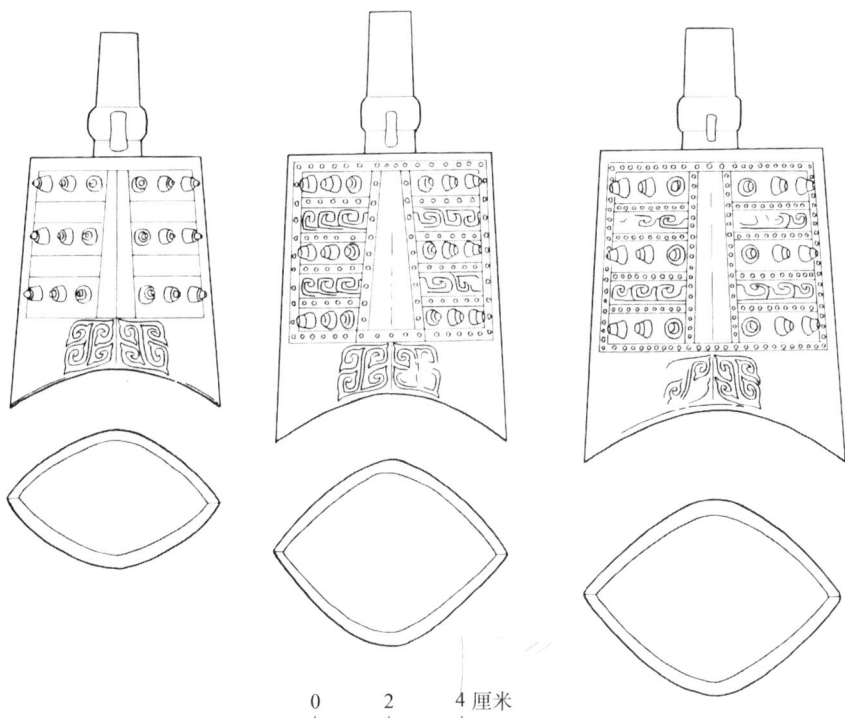

0　　2　　4厘米

图 11-4　西周初年的乐悬组合形态(宝鸡竹园沟 M7)

迨至西周穆王前后,周人整饬礼典,乐制开始突破商代旧俗,演变出 4 件甬钟成套的编列制度,并形成宫—角—徵—羽的固定音律搭配。像山西北赵

①　谢尧亭等:《山西翼城县大河口西周墓地》,《考古》2011 年第 7 期;乔文杰:《封邦建霸——山西翼城出土西周霸国文物珍品》,《艺术品》2016 年第 1 期。此观点承蒙罗泰先生告知。

②　宝鸡市博物馆编:《宝鸡強国墓地》,北京:文物出版社,1988 年。

③　谢尧亭等:《山西翼城大河口西周墓地 1017 号墓发掘》,《考古学报》2018 年第 1 期;中国科学院考古研究所:《长安普渡村西周墓葬发掘记》,《考古学报》1954 年第 2 期;孙清远、廖佳行:《河南平顶山发现西周甬钟》,《考古》1988 年第 5 期;王友华:《先秦大型组合编钟研究》,中国艺术研究院博士学位论文,2009 年,第 64 页。

晋侯墓地 M9(未被盗扰)中所出 4 件甬钟,形制、纹饰相同,大小相次,属于一个完整的编列(图 11-5)①。王友华先生曾详细统计了这一时期出土地点明确的 4 件组甬钟组合共 10 例②,其他像陕西耀县丁家沟甬钟、Ⅰ式与Ⅱ式晋侯苏钟(各 2 件)、甲组兴钟、Ⅰ式长安马王村甬钟、安徽青阳庙前甬钟、应侯见工甬钟等均采用了这一新的乐钟组合形式③,昭示着西周乐制改革成果的迅速推广。不过,这些编钟皆是由甬钟所单独组成,尚未搭配钮钟与镈钟。

图 11-5　西周中期的 4 件组乐悬组合(晋侯墓地 M9)

近来,在湖北随州叶家山曾国墓地 M111 曾侯犺墓(西周早期晚段)中,同样出土了 4 件甬钟成套的乐器组合,进一步印证了上述结论:甬钟 2 件设有乳刺,2 件没有,形制上两两成组、间隔放置,当是拼凑而成。其中 2 件甬钟上还

①　北京大学考古系、山西省考古研究所:《天马—曲村遗址晋侯墓地第五次发掘》,《文物》1995
　　年第 7 期。
②　王友华:《先秦编钟研究》,桂林:广西师范大学出版社,2013 年,第 79 页。
③　北京大学考古系、山西省考古研究所:《天马—曲村遗址晋侯墓地第五次发掘》,《文物》1995
　　年第 7 期;呼林贵、薛东星:《耀县丁家沟出土西周窖藏青铜器》,《考古与文物》1986 年第 4
　　期;刘兴:《东南地区青铜器分区》,《考古与文物》1985 年第 5 期;晋侯苏钟共 16 件,其中Ⅰ
　　式 2 件铸造时间最早,在西周早期,Ⅱ式 2 件应该是为补足Ⅰ式而后铸的。参看王子初:
　　《晋侯苏钟的音乐学研究》,《文物》1998 年第 5 期;西安市文物管理处:《陕西长安新旺村、
　　马王村出土的西周铜器》,《考古》1974 年第 1 期;应侯见工钟目前共见 4 件,1 件藏于日本,
　　1 件出于陕西蓝田,2 件藏于保利博物馆,参看《中国音乐文物大系》总编辑部编:《中国音
　　乐文物大系(陕西卷、天津卷)》,郑州:大象出版社,1999 年,第 37～50 页。王世民先生则
　　根据乐钟尺寸和测音数据指出,保利二钟与其它两件应分属音阶平行的两组,即与晋侯稣
　　编钟结构一样。从其年代和身份来看,这一结论似更为合理。参看氏著:《应侯见工钟的
　　组合与年代》,收入保利艺术博物馆编:《保利藏金》(续),广州:岭南美术出版社,2001 年。

出现了侧鼓音的标识符号,无疑是目前所见最早的双音钟资料。而且,这 4 件甬钟还同时搭配一件饰虎形扉棱的镈钟,出土时"皆钟口朝下,一字排开",证明原是成一列悬挂的①。由此表明,南方地区已经率先开始将镈钟也加入到乐钟序列内,这显然与商代南方的传统礼俗有密切联系。在新干大洋洲商代墓葬中,便出土 1 件特镈与 3 件编铙搭配成组②,而湖北、湖南、江西、安徽等地出土的商代大铙也多是单件使用。据王友华先生的最新统计,"迄今出土南方大铙有 35 例,共 53 件,其中 29 例是单件出土"③,所以这应是商代南方乐制的重要特点,而曾国在沟通南北礼乐风俗上,正起着不可替代的桥梁作用。

此后,这种甬钟、镈钟搭配的方式也逐渐被北方的周人所接受。1890 年出土于陕西扶风法门寺任村的"克镈"(西周晚期)就仅是一件,而眉县杨家村窖藏镈钟、陕西宝鸡秦武公镈钟、甘肃礼县大堡子山 K5 秦公镈钟等西周晚期至春秋早期的镈钟又均是 3 件成组④,显然是西周以来镈钟编列的持续发展结果,也揭示出镈钟业已摆脱了此前单纯的节音功能,而成为成套乐钟内演奏低音系统的有机组成部分。而且礼县大堡子山乐器坑(春秋早期)中 3 件镈钟与 8 件甬钟仍是成一列摆放,3 件镈钟在西而 8 件甬钟在东,钟架痕迹尚清晰可辨,足证当时乃是作为一列乐钟悬挂于同一钟虡上,尚未出现分列单置或折曲摆放的现象。

当然,在镈钟序列不断演化的同时,4 件甬钟的组合也随着音律的拓展要求而相应变化。在山西绛县横水墓地发掘的西周中期倗伯夫妇墓 M1、M2 中便皆随葬的是 5 件一套的甬钟,钟体大小相次。虽然尚未公布测音报告,但墓葬皆未被盗扰,故可以肯定是属于随葬的两套完整编钟⑤。另据蒋定穗、王世民、方建军等先生推断,在西周中期时也出现过 6 件成编的乐钟制度,如著名

---

① 方勤:《叶家山 M111 号墓编钟初步研究》,《黄钟(武汉音乐学院学报)》2014 年第 1 期;方建军:《论叶家山曾国编钟及有关问题》,《中国音乐学》2015 年第 1 期。

② 江西省文物考古研究所等:《新干商代大墓》,北京:文物出版社,1997 年。

③ 王友华:《先秦编钟研究》,桂林:广西师范大学出版社,2013 年,第 79 页。

④ 刘怀君:《眉县出土一批西周窖藏乐器》,《文博》1987 年第 2 期;卢连成等:《陕西宝鸡太公庙村发现秦公钟、秦公镈》,《文物》1978 年第 11 期;早期秦文化联合考古队:《2006 年甘肃礼县大堡子山祭祀遗址发掘简报》,《文物》2008 年第 11 期。

⑤ 山西省考古研究所等:《山西绛县横水西周墓发掘简报》,《文物》2006 年第 8 期。

的秦公钟[①]；此外，1964 年发掘的长安张家坡西周晚期墓中出土 4 件"叔尃父盨"，铭文称："乍郑季宝钟六"，1975 年发掘的西周晚期"公臣簋"铭文"易女马乘、钟五、金，用事"，亦可为重要佐证[②]。

图 11-6　陕西澄城刘家洼 M1 出土编钟（缺 1 件）

　　在此基础上，至西周末年，周人的乐钟制度便呈现出全新的成熟型态：一方面，甬钟编列扩展至两列各 8 件的组合形式，显示着音域范围的极大拓宽。如山西北赵晋侯墓地 M93（疑为"晋文侯"墓）中，共发现了 16 枚甬钟，分为大小两组，出土时"大型一套 8 件，南北排列，甬均朝东，小型的一套 8 件，位置偏南，被大钟所压"[③]，可见这些甬钟已经被区分为大小两列，在钟虡上分两层悬挂。汉代经学家郑玄在注解《周礼·春官·小胥》篇所载"乐悬制度"时称："钟磬者，编悬之，二八十六枚而在一虡，谓之堵。钟一堵、磬一堵谓之肆"，即主张乐钟悬挂应该分两列各 8 件，可能反映的正是这一时期周人所采用的乐钟制度。

① 蒋定穗：《试论陕西出土的西周钟》，《考古与文物》1984 年第 5 期，文中推断秦公钟应是 6 件成编的；王世民、蒋定穗：《最近十多年来编钟的发现与研究》，《黄钟（武汉音乐学院学报）》1999 年第 3 期；方建军：《续论秦公编钟的音阶与组合》，《交响（西安音乐学院学报）》，1992 年第 3 期。

② 中国科学院考古研究所沣西考古队：《陕西长安张家坡西周墓清理简报》，《考古》1965 年第 9 期；岐山县文化馆等：《陕西省岐山县董家村西周铜器窖穴发掘简报》，《文物》1976 年第 5 期。另在西周晚期平顶山应国墓地 M95 中出现了 7 件一组的编钟，但其中 3 件出于填土，另 4 件置于墓底，而且除第一件 M95:1 外，其余乐钟皆是两两成组，形制、纹饰相同，所以是否属于一整套编钟暂且存疑。河南省文物研究所等：《平顶山应国墓地九十五号墓的发掘》，《华夏考古》1992 年第 3 期。

③ 北京大学考古系、山西省考古研究所：《天马—曲村遗址晋侯墓地第五次发掘》，《文物》1995 年第 7 期。

另一方面,周人又在甬钟、镈钟的基础上,创造出更为简化的钮钟形态。目前,最早在两周之际的河南省三门峡市上村岭虢国墓地 M2009 号仲墓内,出土了甬钟一组 8 件和钮钟一组 8 件,M1052 太子墓内则出土甬钟 1 件(或有缺失)和钮钟 9 件[①]。而春秋早期的山西闻喜上郭村 M210、M211(晋国大夫级别)中,则均只有一列钮钟 9 件,形制相同、大小相次[②]。这些墓葬实例表明,钮钟已经开始作为独立的乐钟编列在使用。

至迟在春秋中期偏晚阶段,周人已经形成了由甬钟、钮钟、镈钟共同搭配使用的三元组合编钟系统,并主要见于诸侯等级的贵族墓内。如河南叶县旧县 M4 许灵公墓便随葬甬钟两组各 10 件、镈钟两组共 8 件(分为有脊镈 4 件和无脊镈 4 件)、钮钟一组 9 件[③];新近发掘的沂水纪王崮春秋墓同样随葬甬钟 9 件、镈钟 4 件、钮钟 9 件[④];其他像新郑李家楼郑伯墓、寿县蔡侯墓、辉县琉璃阁甲墓、沂水刘家店子春秋墓、邳州九女墩三号墓等贵族墓葬中也都采用了类似的多元编钟配列[⑤]。而且他们在钟虡上悬挂时通常按照上、中、下三层来分别陈设,以便演奏出高、中、低三段不同的音阶。不过这三层乐钟皆延续西周以来的布局传统,做直线式由小到大排列,而并未出现折曲摆放的现象。所以,从这一角度看来,西周早期至春秋中期的乐制发展无疑是一脉相承的。在对拓宽音域范围的不断追求下,周人日益增加其编钟的类型与数量,从而形成了宏大而繁缛的编钟体系。

那么,通过这样对西周时代乐悬制度的概括性追述,我们可以知道,在周代礼仪核心区内,以 4～5 件甬钟成套使用的方式仅见于西周早中期,是宗周

---

① 中国科学院考古研究所:《上村岭虢国墓地》,北京:科学出版社,1959 年;河南省文物考古研究所:《三门峡虢国墓(第一卷)》,北京:文物出版社,1999 年。

② 山西省考古研究所:《1976 年闻喜上郭村周代墓葬清理记》,载《三晋考古》(第一辑),太原:山西人民出版社,1994 年;《中国音乐文物大系》总编辑部编:《中国音乐文物大系(山西卷)》,郑州:大象出版社,2000 年,第 63、64 页。

③ 平顶山市文物管理局、叶县文化局:《河南叶县旧县四号春秋墓发掘简报》,《文物》2007 年第 9 期。

④ 山东省文物考古研究所:《沂水纪王崮春秋墓出土文物集萃》,北京:文物出版社,2016 年。

⑤ 河南博物院、台北"国立"历史博物馆编:《新郑郑公大墓青铜器》,郑州:大象出版社,2001 年;安徽省文物管理委员会、安徽省博物馆:《寿县蔡侯墓出土遗物》,北京:科学出版社,1956 年;山东省文物考古研究所、沂水县文物管理站:《山东沂水刘家店子春秋墓发掘简报》,《文物》1984 年第 9 期;孔令远、陈永清:《江苏邳州市九女墩三号墩的发掘》,《考古》2002 年第 5 期;河南博物院、台北"国立"历史博物馆:《辉县琉璃阁甲乙二墓》,郑州:大象出版社,2003 年;湖北省博物馆编:《曾侯乙墓》,北京:文物出版社,1984 年。

古老乐制的代表。而西周晚期后便逐渐盛行多套、多层乐钟搭配使用的方式，乐钟数量也随着音域的拓宽而不断增加。纵览春秋至战国时期的乐钟出土资料，通常情况下，甬钟常见有 8～11 件成组、镈钟常见 4～8 件成组、钮钟则多为 9～14 件成组，这在学界已经经过了较为充分地讨论①，故本文不再赘述。

此外，从音乐性能而言，钮钟的出现始于西周晚期，早期钮钟采用了甬钟的原有编列，与甬钟乐制定位类似。到春秋早期，钮钟编列出现了 9 件一组的情况。王友华先生认为正是 9 件一组钮钟的出现，让编钟的正鼓音可以构成"宫·商·角·徵·羽"的五声音列，钮钟的铸造推进了"商音"出现在编钟正鼓部，同时推动了整套编钟皆为双音钟的新乐制，最大限度地拓展了编钟的音列②。钮钟的出现、发展与甬钟不同，其蕴含的音乐意义始终大于礼制意义，这一点也可以从使用单一钮钟组合陪葬的墓主人身份中得出，随葬单一钮钟组合者均为中低等级贵族。邵晓洁认为修长形、两铣内敛的乐钟具备更优秀的音乐性能，其声音悦耳舒展且穿透力强③，可知钮钟两铣内敛、侈度渐小是一种对音乐性能的追求，这与钮钟的出现及其发展相符合。而在东周时期，相对具有古老传统的甬钟则呈现出两铣外扩、侈度渐大的发展趋势，甬钟原本对音乐性能的追求被钮钟所代替，而其礼制意义被放大，用户为高等级贵族，甬钟钟体渐大，在音乐演奏中主要负责低音与节拍，侈度渐大、两铣外扩则正符合其钟声悠扬、雄浑的音乐需求。所以到战国中期之后，甬钟、镈钟均逐渐消失，在各等级的贵族墓葬内，都开始盛行只有钮钟的编列形式，如长台关 1 号墓、洛阳金村骉羌编钟、重庆涪陵小田溪巴国贵族墓等。

所以，可以肯定的一点是，目前已知的画像铜器上所呈现出的乐钟数量显然不是东周时期的礼乐场景或现实情况，与东周时期的用乐实际是不相契合的。

最后，在讨论了画像铜器中的乐钟数量后，这些钟磬的悬挂方式也值得我们继续思考。除去赵固一号墓刻纹铜鉴上的钟磬分设于双层楼阁的两侧外④，其余诸器者皆悬挂于同一列钟簴上，且多是乐钟在左，石磬在右，二者间并无阻隔，也未见到钟簴折曲的现象。

---

① 系统性的讨论可以参看王友华：《先秦编钟研究》，桂林：广西师范大学出版社，2013 年。
② 王友华：《先秦编钟研究》，桂林：广西师范大学出版社，2013 年。
③ 邵晓洁：《楚钟研究》，北京：人民音乐出版社，2010 年，第 51 页。
④ 这件刻纹铜器中编钟、编磬的簴簨皆没有见到竖向的钟架与架座，所以没有办法断定是否分属于两个独立的编列。由此来展开讨论判悬制度可能还需要更多的类似材料出土。

但是,在东周后期,将编钟与编磬分为多面悬挂,进而形成礼书中所记载的"乐悬制度"[①]实已逐渐成为各地贵族们的共识与新兴风尚,这在《左传》、《仪礼》《周礼》等典籍文献中皆不乏记载[②]。同时,在东周时期的墓葬资料中,也可以频频见到将随葬编钟、编磬折曲摆放的实例,这亦是西周时代所不曾见到的现象,可以成为文献记载的重要佐证。回顾本书第四章的梳理,可以认为,在东周后期,多面乐悬的观念实则渐入人心,并成为身份等级新的标尺之一。那么,在这样的礼制思想盛行前提下,很难设想如果是希望再现战国时期的礼仪场景,这些画像铜器的设计者与赞助者会全部放弃或者无视能够体现等级地位与音乐修养的多面钟磬悬挂方式,而选择古老的、简单的直线悬挂方式。所以,从这些画像内钟磬的悬挂方式看来,亦与战国时期的礼仪盛况不甚契合,相反却更接近于西周时期的钟磬悬挂方式。

第三节　汉代画像石上的钟磬制度

在先秦两汉时期,乐悬图像的创作应是以社会礼制与生活实践为基础的。当我们将目光转移到汉代画像石上的钟磬悬挂时(多数学者主张汉代画像石与战国时期的画像铜器之间有密切的传承关系[③]),无疑可以得到进一步的佐证。

无影山西汉 M11 乐舞俑。乐舞俑出土于墓主人附近,立于一个长 67 厘米,宽 47.5 厘米的陶盘上,共有 22 个人物形象,可辨别出观众、百戏、奏乐三种身份。在陶盘中间为百戏演出,可分为两组。一组为两个女子身着深衣,挥舞长袖翩翩起舞。一组为杂技表演,两人正相对而倒立,一人正做下腰动作,

---

① 《周礼·春官·小胥》篇记载:"正乐悬之位,王宫悬,诸侯轩悬,卿大夫判悬,士特悬,辨其声。凡悬钟磬,半为堵,全为肆。"郑玄引郑众之说注释为:"宫悬四面悬,轩悬去其一面,判悬又去其一面,特悬又去其一面。四面象宫室四面有墙,故谓之宫悬。轩悬三面,其形曲,故春秋传曰:'请曲悬繁缨以朝',诸侯之礼也……玄谓轩悬去南面,辟王也。判悬左右之合,又空北面。特悬悬于东方,或于阶间而已",即天子使用四面钟磬,诸侯、大夫、士等级依次降差。

② 张闻捷:《周代葬钟制度与乐悬制度》,《考古学报》2017 年第 1 期。

③ 如刘敦愿先生就认为青铜器上的图像应当被看作是汉代画像石的先驱。《关于战国青铜器画像问题的若干思考》,《纪念山东大学考古专业创建 20 周年论文集》,济南:山东大学出版社,1992 年,第 303～315 页。

另一人在旁表演柔术,动作矫健,栩栩如生。乐师全部位于后方,左起两位女子着深衣,踞坐吹奏,右侧两位男子,一位前方放置一琴瑟,正伸手弹奏,一位持槌击小鼓。鼓手旁放置筍簴,挂有二钟,一人立于后击之。旁立一建鼓,两边各立一人击鼓。陶盘两侧立有七人,袖手观赏。右侧三人与左侧四人发型服饰不同,应为不同身份。右侧三人前放置有两壶,应为宴乐观戏场景①。

图 11-7　济南无影山汉墓出土百戏乐舞俑

图 11-8　南阳市郊王寨出土画像石

南阳市郊王寨汉画像石墓乐舞画像石两块。两块画像石为主室门楣,组成一幅画面,长 3.16 米、宽 0.42 米。画面上方挂有帷幔,中间左侧立一钟架,悬一甬钟,左右两人扶架执槌击之。右侧立一建鼓,左右亦有两人,执槌展臂,且鼓且舞。钟鼓左侧三人正表演杂耍,一人单手倒立于矮墩上,一人口中喷

①　济南市博物馆:《试谈济南无影山出土的西汉乐舞、杂技、宴饮陶俑》,《文物》1972 年第 5 期。

火，一人正单手抛十二丸，另有一人跳跃起舞。钟鼓右侧有四人，一人挥舞水袖，翩翩起舞，两人跽坐吹奏，一男子立于最右侧，与最左侧女子相合而歌①。

湖北枝江姚家港出土汉画像砖一块。画像砖由发掘小组征集而来，共有六块出自同一墓中，包含导车、主宾拜谒、乐舞、六博、盘鼓舞五个内容。在乐舞图中，以建鼓舞为中心，虎座建鼓立于下方，左右各一人，执枹展臂，且鼓且舞。上方另有四人，最左侧竖一钟架，悬有一钟，一人执枹跽坐于左。右侧三人，一手摇鼗鼓，一手持排箫吹奏②。

河南省南阳市草店出土奏乐画像石一块。该画像为门楣石，与另两块构成一幅完整的宴乐图。画像上方刻有华丽的帘幔，应为室内宴乐图。画像以建鼓舞为中心，中间立一座虎座建鼓，左右各一人，双手持枹，展臂跳跃，且鼓且舞。左侧有三人跽坐，第一人手持小鼓击之，后两人双手持乐器吹奏。右侧立一钟架，悬挂一大钟，右侧跽坐一人，一手扶架，一手持杖撞之。最右侧一人手持排箫吹奏。左右石块各刻画有九人，其中两人坐于案后，应为主人与宾客，两人后方还各有一人持金吾站立。右侧石块刻画有五人跽坐于前，其中一人双手捧埙，四人一手持排箫吹奏，一手摇鼗鼓。左侧石块则刻有一人抚琴，三人吹奏，另有一俳优，两舞者。画面宏大，人物众多③。

图 11-9　河南省南阳市草店出土奏乐画像石

河南省南阳市军帐营出土奏乐画像石一块。该画像石与南阳市草店出土画像石内容相似，同为门楣石，画像上方刻有帘幔，下有六人演奏。画像右侧

---

① 仁华、长山：《南阳县王寨汉画像石墓》，《中原文物》1982 年第 1 期。
② 黄道华：《枝江姚家港出土的东汉画像砖》，《江汉考古》1991 年第 1 期。
③ 《中国音乐文物大系》总编辑部编：《中国音乐文物大系（河南卷）》，郑州：大象出版社，1996 年。

立一建鼓,左右各一人,双手持桴展臂,且鼓且舞。右侧四人跽坐演奏。第一人前立一钟架,悬有一大钟。演奏者跽坐于右,一手扶架,一手持杖撞之。后三人中,一人双手持埙吹奏,另两人一手摇播鼗,一手持乐器吹奏[①]。

图 11-10 河南南阳军帐营出土奏乐画像石

湖北省当阳市出土画像砖一块。画像砖为方形,画面以建鼓舞为中心,在画面下方立有一座伏虎座建鼓,上插羽葆,两侧各一人,双手持桴,展臂跳跃,且鼓且舞。后方左右各立一人,一手伸展摇播鼗,一手持排箫吹奏。中间有一人双手抛丸,作跳丸之戏。另有两人跽坐于画面中间,一人跽坐于左,双手持埙吹奏。一人跽坐于右,前方立一钟架,悬有一钟,跽坐者持槌击之[②]。

图 11-11 湖北当阳出土乐舞画像砖

---

① 南阳博物馆:《河南南阳军帐营汉画像石墓》,《考古与文物》1982 年第 1 期。

② 卢德佩:《湖北当阳半月东汉墓发掘简报》,《文物》1991 年第 12 期。

江苏省徐州市铜山县汉王乡出土画像石 A 块。该画像石呈方形,分为上中下三层。上层跽坐有七人似为歌者,最右一人扬右臂领唱,六人相和。第二层为乐舞图,中心立一座伏虎座建鼓,上插三层羽葆,左右各立一人,双手持枹击鼓。左侧一人跽坐,手持乐器,右侧一人正倒立。上方左侧悬有三磬,右侧悬有一钟,二人分别跽坐两侧,持槌击奏。第三层为庖厨图,图中间置一案,周围放置有罐、尊等。左侧悬有鱼等食材,右侧蹲坐有一只狗。下方左侧一人在灶台边烧火,两人持杵在臼内舂谷物,右侧一人在井边提水[①]。

图 11-12　江苏徐州铜山出土画像石 A

图 11-13　江苏徐州铜山出土画像石 B

江苏省徐州市铜山县汉王乡出土画像石 B 块。该画像石同为方形,分上中下三层,但内容不同。上层为百戏图,中间一人倒立,左右各有一人。第二层为奏乐图,中间立一建鼓,上插羽葆,左右各一人,双手持枹展臂,且鼓且舞。左侧一人跽坐,膝上置一琴弹奏。右侧上方悬有一钟两磬,下跽坐一人,双手持槌击之。第三层同为庖厨图,左侧上方悬有鱼、肉块,下方放置有各类盛器,右侧立一架,悬有锅,一人正将食材放入锅内[②]。

河南省南阳市邢营一号墓出土画像石一块。该画像石位于东主室门楣石下方,图像上方刻画有两层帘幔,下方有九人正在奏乐。右侧正在表演建鼓舞,立一建鼓,上插羽葆,左右各一人,双手持枹,展臂跳跃,且舞且鼓。中间置一钟架,悬有一钟,一人跽坐于旁,一手扶钟一手持槌击之。左侧六人跽坐于一排,中间一人双手捧埙吹奏,左右各有一人一手摇鼗鼓,一手持排箫吹奏,另

①　燕林、国光:《徐州发现东汉元和三年画像石》,《文物》1990 年第 9 期。

②　燕林、国光:《徐州发现东汉元和三年画像石》,《文物》1990 年第 9 期。

图 11-14　河南南阳邢营一号墓出土画像石

有一人捧笙吹奏,最左侧两人鼓手和唱[①]。

山东省沂南北寨汉墓出土画像石一块。该画像石位于中室东壁的横额上,长 236 厘米、高 50 厘米,刻纹清晰,内容丰富。在画面上方刻有帘幔,下有 23 位演员,分别展现了杂技、歌舞、奏乐、马戏等内容。画面中心为一组演奏乐队,分为上下两部分。位于下方的是三排踞坐于长席上的乐手。第一排为五位女性,最右一人右手持短桄指挥,左侧四人身前各放置一瓜形小鼓,五人双手或起或落,或拍或点,敲击小鼓。第二排有五位男性,踞坐吹奏。最右侧一人右手持排箫,左手持一小桴,敲击一旁放置的钩鑃,中间三人单手持排箫吹奏,最左侧一人双手持埙吹奏。第三排踞坐有四人,最右一人身旁置一琴,单手抚于琴上。中间二人,一人吹奏一人歌唱。最左侧一人双手捧笙吹奏。上方为建鼓与钟磬组成的打击乐组。左侧为建鼓舞,建鼓立于座上,鼓身饰有卷云纹,鼓面绘有太阳纹饰,上插四条羽葆,中间立有两层幢,顶部立一鸟。右侧立一人,双手持桴,展臂跳跃,且鼓且舞。右侧立两座笋簴,左侧笋簴上悬有两镈钟,一人立于旁,手握杖击之。右侧笋簴悬有四枚磬,一人踞坐于右,持桴击之。在乐队四周为百戏表演者。第一排击鼓女乐手前方为盘鼓舞。地上放置有八面盘鼓,舞者头戴高帽,身着宽袍大袖,双臂抛出水袖,正从鼓上回身跃下,衣带飞舞,动作矫健有力。左上角一人正表演飞剑跳丸,赤膊上阵,昂首跳跃,左手握一剑,另将三剑抛掷于空中轮换,身后还放置有五颗镂空圆球,抛接自如。飞剑跳丸后方正表演着戴竿之戏,一力士赤膊上身,仰头额上顶一木架,木架呈十字形,两侧各有一孩童双脚钩挂于杆上,倒悬展臂作飞行状。杆顶置一轮盘,一孩童卧于上,舒展四肢旋转。图像右侧还有两组百戏,上方为绳技表演。一左一右各立一人,双手持幢,相对行走于绳上,场面生动刺激。绳技下方是鱼龙蔓延执戏,以龙戏为中心,一孩童立于龙形马上,双手持长幢,

---

① 　南阳市文物工作队:《南阳市邢营画像石墓发掘报告》,《中原文物》1996 年第 1 期。

图 11-15 山东沂南北寨出土宴乐百戏画像石及其细节图

羽葆飘扬,前后各有一人,手持鼗鼓与孩童嬉戏。龙戏下方一人手托锦鲤道具,两人亦手持播鼗嬉于侧。还有两人装扮成豹和雀的样子紧跟其后,装饰华丽繁复,场景生动热闹[①]。

据此,我们可以将汉代图像资料中的乐悬组合列表如下:

表 11-2 汉代画像石中的钟磬数量统计表

序号	出土地点	器型	年代	数量
1	无影山 M11	乐舞甬	西汉?	钟 2
2	南阳市郊王寨	画像石	东汉早期	钟 1
3	南阳市草店	画像石	东汉早期	钟 1
4	南阳市军帐营	画像石	东汉早期	钟 1
5	湖北当阳	画像砖	东汉中晚	钟 1
6	河南南阳市邢营一号墓	画像石	东汉中晚	钟 1
7	湖北枝江姚家港	画像砖	东汉晚期	钟 1
8	江苏徐州铜山县汉王乡	画像石	东汉晚期	钟 1,磬 3
9	江苏徐州铜山县汉王乡	画像石	东汉晚期	钟 1,磬 2
10	山东沂南北寨	画像石	东汉晚期	钟 2,磬 4

---

① 南京博物院、山东省文物管理处编:《沂南古画像石墓发掘报告》,文化部文化管理局,1956 年。

可以发现,汉代图像资料中的钟磬数量虽大幅下降,但与东周时期一样,亦存在较为统一的数量组合形式,具体包含两种情况:

第一组,仅一钟出现。包含南阳市王寨、草店、军帐营、邢营以及湖北当阳、姚家港出土的汉画像石砖,其图像中皆仅有一钟悬于钟架上,乐手跽坐于钟架旁,一手扶架,一手击钟。钟呈犁铧状,舞部圆鼓,两侧铣较长,于呈弧状且深。

第二组,有两钟或钟磬并存。包括无影山乐舞俑,徐州铜山县汉王乡和山东沂南北寨出土的画像石。无影山乐舞俑立有一筍虡,悬有两钟,钟亦呈犁铧状,但于较浅,一人立于后执槌击之。徐州铜山县汉王乡两块画像石皆与建鼓舞相配合,钟磬悬挂于高处,不见筍虡,乐钟形状与无影山乐舞甬中的相似。山东沂南北寨画像石上的钟磬较为特殊,图像中立有两筍虡,一虡悬四枚磬,一虡悬二钮钟。钟形体较大,腔体较长,两侧直铣,口平,一人持杖击之。磬四枚,上有卷云纹,一人跽坐于右侧持槌击之,似乎只能够到一枚磬。

总体看来,汉画像石中的钟磬数量基本为1～2件,不再是演奏主角,而是与丝竹管弦、建鼓舞等共同承担音乐演奏的功能。这也有力地证明了,图像空间并非是限制乐钟数量的因素,真正决定图像内乐悬组合的应是当时的乐制思想。当然,我们可以从很多层面(包括音乐技术的失传、俗乐的兴起、礼制的衰落等)去尝试探讨先秦到两汉时期图像内乐悬组合的变迁原因,不过因为与本章的主旨无关,故不再赘述于此。

第四节　整体性的礼仪场景

通过比较战国时期画像铜器上所见到的乐悬图像与我们依据考古资料所构建起来的周代乐钟编列制度、陈设制度的演变规律,可以推断,画像铜器上这些高度一致的乐悬组合应该意在揭示西周早中期的乐制情况,是对古老礼制的"回忆"与"再现"。或许在东周三晋贵族看来,这种源自宗周的乐悬组合方才是穆王"制礼作乐"的代表,是周式礼乐的源头。正如《礼记·礼器》篇所载"礼也者,反本、修古,不忘其初者也"[①],"修古"、"尚质"正是这一时期十分盛行的礼制思想,《礼记·郊特牲》篇亦有:"酒醴之美,玄酒明水之尚,贵五味之

---

① 　(清)孙希旦:《礼记集解》,北京:中华书局,2007年。

本也。黼黻文绣之美，疏布之尚，反女功之始也。莞簟之安，而蒲越稾鞂之尚，明之也。大羹不和，贵其质也。大圭不琢，美其质也。丹漆雕几之美，素车之乘，尊其朴也，贵其质而已矣。所以交于神明者，不可同于所安亵之甚也。如是而后宜。"郑玄注曰："此明祭祀所用之物，不尚繁华，皆取尚质贵本"①。这类崇尚"复古"的语辞在礼经典籍中频见，并亦得到了考古资料的有力佐证②，所以，其在音乐图像中再次出现也就不显得突兀。

那么，我们自然就需要再回答另一个相应的问题：为什么这样的复古性乐悬场景会被描绘在青铜器上？他与画像铜器上其他仪式场景具有怎样的联系？画像铜器究竟反映的是一个整体性的、相互关联并具有统一主题的礼仪图谱，还是由各自独立、互相割裂开来的礼仪活动场景所简单拼凑而成的"临时拼图"呢？

让我们再回归到画像铜器本身（图 11-16）。其实，如前所述，无论是刻纹铜器还是图像纹铜器，其构图的基本内容均是采桑、田猎、竞射、宴飨以及水陆攻战等主题，而且从分布位置看，乐悬部分常常处于楼阁下层，与竞射、采桑、宴飨等内容相近，说明他们之间的联系也最为密切。实际上，如果将这些画像铜器上的内容与西周金文做简单比较的话，便可以发现，这些场景似乎均是西周时代习见的重要礼仪活动③，并常常被特意地在金文中记述下来，这种"历史记忆"或许正是这些画像铜器能够在春战之际（复古思潮急剧兴盛的时代）兴起的重要基础之一，并选择在青铜这种彼时最坚硬的材质上构建出一幅整

① （唐）孔颖达：《礼记正义》，上海：上海古籍出版社，2008 年。

② 陈芳妹：《盆、敦与簋——论春秋早、中期间青铜粢盛器的转变》，《故宫学术季刊》1984 年第 2 卷第 3 期；（英）罗森《过去在中国的多种含义》，收入《中国古代的艺术与文化》，北京：北京大学出版社，2002 年；罗泰：《宗子维城》（Chinese Society in the Age of Confucius（1000—2500BC）：The Archaeological Evidence），Cotsen Institute of Archaeology，UCLA，2006，pp.302-306；李零：《铄古铸今》，香港：香港中文大学出版社，2005 年；陈芳妹：《宋古器物学的兴起与宋仿古铜器》，颜娟英主编《台湾学者中国史研究论丛·美术与考古》，北京：中国大百科全书出版社，2005 年，第 347～457 页；朱凤瀚：《中国青铜器综论》，上海：上海古籍出版社，2009 年，第 1554～1555 页；朱凤瀚：《中国青铜器综论》，上海：上海古籍出版社，2009 年；苏芳淑：《古人拟古：近年西方学者看东周青铜器》，故宫博物院编：《故宫学术论坛录》第一辑，北京：紫禁城出版社，2010 年，第 351～359 页；张闻捷：《楚国青铜礼器制度研究》，厦门：厦门大学出版社，2015 年，第 66～69 页；张闻捷：《战国时代的铜器复古》，《考古》2017 年第 4 期等。

③ 如采桑之图像，扬之水便认为与《诗经》、《谷梁传》、《周礼》等文献中的籍田礼和亲蚕礼有关，是很有道理的。扬之水：《诗经名物新证》，北京：北京古籍出版社，2000 年，第 225 页。

图 11-16 成都百花潭 M10 出土宴乐狩猎攻战纹铜壶

体性的礼仪场景。

单以射礼而言,西周金文中便有大量关于射礼的记载①,如柞伯簋(《新收》76)、义盉(《集成》9453)、长甶盉、令鼎、十五年趞曹鼎(《集成》2784)、鄂侯驭方鼎(《集成》2810)等,足证其在当时社会中的重要性。而且西周射礼不仅有"射庐"内的张"侯"(射靶)较射(多见于画像铜器上),亦有专射"大鸿"(飞鸟)以及各种鱼类、野兽的"辟池"(或称"大池")之射。如静簋(《集成》4273)"雺八月初吉庚寅,王以吴桒、吕㓝鄉敱蓋、邦君射于大池。静教无尤",麦方尊(《集成》6015)"雺若翌日,在辟雍,王乘于舟,为大礼,王射大鸿,擒。侯乘于赤㫃舟,从,死咸",伯唐父鼎(《新收》698)"王格,乘辟舟,临桒白㫃。用射□、□虎、狢、白鹿、白狼于辟池,咸"等,便皆是在辟池之地射击飞鸟走禽。如果将其与画像铜器上的乘舟而射以及射击飞鸟等场景相比较,就能够发现二者之间亦有可关联之处,说明这些射礼场景之间应是互相统一的。

此外,西周时期,凡宗庙祭祀、献成告捷、君臣较射等礼仪活动均伴有宴飨仪节,或饗礼、或燕礼、或食礼,统归嘉礼范畴,并多备有钟鼓酒食。如《诗经·小雅·彤弓》:"钟鼓既设,一朝飨之"②,《周礼·乐师》:"饗食诸侯,序其乐事,

---

① 许多学者将画像铜器中的射礼场景与金文及典籍中的射礼相联系,参看杨华、要二峰:《商周射礼研究及其相关问题——兼评袁俊杰著〈两周射礼研究〉》,《史学月刊》2015 年第 12 期。

② 吴闓生:《诗经通》,上海:中西书局,2012 年。

令奏钟鼓"，《周礼·钟师》："凡饗食，奏燕乐"等，《周礼·籥师》："宾客饗食，鼓羽籥之舞"①等，皆表明宴飨活动中需要架设钟鼓以备礼乐。同时《仪礼·聘礼》："公于宾壹食再饗"，胡培翚《正义》云："食礼主于饭，有牲无酒，饗则牲酒皆有"，《公食大夫礼》胡培翚《正义》"凡待宾客之礼，有饗有食有燕，燕主于酒，而食主于饭，饗则兼之"②，说明在宴飨仪式中也是需要准备酒食的。金文之例更是不胜枚举，如"□儿钟"（《集成》183）"得吉金镈铝，以铸龢钟，以追孝先祖，乐我父兄，饮飤歌舞，子孙用之，后民是语"，即明言该乐钟共用于饮食歌舞场合。而这些内容又能够与画像铜器上的部分细节，如采用古老的无盖立耳鼎形制烹煮肉食、众人举爵行献酢筹礼等，得到部分程度的契合。只是这些礼仪场景目前尚不具备乐悬图像那样鲜明的时间指示性罢了。

　　综上，笔者更倾向于认为，画像铜器上的这些特定礼仪场景（但不包括狩猎纹画像铜器和吴越地区刻纹铜器上的竞舟、舞蹈等题材）是具有一个统一主题、互相联系的共同体，他们意在表达的是对西周时期礼法备而万民和的雍容景象的向往与追忆（当然这种记忆并非完全准确），是东周后期复古思潮盛行下的产物。不过，我们也必须谨慎地指出，画像铜器的艺术创作是以设计者所处时代的历史记忆以及对礼制的理解为基础的，但同时又受到现实世界的强烈影响。历史记忆总是模糊与零碎的，东周时期人们对于西周故制已不可能做到全面"复刻"，而只能保留下其觉得最有价值的部分，这不仅见于典籍文献的记载（如关于夏商两代历史、文化的描述），在东周后期出现的一系列复古性青铜礼器上也可以见到诸多混合性特征，如楚地最为典型的方座铜簋③，便是在战国铜簋的基础上加装了西周时期盛行的方形器座。所以，这一阶段的诸多复古实践必然是夹杂着时代局限性的。本文依据画像铜器上所绘乐钟的类型、数量及悬挂方式推定其遵循的是西周早中期实行过的乐钟制度，在制度层面与宗周旧礼更为接近而不见于东周时期。与其毗邻的射礼、采桑、宴飨甚至献成告捷等场景或许也都蕴含了类似的"尊古"、"崇古"思想，是这一时期高等级贵族群体复古思想的另一种物质载体。然而，这种"复古"无疑是局部和片面的，主要集中于更为核心的器用制度层面，而不可能是对西周社会的原样再现，如画像上所见佩剑贵族、二层式楼阁建筑、钟磬簨簴上的龙纹装饰等实则

---

① （清）孙诒让：《周礼正义》，北京：中华书局，2013 年。
② （清）胡培翚：《仪礼正义》，南京：江苏古籍出版社，1993 年。
③ 张闻捷：《战国时代的铜器复古》，《考古》2017 年第 4 期。

又是东周社会的典型特征,所以我们不能武断地认为画像铜器上的这些场景就是属于西周时期的原貌。更准确的说,其应该是东周贵族对于西周部分礼制的想象与向往。正如画像铜器上还有神兽、狩猎、吴越族人竞舟等主题一样,"复古"只是画像铜器意欲表达的主旨之一,或者说它的制作受到了当时复古思想的影响,至于是否还蕴含了其他的旨趣,显然是值得继续探索的。目前本文的结论仍然只是一个基于合理性的推测,我们还需要继续对画像铜器上其他的礼仪场景展开更深入的分析,故草就此章,以待来者。

结　语

从武王克商（公元前 11 世纪中叶）至秦并天下（221BC），以礼乐制度为代表的周文化持续了八百余年之久。在这样漫长的岁月里，世俗日变，礼乐制度也必然随着社会政治、经济结构的改革而不断发生变化、调整。

正如史墨在《诗·小雅·十月之交》中评价称："高岸为谷，深谷为陵"[①]，以此说明两周之世社会等级结构的剧烈变动情况。尤其在春秋战国时期，"周室衰微，诸侯强并弱，齐、楚、秦、晋始大，政由方伯"（《史记·周本纪》），"礼乐征伐自天子出"逐渐变为"自诸侯出"（《论语·季氏》）。而至春秋晚期阶段后，社会权力中心继续下移，以季氏专鲁政[②]、田氏代齐（489BC 田氏即主掌齐国朝政）、宋"三族共政"（469BC）、晋三家灭智（456BC）等事件为代表，地方诸侯们又多沦为世卿大族的"傀儡"，众多新兴的权贵家族涌现于各国的政治舞台上，成为改革传统制度的重要力量。同时，又有大量名门望族因为世袭权力的丧失而日渐没落，如《左传·昭公三年》记载："栾、郤、胥、原、狐、续、庆、伯，降在皂隶。"杜预注："八姓，晋旧臣之族也"，而实际上，这种贵族失势的现象在当时各国都是极为普遍的[③]。此外，战乱的加剧又促发了君主们对于各类人才（兵家、纵横家、法家等）的强烈需求，许多通过私学而起的寒门之士像吴起、孙膑、庞涓、苏秦、白起、李斯等也得以跻身权贵之门，执掌国之牛耳。由此，各种新、旧贵族势力"此起彼伏"，社会等级结构处于急剧动荡之中。那么，作为贵族身份重要标尺之一的青铜乐钟、石磬，以及由此构建起来的乐悬制度也自然处于不断革新、变化的动态发展历程之中。

在西周早中期阶段，周人的乐制相对统一、简单，贵族群体内无论身份等级高低（大夫以上），都只采用一列乐钟并作直线陈设，唯乐钟数量随时代而变

---

① 《春秋左传正义》，上海：上海古籍出版社，1990 年，卷四二，第 5～6 页；卷五三，第 14 页。
② 《论语·季氏》："孔子曰：'禄之去公室五世矣，政逮于大夫四世矣，故夫三桓之子孙弱也'。"
③ 田成方：《东周时期楚国宗族研究》，北京：科学出版社，2016 年。

化(扩展音列的需要)。至西周晚期后,开始出现两套各8件的乐钟编列,多属显贵或畿内公卿等级使用,而等级较低的贵族则只有一列8件甬钟,乐钟在使用上开始出现较明确的等差制度。但同时,随着镈钟编列的不断健全,以及钮钟的发明、推广,三种不同类别的乐钟开始并行发展,不仅使音列得到了进一步拓宽,亦促成了三元组合编钟体系的诞生,并在此基础上形成了三列乐钟的诸侯用乐规模。到春秋中晚期阶段,这一体系发展至极致,诞生了一系列气势恢宏、声振寰宇的著名编钟。周人的乐钟制度也发展至巅峰阶段。

但是,物极必反,随着社会战乱的加剧,列国生存压力倍增,各种制度的革新也就接踵而至,再加上青铜资源的日趋紧缺(贵族群体的扩大导致铜器需求增加,而加剧的战争又迫使更多的青铜资源流向军事制造领域),导致乐钟制度也开始出现了明显的变化。依据现有的考古资料,我们可以发现其首先出现在北方的晋国和南方的曾国,皆倾向于只采用同一类的乐钟,而不再如之前一样各类编钟皆有配备。战国之后,随着这种用乐思想的不断扩散,许多高等级贵族也最后只采用了单独的一列钮钟,数量通常保持在13~14件一组,这种现象在南方楚文化区、山东齐鲁文化区、中原三晋两周文化区甚至西南的巴蜀地区都有出现,无疑展现出周人传统的乐钟制度已发生了颠覆性的变革。这种将乐钟不断简化的趋势当然也意味着周人乐制的逐渐消亡,因为等级间的差异化也随之消失了。

当然,必须指出的是,我们对于周人乐钟制度的探讨主要是基于考古资料,而考古资料的局限性在于,其90%以上都来自于墓葬,所以这里必然就会出现乐钟"庙制"与"葬制"之间的异同问题,这是本书在讨论时十分注意的方面。从目前的数据看来,这种差别在西周时期尚不是十分明显,但东周之后就日益显著了。我们认为在葬钟方面东周贵族存在一套较为明确的制度性差异,即诸侯等级主要随葬三列乐钟,公卿等级主要随葬两列乐钟,而一般大夫等级只能随葬一列乐钟,暂时还未见到士一等级能够随葬乐钟的例子。这对于我们通过随葬乐钟来尝试判断墓主人的身份当然有一定的帮助,但绝不能就此简单地认为,这种差异化的制度一定代表了贵族们在宗庙、殿堂上的用乐情况,周代乐钟的"庙制"究竟如何,仍将是我们在未来需要积极求索的地方。

另一方面,对于自古以来经学家们争论纷纭的"乐悬制度"问题,考古资料显然也给予我们许多新的启示。尤其是近年来,在曾侯乙编钟之外,我们又陆续发现了多例将随葬编钟、编磬折曲摆放的实例,虽然他们之间缺乏统一的组合规律,等级上也十分紊乱,但已能够说明,典籍文献中所记载的乐悬制度确曾在东周时期普遍流行过,各地贵族才能普遍遵循的将"金石之器"多面折曲的礼制原则,礼典的成书应显然是有相应礼制实践为基础的。不过,这种考古资料所体现出的非一致性又告诉我们,一方面墓葬乐钟的陈列不能直接等同于宗庙之制,我们不能理所当然地认为宗庙里的乐钟也是如此陈设的;另一方面,典籍文献的成书是有特定时间和地域性的,自然不能苛求与所有地区的考古现象都能够契合,未来我们可以继续利用这一线索来考察礼制文献的成书等问题。

基于以上这些认识,我们进一步考察了两周时期一些特殊的编钟个案,如者汈编钟、沂水纪王崮编钟、王孙诰编钟、钟离君柏编钟等,尝试从乐钟制度的视角来探讨他们的年代、国别、文化属性以及乐制来源等问题,也得出了一些十分有益的新认识。这提示我们,乐钟制度的研究对于传统考古学文化因素分析以及器主身份等级的判断都能够起到积极的辅助作用,对于认识整个两周时期礼制文化思想的传播过程也是大有裨益的。但目前因为时间、精力所限,我们探讨的个例还比较有限,相信在未来这是一个十分值得继续深入的研究领域。

此外,我们还系统地梳理了从东周到秦汉时期图像系统中涉及钟磬悬挂的资料,这也是将考古学与艺术史研究相结合的一个尝试。在东周后期,新出现的画像铜器上有一些演奏金石之乐的场景,这种艺术传统在汉代画像石中也得到了延续,但是比较两个时期图像上钟磬的组合就会发现,东周时期基本是以 4~5 件乐(甬)钟搭配 4~5 件编磬,组合较为固定,而秦汉时期则基本只见 1~2 件乐钟搭配 1~2 件编磬。不同时代的乐悬图像都呈现出组合固定的特点,充分说明乐悬图像的创作是以一定的乐制思想为蓝本的。而东周后期显然不再见到 4~5 件甬钟成组使用的现象,此类组合主要盛行于西周早中期阶段,是宗周乐制的典型代表,这样就为我们解释画像铜器的图像主旨提供了新的启发。而汉代画像石上乐悬组合及功能的退化,又显然是整个时代礼制衰退的一个缩影。

不过,这种衰退是渐趋式的。从新的考古资料看来,西汉时期仍然存在着复兴两周礼乐制度的诸多尝试,同时社会基层对于传统文化的记忆也不容忽视,关于这一点,我们将在余下的附论中继续进行探讨。

最后,我们再回到第一章《绪论》中为本书设定的三个重要研究目标:一、总体看来,我们利用考古类型学的方法已基本建立起东周乐钟的年代框架,尤其是对东周时期不同地域、不同类型的乐钟变化趋势有了进一步的了解,找到了一些共性和差异性所在,这就为此后判断新见乐钟的年代奠定了基础,也藉此认识到一些特殊的乐钟复古现象。二、从现有的考古资料看来,一些随葬乐钟不仅存在明器化、不能演奏的现象,在摆放时也多叠置、套置或刻意模仿乐悬制度的折曲形式,这显然是不能够在宗庙、宫廷里实际演奏的,所以,我们认为在两周时期(尤其是东周之后)乐钟应存在"葬制"与"庙制"的区别。现阶段我们可以初步地依赖墓葬数据来构建起周代葬钟的等差制度,但要更深入的了解周代乐钟庙制的原貌,以及葬制、庙制与典籍文献所载之间的异同,恐怕还需要未来做更多的考古工作。三、无论是对于单套乐钟而言,还是对于区域性的乐钟群体(如三晋、齐鲁、吴越、楚文化区等)来说,乐钟类型、组合无疑可以成为判断周代贵族身份等级的又一有效工具,甚至我们还可以基于乐钟制度来探讨礼制文化交流及思想的传播等问题。我们相信,在未来,通过对周代青铜礼器、乐器的持续性综合研究,一定能够更加清晰地揭示出周代社会等级体系的变迁过程,成为全面认识周代社会的基础之一。

附　论　汉代乐钟编列制度初探

　　西汉初年,承暴秦焚书之弊,礼乐荒废,而乐制尤甚①。虽然有叔孙通、贾谊等人奏具礼仪,汉武帝时更尚儒学、进贤良,制定汉家制度,但《乐经》既亡,乐制又属专门(由制氏掌管),所以汉世诸儒多仅能盛言乐义,而已不知钟磬的音律、铸造、摆放等具体乐器制度了。《史记·乐书》篇曾记载:"乐者,非谓黄钟大吕弦歌干扬也,乐之末节也",从中便可以窥知汉儒对于乐器层面的理解和态度。后世学者虽曾尝试梳理历史上不同时期有关乐钟悬挂方式的各种主张②,却也仅能追溯至东汉经学家郑玄著名的"二八"之说③,而已不能通晓两汉时期的乐钟使用情况了。实际上,汉代乐钟编列是否遵循郑玄之意,或者自有其制度规范,这在传世文献中是无从稽考的。幸而近来考古工作发现了一批隶属于汉代的编钟资料,使我们不仅认识到汉代乐钟的独特形制④,亦能有机会来初步地探讨汉代的乐钟制度,并进而与文献之说相互比较,来帮助了解先秦乐制的传承情况及亡佚过程。

---

① 《汉书·艺文志》:"周衰俱坏,乐尤微眇……汉兴,制氏以雅乐声律,世在乐官,颇能纪其铿锵鼓舞,而不能言其义。"当然乐制衰落不能全责于始皇焚书,实际从战国晚期开始青铜编钟使用便已大幅简化,墓葬中的明器编钟也急剧增多。

② (宋)陈旸:《乐书》卷109,文渊阁四库全书本;(宋)马端临:《文献通考·乐考三》,北京:中华书局,2011年,第7册;(清)江藩:《乐悬考》,转引自曾永义:《仪礼乐器考》,台北:台湾中华书局,1986年;(清)孙诒让:《周礼正义》,北京:中华书局,2008年,第7册,第1827~1831页。

③ 《周礼·春官·小胥》"凡悬钟磬,半为堵,全为肆",郑注:"钟磬者,编悬之,二八十六枚在一虡,谓之堵。钟一堵、磬一堵谓之肆。"(汉)郑玄注、(唐)贾公彦疏、彭林整理:《周礼注疏》,上海:上海古籍出版社,2010年,第605~606页。

④ 关于汉代乐钟的特殊形制,学界已多有讨论,可兹参看。王清雷:《章丘洛庄编钟刍议》,《文物》2005年第1期;方建军、郑中:《洛庄汉墓14号陪葬坑编钟研究》,《音乐研究》2007年第2期;王子初:《海昏侯时代的编钟——他们见证了"礼乐"的复古与没落》,《中国国家地理》2016年第3期。

第一节　汉代乐钟的数量与组合

两汉之世,青铜礼乐器的使用已趋于衰落,完整的出土编钟资料自不可与先秦时期"同日而语"。但是,从这些散见的乐钟组合来看,已经可以窥探出汉代乐器制度的多样性面貌。

首先,在西汉皇室内部,乐钟使用有着相对一致的组合形式:山东洛庄汉墓为吕后时期诸侯王级墓葬(约葬于186BC),随葬乐器皆存于14号乐器坑内,其中编钟包括甬钟5件、钮钟14件,形制相近、尺寸递减,出土时正悬于一架两层结构的钟虡之上,上层为钮钟,下层为甬钟[①]。江苏大云山一号汉墓为汉武帝元朔二年(127BC)去世的江都王刘非之墓,墓内西回廊亦出土大型实用性甬钟5件、钮钟14件,皆是大小依次成列,出土时悬于一架上下两层的钟虡之上[②](图附1-1)。另在东回廊内有众多残破的小型明器编钟,发掘简报推断也是3套5甬、14钮的组合,但近来冯卓惠发表的测音报告中指出,大云山汉墓所出明器编钟实为"两组钮钟,分别为22件与20件,以及甬钟一组16件"[③],显然是无法凑成上述组合形式的,恐怕其所遵循的是其他类型的乐钟编列制度。广州象岗南越王墓为汉武帝前期南越文帝赵眜之墓(约葬于122BC),墓内随葬乐钟也是甬钟5件、钮钟14件,皆位于东耳室内,其中14件钮钟由大至小排列于北墙壁下,钟虡横梁痕迹尚存而两侧未见有立架,甬钟5件也是由小到大排列于钮钟东侧,未用钟虡[④]。

---

① 济南市考古研究所等:《山东章丘市洛庄汉墓陪葬坑的清理》,《考古》2004年第8期;王子初:《洛庄汉墓出土器述略》,《中国历史文物》2002年第4期;方建军:《洛庄汉墓14号陪葬坑编钟研究》,《音乐研究》2007年第2期;王清雷:《章丘洛庄编钟刍议》,《文物》2005年第1期。

② 南京博物院等:《江苏盱眙县大云山西汉江都王陵一号墓》,《考古》2013年第10期。

③ 冯卓惠:《大云山汉墓编钟的测音分析与研究》,《中国音乐》2016年第1期。据冯文介绍,22件一组的钮钟均没有音梁,而20件一组的钮钟均设有音梁,可见是有意区分的两组。16甬、22钮、20钮的编列形式在两周时期都是有其先例的,故对其具体编列方式的判断似宜等正式发掘报告公布后依据具体形制再定。

④ 广州市文物管理委员会等:《西汉南越王墓》,北京:文物出版社,1991年,第39~40页。

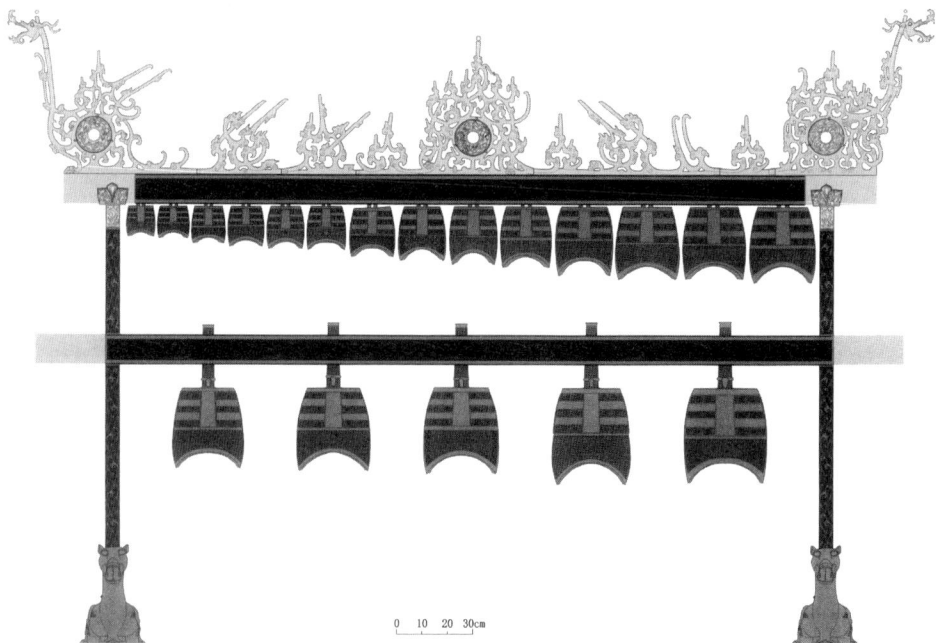

图附 1-1　江苏大云山一号汉墓出土编钟组合复原图

这三座墓葬虽然年代略异,但所出实用编钟的形制、钟体个数与悬列方式却基本相同,音列亦均是由宫、商、角、变徵、徵、羽、变宫七声构成的正声音阶,故常被认为是西汉前期皇室的用乐规范,或被视作西汉贵胄对于复兴先秦礼乐制度的尝试[①]。不过,汉廷这种统一乐制的努力却并没有得到有效地向下推广,在较低等级的汉墓中,所出编钟即呈现出完全不同的组合形态。

1972 年在西安北郊红庙坡汉墓中曾出土一套西汉早期的陶制编钟,包括甬钟(矮鼓腹形、竹节甬)4 件、钮钟 9 件,通体皆素面,并使用汉式的有翼神兽钟架座。虽然属明器之列,但钟体内壁尚留有调音之用的楔形音脊,说明是有意模仿实用编钟来制作的[②];而在山东临淄稷山一号汉墓中也出土了一套类似的西汉早期编钟,同样为甬钟 4 件、钮钟 9 件,均属陶制小型明器,但钟体鎏

---

① 王子初:《海昏侯时代的编钟——他们见证了"礼乐"的复古与没落》,《中国国家地理》2016 年第 3 期;冯卓惠:《大云山汉墓编钟的测音分析与研究》,《中国音乐》2016 年第 1 期。

② 《中国音乐文物大系》总编辑部编:《中国音乐文物大系(陕西卷、天津卷)》,郑州:大象出版社,1999 年,第 98 页。

图附 1-2　山东临淄稷山一号汉墓出土编钟

金,制作精美,显然不是随意之作(图附 1-2)[1]。这两套精心准备的编钟皆采用 4 甬、9 钮的固定组合形式,可视作汉代的另一种用乐规范。另在江苏仪征张集团山汉墓 M1(武帝时期)中,也出土了一套陶制编钟,仅为钮钟 9 件,形制相近、尺寸依次递减,并搭配编磬一套 12 件。出土时皆位于头箱与边箱内,未被盗扰,故组合完整[2]。从数量上看,似亦可归入上述新的用乐规范之中,只是未见甬钟,或表明其身份爵秩又低一等。

此外,1977 年在安徽阜阳汝阴侯夏侯灶夫妇墓(西汉文帝时期)中,也曾出土有一套陶制编钟、编磬,发掘简报公布为镈钟 5 件、钮钟 9 件、编磬 20 件,叠置在 M1 内东南角。但在其附表四出土陶器描述中称"(镈钟)甬柱形有钩",而实际上,直悬的镈钟并不会使用甬形钮,且平面图上所绘其于部亦是弧

---

① 《中国音乐文物大系》总编辑部编:《中国音乐文物大系(山东卷)》,郑州:大象出版社,2001 年,第 75 页。

② 《中国音乐文物大系》总编辑部编:《中国音乐文物大系(山东卷)》,郑州:大象出版社,2001 年,第 75 页。

形①,所以我们推断当是甬钟 5 件(汉式镈钟至今未见)。无论如何,这一制度显然与诸侯王等级 5 甬、14 钮的乐制规范不同,或可视作是上述两种乐钟制度的混合形态。

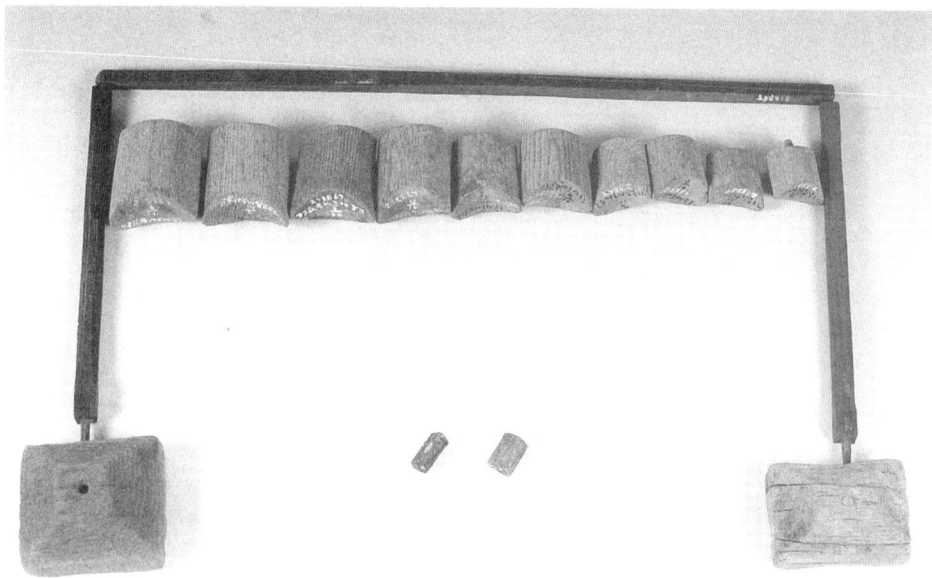

图附 1-3　湖南马王堆三号墓出土木质编钟

再来看第三类乐钟组合形式。在西安范南村 M92 中亦出土了西汉早期的陶制编钟,但组合却为甬钟 5 件、钮钟 10 件以及编磬 19 件。甬钟均采用矮鼓腹形、竹节甬、龙头旋、泡形枚,与钮钟一起共用一具有翼神兽架座的钟虡②,这均是汉式编钟的典型特点,但数量上却又遵循新的用乐规范。而在著名的马王堆三号汉墓(西汉前期轪侯之墓)中,则出土了一套木质编钟,为 10 件尺寸依次递减的钮钟,且出土时正悬于一架木质钟虡之上(图附 1-3)③,足证其组合完整(搭配木质编磬一组 10 件)。完全相同的乐钟编列也见于陕西新安机砖厂汉墓(西汉初期列侯墓)和江苏徐州子房山 M2(西汉早中期刘姓宗

---

① 安徽省文物工作队等:《阜阳双古堆西汉汝阴侯墓发掘简报》,《文物》1978 年第 8 期。

② 西安市文物考古研究所编著:《西安龙首原汉墓(甲编)》,西安:西北大学出版社,1999 年,第 118～119 页;《中国音乐文物大系》总编辑部编:《中国音乐文物大系(陕西卷、天津卷)》,郑州:大象出版社,1999 年,第 114～115 页。

③ 湖南省博物馆等:《长沙马王堆二、三号汉墓》,图版八十,北京:文物出版社,2004 年。

室墓)中。其中新安机砖厂汉墓 10 件陶质钮钟均出土于头箱正中,方形钮,饰米格形细线纹,通高 4～10 厘米,分为两组,大小依次递减①;而徐州子房山M2 所出 10 件钮钟均为铜质,形制、大小相同,但通高仅有 5 厘米,均属明器之列(图附 1-4)②。由此表明,在西汉时期确又存在将钮钟 10 件成编的乐器制度。东汉卫宏在《汉旧仪》中曾提及"高庙撞千石之钟十枚"③,亦即《上林赋》所言"撞千石之钟,立万石之虡"(《史记·司马相如列传》),或许正与这一乐制有关。

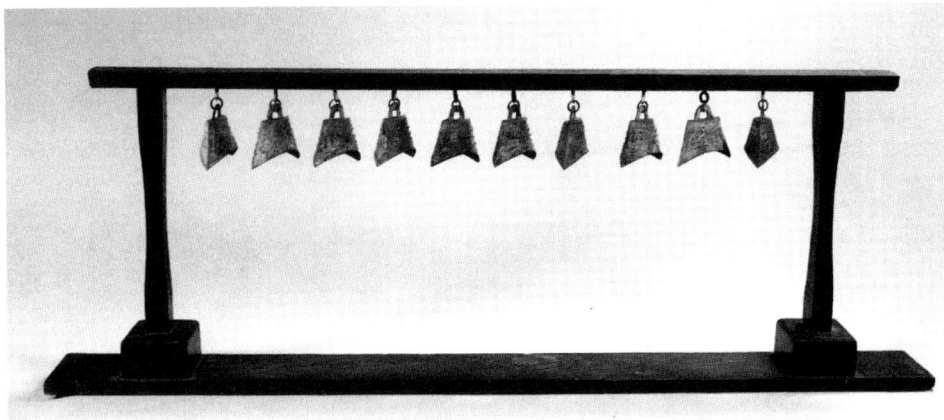

图附 1-4　徐州子房山 M2 出土铜质小编钟

近来,在江西南昌所发掘的西汉海昏侯墓(宣帝时期)中,也出现了 10 件甬钟与 14 件钮钟各自成编的组合情况,并各配有一组完整的木质有翼神兽架座钟虡④。但从业已展出的 7 件甬钟来看,纹饰、尺寸差异较大,说明并非是同时铸造而是丧葬时有意拼凑而成的。第一、二、三件甬钟均装饰方格形米字纹,第四、五、六件则装饰勾连云纹,而第七件又通体素面并采用与钮钟完全一致的鎏金装饰纹样,可见是与钮钟同批制作并刻意加入到甬钟序列内的⑤。

---

① 郑洪春:《陕西新安机砖厂汉初积炭墓发掘报告》,《考古与文物》1990 年第 4 期。

② 徐州博物馆:《江苏徐州子房山西汉墓清理简报》,《文物资料丛刊》第 4 辑,北京:文物出版社,1981 年,第 59～69 页。

③ 《汉旧仪》一书业已佚失,此记载见于《旧唐书》卷二十九《志第九·音乐二》,北京:中华书局,1975 年。

④ 王子初:《海昏侯时代的编钟——他们见证了"礼乐"的复古与没落》,《中国国家地理》2016 年第 3 期。

⑤ 江西省文物考古研究所、首都博物馆:《五色炫曜——南昌汉代海昏侯国考古成果》,南昌:江西人民出版社,2016 年。

海昏侯墓刻意用此三套乐钟来拼凑成 10 件一组的甬钟,显然也是有相应的乐制规范作为蓝本的。只是目前仅见此一例,是否确是当时通行的一套乐钟制度,尚有待更多汉代编钟资料的佐证。

除此之外,在四川绵阳双包山汉墓(西汉中晚期)M1 中出土了陶制钮钟 7 件、编磬 2 件,与之相近的组合亦见于湖南长沙 M401 西汉前期刘骄墓中,为铅质明器钮钟 7 件,通高仅 8.2 厘米。但因这两座墓葬皆被盗扰严重,故乐钟的原始组合情况不明[①]。至于像云南江川李家山 M51 中所出 6 件一组的环钮椭圆腹钮钟[②]以及云南、广西一带盛行的羊角钮编钟,则显然与汉式编钟分属不同的礼制系统,数量上也缺乏明显的规律(1 件、4 件、6 件一组的情况均有见到)[③],故在此不再赘述。东汉之后,编钟使用严重衰落,至今尚未见到属于这一时期的完整编钟资料出土,虽然在一些画像石材料中见到有悬挂乐钟、编磬的例证,但几乎均只有 1~2 件悬于钟虡之上[④],难以从中探讨其完整的组合情况。而在记载东汉皇帝大丧用器的《续汉书·礼仪志》"大丧"条则提到天子随葬"钟十六,无虡。镈四,无虡。磬十六,无虡",无疑又与西汉时期的乐制情况截然不同了。可见两汉之世乐钟制度的演变并非是一脉相承的,东汉经学家所创建的乐钟制度模式恐怕是另有所本[⑤]。只是目前未有实物印证,所以

---

① 四川省文物考古研究院等:《绵阳双包山汉墓》,北京:文物出版社,2006 年;《中国音乐文物大系》总编辑部编:《中国音乐文物大系(四川卷)》,郑州:大象出版社,1996 年,第 38~39 页;中国科学院考古研究所编:《长沙发掘报告》,北京:科学出版社,1967 年,第 376 页;长沙咸家湖西汉曹氏墓中也出土有陶质编钟、编磬,编磬共 28 枚,分为两组各 14 枚,陶编钟亦有两组,但残损严重,数量不明,长沙市文化局文物组:《长沙咸家湖西汉曹女巽墓》,《文物》1979 年第 3 期。

② 云南省文物考古研究所等:《云南江川县李家山古墓群第二次发掘》,《考古》2001 年第 12 期。

③ 黄德荣:《云南羊角编钟初探》,《四川文物》2007 年第 5 期。

④ 李荣有:《汉画钟鼓之乐与礼乐文化考论》,《天籁(天津音乐学院学报)》2012 年第 2 期;孙机先生认为这可能是汉代文献中所称的"镈",《说文·金部》:"镈,大钟,淳于之属,所以应钟、磬也。堵以二,金乐则鼓、镈应之"。参看氏著:《汉代物质文化资料图说》,北京:文物出版社,1991 年,第 376 页。

⑤ 《后汉书·礼仪志》取自西晋司马彪所著《续汉书》,司马彪去东汉之世未远,所以其说法当具有一定代表性。《汉书·礼乐志》曾记载:"成帝时于犍为水滨得石磬十六",这或许是郑玄以及东汉一些制定礼仪者的重要依据。但是,在汉末至西晋时期,关于用乐制度就已经争议不断,如郑玄认为镈钟皆是单独使用,称为"特镈",而杜预又认为编钟一架是为一堵,而每一堵上又有两列乐钟,每列即为一肆,一肆悬钟 16 枚等。众说纷纭,不一而足。可参看陈双新:《编钟"肆"、"堵"问题新探》,《中国学术》2001 年第 1 期。

暂时只能付之厥如了。

综上看来，虽然目前所见西汉编钟多有陶质、木质之例，但须知这些明器皆是在丧葬活动中有意制作的，且形制规整、组合严谨，并非是随意拼凑而成，岂不更能表明其所遵循的是并不相同的乐器制度规范吗？而在江都王刘非墓中所出明器编钟，亦采用了与实用编钟完全不同的组合形式，同样告诉我们，即便在西汉王室内部，这种统一乐制的努力仍然不"尽如人意"，诸侯王在其特定地域内尚有其他的乐钟规范可兹参照。所以，依据这些出土编钟资料可以推知，在西汉时期至少存在着三种并不相同的用乐规范，而且这些编钟分布地域广袤，足以呈现出西汉时期各地乐制的多样性面貌。

这一结论又可以从编磬的使用上得到印证：南越王墓共出土编磬 18 件，洛庄汉墓乐器坑内与编钟搭配的编磬为 20 件，分上、下两层各 10 件悬挂，以上二者均为石质；而大云山汉墓中实用编磬为 21 件，并以铅钡玻璃制成；西安北郊红庙坡汉墓编钟搭配的是 9 件一组的陶质编磬；仪征张集团山汉墓则是 12 件一组的陶质编磬；但临淄稷山汉墓的编钟又未有编磬搭配。由此可见，汉代编磬的使用也是十分多样和随意的，并不存在一套高度统一的规范。

第二节 汉代乐钟编列制度的渊源

迄今为止，南越王墓、洛庄汉墓、大云山汉墓所出编钟皆已公布了相应的测音报告[①]，从中可以发现，虽然他们存在统一的设计音高（由宫、商、角、变徵、徵、羽、变宫七声构成的正声音阶）[②]，但在具体调音技术上，汉人却已无法企及先秦时期的乐器工匠，由于铸调不精而出现了大量的音高偏差现象，正、侧鼓音之间也多缺乏清晰的音程关系。如南越王墓编钟 6～14 号钮钟的音准便极为不佳，从而使得整套编钟音律紊乱，而大云山汉墓编钟的测音结果也呈现出较为无序的状况，尤其是在 7 号钮钟的内壁，更采用了罕见的焊补调音方

---

① 南越王墓编钟在 2006 年由王子初等先生进行了重新测音，结果公布在《中国音乐文物大系》总编辑部编：《中国音乐文物大系Ⅱ（广东卷）》，郑州：大象出版社，2010 年；方建军、郑中：《洛庄汉墓 14 号陪葬坑编钟研究》，《音乐研究》2007 年第 2 期；方建军、郑中：《洛庄汉墓 14 号陪葬坑编钟、编磬测音报告》，《中央音乐学院学报》2007 年第 3 期；冯卓惠：《大云山汉墓编钟的测音分析与研究》，《中国音乐》2016 年第 1 期。

② 冯卓惠：《大云山汉墓编钟的测音分析与研究》，《中国音乐》2016 年第 1 期。

式以增加钟体厚度(一般是用锉磨或凿刻法),说明其在铸造时便产生了设计上的纰漏而被迫采用此法弥补①。这些现象无疑表明,汉代乐人对于编钟性能的把握是远逊于先秦时期的,其之所以会采用上述多种乐钟使用规范,恐怕正是由于其在乐制上主要沿袭先秦以来的旧有乐钟组合形式。而战国以降,群雄割据,乐制本就陷入了分裂多样的局面,所以在模仿先秦乐制的过程中,各地自然就会出现不尽相同的古乐版本。通过进一步梳理和比较先秦时期的乐钟资料,我们便可以较为清晰地揭示出上述汉代乐钟制度的礼制渊源所在。

　　首先来看 5 甬、14 钮的组合形式。正如方建军先生所指,汉代镈钟消失之后,甬钟无论在组合还是乐律上,均主要充当的是先秦镈钟节音的作用②,所以其音高通常较低,且数量多为 5 件一组,这正是春秋晚期以来镈钟的器用制度(春秋之后,甬钟基本为 8～16 件一组,5 件成编的情况几乎不见)。如春战之际的山西太原赵卿墓,墓主为晋国公卿赵简子或赵襄子。该墓共出镈钟19 件,分为两型,包括夔龙纹镈钟 5 件和散虺纹镈钟 14 件③。另在战国初年的河南汲县山彪镇一号墓中,也同样出土了镈钟 14 件,分为两型,较大者 5件,较小者 9 件。出土时分作两肆排列,较大的 5 件在墓内西南角,而较小的 9件则在其东南侧另成一列分布④。此外,像山东阳信西北村编钟(5 镈、9 钮)、山东章丘女郎山东周墓编钟(5 镈、7 钮)、山东临沂凤凰岭东周墓编钟(镈钟分4＋5 两种形制、9 钮)、安徽凤阳卞庄一号墓编钟(5 镈、9 钮)、江苏六合程桥M2 编钟(5 镈、7 甬)、江苏丹徒北山顶春秋墓编钟(5 镈、7 钮)等⑤皆采用的是5 件镈钟成组的乐器制度,这正是春秋早中期 4 件镈钟编列进一步发展的结

①　冯卓惠:《大云山汉墓编钟的测音分析与研究》,《中国音乐》2016 年第 1 期。

②　方建军先生在《洛庄汉墓 14 号陪葬坑编钟研究》(《音乐研究》2007 年第 2 期)一文中即提到"这 5 件大型的甬钟,其功能似乎更像大型的编镈一样,属于只使用正鼓音的单音编钟"。

③　王子初:《太原晋国赵卿墓铜编镈和石编磬研究》,载《太原晋国赵卿墓》,北京:文物出版社,1996 年,第 337～339 页。

④　郭宝钧:《山彪镇与琉璃阁》,北京:科学出版社,1959 年,第 46～47 页;关于汲县山彪镇一号墓的年代及国别历来争议较大,高明先生考证为魏国大将魏襄子,可参看高明:《略论汲县山彪镇一号墓的年代》,《考古》1962 年第 4 期;陈昭容:《论山彪镇一号墓的年代及国别》对诸家意见有较好的梳理,《中原文物》2008 年第 3 期。

⑤　《中国音乐文物大系》总编辑部编:《中国音乐文物大系(山东卷)》,郑州:大象出版社,2001年;山东省兖石铁路文物考古工作队:《临沂凤凰岭东周墓》,济南:齐鲁书社,1987 年;江苏省文物管理委员会等:《江苏六合程桥东周墓》,《考古》1965 年第 3 期;江苏省丹徒考古队:《江苏丹徒北山顶春秋墓发掘报告》,《东南文化》1988 年第 3、4 期合刊;安徽省文物考古研究所等:《安徽凤阳卞庄一号春秋墓发掘简报》,《文物》2009 年第 8 期。

果。而且以大型甬钟来取代镈钟的做法亦是战国中期之后持续出现的现象，如战国中期偏晚的河南陕县后川 M2040 中，就出土了镈钟 9 件、小型甬钟 16件、钮钟 9 件以及大型的甬钟 4 件，这 4 件甬钟尺寸远大于其他编钟，正是参照传统的镈钟之制来制作的[①]。近似的现象亦见于江苏邳州九女墩三号墓中，随葬乐器包括大型甬钟 4 件、镈钟 6 件、钮钟 9 件，其中甬钟的体型也最为巨大[②]。所以，汉人"以甬代镈"的做法显然是延续了战国中晚期以来的用乐趋势。

图附 1-5　信阳长台关一号墓出土 13 件组编钮钟

注：从音律上看尚缺少 1 件。

钮钟 14 件一组的悬挂方式更是在战国中期之后十分盛行。像山东临淄商王村 M2、河北平山 M1 战国中山王𰯼墓、四川涪陵小田溪战国墓、传世𪡊羌钟等皆是 14 件一组的钮钟[③]，而且并不搭配其他类型的甬钟、镈钟，无疑是这一时期新兴的乐器制度（图附 1-5）。由此可见，汉人所用 5 甬、14 钮的组合形式正是在战国中后期新的乐器制度基础上，融合改造而成，是对战国礼制的传承和延续。尤值得注意的是，春秋战国时期南方楚地的镈钟多以 8 件成编[④]，而 5 枚镈钟自成一列的做法主要盛行于中原、山东及东方的吴国（受晋制影

① 中国社会科学院考古研究所：《陕县东周秦汉墓》，北京：科学出版社，1994 年。

② 孔令远、陈永清：《江苏邳州市九女墩三号墩的发掘》，《考古》2002 年第 5 期。

③ 淄博市博物馆等：《临淄商王墓地》，济南：齐鲁书社，1997 年；河北省文物研究所：《𰯼墓——战国中山国国王之墓》，北京：文物出版社，1995 年，第 111 页；四川省博物馆等：《四川涪陵小田溪战国土坑墓清理简报》，《文物》1974 年第 5 期。

④ 邵晓洁：《楚钟研究》，北京：人民音乐出版社，2010 年。

响），是以表明，在宫廷乐制系统上，西汉皇室可能是舍楚制而取北方"诸夏"礼制。

图附 1-6　山西平陆出土 9 件组钮钟编列

　　其次来看 4 甬、9 钮的组合形式。如上所述，汉式甬钟多为替代镈钟使用，而 4 件镈钟成编的制度又主要盛行于春秋时期，如河南新郑礼乐祭祀坑 K1、K4、K5、K7、K8、K9、K14、K16、K17 便均出土镈钟与钮钟的组合，且镈钟正是 4 件一组，而钮钟则主要为两列各 10 件的编列方式[①]。但像山西侯马上马村 M5218、山西临猗程村 M2、山东滕州庄里西村编钟等几座春秋晚期墓葬中均出土的是镈钟 4 件、钮钟 9 件的组合[②]，正与汉墓中的情况近乎一致，可见这一套乐钟制度确曾普遍盛行于春秋晚期阶段。而且，以 9 件钮钟成编的方式也主要见于春秋之世，像沂水刘家店子 M1，叶县旧县 M4，淅川下寺 M1、M10，淅川和尚岭 M2，徐家岭 M3，固始侯古堆 M1，安徽凤阳卞庄 M1，临沂凤凰岭东周墓，山西闻喜上郭村 M210、M211，长治分水岭 M269、M270 等贵族

---

① 河南省文物考古研究所：《新郑祭祀遗址》，郑州：大象出版社，2006 年；新郑金城路编钟和城市信用社编钟也是如此配置，参看《中国音乐文物大系》总编辑部编：《中国音乐文物大系（河南卷）》，郑州：大象出版社，1996 年。

② M5218 出土 4 件大型镈钟，9 件小型镈钟实是参照钮钟之制。"以镈代钮"的现象在春秋晚期的晋国贵族墓葬中十分普遍，山西省考古研究所：《上马墓地》，北京：文物出版社，1994 年，第 192 页；赵慧民等：《山西临猗县程村两座东周墓》，《考古》1991 年第 11 期；《中国音乐文物大系》总编辑部编：《中国音乐文物大系（山东卷）》，郑州：大象出版社，2001 年。

墓葬莫不如此(图附1-6)①,战国中期之后则基本演化为10件以上钮钟成组的编列方式②。又兼之上文所述春秋到战国时期4镈向5镈编列方式的转变,我们可以推断,西汉时期所采纳的4甬、9钮的乐钟组合恐怕遵循的是一种较为古老的乐钟制度,故在皇室内部较为鲜见。

图附1-7　河南新郑金城路出土两组各10件的钮钟编列

最后来看5甬、10钮的组合形式。5甬编列自不必再论,而10件钮钟成组的方式目前最早见于春秋早期的郭家庙M30(或为曾国首创)③,墓内仅出土钮钟10件,形制相近、尺寸依次递减,出土时堆叠于椁底板上。春秋中期之

---

① 山东省文物考古研究所等:《山东沂水刘家店子春秋墓发掘简报》,《文物》1984年第9期;平顶山市文物管理局等:《河南叶县旧县四号春秋墓发掘简报》,《文物》2007年第9期;河南省文物研究所等:《淅川下寺春秋楚墓》,北京:文物出版社,1991年;河南省文物考古研究所等:《淅川和尚岭与徐家岭楚墓》,郑州:大象出版社,2004年;河南省文物考古研究所等:《固始侯古堆一号墓》,郑州:大象出版社,2004年;山东省兖石铁路文物考古工作队:《临沂凤凰岭东周墓》,济南:齐鲁书社,1987年;山西省考古研究所:《1976年闻喜上郭村周代墓葬清理记》,载山西考古研究所编:《三晋考古》(第一辑),太原:山西人民出版社,1994年;山西省考古研究所等:《长治分水岭东周墓地》,北京:文物出版社,2010年。

② 王友华:《先秦乐悬中钮钟的编列分析》,《中国音乐学》2011年第2期;王友华:《先秦编钟研究》,桂林:广西师范大学出版社,2013年。

③ 方勤:《郭家庙曾国墓地发掘与音乐考古》,《音乐研究》2016年第5期;张翔:《郭家庙M30出土的编钮钟》,《音乐研究》2016年第5期。

后逐渐传播至毗邻的郑国,尤其在新郑礼乐祭祀坑 K17 正埋藏的是镈钟 4 件、钮钟 10 件,分两肆排列,在礼制等级上低于其他诸坑,暗示着致祭者身份地位的不同亦会带来器用制度的差异,同时表明钮钟 10 件一组确已成为当时较为普遍的乐制之一(图附 1-7)。战国阶段,这一制度仍时有见到,如山东临淄淄河店 M2(战国中期)中随葬镈钟 8 件、甬钟 2 组共 16 件以及明器钮钟 10 件,大小相次①。此外,在战国中晚期的天星观二号墓及河北易县燕下都 M16 中确又见到将镈钟 10 件成组的现象,这或许正是汉代海昏侯墓甬钟制度的源头②。我们知道,周代乐钟编列发展常遵循"倍数规律",如甬钟从西周中期的每组 4 件到西周晚期、春秋时期的 8 件直至战国时期的 16 件,所以 10 件镈钟成组应当是 5 镈编列制度进一步拓展其音列的结果。无论从编钟形态还是礼制渊源上看,其 10 件甬钟成编的方式应非"凿空之论"。

由此看来,春秋战国时期,礼乐崩坏,新旧礼制不断更替,不同地区先后出现了各具特色的器用制度,所以我们在乐器层面亦见到了极为多样的组合形式,成为不同的乐制规范蓝本。汉代之后,虽然实现了政治上的大一统,但礼乐制度的规范化显然是一个漫长而艰巨的过程,尤其是汉儒与乐器工匠对于先秦金石之乐的掌握已远逊从前,所以在乐制上只能主要借鉴东周以来的"古乐"系统。而在《乐经》佚失、缺乏明确的典章制度约束前提下,不同的汉代贵族自然会采纳各自有别的古乐版本,从而形成纷繁复杂的乐钟组合形态。

小　结

依据汉墓出土的乐钟资料可以推知,汉代编钟的使用并未遵循统一的制度规范,而至少存在着三种不同的组合形式。虽然西汉皇室有着统一乐制的努力,但中小贵族仍会沿用不同版本的乐钟组合规范。

这些多样的器用制度其实在东周时期皆有所本,说明汉世用乐遵循着不同的古乐版本,存在不同的礼制渊源。是故汉初叔孙通肇制礼仪时,齐鲁诸儒皆"非之"③,正表明他们对古礼的理解存在差异。而通过与先秦时期乐钟资

---

① 湖北省荆州博物馆:《荆州天星观二号楚墓》,北京:文物出版社,2003 年;山东省文物考古研究所:《临淄齐墓》,北京:文物出版社,2007 年,第 322 页。

② 河北省文物局文物工作队:《河北易县燕下都第十六号墓发掘》,《考古学报》1965 年第 2 期。

③ 《汉书·礼乐志》:"叔孙通将制定礼仪,见非于齐鲁之士。"

料的比较,又可以进一步发现,西汉皇室所采纳的 5 甬、14 钮的制度规范是战国中期之后日趋盛行的新兴礼制系统,而较为古老的乐制版本则主要见于中小贵族及地方勋贵群体中。

在音律与组合之外,乐钟的陈列方式亦是乐钟制度的重要组成部分。在两周时期,乐钟摆放便需遵循特定的折曲形式,经书中称为"乐悬制度"。在《周礼·春官·小胥》篇有关于这一制度的简略记载:"正乐悬之位,王宫悬,诸侯轩悬,卿大夫判悬,士特悬,辨其声。凡悬钟磬,半为堵,全为肆",汉代经学家郑玄引郑众之说注释为"宫悬四面悬,轩悬去其一面,判悬又去其一面,特悬又去其一面"①,即天子采用四面钟磬,而诸侯、大夫、士等级依次降差②。

汉代之后,这一制度无疑得到了传承和延续。《汉书·礼乐志》曾记载西汉宗庙祭祀时"高张四县,乐充宫廷",贾谊在《新书·审微》篇中亦提到:"礼,天子之乐宫县,诸侯之乐轩县,大夫直县,士有琴瑟",证明汉儒仍是通晓这一制度并将其付诸礼制实践的。但是,从上述西汉墓葬中的编钟陈列来看,多是作直线式摆放或简单地散置、叠置,未见一例呈现出明显的折曲形制(图附1-8、图附1-9)。由此可见,西汉墓葬中并无刻意将钟磬按照《周礼》所载乐悬

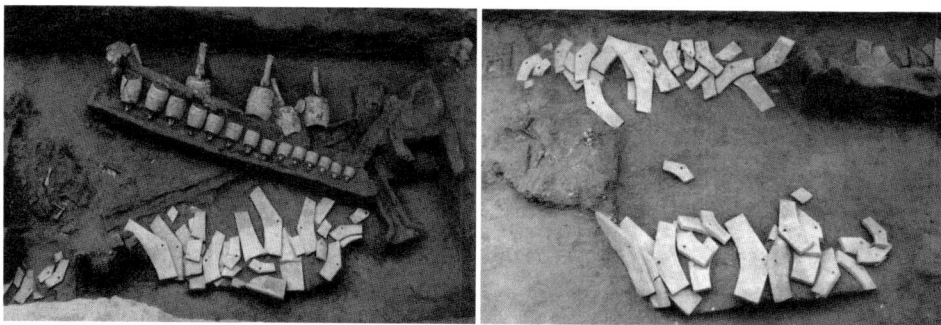

图附 1-8　山东洛庄汉墓乐器坑内乐器的陈列

---

① (汉)郑玄注、(唐)贾公彦疏、彭林整理:《周礼注疏》,上海:上海古籍出版社,2010 年,第 605～606 页。

② 关于周代乐悬制度的具体构成形式,历史上曾是诸说迭出,争议不断。但对于各个社会等级四、三、二、一面钟磬降差的制度,则基本为人所遵从。参看江藩:《乐悬考》,转引自曾永义:《仪礼乐器考》,台北:台湾中华书局,1986 年,第 105 页;(清)孙诒让:《周礼正义》,北京:中华书局,2008 年,第 7 册、第 1827～1831 页。

图附 1-9　广州南越王墓出土乐器的陈列

制度来特殊摆放的用意①，随葬用钟与宗庙礼乐是并不完全相同的，所以我们用乐悬之说来建构西汉墓葬的用乐等级恐怕是要十分慎重的。

　　后记：新近在西安收缴的、相传自云陵陵园中盗掘出的多例编钟组合也呈现出不同的乐制规范，但因不属于科学发掘品，具体信息无法核实，故只记述于此。

---

① 王清雷先生指出新近发掘的西汉海昏侯墓中恰出土了两列编钟（甬钟 10 件一组、钮钟 14 件一组）及编磬一列，并各自配有钟虡，所以应是采用了"轩悬"制度。当然这种可能是存在的，可惜墓葬曾遭遇地震等破坏，编钟、编磬的布局已无从稽考。而且附带的问题是，海昏侯刘贺的身份曾多次变迁，如以其下葬时的列侯等级来看，似乎不当用"轩悬"之制，而且何以刘贺采用了这种乐制，南越王、江都王等反倒不用？由于这种乐钟结构目前仅见此一例，故只能暂且存疑。参看王清雷、徐长青：《海昏侯墓音乐文物首次考察述要》，《人民音乐》2017 年第 8 期；王清雷：《也谈海昏侯墓编钟》，《中国音乐》2017 年第 3 期。

参考文献

（一）文献资料

（汉）何休解诂、（唐）徐彦疏：《十三经注疏·春秋公羊传注疏》，上海：上海古籍出版社，2014年。

（汉）郑玄注、（唐）贾公彦疏：《十三经注疏·仪礼注疏》，上海：上海古籍出版社，2008年。

（汉）郑玄注、（唐）贾公彦疏、彭林整理：《周礼注疏》，上海：上海古籍出版社，2010年。

（汉）郑玄注、（唐）贾公彦疏、王辉点校：《仪礼注疏》，上海：上海古籍出版社，2008年。

（汉）郑玄注、（唐）贾公彦疏：《周礼注疏》，影印十三经注疏本，北京：中华书局，2021年。

（汉）郑玄注、（唐）孔颖达疏：《礼记正义》，影印十三经注疏本，北京：中华书局，2021年。

（宋）陈旸：《乐书》，《中华礼藏礼乐卷乐典之属》第1册，杭州：浙江大学出版社，2016年。

（宋）陈旸：《乐书》，文渊阁四库全书本。

（宋）刘敞：《公是集》，《钦定四库全书会要》，影印本。

（宋）吕大临：《考古图》，上海：上海书店出版社，2016年。

（宋）聂崇义：《三礼图》，《钦定四库全书会要》，影印本。

（宋）王黼：《宣和博古图》，上海：上海书店出版社，2017年。

（宋）王厚之：《钟鼎款识》，北京：中华书局，1985年。

（宋）薛尚功：《历代钟鼎彝器款识法贴》，《宋人著录金文丛刊》，北京：中华书局，1986年。

（宋）马端临：《文献通考乐考三》第 7 册，北京：中华书局，2011 年。

（清）程瑶田：《考工创物小记》，皇清经解本，道光八年影印。

（清）端方：《陶斋吉金录》，北京：朝华出版社，2018 年。

（清）方濬益：《缀遗斋彝器考释》，上海：商务印书馆，1935 年影印本。

（清）胡培翚：《仪礼正义》，南京：江苏古籍出版社，1993 年。

（清）江藩：《乐悬考二卷》，粤雅堂丛书本。

（清）梁诗正等编：《西清四鉴》，北京：文物出版社，2018 年。

（清）阮元：《积古斋钟鼎彝器款识》，杭州：浙江古籍出版社，2019 年。

（清）吴大澂：《愙斋集古录》，台北：台联国风出版社，1976 年。

（清）孙希旦：《礼记集解》，北京：中华书局，2007。

（清）孙诒让：《古籀拾遗 古籀余论》，北京：中华书局，1989 年。

（清）孙诒让：《周礼正义》，北京：中华书局，2013 年。

（清）梁诗正等编：《西清四鉴》，北京：文物出版社，2018 年。

杨伯峻编著：《春秋左传注》，北京：中华书局，1981 年。

山东省淄博市临淄区志编纂委员会：《临淄区志》，北京：国际文化出版公司，1989 年。

凤阳县地方志编纂委员会编：《凤阳县志》，北京：方志出版社，1999 年。

徐元诰撰，王树民、沈长云点校：《国语集解》，北京：中华书局，2002 年。

宗福邦等编：《故训汇纂》，北京：商务印书馆，2003 年。

许维遹撰、梁运华整理：《吕氏春秋集释》，北京：中华书局，2009 年。

（二）田野考古资料与图录

A

安徽省文物管理委员会、安徽省博物馆：《寿县蔡侯墓出土遗物》，北京：科学出版社，1956 年。

安徽省文物工作队等：《阜阳双古堆西汉汝阴侯墓发掘简报》，《文物》1978 年第 8 期。

安徽省文物工作队等：《安徽繁昌出土一批春秋青铜器》，《文物》1982 年第 12 期。

安徽省文物考古研究所、凤阳县文物管理所：《安徽凤阳卞庄一号春秋墓发掘简报》，《文物》2009 年第 8 期。

安徽省文物考古研究所、凤阳县文物管理所:《凤阳大东关与下庄》,北京:科学出版社,2010年。

安徽省文物考古研究所、蚌埠市博物馆编著,阚绪杭主编:《钟离君柏墓》,北京:文物出版社,2013年。

安徽省文物考古研究所、蚌埠市博物馆:《春秋钟离君柏墓发掘报告》,《考古学报》2013年第2期。

B

边成修、叶学明、沈振中:《山西长治分水岭战国墓第二次发掘》,《考古》1964年第3期。

宝鸡市博物馆编:《宝鸡国墓地》,北京:文物出版社,1988年。

北京大学考古系、山西省考古研究所:《天马—曲村遗址北赵晋侯墓地第二次发掘》,《文物》1994年第1期。

北京大学考古系、山西省考古研究所:《天马—曲村遗址北赵晋侯墓地第四次发掘》,《文物》1994年第8期。

北京大学考古系、山西省考古研究所:《天马—曲村遗址北赵晋侯墓地第五次发掘》,《文物》1995年第7期。

C

陈梦家:《寿县蔡侯墓铜器》,《考古学报》1956年第2期。

陈公柔:《记几父壶、柞钟及其同出的铜器》,《考古》1962年第2期。

蔡全法、马俊才:《新郑郑韩故城金城路考古取得重大成果》,《中国文物报》1994年第1期。

蔡运章等:《洛阳西工131号战国墓》,《文物》1994年第7期。

陈梦家编纂:《海外中国铜器图录(第二集)》,北京:中华书局,2017年。

D

杜廼松:《青铜礼乐器——故宫博物院藏文物珍品全集》,香港:商务印书馆,2006年。

F

冯沂:《山东临沂中洽沟发现三座周墓》,《考古》1987年第8期。

方勤、胡刚:《枣阳郭家庙曾国墓地曹门湾墓区考古主要收获》,《江汉考古》2015年第3期。

G

郭沫若:《两周金文辞大系图录考释》,1957年影印本。

郭沫若:《两周金文辞大系释文》,北京:科学出版社,1957年。

广东省文物管理委员会:《广东清远发现周代青铜器》,《考古》1963年第2期。

广东省文物管理委员会:《广东清远的东周墓葬》,《考古》1964年第3期。

广西壮族自治区博物馆:《广西恭城县出土的青铜器》,《考古》1973年第1期。

固始侯古堆一号墓发掘组:《河南固始侯古堆一号墓发掘简报》,《文物》1981年第1期。

广东省博物馆:《广东罗定出土一批战国青铜器》,《考古》1983年第1期。

广州市文物管理委员会等:《西汉南越王墓》,北京:文物出版社,1991年。

郭沫若:《两周金文辞大系图录考释》,上海:上海书店出版社,1999年。

国家文物局主编:《中国文物地图集·江苏分册》,北京:中国地图出版社,2008年,第664页。

H

河北省文物局文物工作队:《河北易县燕下都第十六号墓发掘》,《考古学报》1965年第2期。

河南省丹江库区文物发掘队:《河南省淅川下寺春秋楚墓》,《文物》1980年第10期。

河南省博物馆等:《河南信阳市平桥春秋墓发掘简报》,《文物》1981年第1期。

韩伟、曹明檀:《陕西凤翔高王寺战国铜器窖藏》,《文物》1981年第1期。

湖北省荆州地区博物馆:《江陵天星观1号楚墓》,《考古学报》1982年第1期。

河南信阳地区文管会、光山县文管会:《春秋早期黄君孟夫妇墓发掘报告》,《考古》1984年第4期。

湖北省博物馆等:《湖北随州擂鼓墩二号墓发掘简报》,《文物》1985年第

1 期。

　　海阳县博物馆、滕鸿儒、王洪明：《山东海阳嘴子前村春秋墓出土铜器》，《文物》1985 年第 3 期。

　　河南省文物研究所：《信阳楚墓》，北京：文物出版社，1986 年。

　　呼林贵、薛东星：《耀县丁家沟出土西周窖藏青铜器》，《考古与文物》1986 年第 4 期。

　　河南省文物研究所等：《河南省叶县旧县 1 号墓的清理》，《华夏考古》1988 年第 3 期。

　　湖北省宜昌地区博物馆：《当阳曹家岗 5 号楚墓》，《考古学报》1988 年第 4 期。

　　湖北省博物馆编：《曾侯乙墓》，北京：文物出版社，1989 年。

　　河南省文物研究所、河南省丹江库区考古发掘队、淅川县博物馆：《淅川下寺春秋楚墓》，北京：文物出版社，1991 年。

　　湖北省荆沙铁路考古队：《包山楚简》，北京：文物出版社，1991 年。

　　湖北省荆沙铁路考古队：《包山楚墓》，北京：文物出版社，1991 年。

　　河南省文物研究所等：《平顶山应国墓地九十五号墓的发掘》，《华夏考古》1992 年第 3 期。

　　河南省文物研究所等：《三门峡上村岭虢国墓地 M2001 发掘简报》，《华夏考古》1992 年第 3 期。

　　河北省文物研究所：《譻墓——战国中山国国王之墓》，北京：文物出版社，1995 年。

　　湖南省文物考古研究所、北京大学中文系：《望山楚简》，北京：中华书局，1995 年。

　　黄景略：《晋都新田》，太原：山西人民出版社，1996 年。

　　河南省文物考古研究所新郑工作站：《郑韩故城青铜礼乐器坑与殉马坑的发掘》，《华夏考古》1998 年第 4 期。

　　河南省文物考古研究所：《三门峡虢国墓（第一卷）》，北京：文物出版社，1999 年。

　　河南博物院、台北"国立"历史博物馆编：《新郑郑公大墓青铜器》，郑州：大象出版社，2001 年。

　　贺州市博物馆：《广西贺州市马东村周代墓葬》，《考古》2001 年第 11 期。

　　河池市文物站：《东兰县长江乡出土两件青铜器》，中国古代铜鼓研究会：

《中国古代铜鼓研究通讯》(第十八期),2002 年。

河南省文物考古研究所、河南省驻马店市文化局、新蔡县文物保护管理所:《河南新蔡平夜君成墓的发掘》,《文物》2002 年第 8 期。

河南博物院、台北"国立"历史博物馆编:《琉璃阁甲、乙二墓》,郑州:大象出版社,2003 年。

河南省文物考古研究所:《新蔡葛陵楚墓》,郑州:大象出版社,2003 年。

湖北省荆州博物馆:《荆州天星观二号楚墓》,北京:文物出版社,2003 年。

河南省文物考古研究所编著:《固始侯古堆一号墓》,郑州:大象出版社,2004 年。

河南省文物考古研究所等编著:《淅川和尚岭与徐家岭楚墓》,郑州:大象出版社,2004 年。

湖南省博物馆等:《长沙马王堆二、三号汉墓》,北京:文物出版社,2004 年。

河南省文物考古研究所、桐柏县文物管理委员会:《河南桐柏月河墓地第二次发掘》,《文物》2005 年第 8 期。

河南省文物考古研究所:《新郑祭祀遗址》,郑州:大象出版社,2006 年。

河南省文物研究所、淅川县博物馆:《淅川县和尚岭与徐家岭楚墓》,郑州:大象出版社,2006 年。

湖北省博物馆编:《九连墩——长江中游的楚国贵族大墓》,北京:文物出版社,2007。

湖北省文物考古研究所:《曾国青铜器》,北京:文物出版社,2007 年。

湖北省文物考古研究所、随州市博物馆:《湖北随州叶家山 M65 发掘简报》,《江汉考古》2011 年第 3 期。

湖北省文物考古研究所、随州市博物馆:《湖北随州叶家山西周墓地发掘简报》,《文物》2011 年第 11 期。

河南博物院、台北"国立"历史博物馆编:《辉县琉璃阁甲乙二墓》,郑州:大象出版社,2011 年。

河南省文物考古研究所、平顶山市文物管理局:《平顶山应国墓地)(上下),郑州:大象出版社,2012 年。

湖北省文物考古研究所、随州市博物馆:《湖北随州叶家山西周墓地》,《考古》2012 年第 7 期。

湖北省博物馆等编:《随州叶家山——西周早期曾国墓地》,北京:文物出版社,2013 年。

湖北省文物考古研究所、随州市博物馆:《随州文峰塔 M1(曾侯舆墓)、M2 发掘简报》,《江汉考古》2014 年第 4 期。

湖北省文物考古研究所等:《湖北随州文峰塔墓地 M4 发掘简报》,《江汉考古》2015 年第 1 期。

河南省文物考古研究院:《淇县宋庄墓地 M4 发掘简报》,《华夏考古》2015 年第 4 期。

湖北省文物考古研究所、武汉大学历史学院考古系、宜昌博物馆:《湖北宜昌万福垴遗址发掘简报》,《江汉考古》2016 年第 4 期。

湖北省文物考古研究所主编:《三苗与南土——湖北省文物考古研究所"十二五"期间重要考古收获》,《江汉考古》编辑部,2016 年。

湖北省文物考古研究所、随州市博物馆、随州市曾都区考古队:《随州汉东东路墓地 2017 年考古发掘收获》,《江汉考古》2018 年第 1 期。

湖北省文物考古研究所、襄阳市文物考古研究所:《湖北枣阳九连墩 M1 乐器清理简报》,《中原文物》2019 年第 2 期。

J

济青公路文物考古队绣惠分队:《章丘绣惠女郎山一号战国大墓发掘报告》,《济青高级公路章丘工段考古发掘报告集》,济南:齐鲁书社,1993 年。

济南市考古研究所等:《山东章丘市洛庄汉墓陪葬坑的清理》,《考古》2004 年第 8 期。

江苏省文物管理委员会、南京博物院:《江苏六合程桥东周墓》,《考古》1965 年第 3 期。

江苏省丹徒考古队:《江苏吴县何山东周墓》,《文物》1984 年第 5 期。

荆沙铁路考古队:《江陵秦家咀楚墓发掘简报》,《江汉考古》1988 年第 2 期。

江苏省丹徒考古队:《江苏丹徒北山顶春秋墓发掘报告》,《东南文化》1988 年第 3、4 期合刊。

江西省文物考古研究所等:《新干商代大墓》,北京:文物出版社,1997 年。

莒县博物馆:《山东莒县西大庄西周墓葬》,《考古》1999 年第 7 期。

蒋明明:《浙江绍兴市发现一件春秋铭文铜甬钟》,《考古》2006 年第 7 期。

江西省文物考古研究所、首都博物馆:《五色炫曜——南昌汉代海昏侯国考古成果》,南昌:江西人民出版社,2016 年。

K

孔令远、陈永清:《江苏邳州市九女墩三号墩的发掘》,《考古》2002 年第 5 期。

L

卢连成等:《陕西宝鸡太公庙村发现秦公钟、秦公镈》,《文物》1978 年第 11 期。

梁景津:《广西出土的青铜器》,《文物》1978 年第 10 期。

洛阳博物馆:《洛阳哀成叔墓清理简报》,《文物》1981 年第 7 期。

李步青:《烟台市上夼墓出土曩国青铜器》,《考古》1983 年第 4 期。

刘兴:《镇江地区近年出土的青铜器》,《文物资料丛刊》,第 5 辑,北京:文物出版社,1984 年。

刘怀君:《眉县出土一批西周窖藏青铜乐器》,《文博》1987 年第 2 期。

卢连成、胡智生:《宝鸡国墓地》,北京:文物出版社,1988 年。

李芳芝:《上蔡县发现一座楚墓》,《中原文物》1990 年第 2 期。

刘文等:《广西柳江县出土春秋战国青铜器》,《文物》1990 年第 1 期。

卢德佩:《湖北当阳半月东汉墓发掘简报》,《文物》1991 年第 12 期。

刘一俊、冯沂:《山东郯城县二中战国墓的清理》,《考古》1996 年第 3 期。

林仙庭等:《山东海阳县嘴子前春秋墓的发掘》,《考古》1996 年第 9 期。

李寿水:《五峰仙人台邿国墓地》,《春秋》1998 年第 4 期。

洛阳市文物工作队:《洛阳市 613 所东周墓》,《文物》1999 年第 8 期。

李光雨、张云:《山东枣庄春秋时期小邾国墓地的发掘》,《中国历史文物》2003 年第 5 期。

洛阳市文物工作队:《洛阳解放路战国陪葬坑发掘报告》,《考古学报》2002 年第 3 期。

林仙庭、闫勇:《山东蓬莱市站马张家战国墓》,《考古》2004 年第 12 期。

洛阳市第二文物工作队:《洛阳市纱厂路东周墓(JM32)发掘简报》,《文物》2002 年第 11 期。

洛阳市文物工作队:《河南洛阳市润阳广场 C1M9950 号东周墓葬的发掘》,《考古》2009 年第 12 期。

洛阳市文物工作队:《洛阳西工区春秋墓发掘简报》,《文物》2010 年第8 期。

洛阳市文物工作队编著:《洛阳体育场路西东周墓发掘报告》,北京:文物出版社,2011 年。

N

南京博物院、山东省文物管理处编:《沂南古画像石墓发掘报告》,文化部文化管理局,1956 年。

南京博物院:《江苏六合程桥二号东周墓》,《考古》1974 年第 2 期。

南阳博物馆:《河南南阳军帐营汉画像石墓》,《考古与文物》1982 年第1 期。

南阳地区文物工作队:《河南桐柏县发现一批春秋铜器》,《考古》1983 年第 8 期。

南阳市文物工作队:《南阳市邢营画像石墓发掘报告》,《中原文物》1996年第 1 期。

南阳市文物研究所、桐柏县文管办:《桐柏月河一号春秋墓发掘简报》,《中原文物》1997 年第 4 期。

南京博物院等:《江苏邳州市九女墩二号墩发掘简报》,《考古》1999 年第11 期。

南京市文化局、南京市文物局:《南京文物精华·器物篇》,上海:上海人民美术出版社,2000 年。

南京博物院、江苏省考古研究所、无锡市锡山区文物管理委员会:《鸿山越墓发掘报告》,北京:文物出版社,2007 年。

南京博物院编:《长毋相忘:读盱眙大云山江都王陵》,南京:译林出版社,2013 年。

南京博物院等:《江苏盱眙县大云山西汉江都王陵一号墓》,《考古》2013年第 10 期。

南阳市文物考古研究所等编著:《吉金墨影——南阳出土青铜器全形拓》,郑州:河南美术出版社,2016 年。

P

平顶山市文物管理局、叶县文化局:《河南叶县旧县四号春秋墓发掘简报》,《文物》2007 年第 9 期。

Q

齐文涛:《概述近年山东出土的商周青铜器》,《文物》1972 年第 5 期。

岐山县文化馆等:《陕西省岐山县董家村西周铜器窖穴发掘简报》,《文物》1976 年第 5 期。

乔文杰:《封邦建霸——山西翼城出土西周霸国文物珍品》,《艺术品》2016 年第 1 期。

R

仁华、长山:《南阳县王寨汉画像石墓》,《中原文物》1982 年第 1 期。

任日新:《山东诸城减家庄与葛布口村战国墓》,《文物》1987 年第 12 期。

S

陕西省文物管理委员会:《长安普渡村西周墓的发掘》,《考古学报》1957 年第 1 期。

山西省文物管理委员会侯马工作站:《山西侯马上马村东周墓葬》,《考古》1963 年第 5 期。

四川省博物馆、涪陵地区文化局:《四川涪陵地区小田溪战国土坑墓清理简报》,《文物》1974 年第 5 期。

陕西周原考古队:《陕西扶风庄白一号西周青铜器窖藏发掘简报》,《文物》1978 年第 3 期。

山西文物工作委员会东南工作组:《长治分水岭 269、270 号东周墓》,《考古学报》1974 年第 2 期。

山东省博物馆、临沂地区文物组、莒南县文化馆:《莒南大店春秋时期莒国殉人墓》,《考古学报》1978 年第 3 期。

随县擂鼓墩一号墓考古发掘队:《湖北随县曾侯乙墓发掘简报》,《文物》1979 年第 7 期。

随县博物馆:《湖北随县城郊发现春秋墓葬和铜器》,《文物》1980 年第 1 期。

苏州博物馆:《苏州虎丘东周墓》,《文物》1981 年第 11 期。

山东省文物考古研究所、山东省博物馆、济宁地区文物组、曲阜县文管会编:《曲阜鲁国故城》,济南:齐鲁书社,1982 年。

随州市博物馆:《湖北随县新发现古代青铜器》,《考古》1982 年第 2 期。

随州市博物馆:《湖北随县刘家崖发现古代青铜器》,《考古》1982 年第
2 期。

随州市博物馆:《湖北随县安居出土青铜器》,《文物》1982 年第 12 期。

随州市博物馆:《湖北随县发现商周青铜器》,《考古》1984 年第 6 期。

山东省文物考古研究所、沂水县文物管理站:《山东沂水刘家店子春秋墓
发掘简报》,《文物》1984 年第 9 期。

山西省考古研究所、晋东南地区文化局:《山西省潞城县潞河战国墓》,《文
物》1986 年第 6 期。

山东省兖石铁路文物考古工作队:《临沂凤凰岭东周墓》,济南:齐鲁书社,
1988 年。

孙清远、廖佳行:《河南平顶山发现西周甬钟》,《考古》1988 年第 5 期。

山东大学历史文化学院考古系:《长清仙人台五号墓发掘简报》,《文物》
1988 年第 9 期。

山东省济宁市文物管理局:《薛国故城勘察和墓葬发掘报告》,《考古学报》
1991 年第 4 期。

山西省考古研究所:《上马墓地》,北京:文物出版社,1994 年。

山西省考古研究所、北京大学考古学系:《天马—曲村遗址北赵晋侯墓地
第四次发掘》,《文物》1994 年第 8 期。

山西省考古研究所:《1976 年闻喜上郭村周代墓葬清理记》,载山西考古
研究所编:《三晋考古》(第一辑),太原:山西人民出版社,1994 年。

山西省考古研究所、太原市文物管理委员会:《太原晋国赵卿墓》,北京:文
物出版社,1996 年。

山东大学历史文化学院考古系:《山东长清县仙人台周代墓地》,《考古》
1998 年第 9 期。

山东大学考古系、淄博市文物局、沂源县文管所:《山东沂源县姑子坪周代
墓葬》,《考古》2003 年第 1 期。

山西省考古研究所等:《山西绛县横水西周墓发掘简报》,《文物》2006 年
第 8 期。

四川省文物考古研究院等:《绵阳双包山汉墓》,北京:文物出版社,
2006 年。

山东省文物考古研究所:《临淄齐墓》,北京:文物出版社,2007 年。

陕西省考古研究院等:《陕西韩城梁带村遗址 M27 发掘简报》,《考古与文物》2007 年第 6 期。

随州市博物馆编著:《随州擂鼓墩二号墓》,北京:文物出版社,2008 年。

陕西省考古研究院:《陕西韩城市梁带村芮国墓地 M28 的发掘》,《考古》2009 年第 4 期。

山西省考古研究所、山西博物院、长治市博物馆:《长治分水岭东周墓地》,北京:文物出版社,2010 年。

山西省考古研究所等:《长治分水岭东周墓地》,北京:文物出版社,2010 年。

山东省文物考古研究所、临沂市文物管理委员会、郯城县文物管理所:《郯城县大埠二村遗址发掘报告》,《海岱考古》第 4 辑,北京:科学出版社,2011 年。

山东省文物考古研究所、临沂市文物考古队、沂水县博物馆:《山东沂水县纪王崮春秋墓》,《考古》2013 年第 7 期。

山东省文物考古研究所、临沂市文物考古队、沂水县博物馆:《沂水县纪王崮一号春秋墓及车马坑》,《海岱考古》第 6 辑,北京:科学出版社,2013 年。

山东省文物考古研究所、临沂市文化广电新闻出版局、沂水县文化广电新闻出版局编著:《沂水纪王崮春秋墓出土文物集萃》,北京:文物出版社,2016 年。

山东大学历史文化学院、山东省文物考古研究院:《山东沂水纪王崮 M1 动物鉴定报告》,《海岱考古》第 10 辑,北京:科学出版社,2017 年。

山西省考古研究院:《山西黎城西关墓地 M7、M8 发掘简报》,《江汉考古》2020 年第 4 期。

W

吴镇烽、雒忠如:《陕西省扶风县强家村出土的西周铜器》,《文物》1975 年第 8 期。

魏成敏:《山东淄博市临淄区淄河店二号战国墓》,《考古》2000 年第 10 期。

吴镇烽、李娟:《扶风任家村西周遗宝离合记》,《文博》2010 年第 1 期。

王先福、王红星、胡雅丽、刘松山、杨力、梁超、符德明、冯务建、曾令斌、韩恒、余乐、郝勤建：《湖北枣阳九连墩 M2 发掘简报》，《江汉考古》2018 年第6 期。

王先福、王红星、胡雅丽、刘松山、杨力、梁超：《湖北枣阳九连墩 M1 发掘简报》，《江汉考古》2019 年第 3 期。

X

西安市文物管理处：《陕西长安新旺村、马王村出土的西周铜器》，《考古》1974 年第 1 期。

信阳地区文管会等：《河南罗山县发现春秋早期铜器》，《文物》1980 年第1 期。

徐州博物馆：《江苏徐州子房山西汉墓清理简报》，《文物资料丛刊》第 4辑，北京：文物出版社，1981 年。

心健、家骥：《山东费县发现东周铜器》，《考古》1983 年第 2 期。

熊传新：《湖南新发现的青铜器》，《文物资料丛刊》第 5 辑，北京：文物出版社，1987 年。

徐其忠、范玉文：《山东阳信城关镇西北村战国墓器物陪葬坑清理简报》，《考古》1990 年第 3 期。

徐天进、孟跃虎、李夏廷、张奎：《天马—曲村遗址北赵晋侯墓地第五次发掘》，《文物》1995 年第 7 期。

西安市文物考古研究所编著：《西安龙首原汉墓（甲编）》，西安：西北大学出版社，1999 年。

襄樊市考古队等：《枣阳郭家庙曾国墓地》，北京：科学出版社，2005 年。

谢尧亭等：《山西翼城县大河口西周墓地》，《考古》2011 年第 7 期。

襄阳市文物考古研究所：《湖北襄阳沈岗墓地 M1022 发掘简报》，《文物》2013 年第 7 期。

谢尧亭等：《山西翼城大河口西周墓地 1017 号墓发掘》，《考古学报》2018年第 1 期。

Y

杨富斗：《山西万荣县庙前村的战国墓》，《文物》1958 年第 12 期。

杨富斗：《山西万荣庙前村东周墓地调查发掘简讯》，《考古》1963 年第5 期。

尤振尧、周晓陆:《江苏东海庙墩遗址和墓葬》,《考古》1986 年第 12 期。

余杭县文物管理委员会:《浙江省余杭崇贤战国墓》,《东南文化》1989 年第 6 期。

烟台市文物管理委员会、海阳县博物馆:《山东海阳县嘴子前春秋墓的发掘》,《考古》1996 年第 9 期。

烟台市文物管理委员会:《山东蓬莱县柳格庄墓群发掘简报》,《考古》1990 年第 9 期。

云南省文物考古研究所等:《云南江川县李家山古墓群第二次发掘》,《考古》2001 年第 12 期。

于省吾:《双剑誃吉金图录》,北京:中华书局,2009 年。

Z

中国科学院考古研究所:《长安普渡村西周墓葬发掘记》,《考古学报》1954 年第 2 期。

中国科学院考古研究所:《辉县发掘报告》,北京:科学出版社,1956 年。

中国科学院考古研究所:《山彪镇与琉璃阁》,北京:科学出版社,1959 年。

中国科学院考古研究所:《上村岭虢国墓地》,北京:科学出版社,1959 年。

中国科学院考古研究所沣西考古队:《陕西长安张家坡西周墓清理简报》,《考古》1965 年第 9 期。

中国科学院考古研究所编:《长沙发掘报告》,北京:科学出版社,1967 年。

长沙市文化局文物组:《长沙咸家湖西汉曹女巽墓》,《文物》1979 年第 3 期。

张翔:《浙江萧山杜家村出土西周甬钟》,《文物》1985 年第 4 期。

浙江省文物考古研究所、海盐县博物馆:《浙江海盐出土原始瓷乐器》,《文物》1985 年第 8 期。

驻马店地区文化局:《上蔡发现一座楚墓》,《中原文物》1990 年第 2 期。

郑洪春:《陕西新安机砖厂汉初积炭墓发掘报告》,《考古与文物》1990 年第 4 期。

张国茂:《安徽铜陵市金口岭春秋墓》,《文物研究》1991 年第 7 期。

赵慧民等:《山西临猗县程村两座东周墓》,《考古》1991 年第 11 期。

中国社会科学院考古研究所:《陕县东周秦汉墓》,北京:科学出版社,1994 年。

淄博市博物馆、齐故城博物馆：《临淄商王墓地》，济南：齐鲁书社，1997年。

中国社会科学院考古研究所：《张家坡西周墓》，北京：中国大百科全书出版社，1999年。

张真、王志文：《山东海阳市上尚都出土西周青铜器》，《考古》2001年第9期。

浙江省文物考古研究所等编著：《印山越王陵》，北京：文物出版社，2002年。

中国社会科学院考古研究所编：《殷周金文集成》，北京：中华书局，2007年。

浙江省文物考古研究所、长兴县博物馆：《浙江长兴鼻子山越国贵族墓》，《文物》2007年第1期。

早期秦文化联合考古队：《2006年甘肃礼县大堡子山祭祀遗址发掘简报》，《文物》2008年第11期。

浙江省文物考古研究所：《浙江越墓》，北京：科学出版社，2009年。

枣庄市博物馆、枣庄市文物管理委员会办公室、枣庄市峄城区文广新局：《山东枣庄徐楼东周墓发掘简报》，《文物》2014年第1期。

邹衡、谭维四主编：《曾侯乙编钟》（上册），北京：金城出版社、西苑出版社，2017年。

种建荣等：《陕西澄城县刘家洼东周芮国遗址》，《考古》2019年第7期。

（三）研究论著

B

毕经纬：《山东出土东周青铜礼容器研究》，山东大学硕士学位论文，2009年。

毕经纬：《海岱地区商周青铜器研究》，陕西师范大学博士学位论文，2013年。

白云翔：《论基于风格与分布的考古遗物产地推定法》，《考古》2016年第9期。

白云翔：《辽宁东大杖子墓地出土的刻纹铜器及相关问题》，收入何驽主编：《李下蹊华——庆祝李伯谦先生八十华诞论文集》，北京：科学出版社，

2017 年。

C

陈公柔:《士丧礼、既夕礼中所记载的丧葬制度》,《考古学报》1956 年第 4 期。

陈伟:《淅川下寺二号楚墓墓主及相关问题》,《江汉考古》1983 年第 1 期。

陈芳妹:《盆、敦与簋——论春秋早、中期间青铜粢盛器的转变》,《故宫学术季刊》第 2 卷第 3 期,1984 年。

蔡运章:《哀成叔鼎铭考释》,《中原文物》1985 年第 4 期。

常兴照、宁荫堂:《山东章丘出土青铜器述要兼谈相关问题》,《文物》1989 年第 6 期。

程明:《山东邹城市出土铜甬钟》,《考古》1996 年第 11 期。

柴福有:《浙江江山出土青铜编钟》,《文物》1996 年第 6 期。

曹锦炎:《鸟虫书通考》,上海:上海书画出版社,1999 年。

陈双新:《编钟"肆"、"堵"问题新探》,《中国学术》2001 年第 1 期。

陈双新:《青铜乐器自名研究》,《华夏考古》2001 年第 3 期。

陈双新:《两周青铜乐钟铭辞研究》,石家庄:河北大学出版社,2002 年。

曹玮:《从青铜器的演化试论西周前后期之交的礼制变化》,《周原遗址与西周铜器研究》,北京:科学出版社,2004 年。

陈荃有:《中国青铜乐钟研究》,上海:上海音乐学院出版社,2005 年。

陈梦家:《西周年代考　六国纪年》,北京:中华书局,2005 年。

陈芳妹:《宋古器物学的兴起与宋仿古铜器》,颜娟英主编:《台湾学者中国史研究论丛·美术与考古》,北京:中国大百科全书出版社,2005 年。

陈芳妹:《两周婚姻关系中的"媵"与"媵器"——青铜器铭文中的性别、身份与角色研究之二》,《"中央研究院"历史语言研究所集刊》第七十七本第二分,2006 年。

曹玮:《西周前期南北方钟的比较与北传路线》,《湖南出土殷商西周青铜器》,长沙:岳麓书社,2007 年。

陈亮:《关中西部周秦铜镈研究》,《中原文物》2007 年第 4 期。

陈昭容:《论山彪镇一号墓的年代及国别》,《中原文物》2008 年第 3 期。

常怀颖:《西周钟镈组合与器主身份、等级研究》,《考古与文物》2010 年第 2 期。

陈英杰:《西周金文作器用途铭辞研究》,北京:线装书局,2008 年。

常怀颖:《论商周之际铙钟随葬》,《江汉考古》2014 年第 1 期。

陈芳妹:《青铜器与宋代文化史》,台北:台大出版中心,2016 年。

蔡友振、刘建国、吴双成:《山东沂水纪王崮出土甬钟修复及相关问题探讨》,《人类文化保护遗产》,西安:西安交通大学出版社,2019 年。

Charles D. Weber,*Chinese Pictorial Bronze Vessels of the Late Chou Period*,Switzerland:Artibus Asiae Publishers,1966.

D

董楚平:《吴越文化新探》,杭州:浙江人民出版社,1988 年。

刁淑琴:《北方出土的西周青铜甬钟》,《华夏考古》1998 年第 3 期。

戴念祖:《声学史》,长沙:湖南教育出版社,2001 年。

董珊:《越者汈钟铭新论》,《东南文化》2008 年第 2 期。

董珊:《吴越题铭研究》,北京:科学出版社,2014 年。

F

方建军:《陕西出土西周和春秋时期甬钟的初步考察》,《交响(西安音乐学院学报)》1989 年第 3 期。

方建军:《续论秦公编钟的音阶与组合》,《交响(西安音乐学院学报)》1992 年第 3 期。

方建军:《两周铜镈综论》,《东南文化》1994 年第 1 期。

方建军:《中国古代乐器概论(远古—汉代)》,北京:人民出版社,1996 年。

冯光生:《周代编钟的双音技术及应用》,《中国音乐学》2002 年第 1 期。

方建军:《商周乐器文化结构与社会功能研究》,上海:上海音乐学院出版社,2006 年。

方建军:《西周早期云纹编钟的再认识》,《交响(西安音乐学院学报)》2007 年第 2 期。

方辉:《记皇家安大略博物馆藏的一件画像青铜壶》,收入氏著:《海岱地区青铜时代考古》,济南:山东大学出版社,2007 年。

冯普仁:《吴越文化》,北京:文物出版社,2007 年。

方建军、郑中:《洛庄汉墓 14 号陪葬坑编钟研究》,《音乐研究》2007 年第 2 期。

方建军、郑中：《洛庄汉墓 14 号陪葬坑编钟、编磬测音报告》，《中央音乐学院学报》2007 年第 3 期。

冯峰：《东周丧葬礼俗的考古学观察》，北京大学博士学位论文，2010 年。

方建军：《子犯编钟音列组合新说》，《交响（西安音乐学院学报）》2011 年第 1 期。

方建军：《钟离国编钟编镈研究》，《中国音乐学》2012 年第 3 期。

方勤：《叶家山 M111 号墓编钟初步研究》，《黄钟（武汉音乐学院学报）》2014 年第 1 期。

冯时：《叶家山曾国墓地札记三题》，《江汉考古》2014 年第 2 期。

方勤：《曾国历史的考古学观察》，《江汉考古》2014 年第 4 期。

方建军：《论叶家山曾国编钟及有关问题》，《中国音乐学》2015 年第 1 期。

方勤：《郭家庙曾国墓地发掘与音乐考古》，《音乐研究》2016 年第 5 期。

冯卓惠：《大云山汉墓编钟的测音分析与研究》，《中国音乐》2016 年第 1 期。

方建军：《音乐考古学研究》，北京：中央音乐学院出版社，2019 年。

方建军：《音乐考古学通论》，北京：人民音乐出版社，2020 年。

G

高明：《略论汲县山彪镇一号墓的年代》，《考古》1962 年第 4 期。

高明：《中原地区东周时代青铜礼器研究》，《考古与文物》1981 年第 2～4 期。

高崇文：《东周楚式鼎形态分析》，《江汉考古》1983 年第 1 期。

高至喜：《湖南出土的西周铜镈》，《乐器》1984 年第 5 期。

顾铁符：《关于河南淅川楚墓的若干参考意见》，《故宫博物院院刊》1985 年第 3 期。

高至喜：《论商周铜镈》，《湖南考古辑刊》1986 年第 3 期。

高桥准二：《者汈钟の的音高测定》，载泉屋博古馆编：《泉屋博古纪要》，第 5 卷，1987 年。

高崇文：《西周时期铜壶的形态学研究》，收入俞伟超主编：《考古类型学的理论与实践》，北京：文物出版社，1989 年。

高西省：《商周时代南北甬钟之关系及南北文化交流之检讨》，《东南文化》1991 年第 6 期。

高西省:《西周早期甬钟比较研究》,《文博》1995 年第 1 期。

故宫博物院编:《唐兰先生金文论集》,北京:紫禁城出版社,1995 年。

高西省:《关于商周钟一些问题的探讨》,《文物》1996 年第 1 期。

高至喜:《两湖两广出土春秋越式甬钟研究》,《湖南省博物馆馆刊》第 1 辑,2004 年。

高西省:《洛阳新获西周青铜器管见》,《上海文博论丛》2006 年第 3 期。

高西省:《晋侯苏编钟的形制特征及来源问题》,《文物》2010 年第 8 期。

高明峰:《江藩研究》,北京:中国文史出版社,2015 年。

高西省:《楚公编钟及有关问题》,《文物》2015 年第 1 期。

高西省:《随州叶家山新出土编钟的组合及价值》,《中国文物报》2017 年 4 月 28 日。

H

黄翔鹏:《新石器和青铜时代的已知音响资料与我国音阶发展史问题》,《音乐论丛》,第 1 辑(1978 年)、第 3 辑(1980 年)。

黄翔鹏:《先秦文化的光辉创造——曾侯乙墓的古乐器》,《文物》1979 年第 1 期。

黄盛璋:《释旅彝——铜器中"旅彝"问题的一个全面考察》,《中华文史论丛》第 2 辑,1979 年。

黄翔鹏:《先秦编钟音阶结构的断代分析》,《江汉考古》1982 年第 2 期。

贺西林:《东周画像铜器题材内容的演变》,《文博》1989 年第 6 期。

黄道华:《枝江姚家港出土的东汉画像砖》,《江汉考古》1991 年第 1 期。

黄锡全、李有才:《郑藏公之孙鼎铭考释》,《考古》1991 年第 9 期。

湖北省博物馆编:《曾侯乙编钟研究》,武汉:湖北人民出版社,1992 年。

贺西林:《东周线刻画像铜器研究》,《美术研究》1995 年第 1 期。

黄锡全、于炳文:《山西晋侯墓地所出楚公逆钟铭文初释》,《考古》1995 年第 2 期。

黄崇铭:《殷代与东周之"弄器"及其意义》,"中央研究院"历史语言研究所编:《古今论衡》,第 6 期,2001 年。

黄克映、李应华:《淅川和尚岭、徐家岭楚墓青铜器铸造技术》,收入《淅川和尚岭与徐家岭楚墓》,郑州:大象出版社,2004 年。

黄翔鹏:《黄翔鹏文存》(上下卷),济南:山东文艺出版社,2007 年。

黄德荣:《云南羊角编钟初探》,《四川文物》2007 年第 5 期。

胡劲茵:《从大安到大晟——北宋乐制改革考论》,中山大学博士学位论文,2010 年。

胡小满:《河北燕下都乐器明器的出土意义》,《中国音乐学》2014 年第 2 期。

华觉明、王玉柱:《曾侯乙编钟冶铸技术与声学特性研究》,《华觉明自选集》,郑州:大象出版社,2016 年,第 527 页。

黄尚明:《从青铜器铭文看曾国贵族的婚姻关系》,《江汉考古》2017 年第 4 期。

侯乃峰:《山东沂水纪王崮春秋大墓墓主蠡测》,《考古与文物》2018 年第 6 期。

黄益飞:《西周金文礼制研究》,北京:中国社会科学出版社,2019 年。

J

济南市博物馆:《试谈济南无影山出土的西汉乐舞、杂技、宴饮陶俑》,《文物》1972 年第 5 期。

蒋定穗:《陕西出土西周钟研究》,中国艺术研究院研究生部音乐系硕士学位论文,1981 年。

蒋定穗:《试论陕西出土的西周钟》,《考古与文物》1984 年第 5 期。

建夫:《评〈淅川下寺春秋楚墓〉》,《考古》1994 年第 12 期。

贾洪波:《关于虢国墓地的年代和 M2001、M2009 的墓主问题》,《中原文物》2014 年第 6 期。

K

孔义龙:《两周编钟音列研究》,中国艺术研究院博士学位论文,2005 年。

孔义龙:《弦动乐悬——两周编钟音列研究》,北京:文化艺术出版社,2008 年。

L

刘复:《天坛所藏编钟编磬音律之鉴定》,载《国立北京大学国学季刊》第三卷第二号,1932 年 6 号。

林巳奈夫:《战国时代的画像纹饰》,《考古学杂志》1961 年第 47 卷第 3～

5 号。

李纯一:《关于歌钟、行钟及蔡侯编钟》,《文物》1973 年第 7 期。

李零:《楚叔之孙佣究竟是谁——河南淅川下寺二号墓和年代问题的讨论》,《中原文物》1981 年第 4 期。

刘彬徽:《罍、缶辨证》,《江汉考古》1982 年第 2 期。

刘翔:《王孙遗者钟新释》,《江汉论坛》1983 年第 8 期。

李纯一:《曾侯乙墓编钟的编次和乐悬》,《音乐研究》1985 年第 2 期。

刘兴:《东南地区青铜器分区》,《考古与文物》1985 年第 5 期。

刘建国:《春秋线刻画像铜器初论》,《东南文化》1988 年第 5 期。

林留根、施玉平:《试论东周刻纹铜器的起源及其分期》,《文物研究》第六辑,合肥:黄山书社,1990 年。

李幼平:《论楚乐的分期与演进》,《江汉考古》1991 年第 1 期。

刘敦愿:《关于战国青铜器画像问题的若干思考》,《纪念山东大学考古专业创建 20 周年论文集》,济南:山东大学出版社,1992 年。

李夏廷:《关于图像纹铜器的几点认识》,《文物季刊》1992 年第 4 期。

刘彬徽:《楚系青铜器研究》,武汉:湖北教育出版社,1995 年。

李学勤:《补论子犯编钟》,《中国文物报》1995 年 5 月 28 日。

李零:《再论淅川下寺楚墓——读〈淅川下寺楚墓〉》,《文物》1996 年第 1 期。

李朝远:《从新出青铜钟再论"堵"与"肆"》,《中国文物报》1996 年 4 月 14 日。

李学勤:《晋侯苏编钟的时、地、人》,《中国文物报》1996 年 12 月 1 日。

李纯一:《中国上古出土乐器综论》,北京:文物出版社,1996 年。

林仙庭等:《山东海阳县嘴子前春秋墓的发掘》,《考古》1996 年第 9 期。

李伯谦:《我国南方几何形印纹陶的分区、分期及其有关问题》,《中国青铜文化结构体系研究》,北京:科学出版社,1998 年。

李淑芬:《从乐律铭文看曾侯乙编钟的构成》,《音乐艺术》1999 年第 3 期。

罗二虎:《汉代画像石棺研究》,《考古》2000 年第 1 期。

李夏廷:《流散美国的晋式青铜器》、《流散美国的晋式青铜器(续)》,《文物世界》2000 年第 4、5、6 期,2001 年第 1 期。

李幼平:《宋代新乐与编钟》,《黄钟(武汉音乐学院学报)》2001 年第 1 期。

罗森:《过去在中国的多种含义》,《中国古代的艺术与文化》,北京:北京大学出版社,2002 年。

李零:《入山与出塞》,北京:文物出版社,2004 年。

李零:《铄古铸今》,香港:香港中文大学出版社,2005 年。

刘彬徽:《楚系编钟与徐吴越编钟比较研究》,《湖南省博物馆馆刊》第 2 辑,2005 年。

李学勤:《东周与秦代文明》,上海:上海人民出版社,2007 年。

李朝远:《楚公逆钟的成编方式及其他》,载《青铜器学步集》,北京:文物出版社,2007 年。

罗振玉:《罗振玉学术论著集》,上海:上海古籍出版社,2010 年。

刘彬徽:《楚系青铜器研究续论》,《湖南省博物馆馆刊》第 7 辑,2010 年。

梁启超:《清代学术概论》,北京:中华书局,2011 年。

林惠祥:《中国民族史》,上海:上海书店出版社,2012 年。

李荣有:《汉画钟鼓之乐与礼乐文化考论》,《天籁(天津音乐学院学报)》2012 年第 2 期。

李则斌等:《盱眙大云山汉墓考古发掘》,《考古》2012 年第 7 期。

刘彬徽:《楚季编钟及其他新见楚铭铜器研究》,《湖南省博物馆馆刊》,第 9 辑,2012 年。

李清等:《蚌埠双墩一号春秋墓出土乐器的音乐学研究》,安徽省文物考古研究所、蚌埠市博物馆编著,阚绪杭主编:《钟离君柏墓》,北京:文物出版社,2013 年。

李洋等:《随州文峰塔 M1、M2 出土金属器的科学分析》,《江汉考古》2014 年第 4 期。

刘彬徽:《随州叶家山西周曾侯墓出土的甬钟和镈钟初论》,《湖南省博物馆馆刊》第 11 辑,2014 年。

郎剑锋:《山东沂水刘家店子春秋墓铜器三题》,《江汉考古》2016 年第 4 期。

罗泰:《宗子维城——从考古材料的角度看公元前 1000 至前 250 年的中国社会》,上海:上海古籍出版社,2017 年。

路国权:《东周青铜容器谱系研究》,上海:上海古籍出版社,2018 年。

刘智:《鲁东南地区东周贵族墓葬初探》,山东大学硕士学位论文,2020 年。

Lothar von Falkenhausen, *Suspended Music : Chinmebells in the Culture of Age China*，Berkeley and Los Angeles：University of California Press，1993.

Lothar von Falkenhausen，*Chinese Society in the Age of Confucius*（*1000—2500BC*）：*The Archaeological Evidence*，Cotsen Institute of Archaeology，UCLA，2006.

M

梅原末治：《战国式铜器之研究》，东方文化学院京都研究所，1936 年。

马承源：《漫论战国青铜器上的画像》，《文物》1962 年第 2 期。

齐文涛：《概述近年来山东出土的商周青铜器》，《文物》1972 年第 5 期。

马承源：《商周青铜双音钟》，《考古学报》1981 年第 1 期。

蒙文通：《越史丛考》，北京：人民出版社，1983 年。

马承源：《中国青铜器》，上海：上海古籍出版社，1994 年。

马承源：《晋侯苏编钟》，《上海博物馆集刊》第七辑，上海：上海书画出版社，1996 年。

毛颖、张敏：《长江下游的徐舒与吴越》，武汉：湖北教育出版社，2005 年。

孟文镛：《越国史稿》，北京：中国社会科学出版社，2010 年。

O

欧谭生：《豫南考古新发现的重要意义——兼论吴太子夫差夫人墓》，《中原文物》1981 年特刊。

欧谭生：《固始侯古堆吴太子夫差夫人墓的吴文化因素》，《中原文物》1991 年第 4 期。

P

潘建明：《曾侯乙编钟音律研究》，《上海博物馆集刊》1982 年第 2 期。

彭林：《〈周礼〉主体思想与成书年代研究》，北京：中国人民大学出版社，2009 年。

潘建明：《周钟综述》，《黄钟（武汉音乐学院学报）》2019 年第 2 期。

Q

浅原达郎：《者汈钟》，载泉屋博古馆编：《泉屋博古纪要》，第五卷，

1987 年。

　　裘锡圭:《关于子犯编钟的排次及其它问题》,《中国文物报》1995 年 10 月 8 日。

<h2 style="text-align:center">R</h2>

　　饶宗颐:《者汈编钟铭释序》,《金匮论古综合刊》,香港:亚洲石印局, 1955 年。

　　容庚:《鸟虫书》,《中山大学学报》1964 年第 1 期。

　　饶宗颐、曾宪通:《随县曾侯乙墓钟磬铭辞研究》,香港:香港中文大学出版社,2007 年。

　　容庚:《商周彝器通考》,上海:上海人民出版社,2008 年。

　　容庚:《宋代吉金书籍述评》,《颂斋述林》,北京:中华书局,2011 年。

　　容庚:《商周彝器通考(上)》,北京:中华书局,2012 年。

　　任相宏、邱波:《山东沂水天上王城出土芈孟子鼎、鄩君季羸盉铭考略》,《中国文物报》2012 年 8 月 17 日第 6 版。

<h2 style="text-align:center">S</h2>

　　沈文倬:《对"士丧礼、既夕礼中所记载的丧葬制度"几点意见》,《考古学报》1958 年第 2 期。

　　孙启康:《楚器〈王孙遗者钟〉考辨》,《江汉考古》1983 年第 4 期。

　　石志廉:《"楚王孙鱼"铜戈》,《文物》1963 年第 3 期。

　　孙机:《汉代物质文化资料图说》,北京:文物出版社,1991 年。

　　佘红英:《两周青铜乐器组合研究》,《黄钟(武汉音乐学院学报)》1993 年第 3 期。

　　施劲松:《我国南方出土铜铙及甬钟研究》,《考古》1997 年第 10 期。

　　宋玲平:《东周青铜器叙事画像纹地域风格浅析》,《中原文物》2002 年第 2 期。

　　邵晓洁:《楚钟研究》,北京:人民音乐出版社,2010 年。

　　苏芳淑:《古人拟古:近年西方学者看东周青铜器》,故宫博物院编:《故宫学术论坛录》,第一辑,北京:紫禁城出版社,2010 年。

　　尚杰:《广东出土两批铜甬钟及相关问题》,《文物》2012 年第 2 期。

　　苏影:《山东沂水春秋古墓新出铜盉铭"滥"字释读》,《殷都学刊》2013 年第 2 期。

孙晓辉:《乾嘉音乐学术论略》,《中国音乐学》2016 年第 3 期。

山东省文物考古研究所、北京大学震旦古代文明研究中心编著:《青铜器与山东古国学术研讨会论文集》,上海:上海古籍出版社,2017 年。

沈辰:《传说与实证:青铜古钟背后的史卷拂尘》,《美成在久》2017 年第 4 期。

孙思雅:《论两周青铜乐器之"歌钟"与"行钟"》,《音乐研究》2020 年第 1 期。

T

唐兰:《古乐器小记》,《燕京学报》1933 年第 14 期。

谭维四、冯光生:《关于曾侯乙墓编钟钮钟音乐性能的浅见——兼与王湘同志商榷》,《音乐研究》1981 年第 1 期。

唐兰:《西周青铜器铭文分代史徵》,北京:中华书局,1986 年。

谭德睿:《编钟设计探源——晋侯苏钟考察浅识》,上海博物馆编:《晋侯墓地出土青铜器国际学术研讨会论文集》,上海:上海书画出版社,2002 年。

田成方:《东周时期楚国宗族研究》,北京:科学出版社,2016 年。

田建文:《刻纹铜匜说晋吴——兼谈东周刻纹铜匜的演变与传播》,《古代文明研究通讯》,第 76 期,2018 年 3 月。

唐英杰、李发:《三门峡虢国墓 M2009 墓主虢仲考》,《中国国家博物馆馆刊》2019 年第 10 期。

W

王恩田:《河南固始"勾吴夫人墓"——兼论番国地理位置及吴伐楚路线》,《中原文物》1985 年第 2 期。

王世民:《西周暨春秋战国时代编钟铭文的排列形式》,《中国考古学研究(二)——夏鼐先生考古五十年纪念论文集》,北京:科学出版社,1986 年。

王明钦:《湖北江陵天星观楚简的初步研究》,北京大学硕士学位论文,1989 年。

王世民、陈公柔、张长寿:《西周青铜器分期断代研究》,北京:文物出版社,1990 年。

王子初:《太原金胜村 251 号春秋大墓出土编镈的乐学研究》,《中国音乐学》1991年第1期。

王恩田:《荆公孙敦的国别与年代》,《文物春秋》1992年第2期。

王世民:《春秋战国葬制中乐器和礼器的组合情况》,湖北省博物馆编:《曾侯乙编钟研究》,武汉:湖北人民出版社,1992年。

王子初:《湖北音乐文物综述》,《中国音乐学》1997年第1期。

王子初:《太原晋国赵卿墓铜编镈和石编磬研究》,《太原晋国赵卿墓》,北京:文物出版社,1996年。

王子初:《晋侯苏编钟的音乐学研究》,《文物》1998年第5期。

王子初:《上海音乐文物综述》,《中国音乐学》1998年第3期。

王世民、蒋定穗:《最近十多年来编钟的发现与研究》,《黄钟(武汉音乐学院学报)》1999年第3期。

王世民:《应侯见工钟的组合与年代》,收入保利艺术博物馆编:《保利藏金(续)》,广州:岭南美术出版社,2001年。

王子初:《洛庄汉墓出土乐器述略》,《中国历史文物》2002年第4期。

王子初:《中国音乐考古学》,福州:福建教育出版社,2003年。

王清雷:《章丘洛庄编钟刍议》,《文物》2005年第1期。

王国维:《释乐次》,《观堂集林》,北京:中华书局,2006年。

王清雷:《西周乐悬制度的音乐考古学研究》,中国艺术研究院博士学位论文,2006年。

王子初:《音乐考古》,北京:文物出版社,2006年。

王子初:《郑国祭祀遗址出土编钟的考察和研究》,河南省文物考古研究所:《新郑祭祀遗址》,郑州:大象出版社,2006年。

王清雷:《西周乐悬制度的音乐考古学研究》,北京:文物出版社,2007年。

王子初:《中国青铜乐钟的音乐学断代——钟磬的音乐考古学断代之二》,《中国音乐学》2007年第1期。

王清雷:《也谈兴钟的堵与肆》,《音乐研究》2007年第1期。

吴雪珊:《汉代启门图像性别含义释读》,《文艺研究》2007年第2期。

王友华:《先秦大型组合编钟研究》,中国艺术研究院博士学位论文,2009年。

王友华:《先秦乐悬中钮钟的编列分析》,《中国音乐学》2011年第2期。

王子初:《我们的编钟考古(上)》,《中国音乐学》2012年第4期。

王子初:《我们的编钟考古(下)》,《中国音乐学》2013年第1期。

王友华:《先秦编钟研究》,桂林:广西师范大学出版社,2013 年。

王子初:《近年来我国吴越音乐考古资源的调查与研究》,《艺术百家》2015 年第 1 期。

王子初:《论宋代安陆出土"曾侯钟"之乐律标铭》,《音乐研究》2015 年第 3 期。

王子初:《海昏侯时代的编钟——他们见证了"礼乐"的复古与没落》,《中国国家地理》2016 年第 3 期。

王清雷、徐长青:《海昏侯墓音乐文物首次考察述要》,《人民音乐》2017 年第 8 期。

王清雷:《也谈海昏侯墓编钟》,《中国音乐》2017 年第 3 期。

王荣、郝导华、尹纪亮:《沂水纪王崮一号春秋墓出土玉器和料器材质与工艺研究》,《江汉考古》2018 年第 1 期。

王子初:《论音乐考古学研究中类型学方法的应用》,《黄钟(武汉音乐学院学报)》2018 年第 3 期。

王清雷:《西周甬钟的考古类型学研究述评》,《音乐艺术》2018 年第 4 期。

王童:《周代莒国乐钟之研究》,山东大学硕士学位论文,2019 年。

王子初:《巡礼周公——音乐考古与西周史》,《中国音乐学》2019 年第 3 期。

王子初:《数与量的升华——写在〈两周越地青铜编钟研究〉出版之时》,《中国音乐》2019 年第 4 期。

王子初主编:《中国音乐考古丛书》,北京:人民音乐出版社,2019 年。

X

许定慧等:《擂鼓墩二号墓编钟及其音率测试》,《黄钟(武汉音乐学院学报)》1988 年第 4 期。

徐少华:《周代南土历史地理与文化》,武汉:武汉大学出版社,1994 年,第 132 页。

徐中舒:《古代狩猎图像考》,《徐中舒历史论文选辑》,北京:中华书局,1998 年。

信立祥:《汉代画像中的车马出行图考》,《东南文化》1999 年第 1 期。

信立祥:《汉代画像综合研究》,北京:文物出版社,2000 年。

徐天进:《晋侯墓地的发现与研究现状》,上海博物馆:《晋侯墓地出土青铜器国际学术研讨会论文集》,上海:上海书画出版社,2002年。

许雅惠:《东周的图像纹铜器与线刻画像铜器》,《故宫学术季刊》2002年第20卷第2期。

辛爱罡:《东周中原地区青铜乐钟的形制分析》,《新世纪的中国考古学——王仲殊先生八十华诞纪念文集》,北京:科学出版社,2005年。

徐少华:《固始侯古堆一号墓的年代及其相关问题》,《楚文化研究论集》(第七集),长沙:岳麓书社,2007年。

向桃初:《南方系统商周铜镈再研究》,《南方文物》2007年第4期。

项阳:《中国古代礼乐制度四阶段论纲》,《音乐艺术》2010年第1期。

徐少华:《蚌埠双墩与凤阳卞庄两座墓葬年代析论》,《文物》2010年第8期。

Y

俞伟超、高明:《周代用鼎制度研究》,《北京大学学报(哲社版)》1978年第1、2期、1979年第1期。后收入俞伟超:《先秦两汉考古学论集》,北京:文物出版社,1985年,第62～114页。

杨荫浏:《中国古代音乐史稿》,北京:人民音乐出版社,1981年。

叶小燕:《东周刻纹铜器》,《考古》1983年第2期。

叶小燕:《我国古代青铜器上的装饰工艺》,《考古与文物》1983年第4期。

俞伟超:《周代用鼎制度研究》,《先秦两汉考古学论集》,北京:文物出版社,1985年。

殷玮璋、曹淑琴:《长江流域早期甬钟的形态学分析》,《文物与考古论文集》,北京:文物出版社,1986年。

俞伟超:《关于"考古类型学"的问题——为北京大学七七至七九级青海、湖北考古实习同学而讲》,收入氏著:《考古类型学的理论与实践》,北京:文物出版社,1989年。

殷玮璋、曹淑琴:《早期甬钟的区、系、型研究》,《考古学文化论集》,北京:文物出版社,1989年。

殷玮璋:《从青铜乐钟的类型谈中国南方青铜文化的相关问题》,《南方民族考古》第2辑,1990年。

烟台市文物管理委员会:《山东蓬莱县柳格庄墓群发掘简报》,《考古》1990年第9期。

燕林、国光：《徐州发现东汉元和三年画像石》，《文物》1990 年第 9 期。

杨涛：《先秦青铜镈研究》，《黄钟（武汉音乐学院学报）》1993 年第 3 期。

扬之水：《诗经名物新证》，北京：北京古籍出版社，2000 年。

杨文胜：《新郑李家楼大墓出土青铜器研究》，《华夏考古》2001 年第 3 期。

晏昌贵：《天星观卜筮祭祷简释文楫校》，《简帛数术与历史地理论集》，北京：商务印书馆，2010 年。

余作胜：《两汉乐书的文献学研究》，四川师范大学博士学位论文，2012 年。

杨华、要二峰：《商周射礼研究及其相关问题——兼评袁俊杰著〈两周射礼研究〉》，《史学月刊》2015 年第 12 期。

印群：《论沂水纪王崮春秋时期莒国贵族墓随葬车马坑——兼谈嬴秦贵族墓随葬车马坑之东夷文化因素》，《复旦学报（社会科学版）》2018 年第 3 期。

Z

梓溪：《战国刻绘宴乐画像铜器残片》，《文物》1964 年第 1 期。

张广立：《东周青铜刻纹》，《考古与文物》1983 年第 1 期。

张政烺：《哀成叔鼎释文》，《古文字研究》（第五辑），北京：中华书局，1981 年。

赵振华：《哀成叔鼎的铭文与年代》，《文物》1981 年第 7 期。

张英群：《试论河南战国青铜器的画像艺术》，《中原文物》1984 年第 2 期。

张亚初：《淅川下寺二号墓的墓主、年代与一号墓编钟的名称问题》，《文物》1985 年第 4 期。

张亚初：《论楚公□钟和楚公逆镈的年代》，《江汉考古》1983 年第 4 期。

曾永义：《仪礼乐器考》，台北：台湾中华书局，1986 年。

赵世纲：《淅川楚墓王孙诰钟的分析》，《江汉考古》1986 年第 3 期。

赵世纲：《淅川下寺春秋楚墓出土编钟的音高与音律》，收入河南省文物研究所等：《淅川下寺春秋楚墓》，北京：文物出版社，1991 年。

张剑：《淅川下寺楚墓的时代及其墓主》，《中原文物》1992 年第 2 期。

张亚初：《商周青铜鼎器名、用途研究》，《古文字研究》（第十八辑），北京：中华书局，1992 年。

朱文玮、吕琪昌：《先秦乐钟之研究》，台北：南天书局，1994 年。

张吟午：《"走"器小考》，《江汉考古》1995 年第 3 期。

张光远：《故宫新藏春秋晋文称霸"子犯和钟"初释》，台湾《故宫文物月刊》

1995 年第 4 期。

《中国音乐文物大系》总编辑部编：《中国音乐文物大系》，郑州：大象出版社，1996—2011 年。

张光远：《春秋中期晋国子犯和钟的新证、测音与校释》，台湾《故宫文物月刊》2000 年第 206 期。

郑小炉：《吴越和百越地区周代青铜器研究》，吉林大学博士学位论文，2004 年。

赵瑞民、韩炳华：《晋系青铜器研究——类型学与文化因素分析》，太原：山西人民出版社，2005 年。

郑祖襄：《河南淅川下寺 2 号楚墓王孙诰编钟乐律学分析》，《音乐艺术》2005 年第 2 期。

钟柏生、陈昭容等：《新收殷周青铜器铭文暨器影汇编》，台北：艺文印书馆，2006 年。

张昌平：《曾国青铜器研究》，北京：科学出版社，2008 年。

赵化成、王辉、韦正：《礼县大堡子山秦子"乐器坑"相关问题探讨》，《文物》2008 年第 11 期。

张昌平：《曾国青铜器研究》，北京：文物出版社，2009 年。

朱凤瀚：《中国青铜器综论》，上海：上海古籍出版社，2009 年。

张敏：《吴越贵族墓葬的甄别研究》，《文物》2010 年第 1 期。

张闻捷：《试论楚墓的用鼎制度》，《江汉考古》2010 年第 4 期。

张闻捷：《周代用鼎制度疏证》，《考古学报》2012 年第 2 期。

朱晓芳：《两周乐钟的发现与研究》，《中原文物》2012 年第 6 期。

邹芙都：《铜器用途铭辞考辨二题》，《求索》2012 年第 7 期。

朱晓芳：《山东地区两周乐钟研究》，山东大学博士学位论文，2013 年。

张昌平：《早期镈钟》，《南方文物》2014 年第 1 期。

张闻捷：《楚国青铜礼器制度研究》，厦门：厦门大学出版社，2015 年。

张闻捷：《固始侯古堆一号墓的年代与墓主》，《华夏考古》2015 年第 2 期。

朱晓芳：《齐鲁金声——山东地区两周乐钟研究》，上海：上海古籍出版社，2016 年。

钟红丹：《纪王崮墓葬国族问题小议》，《绵阳师范学院学报》2016 年第 1 期。

张翔：《郭家庙 M30 出土的编钮钟》，《音乐研究》2016 年第 5 期。

张闻捷：《周代葬钟制度与乐悬制度》，《考古学报》2017 年第 1 期。

张闻捷:《战国时代的铜器复古》,《考古》2017 年第 4 期。

张昌平:《从五十年到五年——曾国考古检讨》,《江汉考古》2017 年第 1 期。

朱本军:《战国诸侯疆域及形势图考绘》,北京:北京大学出版社,2019 年。

朱国伟:《周汉音乐转型实证解析》,北京:人民音乐出版社,2019 年。

张闻捷:《试论春秋晚期乐钟随葬制度的变革——以曾国、晋国为中心》,《中国音乐学》2019 年第 4 期。

张闻捷:《钟离君柏墓的礼乐制度》,《文物》2020 年第 2 期。